히틀러의 법률가들

Justifying Injustice

히틀러의 법률가들
법은 어떻게 독재를 옹호하는가

헤린더 파우어-스투더 지음 박경선 옮김

진실의힘 ✾

플로라에게

전후 법학자들은 대개 제3제국의 사법제도를 '악법' 패러다임으로 간주한다. 우리는 이 왜곡된 규범질서의 주요 부분이 어떻게 변화하고, 정권에 충성하던 법이론가들이 이를 정당화했는지 살펴볼 것이다. 이를 통해 법이 어떻게 정치 이데올로기에 굴복하며 국가가 인간성과 법치라는 근본적인 기준을 깨뜨리는 것을 막아내지 못하는지를 이해하게 될 것이다.

1933년부터 1939년까지 민족사회주의의 정치적 목적에 맞게 어떻게 법을 적용할지에 대한 출판물들이 쏟아져 나왔고, 민족사회주의의 규범적, 헌법적 토대, 그리고 새로운 정치적 틀에서 적절한 형법과 경찰법의 형식과 내용에 대한 논의들이 이어졌다. 이 책의 주요 내용인 당시의 논의를 통해 총통국가를 추동하던 규범적 개념들과 극으로 치닫던 나치 정권의 잔학행위가 지니는 법적 함의를 밝히려 한다.

감사의 말

이 책을 집필하면서 많은 이들의 도움을 받았다. 특히 J. 데이비드 벨레만에게 가장 깊이 감사드린다. 뉴욕대학에서 풀브라이트 학자로 있을 때 그와 대화를 나누면서 분석철학자들이 민족사회주의National Socialism, NS에 관한 글을 쓰는 것을 좀 더 무거운 책무로 받아들여야 한다는 확신이 들었다. 이 주제에 관한 공동작업, 특히 나치 친위대 판사였던 콘라트 모르겐Konard Morgen의 사례에 관해 작업하면서 나치 이데올로기의 복잡한 왜곡과 나치 법이론을 정면으로 다루는 것이 왜 중요한지 충분히 깨달았다. 데이비드는 기꺼이 이 책의 여러 부분에 대해 많은 도움말을 주었다.

또한 문장을 다듬으며 멋지게 편집해준 폴 밀러에게도 큰 도움을 받았다. 서면으로 조언을 해준 그레이스 도리스 패터슨에게도 감사의 말을 전한다.

관련 자료들은 바젤대학, 플렌스부르크대학, 프랑크푸르트 암 마인 J. W. G.대학, 프랑크푸르트 암 마인 프리츠바우어연구소, 글래

스고대학, 함부르크대학, 아이오와대학, 켄터키대학, 룬드대학, 맥대니얼대학(메릴랜드), 런던 퀸메리대학, 뮌헨 L. M. 대학, 파리 노르웨이대학센터, 상파울루대학, 사우스캐롤라이나대학, 베를린 한림원에서 제공해 주었다. 여러 강연과 토론의 장을 마련해 준 기관 관계자들, 다양한 의견과 답변을 들려주었던 참석자들에게도 감사드린다. 이 책에서 다룬 자료와 관련한 세미나에 참석했던 학생들에게도 감사의 마음을 전한다.

이 책은 수많은 동료들과 토론해서 나온 결과물이다. 의견과 조언을 아끼지 않았던 프란츠 알크너, 모니카 베슬러, 스테판 버드-폴란, 올 블롬버그, 요한 샤푸토, 데이비드 다이젠하우스, 비얀 파테-모하담, 라이너 포르스트, 미구엘 가르시아, 올라프 기엘스비크, 스테판 고제파트, 크리스토프 그라벤바르터, 한스 페터 그레이버, 라파엘 그로스, 닐스 드 한, 크리스토프 하니시, 마리온 하인츠, 울리케 호이어, 군나르 힌드리히스, 베로니카 호퍼, 카타리나 흐루스코비코바, 클레멘스 야블로너, 나디야 카얄리, 펠릭스 코흐, 베르너 코니처, 마르틴 쿠시, 콘라트 파울 리스만, 크리스천 리스트, 커크 루드비히, 레이철 멜린, 레온하르트 멩게스, 라인하르트 메르켈, 폴 밀러, 에드가 모르셔, 율리안 니다-뤼멜린, 카를로스 누녜스, 조지 파블라코스, 그레이스 도리스 패터슨, 나다 이나 파우어, 파비엔 피터, 루카스 페트로니, 휴 프라이스, 블로데크 라비노비치, 매튜 레이커, 올리버 라스콜브, 일제 라이터-자틀루칼, 아서 립스타인, 토니 뢴나우-라스무센, 요아힘 뤼케르트, 미카엘 셰프치크, 한스 베른하르트 슈미트, 토마스 슈람, 베르너 슈베르트, 데이비드 슈베이카르트, 안나 마리아 지그문트, 카를 지그문트, 알렉산더 소메크, 지빌레 슈타인바허, 요하네스 스타이징어, 미하엘 스퇼츠너, 미하엘 슈톨라이스, 크리스토퍼 틸, 밀로시 베크에게 감사의 말을 전한다.

참고문헌을 정리하고 원고가 책의 형태를 갖추기까지 여러 도움을 아끼지 않은 플로리안 콜로브라트에게도 감사드린다. 그리고 책이 출간되도록 힘써준 케임브리지대학의 피놀라 오설리번, 제안부터 제작과정 전반에 도움을 준 마리안느 닐드에게도 감사드린다.

무엇보다도 가족에게 깊은 감사의 뜻을 전하고 싶다. 여러 해에 걸쳐 독일과 오스트리아가 가장 암울했던 시기의 이야기를 반복해서 듣는 건 쉬운 일이 아니다. 나치 친위대 판사 콘라트 모르겐에 관한 자료를 찾기 위해 루블린까지 동행했던 막내딸 플로라에게 이 책을 바치며 특별한 감사의 마음을 전한다.

여러 기관으로부터도 도움을 받았다. 이 책의 원고는 대부분 빈의 오스트리아 국립도서관 루트비히-비트겐슈타인-열람실에서 집필했다. 국립도서관에 소장된 나치 시대의 방대한 문헌자료를 인내심을 가지고 제공해 준 사서들에게 감사한다. 워싱턴 D. C. 의회도서관의 연구자료에서도 많은 도움을 받았다. 유럽자료실 및 법학자료실에서 관련 자료를 찾을 수 있게 물심양면으로 도와준 그랜트 G. 해리스 박사에게 특별히 감사드린다.

차례

일러두기

1. 원문에 독일어가 병기되어 있는 것은 그대로 옮겼다.
2. 원문이나 인용문에서 강조표시가 되어 있는 것은 볼드체로 표기했다.
3. 법령명은 원문에 있는 영문을 병기했다.
4. 원문에는 작은 따옴표, 큰 따옴표 구분 없이 일괄 큰 따옴표로 되어 있지만, 강조로 보이는 것은 작은 따옴표, 인용문은 큰 따옴표로 구분했다. 단, 이 구분이 모호할 경우에는 원문대로 큰 따옴표를 사용했다.
5. National Socialism/Nationalsozialismus은 널리 사용되는 '국가사회주의' 대신 '민족사회주의'로 번역했다. 나치즘은 근대 국민국가의 법질서를 파괴하는 체제이자 국가가 아닌 민족 개념에 근거했다는 점에서 '민족사회주의'가 적절하다고 판단했다.

독일어-영어 번역 및 참조 원칙

나치 법학자들의 독일어 원전은 모두
저자Herlinde Pauer-Studer가 직접 번역했다.
서적 및 논문 등의 제목은 독일어 원제를 그대로 두었다.
본래 독일어로 발표된 각종 저서 및 논문의 영어번역은,
대부분 시중에서 구할 수 있는 번역본을 사용하였다.
저자가 번역을 일부 수정한 경우 괄호 안에 해당 사실을 명시하였다.

1장 서론

    민족사회주의는 어떻게 가능했을까? 바이마르공화국 같은 민주체제가 어쩌다가 전체주의 국가질서에 자리를 내주고 말았을까? 인종 이데올로기가 어떻게 그렇게 극단으로 치달아 역사적으로 유례없는 온갖 참상, 범죄, 홀로코스트에까지 이르게 됐을까? 이 책의 목표는 나치의 법과 법 사상을 연구해 이들 질문에 대한 해답의 실마리를 찾는 것이다.

    제1차 세계대전 후 법학자들은 흔히 제3제국Third Reich의 사법제도에 '악법' 패러다임을 적용해, 이는 너무나 악랄하고 비정상적이어서 애초에 법이라고도 부를 수 없을 정도라는 견해를 보인다. 그러나 그토록 수많은 이들을 겁박해 공포로 몰아넣은 이 법질서의 여러 측면을 좀 더 학문적으로 면밀히 살펴볼 필요가 있다.[1] 우리는 이 왜곡된 규범질서의 핵심적인 부분들이 전개된 과정과 체제에 충성하는 법이론가들이 이를 정당화한 방식을 살펴볼 것이다. 이를 통해 법이 정치 이데올로기에 굴복하다 보면 국가권력이 일반적인 도덕과 법 기준을 전부 위반해도 이를 막는 데 실패할 수 있다는 것을 좀 더 이해하게 된다.

특히 1933년부터 1939년까지는 민족사회주의의 정치적 목적에 맞게 법을 적용하는 방법을 다룬 출판물이 홍수를 이뤘다. 나치 정권 편에 섰던 법학자들은 나치 국가의 규범적·헌법적 근거뿐 아니라 형법 및 경찰법의 적절한 형식과 내용까지도 이 새로운 정치적 틀 안에서 논의했다. 특히 이 중에서 끔찍한 대목은 이들이 나치의 인종 독트린을 법에 통합하는 작업에 남다른 관심을 쏟았다는 점이다.

이 책의 주요 주제인 이러한 논쟁은 총통국가를 이끈 규범적 사고와 비인간성과 폭력성이 악화일로로 치닫게 한 법적 배경을 밝힐 것이다. 나치 법률가들이 쓴 원전原典에서 여러 문구를 인용하여, 당시 이 법률가들이 어떤 생각을 하고 어떤 주장을 했는지 독자들이 직접 감을 잡을 수 있도록 했다. 그들이 어느 정도까지 나치 체제의 이데올로기를 공유하고 나치의 정책을 이론적으로 뒷받침했는지, 결국 규범을 벗어나 제한을 받지 않으려는 정치권력을 어떤 식으로 정당화하고 여기에 규범이라는 모양새를 주려 했는지 엿볼 수 있다.

이 책에서 살펴본, 정권에 충성한 법률가들은 주로 제3제국의 각료 체제에 속한 고위급 관료와 대학 교수였다. 마음 깊은 곳에서 우러나오는 확신에 따라 나치 사상을 지지한 이들도 많았지만, 직업상의 이해관계 때문에 지지한 이들도 있었다. 실제로 일부 고위급 법률가들은 민족사회주의를 법에 스며들게 하는 작업에 상당히 난색을 표했으며, 암암리에 이를 저지하고자 노력하기도 했다(1933년부터 1941년까지 제3제국의 법무장관을 지낸 프란츠 귀르트너Franz Gürtner가

그 예다). 그러나 종국에는 모두 나치의 정치권력에 굴복하고 말았다.[2]

제3제국의 주요 법률가들 가운데는 나치당원뿐 아니라 나치 친위대원—라인하르트 횐Reinhard Höhn과 내무 차관이었던 빌헬름 슈투카르트Wilhelm Stuckart 등—도 있었다. 나치 이데올로기를 좀 더 광적으로 추종하던 핵심인물로는 한스 프랑크Hans Frank(독일법학술원장)와 롤란트 프라이슬러Roland Freisler(법무 차관, 1942년부터 인민법원 Volksgerichtshof의 법원장) 등이 있었다. 1939년 제국에 합병되지 않은 폴란드 점령지역 총독부Generalgouvernement의 총독으로 부임한 프랑크는 나치 범죄에 깊이 연루되어 1946년 주요 전범들에 대한 뉘른베르크 재판에서 사형선고를 받았다. 과도한 형벌과 사형 집행으로 악명 높았던 프라이슬러는 나치 법원체계의 끔찍한 본질을 상징적으로 보여주는 인물이다.

나치 법률가들이 보이는 각양각색의 전문가적 입장과 정치적 관여도를 고려할 때, 이들이 쓴 글의 어조와 문체에 편차가 보이는 것은 그리 놀랍지 않다—정교하게 계획된 용어와 꽤나 멀쩡한 주장이 번갈아가며 규칙적으로 등장한다.[3] 그럼에도 이들 법사상가와 관료에게는 중요한 공통점이 있었는데, 바로 모두가 민주주의에 회의적이어서 때때로 바이마르공화국을 노골적으로 경멸했다는 점이다. 따라서 이들은 바이마르가 종말을 맞고 히틀러Hitler가 제국 총리에 취임하는 것을 환영했다. 이들 중 많은 사람들(특히 학계에 있는 사람들)은 정치적 상황을 완전히 오판했다. 민족사회주의의 부상을 바이마르 민주정을 산산조각내는 온갖 갈등과 당파적 균열을 극복할 기회로만 보았다. 그러면서도 나치 운동 자체가 이 같은 정치적 위기에 얼마나 일조하고 있는지는 간과했다. 많은 법학자들은 자신을 새로운 국가질서의 설계자로 간주했지만, 히틀러가 단호한 권력의지를 갖고 자신의 권한에 대해 어떤 규범적 제한도 거부하는 것에 대해서는 과소평가했다. 그들은 또한 그 지지조직, 특히 나치 친위대Schutzstaffel의 실질적인 힘과 영향력을 제대로 인지하지 못했다.

1.1 민족사회주의 법: 지침과 제도들

나치의 법이론은 형식주의와 실증주의를 배격하고 '공동체의 통합', '명예', '인종적 동질성,' '인종적 평등' 같은 실체적 가치를 중요시하는 법의 실질적 개념을 선호했다. 개인의 권리는 군주와 신민의 적대적 관계에서 비롯된 잔재로 취급되며 저만치 밀려났다. 신뢰에 기초한 지도자Führer와 민족공동체의 단단한 결속관계와 무관하다는 이유였다.

독일적인 것Germanness과 독일법German law이 나치 법이론의 핵심이었다. 따라서 빌헬름 코블리츠Wilhelm Coblitz는 1935년 발행된 『법과 입법에 관한 민족사회주의 편람National Socialist Handbook of Law and Legislation』 서문에서 나치당의 1920년도 강령 제19항이 이미 로마법을 독일 공동체법Gemeinrecht으로 대체하자는 제안을 했다고 상기시킨다. 로마법은 "유물론적 세계질서에 복무"해 왔지만 독일의 공동체법은 일상을 규제받는 당사자들인 민족동지Volksgenossen*의 도덕감정이나 정의감과 궤를 같이한다는 것이다.[4] 코블리츠는 이런 방식으로 법과 도덕 간의 대립이 해소될 것이라고 주장했다. "공익은 사익보다 앞선다Gemeinnutz geht vor Eigennutz"라는 원칙에 따라 법은 개인의 이익을 보호하는 대신 공동체를 육성해야 했다.[5]

이러한 지침의 이데올로기적 배후는 이 편람의 편집자인 한스 프랑크였다. 1923년 나치당에 입당한 프랑크는 민족사회주의적 형태의 법을 시행하기 위한 조직적 틀을 구축하려고 했다. 1928년 10월 28일 프랑크가 창립한 독일법률가협회Association of German Jurists는 1933년 나치가 권력을 장악하면서 독일에서 가장 중요한 법률가 단체가 되었고, 그 산하에 판사, 변호사, 감사관, 대학 교수 및 공증인 단체가 생겼다. 1933년 5월을 기준으로 이런 하위조직을 포함한 협회 회원은 8만 명에 달했으며 그중에는 나치당원 1만 173명도 있었다.[6] 프랑크는 히틀러의 명령에 따라 나치당 제국 법무국NSPD Reichsrechtsamt을 창설하고 이를 이끌기도 했다. 이 조직은 나치당원을 위한 법무지원 외에도 법정치학과 인종 독트린 강좌를 개설하고 법 개혁을 위한 지침을 개발하기도 했다.[7]

1933년 3월, 프랑크는 바이에른주의 법무장관이 되고 같은 해 4월에는 '독일 각 주의 사법부 조정(획일화)Gleichschaltung 및 법질서 쇄신 담당 제국위원'이 되었다. 1934년 조정작업이 대략 마무리되자 제국 정무장관에 임명됐다. 프랑크는 1933년 6월 26일에 독일법학

• 나치 독일에서 국민/민족 공동체의 일원으로 동등한 지위를 가진 사람을 일컬었던 표현으로, 아리아인 외의 다른 인종을 배제하고 차별하는 데 사용함.

술원Academy for German Law을 설립해 초대 학술원장을 지냈으나, 사법부의 권한 축소를 비판하는 연설로 히틀러의 분노를 사는 바람에 1942년 8월 20일 오토 게오르크 티라크Otto Georg Thierack로 교체되었다.[8]

제2차 세계대전이 일어나기 전 몇 년 동안 프랑크는 독일법학술원을 나치 법사상과 이데올로기를 선전하고 확산시키기 위한 핵심 기관으로 전환하고자 했다. 1934년부터 1944년까지 발간한 학술원 저널은 나치 법률가들 사이에서 중요한 논의의 장이 되었다.[9] 프랑크의 목표는 법 개혁 및 입법에 나치당의 영향력이 미치도록 하는 것이었다. 이를 위해 학술원 내에 특별 실무위원회Arbeitsausschüsse를 설치하여 새로운 법 정책 및 규정을 개발하는 업무를 맡겼다. 이들 위원회의 회의록은 나치 시대의 법적-정치적 논의와 이후의 법적 변화를 이해하는 데 귀중한 자료다.[10] 그러나 사법 지형 전체를 이데올로기적으로 변혁하려던 프랑크의 야심 찬 계획은 결국 실패로 돌아갔다. 특히 각료 조직 내부의 회의론과 저항이 원인으로 작용했다.

제국 법무장관인 프란츠 귀르트너는 프랑크의 권력을 견제하면서 학술원의 영향력을 억제하고자 했다. 1933년 11월 3일에는 본인이 주도하는 법무부 차원의 (히틀러가 승인한) 형법 개혁을 위한 공식 위원회 설립을 발표했다.[11] 1934년부터 1939년까지 이 형법개혁공식위원회는 독일제국을 위한 새로운 형법 초안을 작성했다. 이 초안은 히틀러의 승인을 받지 못해 시행되지는 않았지만, 위원회의 노력은 몇몇 눈에 띄는 법 개정(예를 들면 1935년 형법에서 유추 허용)으로 이어졌고, 이는 사법적 사고와 결정에도 막대한 영향을 미쳤다.[12]

법질서와 민족사회주의 원칙을 일치시키면서 체제에 충성하려던 법률가들의 모든 노력도 이들에 대한 히틀러의 지독한 불신과 각종 규칙 및 규범적 제약에 대한 불쾌감을 해소하지는 못했다. 히틀러는 1942년 4월 26일 독일 제국 의회 연설에서 "잘못 판결된" 사법 사건에는 자신이 개입할 것이며 "'형식적인 법Recht'보다 독일의 생존이 중요하다는 '시대의 요구를 분명히 인식하지 못한' 판사들을 파면하겠다"고 발표했다.[13] 이 연설 직후 고분고분한 대독일 의회는 히틀러를 제국의 최고재판관oberster Gerichtsherr으로 추대함으로써 히틀러가 '의무를 위반한' 판사들을 '기존 법조문의 제재를 받지 않고' 파면할 수 있도록 공식적으로 보증했다. 이 때문에 법률가들 사이에서는 엄청난 동요가 일어났다.[14] 프랑크도 이러한 흐름에는 반대했다. 제국 내에서 자신도 사법적 입지를 송두리째 잃을 수 있는 조치였기 때문이다.

다루기 힘든 판사들과 대립각을 세운 히틀러의 선제적 태도에 힘입어 귀르트너의 후임이 된 오토 게오르크 티라크 법무장관은 제국의 검사와 판사들에게 소위 「판사들에게 보내는 서한」을 발송했다.[15] 1942년 10월에 처음 배포된 이 소책자는 나치의 통치 관점에서 용인할 수 없는 사건들을 민족사회주의 원리에 따라 어떻게 판결해야 했는지 논의했다. 그러나, 역설적이게도 이 '서한'은 사법부 통제에 대한 정권의 한계를 부각했다. 민족사회주의에 헌신적인 법무장관조차도 사법부 독립의 폐지에 대해서는 커녕 사법부 독립이라는 원칙에 대해서도 감히 공개적으로 의문을 제기할 엄두를 내지 못했다.[16]

그러나 제3제국 판검사들에게 가해지는 정치적 압력은 전방위적이었다.—사법부는 갈수록 경찰에 대한 통제권한을 잃어갔고, 재판부는 게슈타포Gestapo•의 감시하에서 움직이는 경우가 많았다. 재판에서 무죄방면된 피고인들(특히 정적들)은 계속 정치경찰에 구금당했다. 동부 점령지역에서는 통상적인 재판절차 대신 게슈타포의 즉결심판Standgerichtsbarkeit이 이뤄졌다.

1930년대에 민족사회주의를 역설하는 글을 쓰고 법개혁위원회에 기꺼이 참여한 법이론가들 가운데는 이러한 흐름과 전시 중 정권의 급진화에 실망을 표하는 이들도 있었다.[17] 그러나 이들이 마음을 바꾼 것은 한참 나중의 일이었고 이미 너무 늦은 시점이었다. 총통이 '총동원'의 시기에 전문가 그룹에서 나온 회의 섞인 우려와 반대의 목소리를 전혀 존중하지 않았기 때문에 아무런 힘을 발휘하지 못했다.

1.2 이론적 토대

독일법학술원장은 사실상 "민족사회주의 세계관에 부합하도록 독일법을 재정비"한다는 개념에 집착하면서도 학술원의 법철학 전문위원회 기록에서 볼 수 있듯 그런 법 형식의 의미를 구체적으로 명시하려 애썼다.[18] 1934년 5월 3일 전문위원회의 대대적

• 나치의 비밀 국가경찰.

인 창립 대회 이후 (프랑크와 알프레드 로젠베르크Alfred Rosenberg의 연설도 보관된) 바이마르의 니체문서보관소Nietzsche Archive의 기록에 따르면, 부위원장 카를-아우구스트 엠게Carl-August Emge는 법과 관련하여 '독일German'이라는 의미를 어떻게 해석할지 회신해달라는 서한 (1934년 5월 8일 자)을 위원들에게 보냈다.[19] 그러나 돌아온 답변은 엠게에게조차 실망스러운 수준이었다. 민족사회주의적 의미에서 독일법은 "추상적인 보편주의universalism"와 "범세계주의적cosmopolitan 사고"에 기반을 둔 것이 아니라 한 위원의 표현대로 "독일다운 의지와 사고의 본질을 결정"할 독일 인민의 공동체로부터 나온 것이라는 진부한 표현만 답습할 뿐이었다.[20]

프랑크의 고상한 계획들이 당초 기대만큼 구체화되지 못한 것은 대체로 나치 이데올로기의 성격이 모호했기 때문이다.[21] 그러한 세계관은 바로 총통으로부터 나온 것이었다. 히틀러의 생각들, 즉 『나의 투쟁Mein Kampf』과 여러 연설에서 길게 늘어놓았던 장광설을 규범적 언어로 옮기기란 참으로 어려웠다.

그럼에도 나치 법이론가들은 필요한 규범적 틀을 제공하기 위해 열심이었다. 법률가들은 고전적인 정치철학을 근거 삼아, 총통의 포괄적 권위는 그가 집단적 의지를 개인 인격으로 체화한 것에 있다고 주장하면서 결국 루소Rousseau의 『사회계약론』 속 주권(일반의지)의 토대를 그대로 되풀이했다.[22] 물론 이들은 루소의 의도가 민주정 형태는 아니라 해도 공화정을 정당화하려는 것이었음을 알고 있었다. 그래서 그들은 루소의 일반의지 개념을 "너무 개인주의적"이라고 비판하며 이를 규범적으로 좀 더 넓게 해석하려 했다. 헌법학자

에른스트 루돌프 후버Ernst Rudolf Huber는 "총통은 '인민volk'의 객관적 의지를 지닌 자"로서 "자기 내면에 민족주의적völkisch 집단의지를 형성함으로써 제각각인 모든 소망을 정치적으로 통합하고 인민의 전체성을 구현"할 것이라고 주장했다.[23]

후버에게는 이 같은 실질적 형태의 집단적 의지는 민주주의라는 '일반의지' 같은 허구가 아니라 존재질서Seinsordnung에 실질적 토대를 둔 것이었다.[24] 즉, 그의 주장은 총통국가에서의 주권은 모든 사람이 이 권리에 동의하는지를 묻는 가정적 사고실험으로 그 정당성을 입증할 필요가 없다는 것이었다.[25] 후버는 루소의 '일반의지'가 "상충하는 다양한 사회적 이해관계의 절충"에 불과하다고 주장했다.[26]

카를 라렌츠Karl Larenz 역시 주권과 권위에 대한 루소의 정당화를 비판했다. 루소가 말한 집단의지, 즉 일반의지는 단순히 "공통분모로 수렴시켜 일반화된 개인들의 특정 이해관계"를 구현한 것에 불과하다고 반박했다.[27] 그러므로 라렌츠는 루소가 전체의지volonté de tous(개별적 특정 이해관계를 나타내는 개별의지의 총합)와 일반의지(개별 관심사의 단순한 교집합 이상인 일반의지)를 엄격히 구분한 것을 무시한 셈이다. 결국, 루소의 전반적인 목표는 치우침 없는 실질적 관점에서 주권을 공동으로 수용(모든 이의 이익을 동등하게 고려)하여 시민들의 **자유**를 보호하는 것이었다.

위에 설명한 바와 같이 루소에 대한 왜곡된 해석은 특정 개인을 인민의 공동체에 융합해 버린 나치 이데올로기에서 비롯됐다. 총통국가는 여러 정치적 권리를 지닌 자율적 행위자들로 구성된 것이 아니라, 전적으로 공동의 의무만을 지닌 구성원들로 이뤄진 민족공동체였다.

라렌츠에 따르면, 루소보다 헤겔Hegel의 철학이 민족사회주의 관점에서 법을 이해한 것에 더 가까웠다. 그는 헤겔의 관점에서 "법은 일반의지에 이미 주어진 것이기 때문에 '신성한 것', 즉 법은 한 민족 안에 살아 숨 쉬는 객관적 윤리objektive Sittlichketi의 형태이자 표현"이라고 했다.[28] 헤겔에 이어 라렌츠는 법의 윤리적 가치를 삶의 질서 및 윤리 질서Sittenordnung에 내재된 객관적 정신에 결부시켰다. 그는 "[법의] 뿌리는 윤리와 가장 밀접하게 연관"되어 있으며 "개인주의적인 윤리가 아니라 공동체적 삶의 방식으로서의 윤리, 즉 헤겔의 표현에 따르면 '가족 그리고 민족의 진정한 정신'과 맞닿아 있다"라고 했다.[29]

제3제국은 전체주의 특색이 뚜렷한 국가로 빠르게 변모했다. 기본적인 시민권과 자유를 제한했을 뿐만 아니라, 민주적인 바이마르 시대에는 국가의 통제 바깥에 있던 사회적 삶의 영역들, 이를테면 여가 활용, 배우자 선택, 자녀계획 등까지도 직접 개입하고 나섰다.[30] 특히나 인종 이데올로기의 영향이 심각했는데, 유대계 시민들을 악랄한 방식으로 배제했고 유대계 독일인과 비유대계 독일인 사이의 친밀한 사회적 관계를 끊어놓았다.

이처럼 개인의 자유영역을 침범해 들어온 목적은 시민들을 정치적인 방식으로 결속하는 것이었다. 민족사회주의를 공식적으로 정당화하는 작업은 좀 더 일상적 차원에서 이뤄졌다. 다시 말해, 국가적 통합을 이유로 획일적인 세계관과 공통의 윤리적 신념을 바탕으로 동일한 방식으로 삶을 꾸릴 것을 시민들에게 요구했다.

민족사회주의가 모든 시민의 삶을 통제하려는 것은 계몽철학의 기본원리와 충돌했다. 이는 민족사회주의 법사상가들이 칸트Kant의 정치철학 및 법철학에 대해 언급하지 않았다는 놀라운 사실을 설명해 준다. 결국, 칸트가 법과 윤리를 구분한 것은 법적 권위를 시민의 윤리적 태도로까지 확장하는 민족사회주의 국가와는 양립할 수 없는 개념이었다.

나치의 야망은 칸트의 사상과 명백히 충돌했다. 칸트는 국가권력을 자유의 외부 영역에서 시민들의 동등한 자유를 보장하는 일, 즉 공적 영역에서 이루어지는 시민들 사이의 상호작용으로 한정했으며, 국가가 개개인의 신념(내적 자유)을 통제해서는 안 된다고 보았다. "어느 누구도 내게 본인의 방식으로(타인의 안녕에 대해 자신이 생각하는 대로) 행복하라고 강요할 수 없다"라는 공식으로 집약되는 칸트의 자유 개념은 나치 이데올로기와 극명한 대조를 이룬다. 『속설에 대하여Gemeinspruch』•에 나오는 "국민들을 … 오직 수동적으로만 행동하도록 구속하여 자신들이 어떻게 **행복해져야 하는지**에 대해 국가 수반의 판단만을 기다리게 만드는 가부장적 정부는 … 상상할 수 있는 최악의 **폭정**(국민의 모든 자유를 폐기함으로써 아무런 권리를 소유하지 못하게 하는 구조)"이라는 유명한 문구는 마치 총통국가에 관한 비판적 평가처럼 읽힌다.[31] 민족의 안녕을 증진하겠다던 히틀러의 약속은 총체적 권력을 축적하고자 편리하게 끌어다 쓴 논리 이상도

• '그것은 이론에서는 옳을지 모르지만, 실천에 대해서는 쓸모없다'는 부제가 붙어 있음.

이하도 아니었다.

　나치 법률가들이 칸트의 정치철학에 기댈 수는 없는데도 특정 개념들—선의지, 무조건적 의무, 정언명령categorical imperative 등—만 맥락에서 벗어난 채로 끌어다 쓰면서 윤리에 관한 고찰을 도구로 이용한 것은 널리 알려진 사실이다. 윤리적 의무는 행복이나 효용성 극대화 같은 목적과 별개로 유효하다는 칸트의 주장도 당연히 잘못 해석되고 말았다. 민족사회주의 수사rhetoric는 윤리적 의무가 그 자체로um ihrer selbst willen 유효하다는 칸트의 사상을, 당사자의 동의나 정당한 이유도 고려하지 않은 채 '무조건' 복종해야만 하는 의무로 간단히 바꿔버렸다. 칸트의 체계에서 '무조건'이란 윤리적 의무가 도구적 고려에 달린(조건적인) 것이 아니라는 뜻이지만, 나치는 '무조건'을 권위주의 질서에 대해 의문을 제기할 수 없다는 맹목적 복종의 의미로 해석했다.

　민족사회주의 이데올로기 신봉자들은 칸트가 특정 행동방식에 대한 용인 또는 금지 여부, 즉 특정한 방식으로 행동하지 않아야 할 의무가 있는지 판단하기 위한 절차를 (정언명령 테스트 형식으로) 만들었다는 사실을 이런 식으로 무시해 버렸다. 간략히 설명하자면 칸트의 테스트는 행위의 주관적 원칙(우리의 준칙maxim)이 보편화될 수 있는지 또는 그 원칙들이 타인을 인간으로서 존중하는 것과 양립 가능한지 반드시 묻도록 한다.[32]

　어떤 민족이든 상관없이 타인과 그의 인간으로서의 존엄을 고려하는 이 같은 중대한 윤리적 숙고의 기준이야말로 나치의 사고방식이나 인종주의 정치와 거리가 멀다. 보편적으로 유효한 윤리원칙에 대한 호소는 나치 국가의 소위 '아리아인' 민족공동체에 대한 공격적 편파성과 충돌했다.[33] 따라서 나치 법률가들은 보편적 평등원칙에 반기를 들었다. 민족사회주의의 이행원칙은 전 인류의 평등이라기보다는 특정 민족 구성원들 사이의 평등이었다.

　나치 법이론가들은 제3제국이 전체주의를 향해 가고 있다는 인상을 떨쳐버리고자 했다. 나치 국가와 전능한 '리바이어던'이 어떤 식으로든 연결될 경우, 민족의 안녕을 진심으로 걱정하는 믿음직한 통치자라는 총통의 이미지를 망치게 되리라는 걸 다들 잘 알고 있었기 때문이다.[34] 그뿐만 아니라, 이 사상가들이 깨달았듯이 개인의 자유를 부정하는 국가 형태는 당시 정권이 설파하던 사회 이미지, 즉 모두가 자발적으로 도덕적 자기완성을 위해 힘쓰는 긴밀히 조직된 공동체와 상충했다. 나치 독재를 열렬히 옹호한 롤란트 프라이슬러조차도 민족사회주의가 어느 정도 결정의 자유를 허용해야 한다고 강조했다. 즉, 공동체 구성원들은 자기 의지도 없는 복종적 객체가 아니라 "내가 해야 해, 할 거야, 할 수 있어!"라며 인생의 난제들에 적극적으로 직면하는 주체였다.[35] 물론, 프라이슬러가 지적한 의지의 자유란 권리의 주장까지 수반하는 진정한 개인의 자율이 아니었다. 그보다 그의 수행 공식은 민족사회주의에 대한 열광적인 동일시를 표현한 것으로, 민족동지들의 윤리적 동기에 대한 정권의 장악력을 반영한 것이다.

1.3 이 책의 개요

　　나치의 집권은 이전 정치질서와 근본적으로 단절되면서 독일 최초의 민주정이 급작스레 종결된 사건이었다. 그러나 나치의 토대가 된 것은 바이마르의 시기를 특징짓던, 대통령 독재로 이행하는 권위주의적 통치였을 것이다. 제2장은 바이마르공화국의 몰락에 대한 규범적 배경을 탐색하며 특히 민주정의 붕괴를 앞당겼던 「바이마르헌법」의 결점들(가령, 대통령 긴급명령에 따른 통치 가능성이나 명확한 사법심사 권한을 갖춘 헌법재판소의 부재 등)에 대해 살펴볼 것이다. 그리고 '헌법의 수호자'로서 대통령은 직무상 사법통제의 범위 밖인지, 또는 그런 관점이 바이마르의 헌법 정신에 위배되는지를 두고 1932년 가을에 벌어진 갑론을박에 대해서도 면밀히 살펴본다. 제3장은 법사상가들이 히틀러의 권력 축적을 정당화한 방식, 이를테면 1934년 8월 힌덴부르크Paul von Hindenburg 사망 이후 히틀러가 제국 총리Reich Chancellor로서 제국의 대통령직을 이어받은 과정을 살펴본다. 다시 자세히 논의하겠지만, 전임 군 장성 힌덴부르크의 후광을 입은 총통은 국가의 수호자라는 이미지를 강화하는 데 이를 활용했다. 또한 법이론가들이 제3제국을 권위주의적 법치국가 또는 소위 전체국가total state라 일컫는 특정 유형의 단일국가로 해석하여 독일이 독재국가로 변모한 사실을 은폐하려 했던 것에 대해서도 3장에서 파헤친다.

　　민족사회주의자들이 권력을 손에 넣은 이후 벌어진 놀라운 규범적 변화는 형법에도 영향을 미쳤다. 제4장에서는 나치 형법이론가들이 범죄행위 자체보다도 범죄자의 범죄 의도에 점점 더 초점을 맞추게 되었음을 살펴본다. 이로 인해 소위 '의도' 중심의 형법이 제시됐고, 형법은 나치 이데올로기의 인종적, 사회적 편견에 특히 취약해지고 말았다. 인종차별이 나치 국가의 주요 특색이었던 만큼 제5장은 유럽 내 유대인 말살로까지 치달았던 반유대주의 인종 이데올로기의 이론적 배경을 탐색한다. 특히, 관료주의적 각료들이 나날이 과격해지던 정권의 계획을 충분히 인지했을 뿐 아니라 대량학살로 전환하는 과정에서 나치 친위대와도 교류했다는 사실에 초점을 맞추어, 이들이 당시 '최종 해결'●을 저지하기 위해 노력했다는 낡은 주장을 반박하고자 한다.

나치 독일의 일상 중 특히나 무시무시한 것은 사방에 포진해 있는 게슈타포였다. 제6장에서는 1936년 6월부터 하인리히 힘러Heinrich Himmler가 통제하던 경찰이 집행권력에서 사법부를 흔드는 '내전'의 도구로 전락한 과정을 다룬다. 나치 친위대는 국가 안의 국가였고 공포, 박해, 살인의 중심에 있었다. 이런 복잡한 기구까지 철저히 분석하는 작업은 이 책의 범위를 벗어나지만, (제2차 세계대전 발발 직후였던) 1939년 10월부터 나치 친위대에 (무장친위대와 특수친위대 및 경찰 부대를 위한) 자체적인 군 사법관할권(사법권)이 있었다는 사실은 법률적 관점에서 중요하다. 따라서 제7장에서는 비록 나치 친위대 이데올로기 및 힘러의 "품위 및 남자다운 강직함"이라는 왜곡된 법규에 굉장히 영향을 받았지만, 형식적으로는 「군형법」에 기초를

● 나치 독일의 유대인 말살 계획을 지칭함.

둔 군 사법권의 규범적 틀을 탐색한다. 특별히 나치 친위대 사법권이 직면한 문제는, 폴란드 점령지역에서 장교들이 자행한 중대범죄뿐 아니라, 대량학살 명령이 친위대 법원 최고 심급인 힘러와 히틀러로부터 직접 하달되었다는 사실이 확실해졌다는 점이다. 제7장에서는 나치 친위대 사법권의 기반에 대한 나치 친위대 노르베르트 폴 Norbert Pohl 판사의 견해와 더불어 유대인 말살 계획 및 강제수용소에서 벌어진 대대적인 학살 사실을 알게 된 뒤 이에 대항하려 했던 나치 친위대 콘라트 모르겐 판사에 대해서도 살펴본다.

마지막 장에서는 나치 법이 법철학에 미친 철학적 영향을 고찰한다. 나치 법에 대한 전후戰後의 주요 대응에 따르면, 나치 법은 법실증주의에 대해 특수한 문제를 제기했다. 특히 법과 도덕에 대한 실증주의적 분리 때문이다. 실증주의에 대한 이 같은 일반적인 평가는 나치 법이론에서 법과 도덕을 통합하려는 노력에 비추어볼 때 정당화하기 힘들다는 게 내 주장이다. 나는 다음과 같은 주장으로 이 책을 마무리하고자 한다. 법과 도덕의 분리에 대한 규범적 정당화는 법의 기능을 자율적인 행위성 및 타인과의 비폭력적인 조정을 보장하는 것으로 이해하는 데서 비롯되는데, 이는 우리가 법실증주의와 자연법 사이의 해묵은 논쟁을 넘어서 법에 대해 이해할 수 있도록 해준다.

2장 바이마르공화국에서 제3제국으로

2.1 "실체 없는 국가": 바이마르 민주정에 대한 민족사회주의 사상가들의 경멸

에른스트 포르스토프Ernst Forsthoff는 1933년 출간한 저서 『전체국가The Total State』에서 바이마르공화국에 대해 다음과 같이 평한 바 있다.

인민 없는 민주주의이자 여러가지 낡은 자유가 공존하는 자유주의 질서였던 「바이마르헌법」은 실체 없는 국가를 만들려는 시도나 다름없었다. … 군주제가 없어지면서 권위주의 국가도 사라졌고 국가는 다양한 사회적 힘에 휘둘리게 됐다. 이런 식으로 국가는 퇴보Entartung 상태에 빠지고 순전히 형식적이었던 법체계가 이렇게 공회전Leerlauf을 하면서 이런 현상은 더 뚜렷해졌다. … 정치적 의사결정이 여러 사회적 힘들의 몫으로 이

양되자 단순한 기구로 변해버린 국가는 아무런 핵심적인 내용
도 없는 일종의 기능주의적인, 즉 상상할 수 있는 모든 목적에
부합하는 구조로 전락했다. 단순한 기구로서의 국가는 다양한
사회-정치 권력 가운데 가장 힘센 자의 손에 쥐어진 도구가 되
어버려 온갖 형태로 변장하며 등장하게 되었다. 국가는 총체적
인 사회-정치 권력투쟁의 대상이 되었다.[1]

　위 구절은 나치 정권에 현혹됐던 법이론가들의 글에서 흔히 볼 수
있는, 민주주의에 대한 전형적인 모독이자 정치발전에 대한 왜곡된
이미지이다. 이 같은 비판적 수사에서 포르스토프는 민족사회주의
가 1932년 말 바이마르공화국이 직면했던 진퇴양난의 상태—민주
주의 제도 자체의 붕괴를 가속화한 정치적 교착상태—를 불러오는
데 상당히 적극적인 역할을 했다는 사실은 간과한다.
　포르스토프는 제국주의적 질서의 종말을 탄식하면서 나치 법이
론가들의 글에 있는 공통적 맥락에 의존했다. 제1차 세계대전 이후
군사적·정치적 실패는 독일인의 공적 삶에 심각한 영향을 미쳤다.
베르사유 평화조약Versailles Peace Treaty의 조건들은 국가적 분노에 불
을 붙였고, 새로운 민주정의 가능성을 처음부터 가로막았다. 1920년
대 초의 인플레이션 및 외환위기는 상실감과 정치적 혼란을 부추겼
다. 독일 국민 상당수가 정치적 불안뿐 아니라 심각한 실존적 위협
을 경험했다. 안정에 대한 이들의 갈망은 우파 진영에 이용당했다.
특히, 민족사회주의독일노동자당National Socialist German Worker's Party,
NSDAP(나치당)*이 1925년 이후 정치적 요인으로 부상했다.

나치 법률가들이 보기에 민족사회주의로 전환하는 것은 공동체와 유대감에 대한 강렬하고도 새로운 감각을 불러왔던, 독일 병사들의 '전선 경험fronterlebnis'과 밀접히 연관돼 있었다. 그들은 참호 안에서 '우리'가 맛보았던 집단적 경험이 새로운 정치질서, 즉 나치 국가를 불러왔다고 주장했다. 오토 쾰로이터Otto Koellreutter는 이러한 전환을 다음과 같이 설명했다.

> 세계대전의 여파로 부르주아 세계가 정치적으로 붕괴된 상황에서 민족사회주의 안에서는 국가 관념에 대한 새로운 정치적 이해가 싹텄다. '민족사회주의'란 전선에서 한 경험을 정치적 삶으로까지 옮겨가 이를 지배층의 '부르주아 정신'에 맞서 실행하는 것을 의미한다. 이 새로운 국가 관념은 건전한 민족주의와 그에 따른 사회적 토대 위에 세워졌다.[2]

쾰로이터는 나치 운동이 자유민주주의의 대립원칙이 될 수 있는 건 '최전선 투사의 정신' 덕택이라고 보았다. 다시 말해, "공동체를 말할 뿐 아니라 그 공동체를 경험하고 그 공동체에서 발생한 지도력Führertum을 직접 경험한" 병사들에게 빚이 있다고 본 것이다.[3] 라인하르트 횐도 전선의 경험이 "전선의 군 공동체"를 형성했고, 이것이 "나치 운동 및 그 형성과정"으로 이어졌다는 데 동의했다.[4] 그리고 그의 관점에서 총통은 "최강의 공동체적 성격"인 동시에 규범적 권

• 1919년 독일 노동자당Deutsche Arbeiterpartei에서 시작되어 1932년 7월부터 독일 최대 정당이 되었고 제2차 세계대전 종전까지 독일 내 유일한 합법 정당이었음. 편의상 나치당이라 함.

위의 원천이기도 했다.[5]

여기서 역사의 필수과정으로 제시되는 건 사실 치밀하게 짜인 이데올로기적 서사다. 나치 법이론가들이 최전선 투사들의 공동체 정신에 호소했던 건 결코 우연이 아니다. 나치당은 전통적인 정당이 아니라 완전히 새로운 정치사회적 질서를 위한 싸움을 이어나갈 준비가 된 운동이라고 주장했다. 나치 법률가들은 '투사들의 경험'으로 생겨난 사회적·공동체적 유대의 근본적 중요성을 강조함으로써 민족사회주의의 무지막지한 측면, 특히 바이마르공화국 말기부터 이미 자행되었던 나치 돌격대원들의 잔혹한 테러와 폭력을 은폐했다.

바이마르공화국의 어려운 정치경제적 여건들 역시 나치 법이론가들이 총통국가로 이행하는 것을 어느 정도 불가피한 것처럼 묘사하게 하는 데 일조했다. 이들은 민주정의 가치를 인정하지 않았고 전략으로 무장한 정당 정치인들이 벌이는 단순한 권력다툼으로 일축해 버렸다. 이들은 일련의 정형화된 비판과 표현으로 바이마르 민주정을 폄하했는데, 이를테면 정치적 권위가 부재한다든가 단지 형식적 법률만능주의로 전락했다든가 구체적 실체나 실체적 가치가 없다든가 독일 인민과 내적 유대감 형성에 실패했다든가 하는 식이었다.

나치 법사상가들은 바이마르공화국이 국가에 대한 낡아빠진 관념적 요소들을 완전히 새로운 사회정치적 난제들이 도사리고 있는 20세기로까지 끌고 가려고 하는데 이는 파멸이 예정된 시도라고 생각했다. 그들이 보기에 의회 같은 제도는 시민권을 부각해 왕권에 균형을 맞추던 19세기 군주제의 틀 안에서나 통하는 것이었다. '통치자 sovereign'와 '인민people' 사이의 모든 정치적 대립을 뛰어넘기로 결단하고 전체국가의 통합을 열망하는 정치적 조직체polity에서는 그런 대립적 메커니즘이 필요하지 않았다. 다시 말해, 나치 국가에서는 총통과 인민의 공동체 사이에 정치적 반목이 전혀 없으므로 대의체가 지도자의 법적 결정과 조치를 통제할 필요도 없다는 논리였다.

나치 성향의 법률가들은 의회민주주의를 "공허한 법적 형식주의"라 공격했고 가치다원주의와 자유주의적 관용을 "윤리적 혼란"의 원흉이라고 비판했다. 에른스트 포르스토프는 이러한 논거를 자유민주주의는 필히 "불가지론 식으로 자격 없는 국가", 즉 시민들에게 "옳고 그름"을 알려줄 능력이 없는 국가로 귀결될 수밖에 없다는 주장으로 요약했다.[6] 포르스토프가 보기에 "진정한 공동체적 양심 따위는 알지 못한 채 민족이나 국민, 그리고 명예, 존엄, 전통과 무관한" 정치적 태도는 국가를 그저 도구적으로 합리적 관료주의 조직체로만 인식하는 것이었다.[7]

법이론의 관점에서 나치 법률가들은 주로 바이마르 민주정이 법실증주의와 밀접한 연관성이 있다고 비판했다. 이들은 법과 국가에 관한 한스 켈젠Hans Kelsen의 이론, 특히 법적 구성주의와 합법성에 대한 절차적 개념을 주된 공격대상으로 삼았다. 오토 쾰로이터는 이런 반대의견을 다음과 같이 요약했다.

독일에서 1918년 11월 혁명은 형식적 민주주의와 법실증주의의 피상적 승리를 예고했다. 그러나 독일 국민, 특히 전후 세대

청년들은 세계대전의 경험을 바탕으로 점차 이 같은 법적 구성주의의 취약성을 간파하기 시작했다. 법적 구성주의의 논리적 귀결점은 법과 국가에 대한 켈젠의 '순수' 이론이었다. 켈젠에게 국가는 국가와 법체계를 동일시하는 단순한 구성의 종착점이 되어버렸다.[8]

1933년 민족사회주의의 정권 장악을 지지했던 법이론가들의 글에는 독일 최초의 민주정 시기에 대한 뿌리 깊은 경멸이 드러나는데, 안타깝게도 이러한 시선은 당시에 널리 퍼져 있었다. 대학에서 학생들을 가르치고 법학도들의 지적 계발에 영향을 미친 법이론가들의 격렬하고도 공격적인 수사rhetoric는 권위주의 국가, 더 나아가 전체주의 국가를 용인하는 데 초석이 되었다.

이 장에서는 독일이 공화국에서 독재국가로 전환하는 것을 가속화한 정치적 결정들을 살펴볼 것이다. 이들은 법이론과 정치철학에 중요한 교훈을 주는 기로가 되었다.

2.2 바이마르헌법: 정치적 타협의 문서인가?

여러 사건이 터지며 독일제국은 종말을 향해 치달았다. 1918년 11월 초 킬Kiel에서 독일 해군함정 선원들은 영국 해군과 교전하라는 명령을 받았지만, 이 가망 없어 보이는 군사명령을 따르지 않고 거부했다. 노동자들의 총파업을 촉발하고 확산시킨 이 반란은 더 이상 정부가 전쟁에 대한 국민의 절망감을 통제할 수 없다는 사실을 보여주었다. 황제 빌헬름 2세는 11월 9일 퇴위 후 망명길에 올랐으며 같은 날 공화국이 선포됐다.

독일사회민주당(사민당)Social Democratic Party, SPD은 가장 막강한 정당으로서 정부를 이끌어갈 책임이 있었다. 임시 수상이었던 막스 폰 바덴Max von Baden은 11월 10일에 당시 사민당 대표인 프리드리히 에베르트Friedrich Ebert에게 수상직을 이양했다. 에베르트는 전국 단위 선거를 실시할 때까지 공화국이 어려운 시기를 잘 넘길 수 있도록 임시 연립정부를 구성했다.[9] 당시 정치 상황은 그야말로 격동적이었다. 급진좌파 진영에서는 공산주의 스파르타쿠스단원들이 혁명과 소비에트식 정부를 요구했고, 극우 진영에서는 동원해제된 군인들과 비정규 무장군, 즉 의용군Freikorps이 국내 평화와 안보를 위협했다.

베를린의 스파르타쿠스단원들에게 거센 압력을 느낀 에베르트는 어려운 결정을 내렸는데, 바로 공공질서 유지를 위해 군부의 지원을 요청한 것이었다. 그 덕분에 개입한 의용군 병사들의 지원으로 그는 1919년 1월 4일부터 15일까지 벌어진 공산주의 혁명을 신속히 진압했다. 이 과정에서 수많은 공산주의자뿐 아니라 스파르타쿠스단을 이끌던 로자 룩셈부르크Rosa Luxemburg와 카를 리프크네히트Karl Liebknecht까지 살해당했다. 1919년 4월 말, 바이에른 평의회공화국 Barvarian Council Republic을 설립했던 뮌헨의 혁명 중앙평의회 역시 군대와 의용군에게 진압되었다.[10]

에베르트와 군부 간에 체결된 이 협약의 효과는 오래 지속되었다.

첫째, 세계대전 패배로 신망을 잃었던 군국주의자들이 다시 입지를 다지는 계기가 되었다. 특히 바이에른에서 의용군은 공화국에 대한 적대감을 공공연히 내비쳤지만 정치적 영향력을 유지했다. 둘째, 사회민주주의자들에 대한 공산주의자들의 불신이 깊어진 나머지 바이마르 시기 내내 양당 간 협력은 불가능했고, 이는 급부상하던 나치당에 대한 견제를 약화하는 데 영향을 미쳤다.

심각하게 분열되어 있던 전후 독일의 정치지형에서 에베르트의 임시정부가 해결해야 할 과제는 산적해 있었다. 그럼에도 사민당의 총선을 통한 국민의회Nationalversammlung 구성계획은 폭넓은 지지를 받았다. 1919년 1월 19일에 실시된 당시 총선은 의회민주주의 이행을 지지하는 세 정당이 확실히 입지를 다지는 계기가 되었다. 사민당, 중앙당German Centre Party, DZP, 독일민주당German Democratic Party, DDP은 국회 총 423석 가운데 각각 165석, 91석, 75석을 얻어 과반인 331석을 확보했다. 연합내각이 꾸려졌고, 의회는 바이마르공화국의 초대 대통령으로 에베르트를 선출했다.[11]

당시 독일 정부의 중요한 두 선결과제는 연합국과 평화조약을 체결하는 것과 공화국 헌법을 구상하는 일이었다. 1918년 11월 18일 연합국이 이미 독일 측에 무조건적인 휴전협정 서명을 요구한 상황이었다. 독일 정부는 우드로 윌슨Woodrow Wilson 대통령의 14개 조 평화원칙에 따른 관대한 조건을 희망했다. 그러나 뚜껑을 열어보니 베르사유조약의 조건은 전혀 딴판으로 혹독했다.[12] 연합국 측이 추가적인 군사작전을 시사하며 위협하고 식량봉쇄까지 강행하는 상황에서 바이마르공화국의 정치인들은 해당 조약을 받아들이는 것 말고는 아무런 대안이 없었다. 1919년 6월 23일, 독일 의회에서는 과반이 해당 조약을 의결했고 1919년 6월 28일에 베르사유궁전에서 열린 치욕적인 행사에서 독일 대표단은 '강요된 평화조약Friedensdiktat'에 서명했다.

이 조약의 체결로 독일 전역이 충격에 휩싸였다. 불길하게도, '국치國恥'에 대한 책임은 바이마르공화국의 대표 정치인들에게 돌아갔다. 즉 전쟁을 계획해 처참한 결과를 초래했던 군국주의자들보다 연합내각과 사민당 출신 대통령에게 먼저 화살이 돌아간 것이다. '뒤통수를 쳤다'는 설, 즉 독일이 외국 군대에게 패한 것이 아니라 좌파와 유대인에게 패한 것이라는 주장을 일찌감치 퍼뜨렸던 보수주의 및 군국주의 진영은, 이 조약을 정부가 독일인들의 이익을 위해 행동한다는 것을 믿을 수 없음을 재확인해 주는 증거로 여겼다. 베르사유조약에 대한 분노가 공화국, 그리고 민주정 체제에 등을 돌리게 만들기까지는 그리 오래 걸리지 않았다.

1918년 11월 15일, 에베르트는 당시 독일민주당을 이끌던 헌법학 교수 후고 프로이스Hugo Preuss에게 새로 선포된 바이마르공화국 헌법 초안을 작성하도록 했다.[13] 프로이스는 의회 내 정당별 비례에 따라 자문위원들을 임명해 자문위원회를 꾸렸다. 저명한 사회학자 막스 베버Max Weber도 이 자문위원단에 초청받았다. 1919년 7월 31일, 헌법 최종안이 국회에서 다수로 의결됐다. 「바이마르헌법」은 1919년 8월 11일에 공포됐다.

프로이스가 보기에 「바이마르헌법」의 핵심 이념은 '법, 정치적 자유, 사회법의 조직'이었다.[14] 그는 민주주의와 법치에 대한 헌신과 국민투표에 입각한 사회적 요소를 결합하고자 애썼다. 즉, 국민의 뜻을 고려하려 했다.[15] 따라서, 「바이마르헌법」의 전문에는 "자유와 정의 안에서 독일제국"을 회복하고 견고하게 만들겠다는 독일 국민의 뜻을 반영한다고 명시하고 있다.[16]

「바이마르헌법」 제1조는 독일제국을 공화국으로 규정했다. 헌법 제1장에서는 제국과 주Länder의 관계를 규정하고, 제국 의회Reichstag● 와 제국 참의원Reichsrat●●(양원제 입법부)의 임기를 정했으며 제국 대통령 및 정부의 권한과 의무를 정의해 두었다. 제국 의회 의원들은 비밀 국민투표로 선출하고, 대통령 역시 국민이 직접선거로 선출하며 임기 7년에 재선이 가능하도록 했다.

헌법 제2장에서는 모든 독일 국민의 기본권과 의무를 다루며 보편적인 시민의 권리와 자유를 인정했다. 법 앞의 평등, 언론의 자유, 종교적 자유, 양심의 자유, 국가로부터 자의적 개입을 받지 않을 자유를 인정한 것이다. 역사학자 루이스 L. 스나이더Lous L. Snyder는 전반적으로 「바이마르헌법」은 "영국의 권리장전, 프랑스의 인권선언, 미국의 수정헌법 제1조부터 제10조에서 최선의 특징을 모아 구현한, 문자 그대로 완벽한 문서"라고 했다.[17] 그러면서도 정치적 관점에서 보자면 "민주주의라는 외형은 수용하면서도 이미 만들어진 기존 구조에는 민주적 숨결을 전혀 불어넣지 않은 일종의 합의문"이었다는 냉정한 판단도 잊지 않았다.[18]

● 하원에 해당함.
●● 상원에 해당함.

애초부터 「바이마르헌법」은 열렬한 환영은 고사하고 폭넓은 지지조차 받지 못했다. 1919년 연설에서 프로이스는 이렇게 역설하기도 했다.

> 독일의 헌법은 끔찍한 패배의 그늘 속에서 탄생했습니다. 국민에게 수월하게 가닿지 못한 채 지난한 협상을 거치며 역사 속으로 들어왔습니다. … 이 헌법의 기반은 민주당원, 사민당원, 중앙당원들의 동맹입니다. 그리고 서로 제각각 다른 이 정당들은 앞으로도 계속 협력해 나가야 할 것입니다. 타협 없이는 불가능합니다. … 모든 것은 세 민주정당이 앞으로 나아갈 중간지대를 찾는 데 달려있습니다.[19]

이는 새 공화국의 헌법적 기반이 위태로운 상태였음을 보여준다. 프로이스는 헌법 제정의 어려움을 인정하는 데서 한발 더 나아가 헌법의 효용을 1919년 연정을 형성한 정당들의 협력과 결부시켰다. 그러나 헌법의 규범적 권위는 그 출현에 관여한 정치권력들과 독립적으로 유지되어야 하고, 전반적으로 정당정치보다 우위에 있어야 한다. 프로이스의 발언은 「바이마르헌법」의 운명에 비추어 볼 때 주목할 만하다. 「바이마르헌법」은 1919년부터 1932년까지 독일의 정치 전반을 통치하고 이끌어 나가는 데 끝내 규범적 근거가 되지 못했기 때문이다.

「바이마르헌법」 정신은 왜 생명력을 얻지 못했을까? 비판적인 관찰자들은 정당들과 반대 진영을 포함한 의원들의 적극적 참여가 없었기 때문이라고 지적한다. 이들에게는 활동적이고 건설적인 정치 문화에 대한 책임감이 전혀 없었다는 것이다.

제국주의 시대에 정당의 역할 및 영향력은 엄격히 제한되었다. 오토 폰 비스마르크Otto von Bismarck는 전통적인 강력한 국가권력 체제에 반기를 들었던 모든 정당, 특히 자유주의·사회민주주의·공산주의 계열 정당을 열외 취급했다. 1890년에 비스마르크가 퇴임한 뒤 빌헬름 2세는 이들 정당의 정치적 참여를 막는 전략을 고집했다. 그 결과, 의원들 대다수가 정책 결정이나 통치 경험을 쌓지 못했다. 자신들의 영향력은 제한적이고 권력의 중심에서 밀려난 상태임을 잘 알고 있던 독일제국의 정치인들은 책임을 수용하거나 권력을 추구할 마음이 거의 없었으며, 오히려 이를 거부하는 태도를 취했다.[20] 1918년 막스 베버는 비판 조로 이렇게 언급하기도 했다. "지난 40년간, 모든 정당은 제국 의회의 과업이 오직 '부정적 정치'에 골몰하는 것이라는 생각에 익숙해져 있었다. 비스마르크의 유산은 놀랍게도 그가 한때 의회 정당들을 비판했던 이 '무력함을 향한 의지'에서 나타났다."[21]

프로이스는 독일의 군주적 위계 체계가 붕괴한 것은 "통치 책임을 감당할 준비가 된, 정치적으로 노련한 야당의 부재가 필연적으로 몰고 올 수밖에 없는 결과를 처참하게" 보여준 것이라고 단언했다. 그는 옛 질서는 결국 "아무런 정치적 성과도 없는, 순전히 독단적인 정당 체계의 균열"로 이어졌으며, 이런 체계는 "뿌리 깊은 인습에 젖은 채 **통치에 대한 무책임한 비판**에 익숙한 탓에 통치권력을 감당할 만한 반대세력의 정치적 임무를 전혀 이해하지 못한다"고 보았다.[22]

그는 오직 독일에서만 "상류층과 부르주아 계급이 정치적 직무를 완전히 놓쳤다. 다시 말해, 귀족정치나 금권정치 성격의 의회정치를 구축하느라 의회민주정으로 향하는 과도기적 예비 단계를 준비하지 못했다"라고 지적했다. 그 결과, 독일은 단숨에 위계적 국가 Obrigkeitsstaat에서 민주적 의회정치로 이동해야 하는 처지가 됐다.[23]

베버와 프로이스가 개탄했던 정치인들의 건설적인 참여 부족은 바이마르 민주정의 고민을 더욱 키웠다. 극심하게 분열된 정당 지형뿐 아니라 정치적 계략, 권력 다툼, 뻔히 들여다보이는 술책을 마다하지 않는 모습은 시민 다수가 의회정치 체계로부터 등을 돌리도록 만들었고, 공화국이 등장했던 빈약한 토대를 더욱 악화시켰다. 그러나 바이마르공화국의 몰락에는 그 자체로 핵심적 역할을 한 헌법 조항도 있었다.

2.3 제48조

'독재조항Diktatur-Artikel'이라고도 불리는 제48조는 제국 대통령이 긴급명령을 통해 정치적 과정에 개입할 수 있도록 허용했다.[24] 제48조 제1항은 대통령이 필요 시 특정 주가 헌법적으로나 법적으로 제국에 부여된 임무를 이행하도록 군대를 배치할 수 있다고 명시했다. 제2항에서는 공공질서와 안전이 훼손되거나 위험에 처할 경우 제국 대통령이 이를 회복하기 위해 취할 수 있는 조치를 규정했다. 대통령은 군사력 지원을 요청할 권리 외에도 기본적인 시민의 권리와 자유의 보호를 보장하는 헌법 조항들을 폐지할 권한이 있다. 여기에는 제114조(개인의 자유), 제115조(거주의 자유), 제117조(우편 및 전신전화에 대한 개인정보 보호), 제118조(표현의 자유), 제123조(집회의 자유), 제124조(결사의 자유), 제153조(사유재산의 보호 및 보장)가 포함됐다. 제48조 제3항에서는 제국 대통령은 제1항 및 제2항을 근거로 취한 조치들에 대해 의회에 지체 없이 통보하도록 의무화했다.[25]

대통령에게 이토록 광범위한 집행권한을 부여하는 법조항이 대체 어떻게 의회민주주의 헌법 속으로 파고들었을까?[26] 첫째, 정치적으로 불안정한 상황이었음을 감안할 때, 헌법 초안 작성자들의 당초 목적은 파괴적일 수 있는 극우파와 급진좌파의 영향력에 맞서 공화국을 보호하려는 것이었다. 둘째, 헌법위원회의 구성원 중 일부는 제국 의회가 정부에 대립각을 세우며 필요한 개혁을 방해할 것을 우려했다. 특히 막스 베버는 대통령을 의회에 대한 견제세력으로 세우자고 역설했다.[27]

프로이스는 대통령의 입지를 강화해야 한다는 베버의 주장에 처음에는 회의적이었으나, 두 가지 헌법 조항에 근거하여 뜻을 굽혔다. 첫째는 제국의 대통령은 민선으로 선출해야 한다는 것, 둘째는 비상 상황에서만 제국 대통령이 저항의 소지가 있고 정치적으로 음모를 꾸미며 당파적인 의회로부터 독립적으로 행동할 수 있다는 것이다.[28] 1919년 새 헌법에 관한 연설에서 프로이스는 다음과 같은 입장을 밝혔다. "헌법은 의회 절대주의를 지향하는 것이 아니다. 국민이 대통령을 직접 선출하는 것으로 이런 위험은 이미 제거되었다. 두 권력(즉, 의회와 대통령)의 이 같은 병치는 각종 전횡이 일어날 가능성을 차단한다."[29]

대통령과 의회 간 세력균형을 추구하는 것과 별개로, 이런 설명에는 정당성에 대한 여러 고려사항도 포함돼 있었다. 당시 기본적인 논리는 이랬다. 국민이 직접 선출한 대통령은 '민의'에 의해 승인과 지지를 받았다는 것이다. 반면, 정부 내각은 정당들을 대표하여 전략적으로 정치적 협상을 벌인 결과물이기 때문에 대통령만큼 정당성을 강력하게 주장할 수는 없다는 것이었다. 정부는 정치적 타협에 의존했던 반면 제국의 대통령은 유권자들의 지지를 얻은 입장이었다. 따라서 대통령이라는 자리는 통합과 안정의 상징이었으나, 정부는 갈등으로 점철된 의회의 힘겨루기를 고스란히 이어받고 반영하는 존재였다.

바이마르공화국의 두 주요 정치기관의 규범적 토대에 대한 이런 견해는 보수우파 진영에서 두드러졌다. 대통령에 대한 헌법의 광범위한 권력 보장에다 위계적 국가에 대한 독일 내의 폭넓은 지지까지 결합하여 권위주의가 부상하기에 적합한 환경이 조성된 것이다.

따라서 바이마르공화국의 정치상황에서 눈에 띄는 점은 민족사회주의자들이 권력을 장악하는 데 필수적이었던 일부 주요 조치들(가령 제48조에 따른 비상권한 사용 등)이 정당한 헌법적 규범에 근거했다는 사실이다. 차이는 의도와 목적, 즉 민주주의를 구하려는 노력인지, 이를 파괴하려는 결단인지에 있을 뿐이다.

1919년 4월부터 6월까지 석 달 동안 에베르트 제국 대통령은 작센 및 독일 북부에서 공산주의 쿠데타 시도를 저지하기 위해 무려 일곱 차례나 비상사태를 선포했다.[30] 에베르트는 제48조를 대대적으로 활용한 데 이어 입법권을 의회에서 내각으로 이양하는 「수권법Enabling Acts」으로 정치와 경제를 안정시키려 했다. 1919년부터 1925년까지 총 8개의 「수권법」이 통과되었다.[31]

처음에 제48조 제2항은 정치적 불안과 격변을 억제하기 위한 법적 근거로 사용되었다. 그러나 1923년 극심한 인플레이션을 겪는 사이 '입법독재'나 다름없는 대통령의 입법활동이 의회입법을 대체하자 대통령과 의회 사이에서 권력의 추가 대통령 쪽으로 기울어버리는 상황이 됐다.[32]

에베르트가 대통령으로 재임하는 동안은 이 같은 대통령의 권력 축적이 민주주의를 심각하게 위협할 정도는 아니었다. 그럼에도 일부 정치인들과 헌법학자들은 당시의 상황 전개를 예의주시했다. 1925년에는 프로이스 본인도 1919년 이후 빈번히 발동된 대통령의 긴급명령은 얼마든지 악용될 소지가 있으며, 궁극적으로 이득보다는 해악이 더 많았다고 언급했다.[33] 무엇보다 프로이스가 가장 우려했던 부분은 제48조 제2항에서 대통령이 기본권들을 일시적으로 또는 모두 중지할 수 있도록 함으로써 다른 국가기관들이 시민권에 대한 통상적인 금지와 제한으로부터 자유로워질 수도 있다는 점이었다.

1925년은 바이마르공화국 제1기의 종말을 고한 해였다. 그해 2월 에베르트가 사망했고, 뒤이어 실시된 대통령 선거에서 보수 성향의 육군 원수인 파울 폰 힌덴부르크가 사민당 후보를 제쳤다. 1914년 타넨베르크 전투에서 독일군을 이끌고 러시아군을 일찌감치 제압해 승리를 거둔, 제1차 세계대전의 전설적인 장군이었던 그는 독일 군국주의와 구 제국 질서를 대표하는 인물이었다. 그는 반反공화주의 입장으로도 유명했다. 그러나 가시적인 정치적·경제적 발전이 있었던 임기 초기에 힌덴부르크는 엄격히 정해진 대통령 직무에만 충실했다.[34]

상대적 회복기를 갖던 독일 경제는 1929년 10월 증권시장이 붕괴된 이후 끼익 소리를 내며 멈춰 서고 말았다. 전후 독일 경제는 미국에서 빌려온 차관에 크게 의존하던 상태였다. '검은 금요일Black Friday'*이 월스트리트를 강타하자 미국의 투자자들은 당장 자금 회수를 시작하여 기업들의 파산이 이어졌고 실업률이 치솟았으며 독일 인구의 상당수가 사실상 하룻밤에 빈곤의 나락으로 떨어졌다.

정치적 여파도 만만치 않았다. 1928년 의회 선거에서 사민당이 상당한 득표로 선전한 덕에 당대표인 헤르만 뮐러Hermann Müller가 1928년 6월 21일부터 1930년 3월 27일까지 제국 총리를 지냈다.[35] 처음에 뮐러는 독일인민당German People's Party, DVP과 연정을 시작했으나 1929년 봄부터는 독일민주당과 바이에른인민당Bavarian People's Party, BVP까지 포함한 '대연정'을 감행했다. 1930년 3월 뮐러 사임 후 실업률은 엄청난 수준으로 치솟은 상태였고 배상금 지불 문제도 여전히 해결되지 않았다.[36] 뮐러 정권을 붕괴시킨 궁극적 원인은 노동자 실업급여 축소 문제를 두고 생긴 사민당과 보수 독일인민당 간의 갈등이었다. 친노동 성향의 사민당으로서는 도저히 수용할 수 없는 사안

• 1929년 10월 24일 목요일 뉴욕증시의 주가 대폭락 사태를 일컫는 것으로, 시차 때문에 유럽에서는 '금요일'로 표현함.

이었다. 뮐러는 힌덴부르크 대통령이 비상시 권력을 동원해서 개입해 주기를 바랐지만, 힌덴부르크는 독일중앙당 당수인 보수적인 하인리히 브뤼닝Heinrich Brüning을 총리로 임명해 버렸다.

브뤼닝이 이끄는 소수파 정권은 의회에 의한 입법보다는 힌덴부르크의 대통령 긴급명령에 더 의존했다. 1930년 9월 의회선거에서 나치당의 득표율 상승에 놀란 사민당은 브뤼닝의 '대통령 중심제 정부'에 동조했다.[37] 그러나 경제위기는 나날이 심화했다. 사민당의 지지 여부와 상관없이 독자적인 우익 정권을 지향하는 힌덴부르크의 지지를 받지 못하자 브뤼닝은 1932년 5월 30일에 사임했다.[38] 그리고 이틀 뒤, 힌덴부르크는 강경 보수주의자 프란츠 폰 파펜Franz von Papen을 총리로 임명하여 바이마르공화국의 몰락을 앞당겼다.

2.4 프로이센주 대對 제국: 국사재판소의 판결 및 카를 슈미트와 한스 켈젠의 논쟁

바이마르공화국의 마지막 몇 달은 프로이센주 정부에 대한 전례 없는 공격으로 시작되었다. 1932년 7월 20일, 프란츠 폰 파펜 제국 총리는 오토 브라운Otto Braun 총리가 이끌던 프로이센 내각을 해체하고 프로이센을 연방 전권위원* 치하로 복속시켰다. 파펜이 보인 과감한 행보의 법적 근거는 제국의 힌덴부르크 대통령이

---

* 주정부를 약화시키고 권력의 중앙집중화를 꾀하고자 파견했던 총독 성격의 직책.

승인한 긴급명령이었다. 프로이센은 제48조의 제1항과 제2항을 위반했다는 비판을 받았다. 즉 프로이센은 알토나, 베를린, 그 외 프로이센의 여러 도시에서 나치당원, 공산당원, 경찰 사이의 폭력적인 충돌 사태에서 제국에 대한 의무를 다하지 않았고(제48조 제1항) 공공의 안전과 질서를 유지하는 데 실패했다는 것이었다(제48조 제2항). 역설적인 것은 이런 소요 상황이 파펜 본인이 이끄는 정부에서 통과시킨 법안 때문에 더욱 가속화했다는 점이다. 파펜은 급부상하던 나치당에 길을 터주겠다는 일념으로 1932년 6월 나치 돌격대 Sturmabteilung의 활동 금지마저 취소한 상태였다.[39]

파펜이 프로이센에 정치적으로 적대적 입장을 취했던 것은 순전히 정략적 동기에 의한 것이었다. 사민당원인 오토 브라운 총리가 이끄는 제국 연방 최대 주이자 반정부적인 성향의 프로이센을 제거하고 그 경찰력에 대한 통제권을 손에 넣으려는 속셈이었다. 1932년 4월에 프로이센 의회 내 과반 지위를 상실한 사회민주주의 프로이센주 정부는 이미 약해져있었고, 같은 해 7월에는 정치적으로 장악당하기 일보직전이었다.[40]

파펜의 조치에 대해 프로이센주 정부는 법치를 따르는 동시에, 통상적으로 제국과 개별 주 사이의 분쟁 조율을 담당하던 라이프치히 법원Staatsgerichtshof(국사재판소)에 해당 문제를 가져가는 것으로 대응했다.[41] 국사재판소는 완전한 사법심사 권한을 지닌 헌법재판소가 아니었다.[42] 프로이센과 제국 간 분쟁은 전반적인 헌법 문제도 포함된 것인 만큼, 해당 사건은 국사재판소에 그 권한의 경계를 넘어 심사해줄 것을 요구한 셈이다.

1932년 10월 25일, 국사재판소는 '프로이센 대對 제국' 구도에서 프로이센 정부는 제국에 대한 의무를 위반한 바 없으나 공공의 안전과 질서를 유지하는 데는 실패했다고(즉 제48조 제1항을 위반한 것이 아니라 제48조 제2항을 위반한 것이라고) 판결했다. 이 같은 판결은 프로이센 정부의 권한을 제국에 이양하는 것도, 프로이센 총리 및 각료들을 파펜이 해임한 것도 법적으로 유효하지 않다는 의미였다. 그러면서도 프로이센 경찰력을 장악하려는 조치는 제48조 제2항에 부합한다고 판결했다. 따라서 파펜 정권에서 임명한 연방 전권위원은 경찰에 대한 지휘권을 가지는 반면, 나머지 모든 정부 권한은 여전히 프로이센에 남게 되는 셈이었다.

국사재판소는 이런 분열된 판결을 타협할 수 있는 기회로 인식했지만 정치적 상황에 비추어보면 그것은 환상에 가까웠다. 재판소의 판결로 프로이센주 정부가 경찰력에 대한 권한을 박탈당함으로써 이미 심각한 권력 불균형이 야기되었기 때문이다. 권력에 굶주린 연방 정부가 주요 집행권을 이제 막 박탈당한, 대립관계였던 주 정부와 대체 왜 화해하려 들겠는가?

정치는 이에 발맞춰 움직였다. 국사재판소는 사실상 연방 전권위원을 해임하고 프로이센주 정부에 집행권을 되돌려 줄 것을 요구했지만, 제국 정부는 그 명령에 따르지 않았다.[43] 이러한 일련의 상황은 민주 세력의 패배였다. 이들은 권위주의적 보수주의뿐만 아니라 파펜의 과감한 행보로부터 이득을 취한 민족사회주의에도 밀려난 셈이었다.

국사재판소의 결정은 당시 대표적인 법이론가인 카를 슈미트Carl

Schmitt와 한스 켈젠의 논쟁으로도 이어졌다. 슈미트는 국사재판소의 법적 절차에서 제국 측 변호를 맡아 프로이센주를 상대로 한 제국의 조치를 옹호했다.[44] 한편, 당시 쾰른대학 교수인 켈젠은《사법_Die Justiz_》1932년 11월호에 기고한 글에서 국사재판소 판결과 그에 대한 슈미트의 변론을 대대적으로 비판하고 나섰다.[45] 이들의 대조적인 입장은 국가, 법과 정치의 관계, 헌법적 정의의 적절한 형태에 대한 확연히 다른 견해를 살펴볼 수 있도록 해주었다. 슈미트와 켈젠의 의견대립에서 바이마르공화국의 운명에 관한 근본적인 법적-정치적 의견 차이가 여실히 드러난다. 이는 바이마르공화국을 민주정으로 받아들이고 옹호할 것인지, 아니면 대통령 독재까지는 아니더라도 권위주의적 대통령제로 변화시켜야 할지에 대한 것이다.[46]

특히 1932년 여름 슈미트는 프로이센주 정부는 존재 자체가 "악명 높고 기만적인 계략"—즉 프로이센의 의회 절차 규칙 변경—에 기반을 둔 과도정부에 불과하다고 주장하여 이미 해체된 프로이센 정부의 입지를 약화하려 했다.[47] 해체된 프로이센 정부는 대통령의 긴급명령이 주 자치권을 침해했다고 주장한 반면, 슈미트는 대표성 문제와 별개로 주 자치 개념 자체가 어불성설이라고 맞받았다. 그리고 라이프치히 국사재판소의 사건 심리 이후 해체된 프로이센 정부의 지위와 그 정부가 프로이센이라는 주를 대표할 권리에 관하여 아무 후속조치도 없었다고 주장했다. 슈미트에 따르면, 제국의 대통령은 제48조를 실행하는 것으로 이미 대표성 문제를 해결했다. 대통령이 주 정부의 활동을 정지시키고 대행 주 정부를 임명한 이상, 사실상 해당 주를 대표할 권리가 누구에게 있는지는 이미 결론이 난 셈이었다. 1932년 7월 20일 긴급명령을 고려하면, 슈미트가 추론했듯이 프로이센의 각료들은 "이번 사건에만 해당되는 허구적인 대표권을 기반으로" 법정에 나올 수 있었을 것이다.[48] 슈미트는 "제국에서 임명한 대행 내각은 당연히 정상적인 정부가 아님"을 인정하면서도 "대행 정부도 정상적인 정부가 아니며, 특히 4월 12일 치욕적으로 오점을 남기며 쫓겨난 프로이센 정부 같은 정부는 더욱 정상적이지 않다"라고 강경하게 덧붙였다.[49]

슈미트가 보기에 라이프치히에서 주요 문제는 "프로이센주의 대행 정부가 제국 헌법 제48조에 근거하여 대통령에 의해 헌법적으로 임명되었는가" 여부였다.[50] 그가 내놓은 답은 명백했다. 제국의 대통령은 헌법적 권한을 정당하게 사용했다는 것이다.

슈미트의 발언은 프로이센 정부를 퇴각시킨 제국 대통령의 긴급명령이 정당화된 이유에 대한 해명이라기보다는 여러 사실에 대한 설명에 가까웠다. 슈미트가 추론한 핵심은 헌법은 대통령에게 긴급명령을 실행할 권리를 부여하며, 이 경우 대통령은 그저 자신의 헌법적 권력을 사용했을 뿐이라는 것이다. 그러나 이런 배경 안에는 당시의 정치적 상황이 정말로 대통령의 결정을 정당화할 만했느냐는 질문이 도사리고 있다. 다시 말해, 이 경우 힌덴부르크가 제48조를 동원한 것이 과연 헌법에서 제48조를 적용할 수 있다고 규정한 상황에 해당했는가이다. 슈미트는 대통령은 긴급조치에 대한 헌법적 권한을 지닐 뿐 아니라 헌법의 수호자 역할도 담당하므로 때에 따라서는 "자신의 정치적 재량에 달린, 정치적일 수밖에 없는 결정을 일정한 범위 안에서" 내려야 한다고 주장하면서 이 같은 의문을

무마하려 했다.[51]

슈미트는 국사재판소의 유일한 직무가 "헌법을 사법적, 법적으로 보호하는 것"이라며 본연의 역할을 강조했다.[52] 그러면서도 헌법은 단순한 법적 문서나 구조가 아니라 정치적 독립체라고 주장했다. 따라서 헌법은 정치적으로 보호되어야 하며, 이 과업에 적합한 자격을 갖춘 자는 국가의 최고 정치기관, 즉 제국의 대통령이라는 것이었다. 슈미트는 다음과 같이 주장했다.

> 헌법은 정치적 독립체이고, 또한 본질적으로 여러 정치적 결정을 요하기 때문에 이 같은 측면에서 볼 때 나는 헌법의 수호자는 제국의 대통령이라고 생각한다. 그리고 제48조에서 규정한 바로 그 권한의 목적은 대통령을 연방제뿐만 아니라 다른 모든 부분에 대한 헌법의 진정한 정치적 수호자로 만드는 데 있다.[53]

슈미트는 대행 주 정부 내각을 임명할 때 대통령이 헌법의 수호자 역할을 한다고 결론지었다. 암묵적으로, 여기서 그는 자신이 정의한 '정치적인' 것의 개념을 근거로 삼았다. 간단히 말해 각 주는 대통령의 권한으로 인정한 일종의 정치적 통일체여야 한다는 뜻이다.

슈미트가 대통령을 헌법의 수호자로 지명하며 이 같은 책략을 쓸수 있었던 것은 「바이마르헌법」에 적절한 헌법적 검토가 없었기 때문이다. 다시 말해, 국가기관들이 헌법에 따라 입법활동을 하고 있는지 아닌지 평가할 수 있는 법적 기관이 없었다. 라이프치히 법원, 즉 국사재판소는 헌법재판소가 아니었기 때문에 힌덴부르크의 헌법 준수 여부라는 핵심사안을 종합적으로 검토하고 법적으로 판단할 권한이 없었다. 분명 이는 「바이마르헌법」의 토대가 되는 규범적 원칙에 비추어 판단해야 할 문제였다. 그러나 슈미트의 대답은 대통령제라는 정치적-사법적 틀을 전제로 그에 맞추어 헌법을 해석한 것이었다.

그 결말은 이렇다. 1932년 가을 국사재판소에서 슈미트가 제국 대리인석에 섰을 때, 그는 이미 의회민주정으로서 바이마르공화국을 포기한 상태였다. 슈미트가 보기에 민주적 헌법의 토대로서 「바이마르헌법」이라는 개념은 명실공히 폐기된 상태였다.

일부 저자들은 슈미트가 바이마르공화국을 무너뜨리는 것은 물론이고 약화시킬 의도도 전혀 없었다고 주장해 왔다. 그보다는 곧 권력을 장악하게 될 나치 세력에 대항하여 공화국을 구하기 위해 라이프치히로 갔다고 보았다.[54] 이렇게 해석한 이들의 주장에 따르면, 슈미트는 나치 정권의 수립을 막을 유일한 수단으로 대통령의 강경하고 단호한 입장을 내세웠다는 것이다.

그러나 슈미트가 바이마르공화국의 몰락을 막으려 했다 치더라도 그는 바이마르공화국을 자유민주주의 국가로 지키고자 했던 건 아니었다. 자유민주주의와 가치다원주의에 대한 반감은 1920년대에 슈미트가 쓴 글들에도 녹아있고, 라이프치히 진술서에도 뚜렷이 드러나 있었다. 그가 본 바이마르공화국의 규범적 구조는 헌법 초안 작성자들이 염두에 두었던 그런 종류가 아니라, 독일 최초의 민주정이던 바이마르공화국이 적들에게 치명적 타격을 입은 것에서 비롯된 구조였다. 만일 슈미트가 바이마르공화국을 지킬 생각이 있었다면, 그건 1932년 여름 즈음 공화국이 취했던 정치적 형태 즉, 제국 대통령으로서 긴급명령을 내릴 수 있는 공권력을 지닌 대통령 독재 체제를 지키려는 것이었다.[55] 슈미트는 국가에 대한 이 같은 개념을 받아들임으로써 구 위계질서가 지속되는 것에 찬성했다. 이 경우 제국의 대통령은 구 제국-군사 질서의 대표로서 지니는 상징적 권위를 유지하는 동시에 황제의 자리를 대신할 수 있었다.[56]

슈미트의 주장에 반대한 켈젠은 제국 대 프로이센의 문제를 민주주의적 「바이마르헌법」의 관점에서 다루었다. 켈젠이 보기에 대통령은 헌법의 범위 안에서 움직여야 하며, 여기에는 헌법의 기본적인 규범 원칙을 존중하는 것도 포함된다. 따라서 그는 제국의 대통령이 헌법의 수호자로서 특수한 지위를 누린다는 슈미트의 가정에도 동의하지 않았다. 그보다는, 힌덴부르크의 명령을 평가할 결정적 기준은 '제48조를 발동하기 위한 헌법적 요건이 충족되었는가'라고 생각했다.

켈젠이 비판한 지점은 크게 세 가지였다. 제국 대통령의 명령은 위헌적이었고, 국사재판소인 라이프치히 법원의 판결에 일관성이 없었으며, 법원 판결의 결함은 상당 부분 제도적 실패—바이마르 내 헌법재판소의 부재—에서 비롯했다는 것이다.

켈젠에 따르면, 힌덴부르크가 1932년 7월에 발동한 긴급명령은 제48조 제1항과 제2항을 근거로 주의 집행권한 전체를 제국에 이양했다. 그가 보기에 이는 「바이마르헌법」의 두 가지 기본원칙인 연방제와 민주주의를 중단한 것이나 마찬가지였다.[57] 켈젠은 힌덴부르크의 명령을 근거로 한 파펜의 정치적 행위들은 단지 국민의 선거로 선출된 대통령이 그 명령을 선포했다는 이유만으로 정당화될 수는 없다고 보았다.

> 프로이센주 정부 권한의 행사를 책임지는 제국 총리를 제국 대통령, 즉 독일 국민 전체가 선거로 선출한 민주적 기관인 대통령이 임명한다는 사실과, 그렇기 때문에 민주적 성격을 띤다는 것은 서로 상관이 없는 별개의 사안이다. 여기서 중요한 것은 연방의 일원인 주(즉, 프로이센주) 안에서 민주주의 원칙이 실현되는 것이기 때문이다.[58]

여기서 켈젠은 대통령이 독일 국민의 '단일한 뜻'을 대표한다는 이유로 상당한 권력을 행사하는 것을 정당화한 슈미트의 견해에 반기를 들었다. 켈젠이 보기에 민주주의는 '단일한 뜻'에 의존하는 것이 아니었으며, 대통령이 광범위한 권력을 특정한 방식으로 휘두르는 것에 의문을 제기하는 것을 배제하는 것이 아니었다. 켈젠이 이의를 제기했던 부분은 정당성의 부당한 이양이었다. 유권자 과반수가 선출한 제국 대통령이라는 사실이 그에게 정치적·법적 권한을 무제한으로 허용하는 것은 아니며, 대통령은 헌법의 범위 내에서 행동할 의무가 있다는 지적이었다.

켈젠은 국사재판소가 일관적이지 못한 부분에 대해서도 비판했다. 한편으로는 제48조 제1항에 의거하여 연방 정부가 프로이센 주 정부 내각을 해체하고 연방 전권위원을 임명하는 등 프로이센에 적대적인 방향으로 연방 정부의 집행권을 사용한 것이 위헌적이라는 의견을 표명하면서도, 다른 한편으로는 동일한 조치가 제48조 제2항에 의하면 위헌이 아니라는 판결을 내렸기 때문이다.[59] 켈젠은 제48조를 각기 다른 법적 평가의 여지가 있는 두 부분으로 나누어 볼 수는 없다고 주장했다. 그는 제48조가 단일 조항이라고 보았다.

켈젠이 보기에 해당 사건에 대한 국사재판소 결정의 주된 문제는 힌덴부르크의 긴급명령이 부분적 위헌이라고 명시하지 않은 채 법적으로 분열된 견해만(제48조 제1항은 위반한 것이 아니라, 제48조 제2항은 위반했다는) 밝히면서 판결을 정당화하려 한 점이었다. 그러나 켈젠에 따르면 집행은 법원의 의견이 아니라 판결로만 가능한 것이었다. 그러므로 "현 사건에서 국사재판소가 의견서에서는 위헌으로 판단해 놓고 판결문에서는 위헌이 아니라고 한 연방 정부의 집행에 대해 제국의 대통령은 중단시킬 의무가 없다"라는 결론이 났다는 것이다.[60] 그 결과, 법원은 제48조 제1항에 따르는 한 해당 대통령의 명령이 위헌이라고 밝혔으나 대통령은 대통령령의 해당 부분을 철회할 필요가 없게 되었다. 게다가 켈젠이 지적했듯 법원 또는 대통령 본인이 긴급명령을 철회할 수 있는 위치에 있는지도 불분명했다—이 역시 바이마르에 연방 헌법재판소가 없었던 데서 비롯된 문제였다.

켈젠은 헌법 사법권(관할권)의 열성적인 옹호자였다.[61] 그는 삼권분립이 명확히 이루어진, 제대로 작동하는 민주국가에는 헌법재판소가 필수적인 요소라고 보았다. 켈젠은 법의 합헌성을 확인함으로써 정부를 견제하고, 소수자들을 보호하는 것을 헌법 사법권의 두 가지 주요 기능으로 구체화했다. 켈젠이 보기에 헌법의 진정한 수호자는 제국의 대통령이 아니라 헌법재판소였다.

켈젠은 이미 1931년에 쓴 글에서도 제국 대통령을 헌법의 수호자로 상정한 슈미트의 견해를 신랄하게 비판한 바 있었다.[62] 슈미트가 헌법 심판을 거부한 것은 그의 전체국가 관념과 관련이 있다고 주장했다. 켈젠이 보기에 제국 대통령의 직무에 대한 슈미트의 해석은 국가를 "폐쇄적이고 동질적인 통일체"로 보는 비민주적 개념과 일치했다.[63] 그는 슈미트가 헌법을 규범에 따라 입법을 규제하고 최고 집행기관들의 지위 및 권한을 규정하기 위한 법원legal source으로 해석하지 않았다고 지적했다. 그 대신 슈미트는 헌법을 "독일 국민의 '통일성' 조건"에 부합하는 것으로 보았고[64] 이러한 통일성을 단지 형식적인 것이 아니라 실질적인 것으로 간주했다. 따라서 켈젠은 이는 "특정한 정치적 관점에서 바람직하다고 판단하는 모종의 사회적 조건"으로만 이해할 수 있다고 주장했다. 그는 그러므로 "희망적 사고에 근거한 '통일성'이라는 자연법적 이상이 일종의 실정법으로서 헌법을 대체"하는 셈이라고 지적했다.[65]

헌법재판소라는 기관을 거부한 것은 비단 슈미트만이 아니었다. 바이마르 시기에 수많은 보수적인 법학자와 정치학자들이 헌법적 관할권에 반대했다. 이러한 저항의 기저에 권위주의적 정치관이 얼마나 뿌리 깊이 박혀있는지는 빈(1928년 4월 23-24일)에서 열린 헌법학자회의Staatsrechtslehrertagung에서 드러났다.[66] 베를린에서 활동 중이던 하인리히 트리펠Heinrich Triepel 교수는 당시 이 회의에서 헌법 사법권을 옹호하는 켈젠의 견해를 특히나 맹렬히 반박했다. 트리펠의 주장에 따르면, 헌법은 본질적으로나 의미상으로나 형식적 사법권의 대상이 아니라는 것이었다. 헌법 사법권이 가능한 대상은 형식적 의미보다는 본질적인 면에 한정되어야 한다고 반박했다. 그러나 본질적인 차원에서 헌법은 법률적 현상이 아니라 정치적 현상이었다. 즉 "국가 공동체 전체가 스스로 준비하고 성취하고 쇄신하는 정신적 경험의 과정들"에만 관련된 현상이었다.[67]

트리펠은 정치적인 것에 대한 슈미트의 개념(특히 정치적인 것으로부터 국가의 본질을 추론하려는 시도)에 회의적이라고 강조했지만, 위구절이 포함하고 있는 개념들—공동체, 전체성, 통일성—은 슈미트의 정치적 사상에 중요한 동시에 반민주적 관점에 전형적으로 나타나는 것들이다. 법과 법이론의 영역을 정치 이데올로기로부터 지키고자 했던 한스 켈젠 같은 분석적 성향의 사상가는 이 같은 구절을 확실히 견디기 어려웠을 것이다.[68] 더 큰 문제는 자유민주주의에 대한 트리펠의 폄하와 권위주의 국가에 대한 그의 노골적인 지지였을 것이다.

트리펠은 의회제도, 즉 '정당국가Parteienstaat'를 공공연히 무시했다. 베를린대학 총장이던 그는 1927년 8월 3일 강연에서 "유럽에서는 법과 현실 사이에 드러난 격차를, 그저 현실이 그렇듯 병폐의 증상으로 볼 뿐 아니라, 더 나아가 정당 지배와 정당국가를 국가의 퇴행으로 인식하는 견해가 지배적"이라고 언급하며 정당의 문제점을 부각했다.[69] 강연 말미에는 정당국가가 되지 않는 길은 오직 대중 민주주의의 발달을 통해서만 가능하다고 주장하며 "'평등주의적' 민주정은 과두적 리더십Führeroligarchie으로 변화함으로써 고귀해 질 것 Veredelung이며, 이를 통해 자율적이고 책임있는 국가 지도자들이 무책임한 정당 조직과 그 배후에 있는 익명의 권력들을 대체할 것"이라고 덧붙였다.[70] 그는 "(정당국가) 탄생의 뿌리인 원자론적-개인주의적 국가관이 유기적 국가관에 자리를 비켜주고" 나면 비로소 정당국가가 잠식해 들어오는 것을 막아줄 튼튼한 방벽이 세워질 것이라고 결론지었다.[71]

트리펠의 강연은 바이마르 후기의 정치학계와 법학계에 퍼져있던 권위주의 경향을 여실히 보여주는 충격적인 증거이다. 뿐만 아니라 국가 및 통치에 관한 보수주의 사상가들의 관점이 나치 이데올로기에 진입한 것이나 다름없다는 사실을 보여준다.[72]

국사재판소의 판결로 돌아가 보자. 정치적 차원에서 보면, 법원 판결은 아무 효력도 없었다. 법원은 대통령에 대해 부분적으로나마 비판의 목소리를 냈지만 대통령의 명령은 철회되지 않았고 프로이센 정부의 권한도 회복되지 않았다.

켈젠이 보기에 이는 제도적 실패가 가져온 당연한 결과였다. 명확한 헌법심사 지침도 없는 상황에서 대통령의 권한은 법률 해석이 아니라 헌법에 규정된 절차를 통해서만 제한될 수 있다는 것이었다. 켈젠은 대통령의 명령이 극도로 중앙집권적이기는 하지만 적어도 법적-정치적 관점에서는 이해할 수 있는 수준이라고 보았다. 반면, 법원의 판결은 양립할 수 없는 두 가지 법적 해석을 조율하려다 보니 혼란만 유발했던 것이다. 켈젠은 "국사재판소가 판결에서 황금분할같은 기막힌 중도를 택해도 「바이마르헌법」을 구해낼 수는 없었다"라고 결론지었다.[73]

1932년 가을 즈음, 켈젠은 제48조의 잠재적 위험에 대해 다음과 같이 냉철하게 분석했다.

> 헌법 자체가 금지하지 않는 이상, 제48조 제2항을 적용하여 제
> 국을 연방 국가에서 단일 국가로 바꿀 가능성을 만드는 것은
> 바로 그 헌법이다. 이런 가능성에는 눈감은 채 다른 조항들에
> 있는 가장 중요한 기관의 결정을 무효화할 빌미를 주는 특정
> 헌법 조항에 대한 '의도적' 해석을 믿는 것은 일종의 자기기만
> 일 것이다.[74]

2.5 맺음말

바이마르공화국의 마지막 몇 주는 고통과 정치적 음모로
점철됐다. 1932년 7월 31일, 나치당은 선거에서 득표율을 높여나가
며 정치적 영향력을 키워갔다. 1932년 11월 6일 선거에서 나치당은
득표율이 4.2% 하락했고, 부르주아 정당들이 회복의 기미를 보인
것은 사실이다.[75] 그러나 군부의 지지를 받던 보수주의자 쿠르트 폰
슐라이허Kurt von Schleicher와 파펜 간의 음모로 인해 정치적 상황은
사정없이 악화됐다. 1932년 12월 2일 힌덴부르크 대통령은 슐라이
허를 총리로 임명했다. 민족사회주의자들로부터 지지를 얻으려던
슐라이허의 시도는 실패로 돌아갔다.
　슐라이허의 입지를 흔들려 했던 파펜은 히틀러와 나치당이 지닌
위험을 대체로 무시했다. 그는 당장 자신의 경쟁상대로 여겼던 슐라

이허의 기반을 허물기 위해 심지어 히틀러와 나치당과의 연정도 마다하지 않았다. 그러나 히틀러가 총리직을 요구하는 것을 거부하려면(나치당은 여전히 1당이었음) 민족사회주의자들의 집권을 반대하는 세력이 정치적으로 상당히 막강해야만 했다. 하지만 정치적 반대 세력의 분열은 뿌리 깊고, 파펜은 슐라이허 정부를 무너뜨리기로 결심한 상황에서 히틀러의 야심에 저항할 기반은 이미 사라진 뒤였다. 1933년 1월 30일, 힌덴부르크는 히틀러를 총리로, 파펜을 부총리로 임명했다.

　히틀러의 집권을 지지했던 보수주의자들은 히틀러가 볼셰비즘을 막아줄 유용한 안전장치가 될 것이고, 히틀러와 나치당을 통제할 수 있으리라 생각했다. 하지만 이런 판단에 어떤 치명적 오류가 있는지를 명확히 해야 했다. 특히, 「바이마르헌법」 제48조에 어떤 위험이 도사리고 있는지, 이로 인해 「바이마르헌법」이 권력을 추구하던 정부에 공공질서와 안전 회복의 필요성을 대통령이 확신하도록 어떤 광범위한 권한을 부여했는지를 분명히 해야 했다.

3장 총통국가

3.1 독재로 가는 길

1933년 1월 30일 히틀러를 제국 총리 자리에 임명한 것은 독일에 급격한 정치적·법적 변화를 몰고 온 사건이었다. 민족사회주의자들은 총리직을 총체적 권력을 장악할 기회로 보았다. 이들은 애초부터 제국 의회를 무력화하고 다른 정당들을 불법화해서 정적을 제거할 심산이었다.

히틀러가 최초로 꾸린 정부는 나치당과 알프레드 후겐베르크 Alfred Hugenberg가 이끄는 독일국가인민당German National People Party, DNVP의 연립정부였다. 1933년도 당시 내각에 민족사회주의자는 히틀러 외에 단 두 명—내무장관 빌헬름 프리크Wilhelm Frick 및 프로이센의 연방 전권위원 헤르만 괴링Hermann Göring—뿐이었다. 파펜 부총리나 귀르트너 법무장관은 나치당원이 아니었다. 이들이 연립정부의 일원이 되었지만 절대권력을 향한 나치의 야욕을 꺾을 수는 없었다.

히틀러 취임 당시 긴급명령이 의회민주정을 권위주의적 통치로 대체하는 데 얼마나 강력한 도구가 됐는지 너무나도 잘 알던 민족사회주의자들은 제48조를 이용해 총통의 손에 모든 권한이 집중된 국가를 세우기로 작정했다.[1]

그러나 나치에게는 긴급명령을 실행할 핑계가 필요했다. 의회주의 및 공화정 체제에 대한 혐오발언과 날선 언어 공격으로 민심의 동요를 부추겨 구실을 만들어냈다. 나치 친위대와 나치 돌격대가 거리에서 사민주의자와 공산주의자를 상대로 폭력을 자행한 것 역시 정치적 불안을 야기하려는 속셈이었다.

나치의 손에 놀아난 사건도 여럿이었다. 2월 27일, 네덜란드 출신의 공산주의자 마리뉘스 판데르뤼버Marinus van der Lubbe는 독일 제국 의회에 불을 질렀다.[2] 신속하고 단호한 대응에 나선 정부는 공산당 지도자들과 의원들을 투옥하고 2월 28일에는 「민족과 국가 수호를 위한 제국 대통령령Decree of the Reich President for the Protection of Volk and State」을 통과시켰다.[3] 「제국 의회 화재 법령Reichstag Fire Decree」으로도 알려진 이 명령으로 표현의 자유와 집회의 권리 같은 「바이마르헌법」이 보장하던 시민의 기본적 자유가 정지됐다. 국가는 이 명령을 이용해 사적 영역에 광범위하게 개입할 수 있게 됐고,[4] 히틀러와 그 휘하의 행정당국은 공공의 질서와 안전을 회복하기 위해 필요한 모든 조치를 취할 수 있는 권한이 생겼다.[5]

독재로 가는 길을 닦은 두 번째 법적 조치는 「수권법」으로 더 잘 알려진, 「민족과 제국의 비상사태 해결을 위한 법Law to Remedy the

State of Emergency of Volk and Reich」(1933년 3월 24일)이었다. 이 법은 정부가 의회의 감시 없이도 법을 제정하고 헌법을 수정할 수 있도록 승인했다.[6]

「수권법」은 중앙집권 국가를 세우기 위한 이른바 조정(획일화)조치들Gleichschaltungsmaßnahmen의 토대 역할을 했다. 과거 주권을 가졌던 연방 주들은 한낱 제국의 행정단위로 전락했다. 각 주의 주지사들은 제국 총독Reichsstatthalter으로 교체됐는데, 이들은 히틀러의 정치적 명령을 집행하여 각 주에 대한 통제권을 행사할 책무를 맡은 연방 대리인이었다.[7] 충성스러운 민족사회주의자였던 제국 총독들은 주 정부의 책임자들을 지명하고 주에서 선거를 요구할 권한을 가졌다. 이들 대다수는 대관구 지도관Gauleiter•이기도 했으므로 주와 나치당 양쪽에서 직위를 차지하고 있었다.[8]

민족사회주의자들은 급격하게 주를 재편하는 것과 더불어 다른 정당들에 대한 조직적 방해도 병행했다. 나치 지도자들이 중앙당과의 연정은 불가능하다며 새로운 연방 선거를 요청하자 힌덴부르크 대통령은 이들의 요구에 응했다. 히틀러를 총리로 임명한 지 단 이틀 만인 1933년 2월 1일에 제국 의회를 해산한 것이다. 바이마르 시대의 마지막 다당제 선거가 된 3월 5일 총선에서는 정적들에 대한 나치의 지속적 공격과 함께 표현, 결사, 집회의 자유가 정지되는 현상이 두드러졌다.[9] 그럼에도 나치당은 과반수 득표를 하지 못했고 제국

• 대관구Gau는 지역주민을 통제하고 나치 이념을 전파하는 나치 독일의 주요 지방 행정단위로, Gauleiter는 그 지역의 지도자.

의회 내에서 독일국가인민당DNVP과 손을 잡을 수밖에 없었다.

민족사회주의자들이 천명한 목표는 일당독재였다. 1933년 3월 8일, 공산당의 득표 자체가 무효화됐고, 1933년 6월 22일에는 반역죄라는 구실로 사민당이 불법단체가 되었다. 당시까지 히틀러를 지지해 왔던 독일국가인민당의 지도자 알프레드 후겐베르크Alfred Hugenberg는 1933년 6월 27일에 사임했고 당은 해산되었다. 1933년 7월이 되자 나치당을 제외한 모든 정당은 금지령 또는 자진해산을 통해 없어졌다. 「신규정당 설립금지법Law Against the Founding of New Parties」(1933년 7월 14일)은 이 결과를 못박았다. 1933년 11월 12일에 총선이 새로 치러졌으나 전부 단일 후보(주로 나치당원들)였다.[10]

1933년 12월 1일 「당과 국가의 통합을 보장하기 위한 법Law to Safeguard the Unity of Party and State」까지 시행되면서 나치는 절대적인 국가통제를 향해 한 걸음 더 나아갔다. 나치당과 국가는 "불가분의 관계로 연결"되어 있다고 선언한 이 법은 나치당을 "독일 국가이념"의 담지자로 지명했다. 제2조는 총통의 대리인Stellvertreter과 나치 돌격대장을 제국 정부의 구성원으로 규정했다.

1934년 1월 30일 「제국의 재건을 위한 법Law for the Reconstruction of the Reich」은 각 주의회를 중단시키고 그 주권을 제국에 넘김으로써 독일의 연방 구조를 뒤엎어 버렸다. 이 법은 정부 내각이 헌법을 바꿀 권한까지 인정했다. 1934년 2월 14일, 제국 의회는 공식적으로 폐지되었고 따라서 각 주의 입법 참여는 무산되었다. 이러한 조치는 제국을 단일국가Einheitsstaat로 바꾸는 데 결정적인 역할을 했다.

1934년 8월 2일, 힌덴부르크 대통령이 사망했다. 전날 민족사회주의자들은 대통령 사망 시 제국의 대통령과 총리 직무를 통합하는 법을 통과시켜 놓은 상태였다. 전쟁 영웅이라는 힌덴부르크의 상징성을 너무나도 잘 알고 있던 히틀러는 "고인의 위대함"이 제국 대통령이라는 칭호에 "고유한 의미"를 부여했으므로 자신은 "총통 겸 제국 총리"로 불리는 것에 계속 만족하겠다고 선언했다.[11]

히틀러는 제국의 최고위직을 차지함으로써 최고 권한과 권력을 지닌 자신의 지위를 입증했다. 그는 1934년 8월 19일 실시된 대통령 및 총리 직무 통합에 관한 국민투표에서 90%에 육박하는 득표로 제국의 대통령이라는 위치를 확인했다(투표율은 무려 95%였다!). 힌덴부르크 사망 이후 3주 정도 지난 시점에 나치가 굳이 국민투표를 통해 히틀러의 정치적 쇼를 정당화하려 한 것은 정치적 전횡을 형식적인 법적 정당성 안에 은폐하려던 그들의 전략과 잘 맞아떨어졌다.

독일은 이렇게 완연한 독재국가로 변모했고 이 과정은 민족사회주의 연구서로 널리 알려진 에른스트 프랭켈Ernst Fraenkel의 『이중국가The Dual State』에 논리적으로 설명돼 있다.

> 비상상태에 필요한 모든 권력을 부여받은 민족사회주의자들은 (공공질서 회복을 위한) 헌법적이고 일시적인 독재를 비헌법적이고 영구적인 독재로 바꾸고 나치 국가의 기틀에 무제한적권력을 부여할 수 있었다. 민족사회주의 쿠데타는 1933년 2월 28일 긴급명령을 자의적으로 적용한 데서 비롯되었고, 이로써 비상시의 한시적 독재는 절대 독재로 전환되었다.[12]

민족사회주의자들은 헌법적 기준에서 불법으로 규정된 권력을 행사하기 위한 수단으로 바로 그 헌법적 규범을 사용했다. 강제수용소를 짓고 유대계 시민을 공직에서 제거하는 등 야만적 조치를 취했지만 조작과 선전을 통해 이를 감추면서 나머지 작업을 완수했다.[13]

정치적 폭력에 살인까지 불사하는 나치 정권의 성향은 내부 갈등으로까지 번졌다. 1934년 6월 30일, 힘러의 나치 친위대는 나치 돌격대장이었던 에른스트 룀Ernst Röhm과 그 부하 대원 100여 명을 살해했다. 이들이 히틀러를 상대로 반란을 모의했다는 이유였다. 그런 계획이 제대로 확인된 바는 없었지만, 히틀러가 돌격대의 세력 확장과 독자성을 두려워했다는 건 분명한 사실이다.[14] 그러나 '장검의 밤'이라고도 불리는 룀의 숙청은 돌격대가 위축되고 제3제국의 권력구조 내부나 총통의 시선에서 보면 공격적 성향의 친위대가 부상하는 계기가 됐다.

대체 어떻게 이런 정권이 학문적으로 훈련된 법률가들의 지지를 얻었을까? 법사학 및 정치철학 분야의 전문가들이 어쩌다 살인까지 자행하는 통치형태의 규범적 기초를 마련하는 역할을 했을까? 게다가 어떻게 그걸 정당화하기까지 했을까?

이 장의 나머지 부분에서는 나치 국가의 토대를 규정하고 새로운 질서를 합법화하려 했던 나치 법이론가들의 노력을 간략히 살펴볼 것이다. 주요 인용 문구들은 왜곡된 규범일지라도 나치 법률가들이 독일제국의 정치적 틀을 만들기 위해 사용한 수사, 개념, 관념들을 직접 보여줄 것이다.

3.2 민족사회주의 혁명의 특수한 성격

　　민족사회주의자들이 권력을 장악하게 된 과정에는 이중의 정당화가 필요했다. 정치적으로는 바이마르공화국에서 제3제국으로 전환한 것을 급진적이고 혁명적인 단절로 묘사하되, 규범적 관점에서는 그 과정의 합법성을 옹호하는 것이 중요했다.

　민주정에서 일당 지배로 전환하는 것이 갖는 혁명적 성격을 강조하는 것은 나치 운동, 특히 이데올로기에 따라 움직이는 나치 돌격대의 이익에 확실히 부합했다. 그러나 히틀러는 정권이 기업가 등 보수세력의 묵인에도 의존하고 있고, 이들은 국가의 재편이 급진적이기보다는 합법적인 것으로 표현되는 것에 관심이 많다는 사실을 알고 있었으므로 이에 적절한 조치들을 취했다. 따라서 1933년 7월 6일 제국 총독과 돌격대장들을 대상으로 한 연설에서 히틀러는 독일혁명이 완료되었다고 선포했다.[15] 이런 관점에서 보면 1934년 6월 말 나치 돌격대를 잔혹한 방식으로 침묵시켰던 것•은 나치 정권의 독재적 업적의 결과물이었다. 히틀러는 나치 돌격대를 혁명의 에너지를 아직 다 소진하지 않은 세력으로 보았기 때문이다.

　나치 법이론가들은 히틀러의 정치적 쿠데타를 '합법적 혁명'으로 규정하여 혁명적 동력과 법적 정합성 사이의 긴장을 해소하려 했다.[16] 이들은 바이마르공화국에서 여러 차례 있었던 긴급명령에 의한 통치와의 연속성을 지적하며 히틀러가 권력을 잡은 것은 적법하

• '장검의 밤'을 지칭함.

다고 주장했다. 히틀러의 조치는 바이마르공화국 말기에 정부가 힌덴부르크의 제48조 발동에 의지한 것과 전혀 다를 바 없다는 주장이었다. 그러나 법이론가들이 간과한 부분은 바이마르 시대와 나치 시대에 제48조에 호소하여 달성하고자 하는 정치적 목적은 완전히 딴판이었다는 점, 즉 한쪽은 민주주의 체제를 지키려 했고 다른 한쪽은 그것을 파괴하려 했다는 사실이다. 보수 성향의 법이론가 하인리히 트리펠은 "1933년 혁명에서 특이한 점은 혁명의 주요 부분-불법 행위들이나 합법성이 의심스러운 것을 무시한-은 전적으로 유효한 헌법의 범위 안에서 이루어졌다는 사실이다. **이것은 합법적인 혁명이다**"라고 했다. 이는 놀라운 지적이다.[17]

카를 슈미트 역시 바이마르공화국의 몰락에 대해 다음과 같이 비슷하게 설명했다.

> 이런 체제 전환이 합법적으로 이뤄졌다는 사실은 실질적으로 대단한 의미가 있었다. … 언급한 바와 같이 합법성은 국가의 공무원 조직 및 공권력의 기능 방식이다. 따라서 정치적, 법적 중요성을 가지고 있다. 어떤 체제가 공식적으로 스스로를 포기하고 자체적인 합법성 기준에 따라 자신의 종말에 서명하는 것 역시 가치 없는 일은 아니다.[18]

그 반면에, 법이론가들은 히틀러가 총리직을 맡은 것은 모든 국가기관을 개조하기로 한 정권의 수립을 전제한다는 사실을 알고 있었다.[19] 나치 정권은 「바이마르헌법」을 공식적으로 폐지하거나 제국의 대통령을 축출하지는 않았지만, 「수권법」을 통해 완전히 새로운 법을 제정하고 권력을 장악할 형식을 갖춘 것만은 분명했다. 카를 슈미트는 "오늘날의 국가를 구속할 수 있는 어떤 토대도, 한계도, 그 어떤 중요한 해석도 폐위된 옛시대로부터 나올 수 없다"라고 인정했다.[20]

헌법적 규범과 권력 강탈 사이의 이런 긴장을 헤쳐나가기 위해서 나치 법률가들은 '합법적 혁명'이라는 신조어를 만들어냈다. (종종 '헌법적 의미의 혁명'을 언급했던) 울리히 쇼이너Ulrich Scheuner는 합법적 혁명은 세 가지를 포함한다고 했는데, 그것은 바로 인민운동Volksbewegung, 전통적 법질서와의 단절, 국가구조를 근본적으로 재건하는 새로운 정치원칙이었다.[21] 쇼이너는 "진정한 혁명"인 나치의 장악이 이 모든 조건을 충족한다고 주장했다. "국가에 대한 새로운 관념이라는 돌파구"와 "새로운 형태의 정치적 삶"의 형성이 두드러진 인민운동이었다는 것이다.[22]

민주주의적 이상을 실현하고자 했던 프랑스혁명이나 1848년 유럽의 여러 혁명과 달리, 민족사회주의 혁명의 목표는 모든 사회적 반대를 이겨낼 만큼 강력한 국가를 세우는 것이라고 나치 사상가들은 끊임없이 강조했다. 쇼이너의 표현에 따르면 이런 우익 혁명은 "국가의 약화와 모든 사회적 유대의 해체에 단호히" 반대하고 "사회의 모든 세력 위에 우뚝 서는 강한 국가"를 형성하고자 했다.[23] 혁명을 추동하는 힘은 국가로부터 개개인의 독립을 지켜내는 것이 아니라 그 개인에게 '국가의 대대적인 연결성에 편입하는 것'을 보장하는 것이었다.[24] 오토 쾰로이터는 히틀러의 혁명이 "피와 토양"으로부터 완전히 분리돼 있던 개인주의적 국가를 철저히 제거하여 독일인의 삶과 "공간과 민족Raum und Volk"이라는 자연적 조건을 복구해 놓았다고 했다.[25]

쇼이너는 혁명은 법을 위반하기 마련이지만, 민족사회주의 혁명은 달랐다고 주장했다. 그 신중한 계획, 치밀한 정치조직, 통제 불가능한 세력을 풀어두지 않은 것에서 차이가 있었다는 것이다. 그러면서 나치 혁명은 민족공동체의 사후 인정과 동의로 그 정당성과 합법성을 확보했다고도 역설했다.[26]

큅로이터가 보기에 혁명적 변화와 합법성의 조합은 제3제국을 법치국가를 실현한 국가로 만들어준 것이었다. "권력 및 질서의 구성요소들이 모습을 드러낸 것으로, 이는 정의의 요건뿐 아니라 국가적-정치적 생활(활동과 운영)의 필요도 충족시키기 때문이다."[27]

큅로이터와 쇼이너는 민족사회주의 혁명의 사회주의적 요소를 역설하기도 했다. 큅로이터에 따르면 나치당은 "노동자의 형상"을 정치활동의·중심에 놓았다.[28] 쇼이너에게 제3제국은 계급 갈등을 '노동하는 독일 민족의 내적 단합'으로 극복하고자 하는 사회주의 국가였다.[29] 물론, 유대계 독일인들에게 이 같은 단합은 무자비한 배제를 의미했다. 새로운 질서의 토대가 되는 국가와 민족의 유기적 연결에는 인종적 함의가 숨어 있었다.

3.3 국가질서와 민족공동체

민족사회주의 이데올로기의 핵심요소는 인민공동체, 또는 민족공동체Volksgemeinschaft였다. 메시지는 단순했다. 민족 구성원들은 오직 공동체적 질서 안에서만 적절한 사회적 지위와 윤리적 삶의 목적을 달성할 수 있다는 것이다.

쇼이너는 민족사회주의 법질서가 개인의 권리를 보호하기보다 "국가의 필수재, 명예, 국민 건강, 관습, 전통"을 수호하는 데 역점을 둔다고 봤다.[30] 국가에 맞선 개인의 권리가 아니라 공동체에 대한 의무가 지상 최고의 가치였다.[31] 소위 지도자 원칙Führerprinzip• 외에도, 민족공동체 원칙Volksgemeinschaftsprinzip이 법의 원천 즉 법원Rechtsquelle, 法源이 되었다. 독일법학술원장이었던 한스 프랑크는 나치 법학의 대표적 이론가로서 이렇게 설명했다.

> 추종 개념과 지도자의 원칙은 공동체 내부에서 공동체 인격Gemeinschaftspersönlichkeit의 법적 지위를 정의하는 기본 출발점이다. 그럼으로써 과거 정치사상에서 자유주의적 법률원칙의 필수요소였던 국가 중심의 주관적 공권과 행정법상 법인으로서의 국가는 극복된다. 이제 문제는 개인과 국가 또는 개인 대 국가에 관한 것이 아니라 국가공동체 내부의 공동체 구성원[이 되는 것]에 관한 것이 되었다. 개인들의 합은 피와 운명으로 묶

• 나치 독일의 조직원리로 "지도자의 말씀이 모든 성문법에 우선한다"는 말로 요약할 수 있다.

인 민족공동체로 대체되었다. 이것은 살아 있는 유기체이며, 그 정치 단위는 제국이다. 그리고 이 제국은 민족사회주의가 정치적으로 만들어낸 결과물로서 단일국가라는 새로운 헌법 적 형태로 우리 앞에 서 있다.[32]

나치 사상가들은 국가를 상대로 개개인에게 권리를 부여하는 것은 부르주아 해방운동, 특히 정치적 절대주의, 그리고 이후 19세기 군주국가를 겨냥했던 종류의 운동에서나 성립한다고 주장했다. 즉 19세기에 공법이 발전하면서 기본권이나 주관적 공권을 품은 개인주의적 법체계가 생겨났다는 것이다.[33] 나치 법률가들에 따르면, 문제는 국가를 상대로 개개인에게 권리를 부여하는 것은 통치자와 시민이 반목하는 정치체계에나 걸맞는다는 것이었다. 포르스토프는 "왕이 사회 바깥의 통치자außergesellschaftlicher Souverän인 한에서, 즉 사회 밖에서 주권을 행사하는 한에서만 개인의 권리와 자유를 주장할 수 있는 진정한 반대자가 존재했다"고 설명했다.[34]

그러므로 국가와 시민은 별개의 분리된 법적 주체를 형성했다. 그러나 정치적 리더십과 민족공동체를 결합한 단일국가인 총통국가에서는 기본권과 주관적 공권, 둘 다 불필요해질 것이다. 따라서 쾰로이터는 아래 사실이 "명백"하다고 주장했다.

이런 의미에서 '진정한' 기본권에 해당하는 자유주의적 기본권은 더 이상 총통국가 독일에 존재할 수 없다. 자유주의적 기본권, 그리고 '적절하게 습득된' 권리와 그에 수반되는 "주관

적 공권"에 대한 지나친 강조는 민족사회주의의 정치적 기본
가치로서의 공동체에 모순되기 때문이다. 국가 및 법에 관한
개인주의적 사고 때문에 기본권은 민족공동체의 삶을 형성하
는 데 해가 된다.[35]

쾰로이터가 이 내용을 쓸 당시 나치 국가는 이미 기본적인 자유
권을 중지해 놓은 상태였다. 그러나 나치 법이론가들은 정부기관의
활동 및 관료제를 규제하는 행정법을 위해 소위 주관적 권리(즉, 타
인에게 무언가를 요구할 개인의 권리)에 대한 공동체의 우선권은 지속
되어야 한다고도 주장했다. 다시 말해, 주관적 공권이 완전히 없어
져야 했다.

나치 국가의 행정법에 관한 글에서 테오도르 마운츠Theodor Maunz
는 주관적 권리의 폐지에 관한 이 같은 과도한 주장에 대해 좀더 고
찰했다. 행정법에서 총통 개념이 구현되면서 이미 행정기관들이 민
족을 지배하는 것이 아니라 민족에 봉사하는 것을 본연의 역할로 인
식하도록 방향을 틀어놓았다는 주장이었다.[36] 그러나 민족공동체의
구성원들은 공동체적 질서를 존중한다는 전제에서만 법적 지위와
보호를 누리게 된다. 마운츠는 "[개인의 청구권이] 박탈되는 경우는,
개인이 공동체와 유대를 끊지 않는 한 법적 지위를 갖는다는 법률사
상에 근거하고 있다"고 주장했다.[37] 그는 이같이 주관적 법에서 공
동체적 법으로 변화한 결과는 사유재산권의 규제에서 확연히 드러
난다고 보았다. 소유주가 자기 소유에 대한 의무를 다하지 못하면,
국가는 그 재산을 몰수하고 수용할 권리를 가졌다.

마운츠는 민족사회주의 체제에서 이 같은 행정법의 변화는 기업에 대한 이해와 해석에 영향을 미친다고도 주장했다. 그의 주장에 의하면, 개인주의적인 법적 관점은 조직을 자체적인 권리와 의무를 지닌 일종의 법인으로 보았던 반면, 민족사회주의 입법은 조직의 책임을 평가하는 데 도움이 되는 한도 내에서만 그런 해석에 의존했다. 민족사회주의의 관점에서 국가질서의 핵심단위는 민족동지와 맺은 공동체적 관계에서 분리되어 민족 너머에 존재하는 (법인 형태의) 어떤 가상의 사람이 아니라 공동체였다.[38]

나치가 주관적 공권을 폄하한 것은 사법private law을 철폐하기 위한 더 큰 규모의 규범적 변화의 일환이었다. 나치 경찰법 전문가 발터 하멜Walter Hamel의 표현대로 주관적 공권의 거부는 "공법과 사법 간 합리적 모순"을 무효화하는 것일 수밖에 없었다.[39] 민족사회주의자들은 사법보다 공법을 우위에 둠으로써 나치 정권이 사법 영역에 침투해 점차 개인의 자유를 무자비하게 침범하는 것을 정당화했다.

실제로 나치 법률가들은 주관적 공권을 계획적으로 폐기했는데, 이는 한계가 분명했다. 마운츠는 현재 법원들이 새로운 지침을 따르는 대신에 국가를 상대로 쟁취한 권리와 요구라는 낡은 범주에 의존하고 있다며 공개적으로 불만을 표했다. 그리고 자유주의적인 주관적 법의 모든 흔적을 삭제하고 공법과 사법 간 구분을 완전히 지워 없애려면 몇 년, 혹은 수십 년은 걸릴 것이라고 체념하듯 결론 내렸다.[40]

이데올로기를 법률 이론이나 교리로 옮기는 일은 눈에 띄는 공식들을 만들어내고 민족의 내적 질서에 장황하게 반복적으로 호소하는 것이나 다름없었다. 마운츠 본인도 행정법의 방향을 새롭게 바꾸려면 무엇보다도 (갈등 관계 당사자들의 주장에 초점을 맞춘) 이해관계의 법학을 동질적 민족공동체에 기반을 두는 법으로 변화시켜야 한다고 주장했다.[41]

그러나 이게 정확히 무슨 뜻일까? 그리고 구체적인 사법 판결에서 이것이 어떻게 반영될까? 마운츠는 이해와 목적의 관계를 단순히 형식적으로 규정한 이해관계의 법학과 달리 구체적 질서에 대한 사고는 입법 목적에 대한 실질적 해석을 불러온다고 암시했다. 그러나 이 주장에 대한 설명에서 그는 "정확한 목적의 실체와 원천은 민족의 질서에서 나온다"라고만 언급했다.[42]

그러므로 이런 제안은 결국 이데올로기로 회귀하고 만다. 민족공동체라는 개념이 모호한 채로 남아 있는 한, 이는 온갖 종류의 이데올로기적 내용을 그 위에 투사하기 좋은 배경이 되었다.[43] 민족사회주의의 인종 독트린은 신화적 공동체의 가장 암울한 이데올로기를 나타낸 것이었다.

3.4 권위주의 국가인가, 전체국가인가?

「수권법」에서 부여한 엄청난 권력 및 「제국 의회 화재 법령」에 포함된 기본권 및 자유의 제한은 제3제국이 사회적 삶을 완전히 통제하는 전체주의 국가가 되어가고 있었음을 여실히 드러낸다.[44]

원문을 보면 나치에 충성하던 법률가들이 이 같은 전체주의적 이미지를 털어내기 위해 얼마나 함께 애썼는지 드러난다. 그럼에도 바로 이 법이론가들조차 새로운 질서가 구현하는 것이 전체국가total state인지 아니면 권위주의 국가인지를 두고 의견이 나뉘었다. 주로 카를 슈미트, 에른스트 포르스토프, 에른스트 루돌프 후버 대 오토 쾰로이터로 나뉘어 대립한 이 논쟁을 통해 나치 국가에 규범적 구조를 부여하려 했던 법이론가들의 시도를 살펴볼 수 있다. 아울러 이런 논쟁은 이들이 신흥 통치세력에 이데올로기적으로 헌신하려고 애쓰는 과정에서 서로 경쟁한 사실을 보여주기도 한다.[45]

카를 슈미트는 1932년 작 『정치적인 것의 개념The Concept of the Political』에서 '전체국가total state'라는 용어를 처음 만들어냈다.[46] 그는 전체국가는 19세기 자유주의 '중립국neutral state'을 극복하려는 노력을 통해 모든 사회 영역을 아우르게 될 것이라 주장했다.[47] 그러므로 전체국가는 전 국가적 통제로부터 특정 영역들(슈미트는 경제를 비롯하여 종교, 문화, 교육을 언급했다)은 제외해 주는 중립성이라는 자유주의 원칙을 폐기했다.

무엇보다도 국가에 대한 적절한 개념은 정치적인 것이 전제되었다. 슈미트는 정치적인 것의 본질—즉, 모든 정치적 행동의 근원—은 친구와 적을 구분하는 데 있다고 보았다. 도덕의 바탕이 '선과 악'의 개념이고 경제의 토대는 '이로운 것과 해로운 것'의 범주이듯, '친구'와 '적'은 정치 영역의 구성요소였다.[48] 슈미트는 이런 기본 개념들은 "구체적인 실존주의적 의미"로 해석해야 한다고 생각했다. 다시 말해, 국가의 전체적 통일성을 상대화하지 않고 정치 영역의 내적 역동을 표현한 개념이었다. 그가 보기에 '적'은 사적인 적을 향한 심리적 적대감에 결부된 것이 아니라 '공적인 적'을 겨냥한 개념이었다. 그러므로 이 개념은 "한 인민집단Gesamtheit이 유사한 다른 집단에 맞서 **싸울**" 바로 그 실제 가능성을 지칭한다는 것이 그의 주장이었다.[49]

슈미트는 정치적인 것이라는 개념이 공격적 뉘앙스를 띠는 것을 피하기 위해 친구/적을 구분한다고 해서 모든 정치적 삶이 전투적 행위와 "피의 전쟁"으로 이뤄져 있다는 의미는 아니라고 강조했다. 그러나 개전할 권리jus belli, 즉 적과 싸우겠다고 자유롭게 결정할 권리는 전체국가의 핵심적 특권이었다.[50]

전체국가 공식은 나치 통치 초기의 법적 담론으로 자리 잡았다. 슈미트의 제자이기도 했던 에른스트 포르스토프는 나치 국가가 왜, 그리고 어떻게 전체국가를 표상하는지에 대한 글을 기고하기도 했다. 포르스토프는 자기 스승을 따라 정치 영역과 투쟁을 결부했다. 순전히 형식적인 합법성 체계와 반대로 진정한 정치적 삶은 "친구와 적, 권력과 저항의 만남"에 있을 것이라고 주장했다.[51] 그는 정치는 기계적인 강요나 투박한 힘을 쓰기 위한 둔한 도구가 되어서는 안되며 "국가에 대한 새롭고 형이상학적 기초를 둔 태도를 깨우치게 하는 전도사"가 되어야 한다고 역설했다.[52]

전체국가는 획일적으로 구속하는 세계관에 토대를 두어야 했다.[53] 뿐만 아니라 공적 영역의 중요한 기관들을 장악할 권력이 필요했고 자유주의적인 관점을 공적으로 표현하는 것도 용인할 수 없다고 봤다. 따라서, 포르스토프는 나치 정권의 언론통제와 정치적 반대의견에 대한 억압에도 찬성했다. 그리고 전체국가의 모든 권한 관계는 "필히 개인의 통치 형태로 위계적으로 조직된다"[54]라고 규정하며 나치의 공무원 조직 개편도 지지했다.[55] 이런 식으로 포르스토프는 총통의 의지에 따른 입법을 정당화했다.

그렇지만 포르스토프는 전체국가가 삶의 모든 측면을 통제할 권리에 대해서는 부정했다. 민족공동체의 구성원들에게 각자 행동에 대한 책임을 지게 하려면 전체국가조차도 개개인에게 어느 정도 자유재량을 주어야 한다고 주장했다. 포르스토프는 '1789년 정신'● 에 연관된 자유를 말한 것이 아니라 의무를 수반하는 개인의 의사결정 형태를 말한 것이라고 주장하며 이러한 자유를 제한적으로나마 용인했다.[56]

정치운동은 전체국가에 매우 중요했다. 포르스토프에 따르면 민족사회주의의 혁명 에너지는 새로운 헌법 질서—**지배 질서**와 **국민의 질서**—를 수립했다. 이 같은 두 갈래 접근이 필요한 것은 전체주의적 지도자 국가는 지배자와 피지배자의 동일성이라는 민주주의 원칙을 받아들일 수 없었기 때문이다. 그 대신 지도자와 피지배자들 사이에 구분이 필요했고, 포르스토프에게 그 차이는 "오직 형이상학적으로만 실감할 수 있는" 것이었다.[57] 그런 그의 관점에서 권력을 가질 권리가 단지 지도자의 의지와 개인적 자질에만 근거할 수는 없기 때문에 국가는 민족과도 결부되어야만 했다.

그러므로 민족공동체는 전체주의 국가의 두 번째 기둥이 되었다.

● 프랑스혁명 정신.

게다가 민족사회주의자들이 이해한 '공동체적 의지'는 이 용어에 대한 민주주의적 개념화와 상충했고, 그 뿌리를 찾으려면 18세기 계몽주의로까지 거슬러 올라가야 했다. 이에 대해 포르스토프는 다음과 같이 설명했다.

> 민족은 오늘날 모든 정치적 고려의 시작점이자 모든 정치적 노력의 주체이다. 이런 의미에서 민족은 일반의지도, 다수도, 대중도 아니고 구조화된 공동체다. 민주주의는 일반의지로서의 국민과 대중이 권력에 닿도록 이끌어가고자 하지만, 실제로는 국민으로부터 권력을 빼앗았다. 국민의 권력은 평등주의적 공통의지의 구속력에 있는 것이 아니라, 민족의 구조화된 삶의 관계에서 발생하는 힘에 있기 때문이다. 독일 국민은 루소가 말한 민주주의를 극복함으로써 무력함에서 해방되고 그 사회적 삶의 관계에 적합한 구조를 가져야 한다.[58]

포르스토프는 전체국가는 특정한 이해관계나 이해의 상충에 좌우되지 않는다고 주장했다. 그보다는 "계급에 기반한 민족 질서 ständische Volksordnung"와 유기적으로 통합하는 것에 가깝다고 보았다. 민족공동체의 구성원들은 민족에 속해 있음을 깊이 자각하면서 민족공동체에 전적으로 헌신해야 했다.[59]

포르스토프의 설명은 카를 슈미트가 『국가, 운동, 민족 Staat, Bewegung, Volk』에 썼던 내용과 흡사했다. 나치가 집권한 직후인 1933년 봄에 출간된 이 책은 이 새로운 국가의 통일을 "국가, 운동, 민족의 3자 통합"으로 규정했다.[60] 이 세 기둥은 질서의 3원칙에 해당했는데

(슈미트는 전체국가와 민족사회주의 국가를 동일시했다), 이는 위계적 국가 행정(공무 및 군대 포함), 나치당(모든 사회 계층에서 당원 충원), 민족의 자치행정이라는 공법 영역(경제, 사회 질서 포함)이다. 전반적으로 슈미트는 정치운동을 국가, 정당, 민족의 토대로 삼았다.

슈미트는 정치적 통합에 대한 이런 3자 개념(즉, 국가, 운동, 민족)이 법치국가Rechtsstaat라는 자유주의적 개념을 대체한다고 주장했다. 그리고 국가와 사인 간의 자유주의적 대립은 이미 그 의미를 잃었으므로 더 이상 "강력한 '리바이어던' 국가를 상대로 무기력하고 무방비한 상태의 가난하고 고립된 개인"을 보호할 필요가 없었다.[61] 다시 말해, '법'과 '국가'라는 용어를 조합한 법치국가의 개념은 민족사회주의 국가가 극복하고자 한 바로 그 국가와 사회의 이원성을 반영한 것이다.[62] 그러므로 슈미트는 법치의 핵심 목적은 법적 확실성 Rechtssicherheit을 수립하는 데 있으며 권위주의적 총통국가가 그 적임자라고 주장했다.[63]

슈미트의 라이벌이었던 법이론가 오토 쾰로이터는 전체국가의 공식을 받아들이지 않았다. 그는 전체국가total state와 전체주의 국가 totalitarian state 사이의 경계가 유동적이어서, 전체국가의 권한도 삶의 모든 영역으로 확장할 것이라고 보았다. 쾰로이터는 민족사회주의 정치체계를 권위주의 국가의 형태로 이해하고자 했다. 전체국가 또는 전체주의 국가가 포괄적인 통제권한을 갖는 것과 달리 권위주의 국가는 정치적 영향력에 제한을 두며, 권력은 오직 국민의 "본성과 유형"에 따라서만 행사할 수 있다는 것이었다.[64]

쾰로이터가 말한 권위주의 국가는 공동체 구성원들이 자신의 이익과 자유를 우선시할 수 없는 "공동체 윤리"에 뿌리를 두었다. 반면에, 권위주의 국가는 정부가 국민의 요구를 고려하지 않은 채 자신을 위해 절대권력을 행사하는 것을 허용하지 않았다. 쾰로이터가 보기에 민족사회주의 국가는 이러한 기준을 충족했다. 정치적 힘이 공동체의 이익에 봉사하므로 총통의 권력은 단순한 지배와 폭정 수준을 초월했다. 그는 전체국가와 대조적으로 "권위주의 국가의 본질은 국민의 신뢰를 받은 국가권력의 존재에 있다"라고 했다.[65] 그리고 "모든 진정한 리더십의 증표는 총통의 의지가 곧 국민의 의지의 자연스러운 표현이 된다는 것"이라고도 덧붙였다.[66]

쾰로이터에 따르면, 권위주의적 민족사회주의 국가를 구성하는 원칙들은 다음과 같았다. 국민의 국가적 삶의 질서 보호,[67] 민족동지에 대한 보호, 확고한 정치적 리더십, 그리고 민족 질서의 "규범적 형성",[68] "사법private law을 비롯한 모든 법적 규정이 궁극적으로 공동체 규정Gemeinschaftsregelung"이 될 정도로 사법에서 공법으로 이동하는 것[69] 등이었다.

쾰로이터는 민족사회주의 국가를 일종의 권위주의적 법치국가, 또는 좀 더 구체적으로 말하자면 국가주의적 법치국가로 간주하는 것이 중요하다고 보았다.[70] 법치국가의 핵심적 특색은 권력을 지닌 이들이 '법의 가치Rechtswert'를 인정하고 법과 정치적 권위 사이에서 적절한 균형을 찾는 것이었다. 법치국가는 영구적인 혁명국가 상태로 머무를 수는 없었다.[71]

쾰로이터가 법의 가치를 강조한 것은 나치 국가에서 권력행사에 일정한 제약을 두려 한 것으로 해석할 수 있다. 예컨대, 개인의 법적 지위는 법과 법적 안전에 대한 국가적 개념 안에서 보호되어야 한다고 믿었다. 개인과 그 사유재산을 보호하는 것은 민족의 가치와 삶의 질서를 유지하는 데 반드시 필요했다.[72]

카를 슈미트가 박사과정을 지도했던 제자 에른스트 루돌프 후버는 총통국가를 전체국가로 이해해야 하는지, 아니면 권위주의 국가로 이해해야 하는지에 관한 논쟁에도 의견을 냈다.[73] 후버는 전자에 찬성하는 입장이었으나, "전체국가"는 자칫 "무자비한 폭력과 독재", 그리고 "조직된 순수한 권력"을 지지하는 것처럼 들리기 쉬우므로 나치 국가의 "정치적 전체성"에 대한 정확한 해석이 필요하다고 경고했다.[74]

후버는 민족사회주의 국가는 전체성에 대한 특정 개념—즉, 민족적 개념으로서의 전체성—을 근거로 한다고 보았다.[75] 이는 국가질서를 결정한 일종의 (역사적) 자연법을 뜻했고 후버는 이를 헤겔의 개념을 통해 구체적으로 설명했다.

> 이 정치적 개념은 삶의 객관적인 역사적 법칙이자 불변의 역사적 사명이다. 한낱 이데올로기와 유토피아 수준을 넘어 생생한 현실이 되려면 반드시 개인을 포함해야 한다. 그러나 그것을 넘어서면 그 안에 초개인적 실체가 있다. 헤겔의 표현을 빌리자면, 그것은 단순한 주관적 정신이 아니라 객관적 정신이며, 독일의 이상주의와 낭만주의의 맥락에서 볼 때 민족의 정신Volksgeist이자 민족의 의지Volkswille이다.[76]

후버는 또한 '전체국가'라는 용어는 에른스트 융어Ernst Jünger의 '총동원'과 유사하다고 주장하며 정치운동의 역할을 강조하기도 했다.[77] 그가 보기에 운동은 창조하는 힘으로, 관료주의적 국가조직의 정체된 상태와 대조적이었다.[78] 민족 생활의 모든 자원을 총동원하면 권력의 분리도, 기본권도, 자유주의적 법치도 없는 동질적 권력 구조의 국가가 탄생할 것이었다.

물론 후버는 전체국가는 그 정의상 권력을 행정, 입법, 사법으로 나누지 않고 모두 총통의 손안에서 통합했다고 강조했다.[79] 따라서 사법, 행정, 언론, 방송과 심지어 영화까지도 전부 국가의 통제를 받게 됐다. 판사들과 재판부 역시 주관적인 재량보다는 지도자의 의지에 따라 판결을 내려야 했다.[80] 전반적으로 행정당국은 정치적 목표와 국가 지도자의 뜻에 동조하게 돼 있었다.

후버는 총통국가가 인민이 "봉사, 의무 수행, 희생할 준비"가 되도록 일깨우고 그들에게 "공통의 정치적 세계관"을 부여해야 한다고 주장했다.[81] 그는 이 같은 민족적 세계관을 "민족 현존재Dasein의 객관적인 기본 현실"에 대한 인식을 갖춘 정신적 틀이라고 정의했다.[82] 이어 "세계관이란 누군가가 자의적으로 구성하고 조합할 수 있는 것이 아니다. 세계관은 발견하는 것이지, 만들어지는 것이 아니다. 그 불변의 핵심은 본질적으로 인민의 본질과 사명이다. 영원 불변의 법과 인민 불멸의 사명이 세계관의 본질적인 내용을 형성한다"라고 부연 설명했다.[83]

후버는 또다시 헤겔을 언급하면서 이렇게 말했다.

"국가는 민족 이념의 현실태actuality다" — 헤겔의 유명한 말("국가는 윤리 이념의 현실태다")에 담긴 정신은 오늘날 이렇게 수정할 수 있을 것이다. 국가는 민족의 정신과 존재의 온전한 형태다. 국가의 전체성은 전체 사상과 전체 인민을 지켜낸다. 전체 민족국가total völkisch state는 정치적 인민의 살아있는 현실로서, 모든 것을 아우르고 모든 것에 스며드는 사상으로 특징지어지며 핵심 지도부에 의해 실행된다.[84]

후버는 '인민people/Volk'이라는 용어에 담긴 두 가지 의미를 구분했다. 하나는 개별적 이해와 이기심에 의해 형성된 인간들의 연합이라는 의미이며, 다른 하나는 공통의 피와 토양, 역사적 사명을 공유하는 인간들의 정치적 단일체라는 의미다. 결과적으로, 전체국가의 정치적 인민은 '동종의 인간artgleiche Menschen,' 즉 동일 인종으로만 구성되었다.[85]

전체국가와 인종적 동질성의 연계는 전체국가를 옹호했던 다른 이들도 강조한 부분이었다. 헬무트 니콜라이Helmut Nicolai는 전체국가로 전환하는 것의 특징은 새로운 독일의 법체계에 인종 개념을 다시 도입하는 것이라고 주장했다. 그는 "'전체'국가 개념을 동원할 때 우리는 로마법 사상뿐 아니라 자유주의적 법개념도 제거하고 그 자리를 다시 독일의 법사상으로 대체하는 것이다. 이 법사상은 머릿속에 떠오르는 건 무엇이든 할 수 있는 자유의 영역은 결코 포함하지 않으며, 모든 권리의 형태를 의무의 관점에서 고려한다"고 했다.[86] 민족의 일원인 개인은 자신이 하는 모든 일에 "자기 행동이 독일인으로

서 자신에게 맡겨진 과업에 위배되지는 않는지" 자문해야 했다.[87]

포르스토프는 인종적 동일성artmäßige Gleichartigkeit을 민족공동체의 필수조건으로 보기도 했다. 친구 아니면 적이라는 이분법은 정치적 삶을 구성하는 중요한 부분이라는 슈미트의 견해에 동의하지만 인종적 차이Artverschiedenheiten 자체만으로 정치적 적대감이 생기지는 않는다고 강조했다. 서로 다른 인종의 사람들은 "그들의 다름으로 인해 [그들이] 다른 민족의 생활공간인 영토Lebensraum나 … 정신적 생활공간을 침범"할 때에만 적이 된다고 했다.[88]

나치 이론가들은 총통국가가 과도한 강요나 억압과 결부되는 것에는 선을 그으려 했다. 이들이 형이상학적 수준으로 끌어올려 '법과 정의'라는 고차원적 질서에 결부한, 정치적인 것의 개념은 나치 지도부의 절대권력을 향한 욕망을 모호하게 감추는 데 사용됐다. 마찬가지로, '전체성'을 모든 것을 아우르고 통합하는 세계관으로 이해하는 접근은 모든 사회 구성원을 포괄적으로 통제하려는 정권의 적극적인 몸부림을 가려버렸다. 즉 나치 법사상가들은 획일적인 정치운동, 통일된 세계관, 인종적으로 동질적인 공동체 같은 개념을 강조하고 인민의 질서와 지도자의 질서를 융합하여, 당시 떠오르던 전체주의적 통치 형태를 승인하는 데 일조했다.

인종 이데올로기는 제3제국 법사상의 핵심적인 부분이었다. 법사상가들은 저술을 통해 '인종적 순수성'에 대한 나치 정권의 집착에 규범적 제약을 둘 기회를 놓쳤을 뿐 아니라, 독일 사회의 유대계 구성원들에 대한 잔혹하고 살인적인 박해의 토대를 적극적으로 마련하였다.

3.5 민족사회주의 국가의 헌법적 원칙

　　제3제국의 헌법적 토대를 설명하는 일은 만만치 않은 과제였다. 「바이마르헌법」은 공식적으로는 폐지된 바 없었으나, 「제국의회 화재 법령」이나 「수권법」 같은 조치들에 의해 심하게 손상됐다.[89] 히틀러 집권 후 몇 주 만에 민주적인 헌법은 이미 그 규범적 효력을 상실한 상태가 됐다. 그러면 대체 무엇이 이를 대체했을까?

　에른스트 루돌프 후버는 제3제국 헌법에 관한 1939년 연구에서 "제국 대통령 힌덴부르크가 제국 정부 내각의 지도자 자리를 아돌프 히틀러의 손에 넘기고, 인민의 과반수가 이 결정에 찬성했을 때, 「바이마르헌법」은 죽었다"라고 했다.[90] 후버가 보기에 나치 국가는 새로운 헌법적 토대 위에 세워졌고, 그 핵심은 1933년 3월 24일의 「민족과 제국의 비상사태 해결을 위한 법」(수권법)과 연방 주들의 권한을 박탈한 1934년 1월 30일의 「제국 재건에 관한 법Law Concerning the Reconstruction of the Reich」이었다.[91]

　그러나 나치 헌법의 이 같은 정의의 문제점은 「수권법」과 「제국 재건에 관한 법」 모두 「바이마르헌법」 제76조의 적용을 통해서만 법으로 성립되었다는 것이다.[92] 따라서 후버는 이 법률들이 효력을 발휘하게 된 시점에, 본인이 죽었다고 선포했던 바로 그 헌법을 기반으로 두 조치가 나왔음을 인정할 수밖에 없었다.

　그는 이런 명백한 모순에 어떻게 대처했을까? 외부의 관점에서 보면, 그의 말마따나 「바이마르헌법」 조항 및 나치 국가의 헌법적인 기본법률이 직접적으로 연관된 듯했다. 그러나 이후 후버는 이런 특수한 경우에 '합법성'은 "본질적으로 서로 다른 두 질서를 사실상 갈라놓은 간극을 피상적으로 이어놓은 것"이나 다름없다고 주장하며 이 합법적 연속성의 규범적 가치를 깎아내렸다.[93] 「바이마르헌법」과 나치 국가 법 사이의 명백한 연관성은 민족사회주의 법체계를 만들어내는 '외적 적절성'을 부각하기만 했다.[94] 게다가 후버는 새로운 국가가 기본적인 합법성을 갖고 있는 '진짜 이유'는 "사법 및 행정기구의 기술적 기능"에 명백히 드러나 있다고 주장했다.[95]

후버는 법리의 규범적 유효성을 결정하는 요인은 형식적 합법성이 아니라 정당성이라고 보았다. 정당성이란 나치 운동 및 세계관의 원리와 합치하는 것을 뜻했다. 후버는 다음과 같이 언급했다.

> 우리는 정치적 또는 헌법적 행위의 가장 내적인 정당화를 단순한 합법성과는 구분해야 한다. 1933년 3월 24일과 1934년 1월 30일에 통과된 법률*의 정당성은 「바이마르헌법」에서 나오는 것이 아니라 민족사회주의 혁명에서 나온다. 「바이마르헌법」이 여전히 유효하다고 결론짓는 이들은 아직도 실패한 법적 형식주의, 즉 헌법 실증주의 및 규범주의의 틀에 묶여있다.[96]

후버는 정당성의 관점에서 1933년 3월 24일과 1934년 1월 30일의 법이 이전의 헌법으로부터 규범적으로 독립되어 있다고 주장했다.[97] 새로운 헌법의 정당성은 민족사회주의 쿠데타에서 나온다는

• 「수권법」과 「제국 재건에 관한 법」.

견해였다.

나치 헌법이론가들에게 주요한 문제는 민족사회주의 국가에는 성문헌법이 없고 심지어 헌법 관련 문서조차 없다는 사실이었다.[98] 나치 법률가들은 1933년부터 1937년까지 정권이 제정한 기본적인 법률과 헌법을 단순히 동일시하는 것으로 이 문제를 극복하려 했다. 오토 쾰로이터는 1938년에 출간한 그의 저서 『독일헌법*German Constitutional law*』 제3판에서 '독일 총통국가의 헌법'을 다음과 같이 목록으로 정리했다.

1. 「민족과 제국의 비상사태 해결을 위한 법」(「수권법」),
   1933년 3월 24일(1937년 1월 30일의 연장법 포함).
2. 「국민투표에 관한 법」, 1933년 7월 14일.
3. 「당과 국가의 통합을 보장하기 위한 법」, 1933년 12월 1일.
4. 「제국 재건에 관한 법」, 1934년 1월 30일.
5. 「독일제국의 국가수반에 관한 법」, 1934년 8월 1일.
6. 「제국 총독에 관한 법」, 1935년 1월 30일.
7. 「독일 공동체 조례」, 1935년 1월 30일.
8. 「국방군 창설을 위한 법」, 1935년 3월 16일.
9. 「뉘른베르크법」, 1935년 9월 15일: 「제국기법」, 「제국시민법」,
   「독일 혈통 및 독일의 명예 수호를 위한 법」.
10. 「독일 공직자법」, 1937년 1월 26일.[99]

쾰로이터에 따르면, 총통국가는 성문헌법이 필요하지 않았고, 오히려 "민족 지향적인 리더십에 따른 정치적, 헌법적 정치체제의 형성이 필요"했다.[100] 위의 법률들은 지도자의 의지에 따라 어떻게 "헌법이 국민의 삶과 국가의 필요성으로부터 유기적으로 나와서 낡은 국가구조를 허물고 제거"하는지를 보여준다.[101]

퀼로이터는 제국 지도부의 기본법을 통해 헌법을 규정하는 것은 자유주의적 헌법이론에 대한 일반적 논쟁을 무의미하게 만들 것이라고 생각했다.[102] 히틀러의 긴급명령은 쉽게 헌법적 지위를 가졌다. 또한 퀼로이터는 제국 의회의 활동 정지, 경쟁 정당 금지, 기본권 제한 등의 조치들은 헌법적으로 유효하다고 주장했다.

퀼로이터의 목록에서 두드러지는 특색은 뉘른베르크법의 헌법적 지위다. 퀼로이터는 나치 국가의 인종에 대한 집착을 드러내는 데 거리낌이 없었다. 인종의 순수성을 지속시키는 것—유전적으로 건강한 가족을 적극 지원하는 동시에 인종적으로 열등한 가족은 생식에서 필히 배제하는 것—은 그에게 "민족사회주의 입법에서 가장 중요한 과제 중 하나"였다.[103] 그는 유대인에 대한 폭력적인 정책, 즉 개인의 기본권과 시민권을 부정하고 나날이 폭력적인 양상을 보이는 사회적 배제 등을 공공연히 수용했다.

나치 이론가들은 자유주의적 입헌국가를 명확히 이해하고 있었다. 그러므로 자유, 평등, 정당성 등 자유주의-민주주의 담론에 공통되는 규범적 개념을 이데올로기적으로 재정의했다. 퀼로이터는 다음과 같이 주장했다.

결정적인 것은 법적 형식이 아니라 정치적 내용이라는 바로 그 이유 때문에 정치적 의미 변화를 완전히 이해하기만 한다면 현대국가 세계에서 보편화된 법적 개념과 구성은 민족사회주의 법사상에서도 유용할 것이다. … [법적 용어와 구성에] 정확한 **민족적** 내용을 부여하는 것은 책임 있는 민족사회주의 법학의 의무다.[104]

위에서 간략히 언급된 정당성 개념에 대한 후버의 주장은 그런 재해석에 대한 생생한 사례다. 법의 정당성을 평가하려면 법적 규제에 대한 형식적 정당화와 도덕적 정당화가 모두 필요하다. 형식적으로는 법을 만드는 정해진 절차에 부합해야 하고, 도덕적으로는 근본적 도덕 가치와 원칙을 따라야 한다. 민주주의 법체계에서 정당성은 인간의 존엄, 자유, 평등 원칙에 대한 존중과 연관된다.

표면적으로, 후버가 정당성의 개념을 적용한 것은 가치체계에 대한 필수적인 기준에는 부합했다. 그는 민족사회주의 헌법을 실질적으로 승인하기 위해 정당성 원리를 이용했지만, 이 같은 "정치적 혹은 헌법적 행위에 대한 내적 정당화"를 민족사회주의 이데올로기와 결부했다.[105] 따라서 「바이마르헌법」과의 단절은 가치에 대한 합의 단계에서도 일어났다. 후버는 나치 국가에서 민주적 기본권은 일시적으로 정지됐을 뿐 아니라 "헌법의 구성요소로서 결국 제거되었다. **민족적** 세계관의 원칙과 양립할 수 없기 때문이다"라고 했다.[106]

프란츠 노이만Franz Neumann은 민족사회주의의 구조와 실제를 다룬 유명한 1942년 작 『괴물Behemoth』에서 "헌법은 단순한 법률 문서 이상이며, 외적으로 유효한 가치체계에 대한 충성을 요구하는 신화이기도 하다"라고 했다.[107] 나치 이론가들은 독자적인 서사와 신화를 고안해 냈다. 결국 민족사회주의의 정치적-이데올로기적 목적에 맞게 규정된 헌법과 민족공동체의 가치가 연계되어 있음을 강조해서 대중의 의식에 새로운 체계를 뿌리내리도록 하는 것이 그들의 핵심전략이었다.[108]

3.6 총통의 규범적 지위

바이마르공화국이 1930년 9월 14일부터 1933년 1월 30일까지 대통령제로 전환한 것은 규범적으로 결정적인 영향을 미쳤다. 총리로서 히틀러가 처음 취한 조치들은 그저 대통령 긴급명령을 통해 통치행위를 지속한 것이었기 때문에 정치적·법적으로 연속적이라는 인상을 주었다. 사실, 그는 제48조에 따른 명령을 이용해서 독재권력을 확보했다.

1934년 8월 2일 힌덴부르크 사망 후 히틀러가 제국 대통령의 권력을 손에 넣었을 때, 제도적 조정(획일화) 과정은 거의 완료됐다. 게다가 히틀러는 제1차 세계대전의 영웅이었던 힌덴부르크를 둘러싼 상징성, 즉 '신화'와 자신을 연결하고자 애썼다.[109] 히틀러는 바이마르 후기에 이미 법률가들이 대통령에게 부여한 규범적 지위로부터 이득을 얻고 있었다.

카를 슈미트는 저서 『헌법의 수호자*The Guardian of the Constitution*』 (1931)에서 대통령이 국가 헌법의 수호자라고 주장한 바 있다. 힌덴부르크 사망 이후 히틀러는 총리와 대통령 두 직책을 수행함으로써 이 역할을 맡았다.[110] 간단히 말해, 그의 지위는 사법심사의 범위를 넘어섰다. 슈미트는 법과 정의의 수호자라는 규범적 기능을 공공연히 히틀러에게 부여했다.[111] 총통은 평생직이며 해임되지 않는다는 사실 때문에 이 권력은 더욱 부각되었다. 그는 입법권한을 가지고 있었으며 최상급 법원이었다.

나치 법률가들은 표면적으로 정치적 통합과 안정성을 부여할 수 있다는 이유로 권력의 축적을 정당화했다. 그들이 보기에, 총통국가는 정당정치를 초월한 대통령과 업무를 처리하는 정부 내각의 수반이라는 이중구조를 통해 과거 의회 체계의 '권력 공백'을 메꿨다.[112] 그 무엇도 총통 직무의 통합을 막을 수 없었다. 후버는 권력을 '입법, 사법, 행정'으로 나누는 전통적인 구분법은 더 이상 맞지 않는다고 주장하기도 했다.[113] "한 사람의 손에 최고의 정치적 리더십이 온전히 주어지는 것이 중요하다"며, "하나의 민족, 하나의 제국, 한 명의 총통!"[114]이라고 주장했다.

제3제국의 다중심 구조를 보면 단일국가에 대한 이 같은 수사적 표현은 분명히 허위였다. 제3제국의 구조에서 총통은 대통령, 총리, 나치당 당수의 역할을 했지만, 그 역할을 수행하는 각각의 대통령 비서실, 제국 비서실, 총통 비서실이 있었다.[115] 후버는 이런 구획을 직무의 본질적 통합에는 의심의 여지가 없는, 활동 영역의 조직적-기술적 분리"에 불과하다고 일축하며,[116] 총통의 권력은 총괄적이라고 주장했다. 따라서 이 권력은 사회의 모든 일원에게 충성과 복종의 의무를 부과하고 총통의 입장과 지위를 "정치적 카리스마"

의 관점에서 이해하도록 요구했다.[117] 나치 법률가 만프레드 파우저 Manfred Fauser는 힌덴부르크와 마찬가지로 총통은 자기 자신을 민족의 "수탁자이자 신의 도구"로 간주한다고 주장했다.[118]

국가에 대한 이 같은 해석은 의회에 중요한 영향을 미쳤다. 나치 이론가들의 주장에 따르면, 의회는 결코 인민 전체를 대표할 수 없으므로 어떤 상황에서도 총통의 권위는 의회 다수당의 결정에 따라 제한될 수 없었다.[119] 의회 입법 모델은 지금까지 지속되는 긴장, 당파 싸움, '다수의 횡포'로만 귀결될 뿐이라는 비판이었다.

"정치적인 법 개념"이 헌법으로 규정된 입법절차 형식을 대체하게 되었다.[120] 쾰로이터의 표현에 따르면, 나치 국가의 법은 "입법의 형태로 배열된 지도자의 정치적 의지"였다.[121] 후버는 다음과 같이 요약하기도 했다.

> 법은 더 이상 자율적이고 독립적인 부르주아적 의회의 법률이 아니며, 정치적 리더십을 구성하는 필수 도구로 변모했다. 새로운 제국의 모든 입법권한은 결국 총통의 결단에 맡겨진다. 그 법이 정부법이든 의회법이든 아니면 인민이 통과시킨 것이든 상관없다. 즉 입법권한은 언제나 총통 본인의 소유다.[122]

나치 법률가들은 더 나아가 총통국가에는 형식적 합법성을 초월하고 법 위에 있는 정의 개념을 인정하는 리더십이 필요하다고 주장했다. 총통의 의지는 민족적 의미에서 정의와 결합되어야 한다는 것이다.[123] 카를 라렌츠는 이 원칙을 다음과 같이 설명했다.

그[총통]가 정의를 유지한다는 보장을 할 필요가 없다. 총통이 됨으로써 그는 **'헌법의 수호자'**가 된 것이며, 이는 자기 민족의 성문화되지 않은, 구체적인 법 이념Rechtsidee의 수호자를 의미하기 때문이다. 따라서 총통의 의지에서 비롯되는 법률이나 법규는 사법심사의 대상이 될 수 없다.[124]

그보다 이제 민족사회주의 원칙과 총통의 입법의지에 따라 법규가 해석될 것이며 둘 다 그 바탕은 나치의 인종 이데올로기였다. 따라서 파우저는 "법에서 표현한 가치"를 정확히 해석하기 위한 전제조건은 "법을 만드는 자와 법을 이용하는 자가 같은 인종 Artgleichheit"이어야 한다고 주장했다.[125]

나치 국가에서 권한이 있는 법은 세 가지로, 제국 의회에서 통과한 법, 행정부의 법, 국민이 통과시킨 법이었다.[126] 그러나 나치 법사상가들은 총통의 입법권한에는 각종 선언, 명령, 조치도 포함된다고 주장했다. 파우저는 심지어 총통의 연설 등 "정치 지도자의 일반적인 발언"도 법이 될 수 있다고 주장했다.[127]

그러나 파우저는 총통의 독단에 백지 위임장을 건넬 생각까지는 아니었다. 그는 공적 영역에서 바람직하지 않은 혼란만 초래할 테니 지도자가 표명하는 의지가 모두 법적 구속력을 지닐 수는 없다고 주장하여, 단일국가에 대한 자기 입장에 단서를 달았다. 또한 설명, 정당화, 공표는 입법행위에서 중요한 부분이라고 강조했다.[128] 마찬가지로 쾰로이터도 지도자의 모든 정치적 의지 표현이 규범이나 법규가 되는 건 아니라고 주장했다. 널리 공표된 입법형식으로 제정된

것만이 법의 자격을 얻는다는 것이었다.[129]

나치 이데올로기에 깊이 몰입됐음에도, 몇몇 나치 사상가들은 곧 불어닥칠 독재를 최소한이라도 제한하려 했다. 헬무트 니콜라이 같은 헌신적인 나치당원조차도 입법은 "순전히 사적인 의지 표명"과는 구분되는 안정적인 절차를 토대로 해야 한다고 주장했다.[130] 그러나 총통이 입법권을 완전히 장악했으므로 그런 요구는 그저 희망사항에 불과했다. 결국, 니콜라이는 제국 의회가 제시한 어떠한 법도 총통의 "의지"에 따라 달라질 수 있다는 것을 인식하고 "입법 및 법 영역에서 "안정감과 차분함"을 요구하는 선에서 만족해야 했다.[131]

정권이 법적 규범과 여론에 대해 립서비스를 제공한 한 가지 방법은 바로 국민투표였다. 1933년부터 1938년까지 독일의 국제연맹 탈퇴 건(1933년 11월 12일), 제국 총리직 및 대통령직의 통합 건(1934년 8월 19일), 오스트리아의 제국 합병 건(1938년 3월)에 대해 국민투표가 실시되었다. 당시 각 사안은 이미 결정이 났고, 표현의 자유는 거의 박탈된 상태였음을 감안하면 국민투표는 허황된 일이었다.

그럼에도 이런 국민투표에 대한 나치 법률가들의 설명과 옹호는 많은 것을 말해준다. 후버가 보기에 이들의 목적은 "총통이 설정한 정치적 목표를 위해, 생존하는 모든 인민을 불러 모아 동참시키는 것"이었다.[132] 국민투표를 실시함으로써 총통은 정치적 의사결정권을 박탈당하지 않고 "총통이 구체화한 민족의 객관적 의지와 개개의 구성원들이 품고 있는 민족의 주관적 신념 사이의 … 통합과 합치"를 이룰 수 있었다고 주장했다.[133] 후버는 제국 총리 및 대통령의 기능을 히틀러가 장악하는 것을 사실상 승인한 1934년 8월 19일 투표를 "독일 헌법 영역의 본질적 토대가 된 신임"에 대한 적극적 찬성이나 다름없다고 보았다.[134] 이와 유사하게 후버는 나치당을 거부하는 것은 "정치 생활에서 스스로를 배제하는 일"이나 마찬가지라고 공언함으로써 단일 나치당 명부를 근거로 한 제국 의회 선거(1938년까지 실시)도 옹호했다.[135]

민족공동체 원칙은 지도자 원칙에 이은 두 번째 법의 원천이었다. 지도자 원칙이 공동체 원칙보다 우선하는지 아니면 동등한지라는 난제에 봉착하면, 나치 법률가들은 총통에게는 무엇이 인민에게 최선이고 어떻게 하면 독일의 연속성과 번영을 보장할지 정확히 알아내는 인식 능력이 있다고 주장하며 이 문제를 회피했다. 즉 총통은 인민의 의지에 대한 직접적인 발현이며, 더 나아가 인민의 의지와 동일체라는 주장이었다.[136]

총통에게 포괄적 권한이 주어졌지만, 나치 법률가들은 총통의 개인적 자질을 통해 권력 남용을 방지할 수 있다고 주장했다. 총통의 권위는 수사적인 것이어서 독재도 독단도 아니라는 것이었다. 오히려 후버는 "그 권위는 인민에게서 나온다. 즉, 권위는 인민이 총통에게 맡긴 것이고, 인민을 위해 존재하며, 권위의 정당화는 인민으로부터 나온다. 이 권위가 외부적 제약으로부터 자유로운 것은 그 내적 본질에서 인민의 운명, 안녕, 과업, 명예와 가장 강하게 결부되었기 때문"이라고 주장했다.[137]

총통의 절대적 권위를 이런 방식으로 옹호한 것은 나치 국가에 통제 메커니즘이 부재했기 때문에 나타나는 직접적인 결과였다. **민족**의 질서에 대한 온전한 통찰력을 가진 것으로 여겨진 정치적 리더십은 스스로 좋고 옳다고 판단한 것을 명령하게 됐다. 총통의 명령과 지시는 마음 깊은 곳의 충성심과 윤리적 헌신으로 복종해야 하는 법규나 마찬가지였다. 나치 이데올로기는 법적 의무와 윤리적 의무를 뒤섞어 버렸다. 이 왜곡된 규범 세계 속에서 윤리, 법, 정치가 한데 맞물렸다.[138]

3.7 맺음말

나치 체제에 동조하는 법사상가들은 제3제국을 정치적 독단, 폭력, 테러를 초월하는 국가로 묘사했다. 이들은 법적 규율의 상징적 힘과 권위를 이용해서 사실상 새로운 형태의 정치적, 법적 위반행위를 규범이나 표준에 부합하는 것으로 만들었다. 제3제국을 특수한 종류의 통합된 국가로 지탱해 주었던 것은 '전체국가'나 '통일된 국민국가' 또는 '국가주의적 법치국가'와 같은 공식이었다. 나치 법률가들은 그 국가의 구조나 체계가 통상적인 국가 개념에는 맞지 않는다는 사실을 잘 알면서도 전통적 정치이론에서 '공동의지', '집단의지', '인민주권' 같은 여러 개념을 차용하여 나치 국가를 정치적으로 정당화했다. 게다가 이들은 1933년 2월~3월부터 이미 명백히 드러났던, 나치 체제가 기존 규범 기준을 위반한 사실들도 묵인했다. 전반적으로 법률가들은 악명높은 인종 이데올로기와 총통에 대한 사실상의 신화적 지위 등을 포함한 민족사회주의 원칙을 기반으로 국가기관에 이론적 토대를 제공했다.

나치 체제를 존중하더라도 일부 나치 법률가들은 1930년대까지는 공표성, 예측 가능성, 실현 가능성 등의 기준을 최소한 충족하는 제정법을 공포하고자 애썼다. 하지만 이들은 정권이 모든 규칙과 규범을 무시할 가능성을 너무 과소평가했다. 게다가 히틀러 특유의 리더십 스타일은 허가, 제한, 금지에 대한 명확한 규정 같은 안정적인 규범구조를 만들려는 노력을 무력화했다.[139] 전쟁이라는 상황도 이같은 규범 위반을 가속화했다. 이념적으로 충성심이 깊은 법률가들의 기준에서도 전시 중 히틀러가 내린 다수의 명령을 더 이상 '법'이라 보기는 어려웠다. 공표성과 예측 가능성이라는 조건을 이미 심각하게 위반했기 때문이다.

동시에, 법이론가들은 국가의 기반을 의도적으로 나치 운동의 이데올로기적, 정치적 개념에 결부시킴으로써 이런 상황이 전개되는 데 크게 기여했다. 당과 국가의 통합 원칙을 받아들여 당의 법을 국가의 법으로 격상했다.[140] 그리고 이들은 힘, 통합, 정의 면에서 구식 체계보다 우월하다는 새로운 정치질서의 한 축을 담당하는 총통에게 광범위한 권력을 부여하는 것도 정당화했다. 나치 법률가들은 이처럼 모든 국가 역량을 기꺼이 한 개인에게 위탁했다.

이처럼 공개적으로 전체주의적 권력을 지지한 것은 민주정에 대한 법학자들의 깊은 반감—최고의 인간보다 최고의 법에 지배받는 편이 낫다는 아리스토텔레스의 명제에 대한 규범적 왜곡이나 이를 뒤집는 태도—에서 비롯된 것이었다.[141]

4장 민족사회주의 형법

4.1 형법 개혁을 위한 첫걸음

　　형법은 국가가 사회 구성원들의 행동을 규제하는 주된 도구다. 형법을 어떻게 정의하고 이해하느냐에 따라 국가가 시민의 법적 지위와 요구를 존중할 것인지 또는 무시할 것인지, 그리고 어느 정도까지 존중하거나 무시할 것인지가 결정된다. 국가는 법 위반에 대해 자의적인 권력을 행사하는 것이 아니라 법치에 부합하는 대응을 해야 한다. 책임과 유죄판단의 문제는 적법 절차에 따라 이뤄져야 한다. 즉, 시민들은 자신에게 제기되는 혐의가 무엇인지를 알고 사실관계를 따지는 공정하고 공평한 법적 절차를 밟을 권리를 지닌다는 뜻이다. 최종적으로, 형의 선고는 죄질에 비례하는 적정한 처벌로 이어져야 한다.

　　나치 체제는 이 모든 규범적 조건을 위배했다. 형법을 국민을 통제하고 심지어는 공포로 몰아넣기 위한 정교하지 않은 정치적 도구로 변질시켜 버렸다. 나치 체제에서 형법은 국가가 시민을 지키기 위한 사법적 수단이라기보다, 민족공동체의 순수성과 정권이 가진 불가침의 권위를 위협한다고 여겨지는 '범죄자들'을 겨냥했다. 이 효과는 전쟁 중 사법부가 점차 경찰, 특히 비밀경찰인 게슈타포에게 여러 권한을 빼앗기면서 특히 두드러졌다.

형법이론은 이런 상황 전개를 위한 발판이 되었다. 1933년 나치가 권력을 장악한 직후, 법사상가들(저명한 대학교수 및 법무부 소속의 고위공직자 등) 사이에서는 바이마르공화국의 자유주의적 형법을 민족사회주의 국가의 정치적·이데올로기적 목적에 부합하는 체계로 어떻게 대체할 것인지에 대해 격론이 벌어졌다. 다시 말해, 이들은 법률뿐 아니라 민족공동체에 대한 충성 의무를 위반한 경우까지도 처벌할 수 있도록 형법을 수정할 방법을 찾았다.[1]

1930년대 중반부터 법학자들 사이에서는 '의도' 중심의will-based 형법이 민족사회주의 세계관에 가장 잘 부합하리라는 견해가 우세했다.[2] 그런 법에서는 범죄자의 범행이라는 실제 결과보다는 범죄의도가 책임과 죄책을 판단하는 데 결정적이다. 따라서 앞으로 형법은 행위에만 초점을 맞출 것이 아니라 범죄자의 신념과 태도에도 초점을 맞춰야 했다.

다음의 저서들은 나치 국가의 이데올로기 중심적 형법 개혁에 핵심 강령 역할을 했다.

1. 프로이센 법무장관 한스 케를Hanns Kerrl의 1933년도 보고서 『민족사회주의 형법National Socialist Criminal Law』(제2판은 1934년)[3]

2. 독일법학술원에서 발간한 1934년도 총서 중 『일반 독일 형법의 기본 특징에 관한 독일법학술원의 형법분과 중앙위원회 보고서 *Memorandum of the Central Committee of the Criminal Law Department of the Academy of German Law on the Basic Features of a General German Criminal Law*』 (편집: 한스 프랑크)[4]

3. 프란츠 귀르트너 법무장관이 편집한 공식형법개정위원회의 연구에 관한 보고서인 두 권의 『향후 독일의 형법 *The Coming German Criminal Law*』[5]

4. 나치당 법무국에서 편집한 두 권의 『새로운 독일 형법을 위한 민족사회주의 지침 *National Socialist Guidelines for a New German Criminal Law*』.[6] 나치당 법무국의 지침들은 형법 개혁의 이데올로기적 기조와 정치적 방향을 설정해 주었다(이 부분에 대해서는 본 장의 4.2에서 다룰 예정이다).

한스 케를이 편집한 보고서 『민족사회주의 형법』은 당시 형법이 택할 새로운 방향에 대한 첫 실마리를 제공했다. 특히 민족공동체와 그 윤리적 가치를 보호해야 한다고 강조했다. 범죄 자체로부터 범법자의 의도로 초점이 이동한 것도 눈에 띄는 변화였다. 케를의 보고서는 위협에 초점을 맞춘 형법 Gefährdungsstrafrecht과 범죄자에 초점을 맞춘 형법을 명확히 구분하지 않았다. 단순 위협을 형사처벌 기준으로 간주하기 어렵다는 점은 나치 법학자들이 의도 중심의 형법에 범죄자 유형분류를 결합하는 방향으로 전환하는 데 영감을 주었다.

형법 개혁을 위한 가장 중요한 이론적 동력은 당시 법무장관이던 프란츠 귀르트너가 공식형법개정위원회Amtliche Kommission für die Strafrechtsreform 위원장으로서 펴낸 두 권짜리 『향후 독일의 형법』으로부터 나왔다. 1933년 말 히틀러의 명령으로 설립된[7] 이 위원회는 결국 위험한 범죄 의도와 범행 사이의 직접적 연관성을 전제로 상정한, 의도 중심의 형법에 찬성했다.[8] 위원회는 1935년에 공식적으로 형법에서 유추하는 것을 허용함으로써 형사 사법권의 범위에 한층 더 중요한 변화를 가져왔다.

유수의 법이론가들이 나치의 형법 개혁에 적극 기여했지만, 나치 원칙과 형법을 어떻게 조율해야 하는지를 두고는 당연히 의견이 갈렸다.[9] 형법이론가들과 법률가들은 총통의 기대를 충족시켜야 하는 것은 말할 것도 없고, 전문적 법률지식과 나치 이데올로기적 특권 사이에서도 갈피를 잡지 못하는 경우가 많았다. 그러나 결국 정치가 전문가들의 유보적 태도를 압도했다.

그럼에도 정권은 법률가들의 정치적 굴종에 보답하지 않았다. 1939년 12월 중순 히틀러는 법무부가 새롭게 마련한 형법 초안에 서명하기를 거부했고, 이로써 6년에 걸친 대대적인 형법 정비작업은 무산되었다.[10] 히틀러가 법적 규제에 대해 미적댔다는 것은 익히 알려진 사실이고, 1939년 9월에 전쟁이 발발하면서 자신의 권력 행사를 제한하는 어떤 규범적 규제도 용납하지 않으려는 경향은 더 강해졌다. 명확히 구체화된 법적 규범과 법령을 인정한다면 나치 정권이 형사 사법권을 장악하는 데 제동이 걸리기 때문이었다.[11]

개정된 형법을 승인받으려던 법률가들의 시도는 실패로 돌아갔지만, 민족사회주의의 정치적 목적에 맞게 형법을 어떻게 손볼지를 두고 이루어진 열띤 이론적 논쟁은 제3제국의 사법권에 뚜렷한 영향을 미쳤다. 법이론가들은 의도 중심의 형법을 대대적으로 지지했고, 이는 범죄의 특성에 대한 관심과 범죄자 유형론 개발로 이어졌다. 기본 개념은 살인범, 상습범, 반역자 등 특정한 유형의 범죄자는 내면에 범죄 성향을 지니고 있다는 것이었다. 그러므로 국가의 임무는 그런 소인을 인지하여 범죄행위가 실현되지 않도록 사전에 막는 것이었다. 결과적으로 법이론가들이 한층 더 엄격한 형법 조치를 촉진한 셈이 되었다.

형법이 도덕화되고 그에 따라 윤리적 규범과 법적 규범 사이의 구분이 사라지면서 나치 국가의 강압적 권력은 더 확대되었다. 자유민주주의 국가에서 국민 개인의 양심에 규제를 맡겼던 윤리적 의무는 이제 법적 의무가 되었고, 민족공동체에 대한 윤리적 의무를 위반한 것은 법을 위반한 것으로 간주되었다. 이 같은 윤리적 의무와 법적 의무의 통합은 윤리적 품위와 진실성, 범죄성 사이의 경계를 흐려놓았다. 그뿐 아니라 이제는 '옳고 그름'조차 나치 이데올로기가 결정하게 되었고, 이는 수많은 사람에게 비극적인 결과를 가져왔다.

4.2 제3제국 형법의 이데올로기적 지침

나치당의 법무국은 에토스ethos 중심의 형법을 공개적으로 지지했다. 이러한 이데올로기적 지향은 당에서 출간한 『새로운 독일 형법을 위한 민족사회주의 지침』에 다음과 같이 아주 단호하게 표현됐다.

형법에서는 민족공동체의 지배적인 이념인 충성, 의무, 명예, 정당한 속죄와 민족공동체의 법적·윤리적 정서와의 균형이 최고로 존중받아야 할 의무로 표현되어야 한다.[12]

민족사회주의 형법은 민족공동체에 대한 충성 의무에 기초해야 한다. 민족사회주의자이자 독일인의 사고체계 안에서 민족공동체에 대한 충성은 최상의 민족적 의무, 즉 최상의 윤리적 의무에 해당한다. 독일인의 사고에는 윤리적 가치판단과 의무감, 그리고 합법성과 정의의 감각 사이에 조화가 있다.[13]

새로운 형법의 기본원칙은 총통, 국가, 민족에 대한 충성 의무였다. 민족사회주의를 맹신하고 1942년부터 1945년까지 법무장관을 지냈던 오토 게오르크 티라크는 1936년 민족사회주의 법률가협회 회의에서 이 개념에 대해 다음과 같이 역설했다.

충성Treue은 독일인에게 전해 내려오는 가장 고귀한 덕목이다. 이는 우리 국가구조의 기둥으로서 내부와 외부의 적에 맞서 민족의 연대를 단단히 해준다. 추종자들의 충성만이 총통의 노력이 결실을 맺도록 보장하고 그 책임에 반드시 동반되는 희열을 총통에게 선사할 수 있다. 따라서 충성을 저버리고 위배하는 것은 민족공동체 전체에 대한 배신이나 다름없으며, 심각한 경우 반역자의 불명예스러운 죽음으로만 속죄할 수 있다.[14]

범죄에 대항하는 싸움이란 곧 민족공동체에 대한 배신과의 싸움이었다. 따라서 처벌은 민족에 대한 충성을 위배한 데 대한 속죄였으며, 그 목적은 "충성스럽지 않고 민족을 배반한 구성원"을 처벌하는 것이었다.[15] 그러므로 처벌 조치에는 민족공동체에서 추방하는 것Ächtung과 명예를 박탈하는 것Ehrverlust 등이 포함됐다.

이런 측면에서 법과 도덕의 분리를 중단하는 것은 중요했다. 민족사회주의 도덕의 기초는 공동체의 가치였으므로, 공통된 가치질서에서 벗어나는 것은 원칙적으로 법의 위반, 그러니까 범죄로 해석될 수 있었다. 특히 '명예'와 '충성'의 개념은 시민의 내적 태도와 양심에 대한 국가의 지배력을 강화하는 데 일조했다. 민족사회주의 지침은, 개인이 민족사회주의 세계관에 헌신하도록 강화하고 강제하는 것이 그 목적이라고 밝혔다.

이처럼 뚜렷한 형법의 도덕화 경향은 『새로운 독일 형법을 위한 민족사회주의 지침』 제2권에서 특정 범죄들과 적정 양형을 기술한 대목에서도 두드러진다. 제6조에 따르면, "법적 형량의 결정은 범죄자의 충성스럽지 않은 태도와 마음가짐Gesinnung, 그리고 자신의 행위에 대한 자각에서부터 출발해야 한다. 추상적인 법익 보호를 [형법의] 기본원칙으로 삼는 것은 거부해야 한다."[16]

따라서 나치당은 범죄자의 내적 태도를 가장 중시하는 '신념 중심의 형법Gesinnungsstrafrecht'을 지지했다. 이는 '사실 중심의 형법'으로부터 확연히 멀어진다는 의미였다.

태도에 기반한 범죄가 중요하게 부각되면서, 자유주의적 형법에서 애지중지했던 생명, 자유, 재산 같은 법익의 보호는 나치당 법무국의 눈에 실효성이 떨어져 보였고, 몇몇 나치 법이론가들도 이 흐름을 지지했다. 1942년부터 1945년까지 악명 높은 인민법원장이었고, 제국 법무 차관을 지내기도 한 롤란트 프라이슬러는 민족의 삶의 기본 가치는 개개인이 소유한 외적 재화에 있는 것이 아니라 "본질적인 삶의 필수요소"에 있다고 주장함으로써 법익의 개념을 일축해 버렸다.[17] 그가 논한 "기본적인 법적 가치Grundwerte des Rechts"는 곧 인종, 명예, 노동, 토양, 국가였다.[18]

나치당은 "민족의 실체에 대한 범죄"를 특별히 강조했는데, 국민에 대한 반역, 나치당에 대한 반역, 민족의 힘Volkskraft에 대한 범죄, 명예와 나치 세계관에 대한 범죄 등이 여기에 해당했다.[19] 나치는 당에 대한 반역을 특정하여 언급함으로써 자신들의 정적을 효과적으로 범인 취급했다. 이는 민족사회주의 형법 지침을 통해 다음과 같이 더 확실해진다. "민족에 대한 반역적 태도가 아니라 정치적 적대에 근거하여 [나치]운동을 공격하는 것 역시 중대한 충성 위반으로 처벌해야 한다."[20]

형법과 인종 이데올로기의 연결은 범죄의 범위를 넓혔다. 가령 국민의 인종과 힘에 대한 범죄에는 유전적 구성Erbgut, 생식, 국민의 건강 같은 생물학적 가치뿐 아니라 성도덕의 위반도 포함되었다.[21] "인종 유전자 조합 및 이종 유전적 조합의 결합" 및 "건강하지 않은 유전물질"의 생식도 범죄에 해당했다.[22]

"민족의 실체에 대한 범죄"의 세 번째 범주는 "명예와 세계관에 대한 범죄"에 관한 것이었다. 여기에는 명예에 대한 배신Ehrverrat, 나치 세계관에 대한 공격, (형법의 제재를 통해 종교공동체 및 종교기관을 보호하는 것을 나치당이 거부했음에도 불구하고) "독일 민족의 종교적 정서"를 공격하는 것도 포함됐다.[23] 나치의 법이 종교적 정서를 보호하고자 나섰던 것은 특히 정치적으로 불리한 종교운동을 무력화하는 데 도움이 된다면 국가가 도덕적 감정을 지원하기 위해 가능한 모든 수단을 동원할 준비가 되어 있었기 때문이다. 이런 방식으로 민족사회주의 형법 지침은 "그들의 신념이 윤리적·도덕적 감정에 위배되지 않는 한 종교공동체에 대한 모든 공격은 속죄가 필요"하다면서 종교적 감정을 침해하는 것을 확실하게 제재했다.[24]

흥미롭게도, 나치당 법무국의 이데올로기적 규정들은 어지간하면 민족사회주의를 전적으로 수용하던 법이론가들의 눈에도 너무 거창해 보였다. 열혈 나치당원이었던 법률가 프라이슬러는 나치당의 법적 지침 때문에 미래의 형법이 "매우 협소한 토대" 위에 놓이게 될 것을 우려했다. 그리고 그는 "단일한 윤리적 가치(충성과 충실)에 민족의 윤리적 질서"의 토대를 두는 것에 반대했다.[25] 모든 범법 행위가 명예훼손에 해당하는 충성 위반을 수반하는 것은 아니기 때문이다. 특히, 과실로 인한 범죄는 이러한 범주화에 부합하지 않을 것이라고 주장했다.[26]

그럼에도 법이론가들은 놀라울 정도로 이데올로기적 계율을 따랐고, 이를 통해 나치 국가의 형법을 다음과 같이 변화시키는 데 일조했다.

- 형법의 주요 목적은 범죄 억지와 보복Vergeltung
- 형법의 도덕화와 명예처벌 승인

- 자유주의 원칙인 '법 없으면 범죄도 없고, 처벌도 없다'를 '처벌 없는 범죄는 없다'로 대체[27]
- 형법에서 유추 허용
- '의도 중심의 형법' 개발

4.3 범죄 억지와 보복

나치 정권에서 선언한 법의 목표는 바이마르의—특히 사형을 중단한—자유주의적 형법을 권위주의적인 형사관할권으로 대체하는 것이었다.[28] 범죄 억지와 보복에 명확하게 초점을 맞추겠다는 의미였다.

자유주의적 관점에서 보면 형법은 시민들이 특정 행위가 불러오는 부정적 결과를 인식할 수 있도록 해야 한다. 처벌은 법에서 잘못되었다고 명확히 정의한 행위에 대한 대응이다. 처벌은 나쁜 것이지만, 자유주의적 관점에서 복수는 물론이고 보복과도 혼동해서는 안 된다. 보복과 복수는 증오와 분노의 감정에 매여있으므로, 신뢰할 만한 형사 사법권의 안정적인 지침이 되기 어렵다. 법 위반에 대한 그런 원초적 반응을 피하기 위해, 현대 법이론은 저질러진 잘못에 대해 재판부가 분노의 마음으로 복수하는 역할을 해야 한다는 주장과 거리를 둔다.

그러나 나치 법이론가들에 따르면 보복은 형법의 핵심이었다. 나치 국가의 대표적인 형법학자인 에드문트 메츠거Edmund Mezger는

"처벌이 단순한 보복에 그쳐서는 절대로 안 된다. 자칫하면 그 자체의 의미와 본질을 저버리고 그 특수한 임무를 완수하는 일에 무능해질 수 있다"고 했다.[29]

메츠거는 처벌의 본질과 목적을 구분했다. 처벌의 본질은 정당한 보복 대응이라고 규정하면서도, 그 목적은 민족공동체를 보호하고 방어하는 것이라고 했다. 메츠거는 보복 또한 예방적 효과가 있다고 주장했다.

> 민족사회주의 법은 인종, 운명, 숙명을 토대로 한 민족공동체의 현실을 최상의 법적 가치로 간주한다. 그리고 처벌의 유일한 정당성은 오직 민족공동체를 지탱하는 데 꼭 필요한 수단이라는 데 있다. … 그러므로 자행된 범죄에 대한 보복은 미래의 범죄를 예방하는 데 필수적인 수단이다. 즉, '처벌은 범죄를 막기 위한 것이다punitur, ne peccetur.'[30]

자유주의적 형법은 처벌과 범죄예방을 연결하고, 일반예방과 특별예방을 구분한다. 일반예방은 범죄를 저지르지 못하도록 사회를 억지하는 것으로, 사회의 모든 구성원에게 범죄행위는 득이 되지 않는다고 알려주는 것이다. 법 규범을 윤리적으로 내면화하는 것도 대개 일반예방으로 실행하려 하는데, 이는 국가가 강제적으로 교육에 개입하려는 순간 문제가 된다. 특별예방은 범죄자에 초점을 맞춘다. 즉, 범죄자가 향후 범죄를 저지르지 못하도록 억지하는 데 중점을 둔다. 이 맥락에서 재사회화 조치가 중요해진다.

메츠거는 보복적 처벌이 일반예방과 특별예방의 효과를 모두 가져온다고 주장했다. 보복은 형을 선고받은 개인을 개선하는 데 도움을 주고, 사회 전체에 대해서는 교육적 영향을 준다는 것이었다.[31]

다른 나치 법이론가들은 특별예방의 가치에 회의적이었는데, 특히 처벌이 개인의 재사회화에 효과가 있는지에 더욱 의문을 품었다. 헬무트 마이어Hellmuth Mayer는 엄한 처벌 방식을 통한 일반예방만이 통할 것이라 주장했다. "일반예방이 효과를 발휘하는 것은 오직 국가 고유의 윤리적 감정을 강력하게 제시함으로써 범죄에 대한 금기를 내세우는 보복적 형법을 통해서만 가능하다."[32] 한편 마이어는 특별예방에 대한 자신의 회의적 견해를 다음과 같이 정당화하기도 했다.

> 그 어떤 특별예방 조치도 윤리적 자기책임에 직접 호소하지 않으며, 사악한 행동에 대해 비난하는 판결을 내리지도 않는다. 단순히 효용만을 고려해서 처벌과 관련한 특별예방을 정당화하려 해도 현실적으로 난관에 봉착한다. 즉 특별예방 관점의 사고가 형법의 힘을 빼앗아 버린다. 바이마르 시대에 형법이 느슨해졌다고 느낀다면 그 원인은 바로 여기에 있다. 어떤 사악한 형태의 퇴행이 일어나는 것은 우리가 윤리적으로 더 나은 법이라는 미명 하에 열등한 인간들Untermenschentum에 대항하기를 멈췄기 때문이다.[33]

마이어에 따르면, 처벌의 일반예방 효과는 "정당한 복수를 위한 적절한 조치"를 동반할 때 가장 강력했다.[34] 그는 보복과 복수에 윤리적인 힘이 있다고 생각했다.

이런 범죄 억지력에 대한 요구에 나치 법체계는 대대적인 사형 집행으로 호응했고, 이는 결국 대중에게 반감을 불러일으켰다. 그러나 나치 국가의 형법 정책은 사형 집행을 줄이는 대신 전체 민족 공동체 내에서 그런 증오와 복수의 정서를 더욱 강화하는 방향으로 나아갔다.

4.4 명예 처벌

규범적으로 눈에 띄는 점은 나치의 법이론 안에서 법과 윤리가 통합되었다는 사실이다. 그 결과 법적 요구가 윤리적 의무와 동일시되었다. 프라이슬러는 이렇게 단언했다. "법적 당위와 윤리적 의무 사이에는 아무런 차이가 있을 수 없다. 법에서 규정하는 당위는 품위의 당위이기 때문이다. 그러나 품위의 유무를 결정짓는 것은 민족의 양심과 민족 구성원 개개인의 양심이다."[35] 이처럼 윤리와 법 사이의 경계를 모호하게 흐려놓은 것은 형법에도 영향을 미쳤다. 저명한 법이론가 빌헬름 자우어Wilhelm Sauer는 형법을 윤리적으로 이해하기 위해서는 처벌의 목표가 "심화, 내면화, 도덕화" 되어야 하므로 "범죄에 대한 사회적·윤리적 보복, 특히 속죄"를 우선순위에 두게 된다고 주장하며 이를 생생하게 설명했다.[36] 처벌은 "민족의 양심이 요구하는 … 윤리적 대응"이므로 비난받아 마땅한 범인과 범죄의 의도를 향해 집중되어야 한다는 주장이었다.[37] 마찬가지로, 프리드리히 외트커Friedrich Oetker는 강령을 정리한 편람에서 "법과 도덕Sittlichkeit의 일치"가 "민족사회주의 사상계"에서 핵심이라는 것을 감안하면 형법은 [범행의] 동기, 즉 그에 따라 죄질의 정도와/또는 죄를 줄이는 효과에 주목해야 한다고 설명했다.[38]

　　나치 법이론에서는 법과 도덕의 통합으로 법 위반과 윤리규범 위반 사이의 구분이 사라졌다. 나치가 선호한 윤리 중심 형법에서는 나쁜 의도가 핵심이 되므로, 이 같은 정신적 태도를 평가하는 데 초점을 둔 범죄에 대한 형 선고가 이뤄졌다. 다시 한번, 자우어는 이런 변화에 대해 다음과 같이 분명히 설명한다.

> 실질적인 윤리 및 범죄 요소는 개인 인격의 본질과 가치를 결정하는 자유의지인데, 이는 그[인격]에 의해 만들어졌기 때문이기도 하다. 칸트와 피히테의 윤리에서 선한 의지 외에 선한 것이 없듯이 범죄의 핵심은 악의에 있다. … 그러나 항상 범죄자에게는 도덕적으로 비난받을 만한 악의가 특징적으로 나타났으며, 이는 결국 죄의 실질적 본질이다. 과장된 자유주의적 개념이 법과 도덕, 의지와 외적 행동 사이에 선명한 선을 그었을 때만 범죄와 도덕적 악행 사이의 연결이 흐려진 것이다.[39]

　　윤리적 형법의 발달은 대체로 민족공동체의 윤리적 가치를 통합하자는 모호한 호소 수준을 넘어서지 못했다. 자우어는 개념을 좀 더 엄밀히 하고자 '독일 윤리와 문화사의 일부'인 '원조 독일gothic의 덕목'은 진실성, 신뢰성Zuverlässigkeit, 목표 지향성, 자기통제 같은 민족 윤리와 덕목으로 구성되어 있다고 주장했다. 이들 덕목의 반대편에 있는 것이 "전형적인 범죄적 악"으로, "공동체의 에토스"를 확실히 위반한 것으로 간주되는 삐딱함, 배신, 탐욕, 방종, 무절제 등이 이에 해당했다.[40]

형법의 도덕화는 형법을 다루는 판사들이 자신의 역할을 규정하는 방식에 영향을 미쳤다. 규범적 지침은 윤리규범을 강조함으로써 판사들이 각자의 양심에 따라 "의무적인 재량권"을 행사하도록 부추겼다.[41] 이런 지침들은 더 나아가 '민족의 안녕'이라는 기본 '법칙'을 존중하고 범행 및 범죄가 일으킨 실질적 잘못에 보복하기 위한 판결까지도 포함했다.[42] 이런 식으로 판결은 법률 위반뿐 아니라 법을 초월하는 더 고차원적인 윤리 질서의 침해까지도 고려해야 했다. 결국, 형법은 법률Gesetz과 법Recht•의 분리를 인정하고 지지할 수밖에 없었다. 프라이슬러는 그 필요성을 다음과 같이 설명했다.

> [우리는] 법과 법적 비행에 대한 실질적 이해가 형법에서 결정적인 역할을 해야 한다고 믿는다. 우리는 법과 법률을 동일시하지 않는 대신 민족의 윤리 질서로부터 법을 발전시키기 때문이다. 그러므로 우리는 단순히 법률로부터 형법을 도출할 것이 아니라 법의 외적 근원도 인정해야 한다고 본다.[43]

• Gesetz: 성문법 형태로 기록된 특정 법률. Recht: 구속력을 수반하는 규범이나 원칙을 총칭하는 광의의 법.

법적인 옳고 그름에 대한 실질적 개념은 무엇보다도 판사의 사려 깊은 판결로 보장되어야 한다. 이는 판사가 범행에 관한 여러 사실뿐만 아니라 가치에 기반한 판결의 규범 요소들까지 고려해야 한다는 뜻이다. 프라이슬러는 "진정한 규범 요소"를 제국의 안녕, 민족의 안녕, 그리고 민족의 품위와 건전한 정서를 포함한 미풍양속Sitten 등으로 규정했다.[44] 프라이슬러는 이러한 규범적 개념들이 옳고 그름에 대한 실질적 개념 형성에 결정적인 영향을 미쳤으며, 이는 실증법과 함께 법적 지식의 또 다른 원천으로 기능했다고 주장했다.[45]

자우어는 형법은 "윤리적으로 비난받을 만한 것에 대한 속죄와 사회적 위험으로부터 보호하는 것"에 초점을 맞춰야 한다고 주장했다.[46] 이처럼 몇몇 나치 형법이론가들은 형법상 제재의 이중 체계를 지지했다.[47] 징역 같은 통상적 형태의 처벌 외에 취할 수 있는 구체적 조치로는 알콜 중독자들의 정신병원 구금,[48] 수용시설 구금,[49] 노역장 유치,[50] 예방구금Sicherungsverwahrung,[51] 직업활동 금지,[52] 위험한 성범죄자의 거세[53] 등이 포함됐다.

형법의 도덕화는 사회적 통제와 감시 강화를 촉발했을 뿐 아니라 법적 제재도 눈에 띄게 강화했다. 단순한 형식적 불법성(즉 법률 위반) 외에도 실질적 불법성이 판결에서 중요해졌다. 불법행위에 대한 실질적 기준은 범죄자가 얼마나 "민족의 적으로 간주되는지"에 달려있었다.[54] "초법적 비상 상황"을 선포하는 것으로 정권은 모든 종류의 가혹한 형법 조치를 정당화할 수 있었다.[55]

법의 도덕화는 충실, 충성, 명예 같은 특성이 형법 속에 스며든다는 의미이기도 했다. 그러므로 몇몇 나치 법이론가들은 명예처벌

Ehrenstrafe을 재도입하는 데 찬성했다.[56] 킬대학 형법학 교수인 게오르크 담Georg Dahm은 이 같은 명예처벌은 형법을 "범죄에 맞서 싸울 합리적 기법"으로 보는 관점과 "법의 영역에 개인 차원을 초월한 존엄까지 포함하여 민족의 삶이라는 전체 맥락 속에 통합하는" 관점으로 구분하는 데 도움이 된다고 주장했다.[57]

담은 명예처벌에 대해 유보적이라고 잘 알려진 자유주의적 입장은 나치의 법 체계 내에서 영향력을 잃은 지 오래라고 주장했다. 자유주의 국가에서는 외적 자유와 내적 자유의 분리에 근거하여 명예처벌이 금지되어 있었다. 자유주의적 원칙에 따르면 "법은 단지 시민의 외적 공존을 규제할 수 있기 때문에 외부로 나타나는 법적 행동에만 관심을 둔다. 범죄자의 신념Gesinnungen은 상관하지 않는다. 국가는 권리를 박탈할 수 있지만 명예를 박탈할 수는 없으며 내적 신념을 판단해서는 안 된다"라고 주장했다.[58]

그러나 "법과 윤리, 형법과 민족에 대한 인식Volksanschauung이 함께 자라는" 법 체계 속에서는 명예처벌을 없앨 수 없다. 실제 각 공동체는 구성원의 충성과 명예가 필요하기 때문이다.[59] 그러므로 형사 담당 판사는 형을 선고할 때 범죄자가 "아직 공동체에 속하는지 아닌지, 그리고 좀 더 포괄적으로는 애초에 그 공동체에 누가 속하는지, 그리고 공동체가 범법자와 완전히 분리되지 않는 법적 한계는 어디까지인지"에 대한 가치판단도 하게 된다.[60]

마찬가지로, 프리드리히 샤프스타인Friedrich Schaffstein은 나치 국가는 더 이상 명예처벌을 도외시할 수 없다고 주장했다. 자유주의 국가의 본질적인 가치상대주의에서는 이미 명예처벌의 지위와 중요성이 약화된 상태여서, "명예롭지 않은 사고방식"으로 간주하는 대상이 사회집단들과 사회 전반에 걸쳐 제각각 달랐다.[61] 그러나 민족사회주의는 문화적·윤리적 상대주의에 굴복하지 않고, 간결하고 객관적인 '명예' 개념을 고안해 냈다. 샤프스타인이 지적했듯이 이 정의는 "법적 판단과 도덕적 판단의 민족사회주의적 통합", 즉 "민족사회주의 이데올로기의 총체성 주장"으로부터 도출됐다.[62]

이 이론가들이 말하는 '명예'란 정확히 무슨 뜻일까? 담은 명예가 한낱 "법적 동지Rechtsgenossen"끼리의 존경에 그쳐서는 안 되며, 명예란 "각 공동체에 필수적인 것"에 대해 평가적으로 "표현"한 것이라고 주장했다.[63] 이 맥락에서 보면, 명예는 국가의 목표에 대한 무조건적인 헌신을 요구하는 불쌍한 공식이나 마찬가지였다.

결과적으로, 명예처벌은 민족을 교화하기 위한 상징적 의미를 곁들인 "정치적 형태의 처벌"이었다.[64] 명예처벌을 동반한 제재로는 추방, 징역, 구금, 벌금Vermögensstrafen 등이 있었다.[65] 담과 샤프스타인은 체벌이나 형무소에 있는 범죄자를 대중에게 공개적으로 내보이는 것에는 반대했지만 선고 형량을 공개하고 라디오에서 범죄자의 신상을 밝히거나 사진을 공개하는 것 등에는 찬성하기도 했다.[66] 민족에 대한 반역죄로 처벌받는 경우, 이론적으로 추방은 제국 시민권을 잃는 것으로 이어졌고, 심지어 사형까지도 의미했다. 벤첼 폰 글라이스파흐Wenzel von Gleispach의 표현을 빌리면, "행위나 신념 때문에 민족공동체에서 영원히 추방당하는 사람이라면 누구든지 제거되어 마땅하다."[67]

4.5 '처벌 없는 범죄는 없다'와 형법에서 유추의 허용

나치 국가에서 형법의 주요 목표는 개인의 소극적 자유
보다는 민족공동체를 보호하는 것이었다. 법이론가 카를 셰퍼Karl
Schäfer가 주장했듯이, 국가는 "자기 힘과 능력을 남용하여 민족 전체
에 해를 끼치는 개인을 처벌하지 않고 놔둘 수 없다."[68]

따라서 나치 법이론가들은 자유주의적 형법의 주요 원칙, 즉 어떤
행위를 처벌하려면 범행 발생 시점에 처벌 가능하다고 법적으로 공
표된 경우에 한한다는 원칙을 거부했다.[69] 사법권한의 자의적 행사
에 맞서 시민을 보호하기 위해 만든 '법 없으면 범죄도 없고, 처벌도
없다nullum crimen, nulla poena sine lege'는 이 죄형법정주의 원칙을 나치
법학자들은 "범죄자의 대헌장Magna Carta"[70]이라고 비난했다. 법률상
의 허점이나 법안의 불완전함을 근거로 범죄자에게 처벌을 피할 여
지를 준다는 것이었다.[71]

법학자 카를 셰퍼는 오직 성문법에 범죄로 규정된 범행만 처벌함
으로써 개인의 자유를 보호하라는 자유주의적 준칙은 판사의 자유
재량에 족쇄가 되어 판사를 한낱 "분류 기계Subsumtionsmaschine"로 전
락시킨다고 주장했다.[72] 따라서 나치 법학자들은 '법 없으면 범죄도
없고, 처벌도 없다nullum crimen, nulla poena sine lege'를 '처벌 없는 범죄는
없다nullum crimen sine poena'로 대체하라고 요구했다.[73] 이런 식으로 각
범죄마다 법으로 규정된 범행이 성립하는지 아닌지와 상관없이 처
벌과 속죄를 피할 수 없게 되었다.

따라서 법학자들은 판사의 권한과 재량을 확대하려 들었다. 판사

는 입법자로서 행위할 공식 자격은 없었으나, 민족공동체의 이익을 위해 법을 만들 중대한 권력을 지녀야 했다. 셰퍼는 판사의 권한을 그렇게 확대하는 것이 나치의 형법 체계에서 반드시 필요하다고 주장했다. 이 체계는 옳고 그름을 판단하는 데 일반규정Generalklauseln을 이용하는 것은 물론이고, 사실관계에 대한 가치 중심의 관점에 호소하기 때문이다. 이러한 관점은 "민족의 건전한 정서와 유사한 가치 기준에 근거한 것"이므로, "단순한 사실관계의 서술'이 아니"라고 했다.[74]

판사들의 권한과 재량을 확대하기 위해 나치 법률가들은 형법에서의 유추 금지 원칙을 폐기하는 데 찬성했다. 유추 금지는 법률에 명시되지 않은 범행에 대해서는 판사들이 법규정을 적용하지 못하도록 막았다. 나치 법률가들은 유추를 허용한다면 판사들이 비슷한 사건들을 비슷하게 자유로이 다룰 수 있을 것이며, 그럼으로써 그들의 권한이 확대될 것이라고 주장했다. 이렇게 되면 주어진 법규정에 해당되는 범죄에 대해서만 판결을 내리는 것에 국한되지 않는다.[75]

사법 권한을 확대하려는 나치 법이론가들의 노력은 성공적이었다. 1935년 귀르트너 법무장관의 지시로 형법 개혁을 위한 민족사회주의 위원회가 유추 허용을 권고함으로써, 특정 행위에 대한 처벌은 기존 법률에 해당 처벌이 구체적으로 명시된 경우에 한해서만 가능하도록 했던 독일 형법STGB, Strafgesetzbuch 제2조는 무효화되었다. 위원회는 해당 조항을 다음과 같이 수정할 것을 제안했다. "만일 어떤 행위가 법으로 처벌 가능하다고 명시되어 있지 않고 법률에 처벌 가능한 유사행위만 규정되어 있다면, 해당 법규정은 그 기저의 법관념Rechtsgedanke과 민족의 건전한 인식gesunde Volksanschauung이 처벌을 요구할 경우, 이를 적용해야 한다."[76] 이런 식으로 위원회는 법치 중심의 형법이라는 기본 전제마저 폐기했다. 새로운 범주의 범죄를 만들거나 기존 범주를 확장하는 경우 유추 금지는 자유주의적 형법의 필수 요소였다(그리고 지금도 마찬가지다).[77]

그러나 유추의 허용은 곧 새로운 범주의 범죄를 도입하거나 적어도 기존 범주를 재해석할 자유였고, 이는 나치 법률가들의 목적에 부합했다. '처벌 없는 범죄는 없다'는 준칙을 따르게 된 형법은 이제 원활한 범죄 억지 수단으로 기능하게 되었다.

나치 법이론가들은 몇 가지 조건에 부합할 때에만 유추를 적용할 수 있다고 주장했다. 그 조건이란, 법령에 따라 처벌 가능하다고 공표된 행위와 아직 법적으로는 규제되지 않는 행위 간의 유사성, 법령에 표현된 법관념이 아직 법적으로 규제되지 않은 행위에 적용될 가능성, 처벌과 "민족의 건전한 인식" 간의 일치 등이었다.[78]

그렇다면 나치 법률가들이 말하는 "민족의 건전한 인식"이란 대체 정확히 무슨 뜻이었을까? 개혁위원회는 이 개념을 구체화하기 위해 "공동체 질서라는 윤리적 당위"에 호소했지만 결과는 신통치 않았다. 위원회는 "형벌 법규에 표현된 법관념"을 핵심으로 여겼다.[79] 1935년 6월 28일 「개정 형법」 제1조의 일부분이 된 유추 원칙은 다음과 같았다.

> 법으로 처벌 가능하다고 규정된 행위 또는 형법의 기본 개념 및 민족의 건전한 인식에 따라 처벌받아 마땅한 행위를 자행하

는 사람은 누구든 처벌받을 것이다.

만일 어떤 행위에 직접 적용되는 특정 형벌 법규가 없을 경우, 해당 행위는 바로 이 동일한 행위에 가장 부합하는 기본 개념을 가진 해당 법규에 따라 처벌될 것이다.[80]

결국 판사에게는 "민족의 건전한 인식"을 해석할 책임이 있었다. 게다가 판사는 형벌 법규의 기본 개념을 인식하고 이를 유사한 행위들에 적용해야 했다. 따라서 유추의 원칙은 사법적 재량을 상당히 확대했다. 판사가 형벌 법규의 기본 개념을 자의적으로 해석하면 안 된다는 것만이 유일하게 남은 제한이었다. 이는 법률 내용을 완전히 무시한 해석을 해서는 안 된다는 뜻이었다. 그러나 판사가 윤리적 질서와 '민족의 건전한 인식'을 고려했다고 주장하는 한, 그는 그 범죄를 처벌할 수 있는지를 비교적 자율적으로 판단할 수 있었다. 이데올로기에 따라 사법권이 왜곡될 가능성이 열렸다.

다음의 예시는 유추 금지 원칙을 폐기한 결과를 보여준다. 첫 번째 사건에서는, 나치당에 가입하려던 어느 유대인 남성(유대계 어머니를 둔 사생아였음)이 신청양식에 비유대계인 양부모의 이름만 기재했다. 1938년 7월 28일, 함부르크 법정은 유추를 통해 그에게 문서 위조 미수로 유죄를 선고했다. 법원은 단순히 나치당이 공식 국가기관amtliche Behörde과 동등하다고 가정하고 형법 제271조와 제272조를 적용했다. 게다가 피고의 행위는 '민족의 건전한 인식'에 따라 처벌 가능한 것으로 간주되었다.[81] 두 번째 사건에서는 피고가 독일 내에서 허가되지 않은 방송을 청취했다는 이유로 형을 선고받았다. 이번에도 유추에서 비롯된 선고였다. 재판부는 외국에서 송신되는 무허가 방송 청취를 금지한 법규를 해당 사건에 적용했다. 재판부는 "실질적 정의를 위해 법을 만들어가는 과정에서 제국 형법 제2조"를 적용함으로써 이 사건의 법적 공백을 메웠다며 판결을 정당화했다.[82]

몇몇 나치 법률가들은 법률상의 유추statutory analogy, Gesetzesanalogie 뿐만 아니라 법의 유추analogy of law, Rechtsanalogie까지 고려하도록 유추 원칙에 대해 훨씬 더 폭넓은 해석을 요구했다. 법률상의 유추란 법적 규제 대상이 아닌 유사행위에 대해 특정한 법규정을 적용하는 것을 지칭했다. 반면, 법의 유추는 "법적으로 규제되지 않은 사실에 전체 법질서에 내재된 법 관념을 적용하는 것"을 수반하는 일로 더 큰 의미와 범위를 가진다.[83] 수많은 나치 법률가들이 이는 사법권한의 자의적 행사로 귀결될 수 있다며 문제를 제기하고 법의 유추를 거부했지만, 일각에서는 총통국가에서 법률상의 유추와 법의 유추는 일치하기 마련이라고 주장하기도 했다.[84]

법률상의 유추와 법의 유추를 구분하는 것은 실제로 어려웠다. 왜냐하면, 법률상 유추를 정당화하는 것은 판사가 법에 대한 새로운 이해를 적용하는 것을 허용하는 것인데, 법의 유추에서도 똑같이 적용되기 때문이다. 카를 지게르트Karl Siegert는 법의 유추 허용에 찬성하면서 다음과 같이 주장했다.

특히 민족의 지도자 원리는 현 입법자의 뜻에 따라 행동하도록 요구한다. 현재의 '법의 목적'에도 부합하는 이 뜻은 형벌 법규를 적용하는 데 핵심적이다. 이는 법의 적용은 법의 자구에 매

달린 해석의 한계를 넘어서야 한다는 의미다.[85]

이 때문에 판사는 법규정의 특정한 표현에 얽매이지 않아도 되었다. 판사의 판결은 법률상의 유추 및 법의 유추 원칙에 따라 '현 입법자의 의지'와 '민족의 원칙' 양쪽에 호소함으로써 이루어졌다. 판결이 나치 국가의 목적과 일치만 하면 되는 것이었다.

지게르트는 "법률 조문과 별개로 민족의 양심과 지도자의 지침이 적용된다"면 법의 유추는 민족사회주의의 국가관에 일치한다고 인정하기도 했다.[86] 그럼에도 "지도자의 의지는 법적 유추로 명확히 인식 가능한 것이 아니"므로 판사들이 법의 유추 원칙에 의존하도록 두는 것에는 회의적인 입장이었다.[87] 나치 법이론가의 이 같은 경고를 보면 나치 형법에서 규범적 제한이 없어지는 경향이 얼마나 뚜렷해졌는지 알 수 있다.[88]

담을 포함한 일부 나치 법이론가들은 유추의 허용 및 "민족의 건전한 인식 같은 가변적이고 유연한 가치 개념과 일반 조항을 넉넉히 이용"[89]함으로써 사법권한이 상당히 강화되었음을 공개적으로 인정했다. 그러면서도 담은 총통국가의 획일화된 세계관을 고려하면 이처럼 사법권한이 확대되는 것은 문제가 아니라고 보았다. 바이마르공화국처럼 주관적이고 민주적인 가치체계 안에서나 그런 권력 장악이 문제가 된다는 것이었다. 담은 "프랑스혁명 이전의 자유주의적 형법이론은 법관념에 익숙하지 않았고 실정법을 초월한 정의 개념을 인정하지 않았기" 때문에 자유주의적 여건에서는 유추가 범죄자에게 유리하게 작용할 것이라고 설명했다.[90] 이 역시 민주사회는 객관적 구속력을 지니는 규범기준이 없고 명료한 지침과 가치를 제시할 강력한 정치권력이 부재하므로 상대주의와 주관주의가 증폭될 것이라는 메시지였다.

담에 의하면 나치의 법 체계는 법률과 법(정의라는 의미에서의 법)을 분리함으로써 행위의 '본질적 잘못'에 실정법을 초월한 평가를 허용했다. 이 같은 변화에 대해 담은 다음과 같이 적극적으로 의견을 피력했다.

> 자유주의 법적 사고에서 벗어나면 법은 새로운 기능을 한다. 법의 임무는 더 이상 신뢰할 수 없는 국가의 자의적 권력에 맞서 개인을 보호하는 일이 아니다. 입법 및 판결에서 권력을 분리하는 것도 더 이상 법의 임무가 아니다. 판사는 더 이상 계몽주의가 전제했던 법의 목소리도 법의 노예도 아니다. 오히려 오늘날 입법과 판결은 동등한 위치에 서 있다. 둘 다 민족의 법 관념과 민족의 건전한 인식을, 실정법을 초월한 법의 궁극적인 근원과 법적 타당성의 기초로 표현한다. 민족의 인식과 관련해서 판사의 결정 못지 않게 중요한 법령은 민족의 인식을 반영하고자 하는 일반 지침을 포함할 뿐이다.[91]

담은 '형식적 규범의 위력'에서 벗어난 판사는 추상적인 법적 사고를 포기하고 구체적인 삶의 질서Lebensordnung로 눈을 돌릴 수 있을 것이라고 주장했다. 그러므로 판사는 '민족의 질서'에 대해서뿐 아니라 정치적 리더십에 대한 의무도 가졌다. 담이 언급했듯이 "민족사회주의적 공동체 개념은 권위주의적 리더십 개념과 불가분의 관계다. 민족은 정치적 지도력, 특히 지도자를 통해 진정한 대표자를 발견하는데, 이는 총통과 국가가 갖는 권위의 토대가 된다."[92]

이런 방식으로, 담은 "민족의 건전한 인식"에 호소함으로써 판사에게 과도한 재량을 부여하게 되는 문제를 회피했다. 그는 판사가 단지 자기가 이해한 민족의 직관에 모순된다는 이유로 특정 법률을 적용하는 것을 거부하는 것은 절대 불가능하다고 설명했다. 판사에게는 "제한된 재량"이 있을 뿐이고, 민족의 의지를 멋대로 결정할 수는 없다는 것이었다. 그러면서도 민족의 건전한 인식이 무엇인지 명확히 규정하지는 못한 채 "추상적인 개념이 아니라 주어진 구체적인 법적 신념에 의해 결정되고 끊임없이 갱신되는 삶의 구체적 현실"이라고만 설명했다.[93]

나치 법이론가들에 따르면 판결에서 결정적으로 중요한 규범 두 가지는 판사가 "민족사회주의적 정의의 관념"을 고려해야 한다는 것과 정치적 리더십에 따라야 한다는 것이었다. 이런 주장은 두 부분으로 구성됐다. 첫째는 실정법은 판결에 충분히 법적 유효성을 부여하지 못하므로 판사는 '실정법을 초월한 법관념'까지 고려해야 한다는 전제였다. 둘째는 실정법을 초월한 이런 법관념은 "민족의 건전한 인식"과 동일시되었는데 다시 이는 총통의 의지에 달려있다는 것이었다. 담은 법률용어로 표현된 것도 아니고 법 영역을 구성하려는 직접적인 의도는 없었다 해도 글로 표현한 계획된 선언처럼 "총통의 의지가 담긴 법 외적 표현"으로도 법이 형성될 수 있다고 주장했다.[94]

이는 정치가 법을 장악하도록 문을 활짝 여는 계기가 되었다. 판사는 다른 나치 관료들과 마찬가지로 모든 표현에 담긴 총통의 의지를 끊임없이 발견하고 해석하며 헤아림으로써 정치적으로 순응했다. 종종 감정을 자극하는 선언과 조직적인 집회를 통해 전달되는 지도자의 기대를 알아차리고 이를 충족시켜줘야 한다는 지속적인 요구는 독립적이고 공평한 판결을 내리려는 판사의 의지를 서서히 약화했다.

4.6 의도 중심의 형법 개념

의도 중심의 형법은 민족사회주의 법이론의 발명품이었다.[95] 이 형법을 개발하고 정당화하는 과정에서 나치 법률가들은 기존에 축적된 법적 전문지식의 모든 기준이나 사안을 완전히 무시하지는 않으려 했다. 그럼에도 의도 중심의 형법 개념은 나치 정권의 사법권을 확대하는 데 크게 기여했다.

1871년 독일 형법에 따르면 죄체corpus delicti(Tatbestand)*는 형법의 핵심이었다. 1936년부터는 사실관계를 우선시하던 이런 전통적 개념을 범죄 의도에 초점을 맞춘 법으로 대체해야 한다는 관점이 나치 법이론가들 사이에 팽배했다.[96] 이는 법적 관점을 뒤집은 것이다. 자유주의 형법은 개인의 권리와 자유를 보호하는 데 초점을 맞추었지

* 범죄의 증거가 되는 실질적인 사실, 또는 범죄의 구성 요건.

만, 민족사회주의는 카를 크루그Karl Krug의 표현대로 "실질적 민족의 법익만큼이나 나름의 윤리적 질서와 이상을 지닌 민족공동체"를 보호하려 했다.[97] 새로운 형법은 "윤리적 공준公準"[98] 수준에 달해야 한다는 것이다.

의도 중심 형법의 주요 특징은 무엇이었을까? 위협 중심의 형법이나 내적 태도 중심의 형법Gesinnungsstrafrecht과 어떻게 달랐을까? 행위자 중심의 형법Täterstrafrecht과는 어떤 연관이 있었나?

의도 중심 형법의 핵심 전제는 죄의 유무는 의도의 내적 특성, 즉 품성에 달려있다는 것이었다. "칸트와 피히테의 윤리에서처럼 선한 의지 외에 선한 것은 없으므로, 범죄의 핵심은 악한 의지에 있다"[99]라는 자우어의 설명을 상기해 보자. 이렇게 하면 형의 선고와 처벌에서 정신적 요소가 핵심이 되는데, 이는 자우어의 표현대로 법과 도덕의 분리를 포기한다는 의미였다. 의도 중심의 형법 개념은 나치 사상가들이 법의 도덕화를 강조해서 얻은 확실한 결과였다.

이런 사고방식의 중심에는 국가의 사법부는 이미 발생한 법 위반에 대응할 뿐만 아니라 범죄를 발생 단계에서부터 예방해야 한다는 믿음이 있었다. 의도 중심의 형법을 옹호한 대표적 인물인 프라이슬러에 따르면, 국가는 "최대한 신속하게, 그리고 가능한 모든 힘을 동원하여" 개입해야 한다.[100] 범죄 의도는 "민족 윤리의 가장 깊은 곳에 뿌리내린 모든 처벌의 근거"로 인식되어야 한다.[101]

의도 중심의 형법은 속죄를 처벌의 본질로 보았다.[102] 에드문트 메츠거는 형 선고는 "민족공동체를 반역한 의지"를 겨냥해야 한다고 했다.[103] 마찬가지로, 형법은 "건전한 구성원을 교육하고 … 실제 영향을 미치는 법적·윤리적 질서를 강화"하고자 해야 한다.[104] 이런 교육적 노력은 공동체에 대한 윤리적 의무를 다하려는 단일한 의지를 불러일으킬 것이다.

'의도'란 정확히 무슨 의미였을까? 나치 이론가들은 정확한 정의를 제시하지는 않았지만, 이들의 설명에 따르면 이 의도는 욕망도 소망도 아니었다. 그보다는 어떤 계획을 실행하려는 의사—즉 어떤 행위를 실현하기 위한 능동적인 정신적 요소—에 해당했다. 의도는 성공적으로 이루어진 모든 행위의 동력과 근원으로서 처벌 가능한 모든 행위의 배후에 있는 것이기도 했다. 계획을 실행하기 위해서는 의도와 구체적 행동이 반드시 결합해야 한다. 결국 나치의 법이론에 의하면 의도가 행위로 성립된 경우는 물론이고, 미수에 그친 시도 Tatversuch라 해도 그 의도는 처벌받아야 한다는 것이었다.

프라이슬러는 민족공동체에 해를 끼치는 의지를 유혹, 결심, 계획 준비, 실행 개시Ausführungsbeginn, 성공적인 실행, 성공 보장 Erfolgssicherung 등 6단계로 설명했다. 프라이슬러에게 중요한 질문은 "형법은 어느 단계에서 처벌로 범죄자를 위협해야 하는가"였다.[105] 그는 어떤 결심이든 아직 변경될 여지가 있으므로 단순한 결심을 처벌하는 것은 말이 되지 않는다고 인정했다. 그러나 어떤 사람이 결심을 실현하기 위해 진행한다면, 즉 준비 행위를 시작했다면 국가기관의 예방조치는 정당화될 뿐 아니라 필수적이라고 보았다.

프라이슬러는 의도를 세상을 움직이는 요소로 보았다. 그는 카를 슈미트가 말한 사회적 삶의 기본 범주를 언급하면서 "오직 의도만이 친구 또는 적이 될 수 있다!"[106]라고 했다. 공동체의 적은 문제를 일으키는 사람의 의도, 즉 평화를 망치는 의도였으며, "형법의 눈"이 향해야 할 "반사회적 … 그리고 무정부주의적 원칙의 소유자"였다.[107] 프라이슬러에게 의도 중심의 형법은 "적과 싸울 뿐 아니라 적을 전멸"시키고자 하는 "전투적인 법"이었다.[108] 다른 나치 법학자들은 이 호전적 수사rhetoric에 동의했다. 글라이스파흐는 비난받을 만한 의도는 … 의무에 반역하는 유형의 의도로, 이것이 형법이 싸워서 물리쳐야 할 적"이라고 지적했다.[109]

그러므로 의도 중심의 형법은 개인적인 태도와 신념의 영역에 직접 개입하여 개인의 윤리적 자기 의무를 적극적으로 동원하려고 했다. 그럼에도 나치의 법이론은 의도 중심의 형법과 관련된 광범위한 제재에 대해서는 대수롭지 않게 여겼다. 프라이슬러는 "통상적인 의도 중심의 형법은 범죄에 대한 유책성을 높이는 것이 아니라, 형법이 새롭게 택해야 할 방향을 규정하는 것"이라고 주장했다.[110]

나치의 인종적-생물학적 결정론과 달리, 의도 중심의 형법을 옹호하는 이들은 의지의 자유를 기본 전제로 삼았다.[111] 범죄에 대해 형을 선고할 때 범죄자의 어려운 사회적 여건이나 성장배경을 이유로 감경하려는 일은 없어야 한다. 프라이슬러는 다시 한번 불확정주의를 적극 옹호했다. 민족사회주의는 "'나는 어쩔 수 없었다'고 하는 사람의 말은 듣지 않지만, 삶의 어떤 상황마다 '나는 해야 한다, 할 것이다, 할 수 있다!'고 외치는 이의 말은 듣는다"라고 주장했다.[112]

프라이슬러는 의도 중심의 형법은 내면의 구성요소를 고려해야 한다면서 의지의 강도, 의도 실행의 방식(잔인성, 무례함), 범죄자의

내적 갈등의 정도, 범죄자의 교정 및 배상 준비상태 등을 예로 들었다.[113]

일부 법이론가들은 재판의 판결에 이런 주관적 요소를 고려할 수 있는지 의구심을 표했다. 특히 의지의 강도를 무슨 수로 확인할지를 두고 논란이 일었다. 의지의 강도를 행위 시작의 지표로 보기는 힘들다고 생각한 에드문트 메츠거는 오직 객관적 요소만이 특정 행위의 시작을 나타낼 수 있다고 주장했다.[114] 그는 행위의 시작과 실행 사이의 "자연스러운 관계"가 핵심이라고 보았다. 이에 대해 프라이슬러는 의지가 구체적으로 표명된 것을 판단할 수 있는 것은 판사의 사후적 판결이라고 설명했다. 판사는 형사사건의 사실관계에 따라 범죄자가 지닌 의도의 양상을 추론할 수 있다는 것이다.

의도 중심의 형법을 옹호하는 이들은 법 위반에 대해 국가가 최대한 신속하게 대응할 것을 요구했다.[115] 프라이슬러는 이처럼 민족공동체를 최대한 보호할 의무가 "질서를 부정하고 질서를 위협하는 요소들에 맞서 국가가 어디에 적극적 방어선을 그어야 하는지"를 결정한다고 주장했다.[116] 가능하다면, 국가는 범죄행위의 계획 단계부터 개입해야 한다. 계획된 행위를 실행하고자 첫발을 내디딜 때 범죄자는 처벌의 위협과 마주해야 한다.[117]

의도 중심의 형법을 옹호하는 이들에 따르면 범죄와 싸우는 데 방해가 된 것은 특히 전통적인 형법의 두 가지 규정이었다. 첫째, 판사가 누군가를 처벌할 수 있는 것은 오직 기수 혹은 미수 행위가 법적으로 범죄로 규정되어 있을 경우에 한한다는 점이며 둘째, 미수에 그친 행위는 성공한 행위에 비해 관대한 처벌을 받아야 한다는 점이었다.[118] 나치 법률가들은 어떤 시도가 행위의 성공으로 이어졌는지 아닌지의 여부는 대개 운에 달려있으므로 판결에서 미수행위와 기수행위를 구분하는 것은 무의미하다고 주장했다. 민족사회주의 법학의 관점에서는 상황에 따른 운이 옳고 그름의 경계를 정해서는 안 된다는 것이다. 카를 크루그는 "범죄가 미수에 그쳤든 실현되었든 범죄자의 의도는 동일"하기 때문에 의도 중심의 형법은 행위의 시도와 그 성공을 동일하게 처벌해야 한다고 지적했다.[119] 의도 중심의 형법을 옹호했던 이들은 성공하지 못한 시도까지도 처벌하고자 했다. 프라이슬러의 관점에서 형사사건 판결에서 "범죄자의 의도"를 판단할 때 범죄자가 그 의지를 실행하기에는 "부적절한 수단을 이용했다는 이유"만으로 판단을 바꿀 수는 없는 것이었다.[120]

　나치 법률가들은 국가가 시간적으로 더 앞서 범죄예방에 개입하고 시도된 행위를 완성된 행위와 동일하게 취급하는 것뿐만 아니라, 범죄의 계획에 가담한 개인을 동등하게 처벌할 것을 요구했다. 선동, 조력, 방조, 실행에 대한 처벌에는 차등이 없어야 한다는 것이었다. 크루그는 의도 전체를 파악하고 처벌하는 데 목적이 있다고 지적했다.

　　　유죄 판결의 유일한 대상이 되어야 하는 전체적인 범죄 의도와 견주어볼 때 누군가가 범죄자로서 행동할 것인지 아니면 방조자로 행동할 것인지 그 의도를 구분하는 것은 무의미하다. 실제로 통상적인 범죄 의도의 깊이와 강도를 정확히 평가할 수 없다는 것이 다양한 방식으로 확인되었기 때문에 더욱 그렇다.[121]

전체주의 체제 조건에서 이런 조항이 판사에게 광범위한 자유재량을 선사했음은 분명했다.

나치 법이론가들은 의도 중심 형법을 순전한 내적 태도 중심의 형법, 위협 중심의 형법, 범죄자 중심의 형법으로부터 확실히 독립시키고자 했다.

물론, 의도 중심의 형법은 내적 태도 중심의 형법에 가까웠다.[122] 그러나 글라이스파흐가 설명했듯이 의도 중심의 형법은 "단순의지"를 처벌하는 것이 아니라 어떤 계획을 수행하는 과정에서 "악한 의지의 실행"을 처벌하는 것이었다. 행위의 종류뿐만 아니라 해당 행위의 실행과 완수도 여전히 관련이 있었다.[123] 메츠거는 순전한 내적 태도 중심의 형법과 달리 의도 중심의 형법은 "외부적으로 드러나는 것과 상관없이 이단적인 내적 태도"는 처벌하지 않는다고 선을 그었다.[124]

프라이슬러 같은 진성 나치당원조차도 태도 중심의 형법에는 찬성하지 않았으며 나치당의 법무국에 순순히 따르지 않았다. 그는 입법자의 관심은 범죄 의도를 겨냥해야 한다고 수긍하면서도, 그런 의도에 대해서는 그 의도의 표현 속에서 사실관계를 면밀히 들여다봐야만 제대로 된 추론이 가능하다고 생각했다. 범행과는 별개로 내적 마음가짐은 기소대상이 될 수 없었다. 즉 객관적인 '성공 조건'이란 시도든 행위든 이뤄졌어야 한다는 것이었다.

나치 법률가들이 순전히 태도 중심의 형법을 거부한 것은 국민의 내면에 국가가 광범위하게 개입하는 것에 대한 회의 때문이라기보다 실용적인 고려를 했기 때문이다. 어떤 행위의 계획과 준비에 대한 객관적 증거나 어떤 행동의 시도에 대해 식별할 수 있는 징후 없이는 범죄자 내면의 태도, 사고방식, 의도에 대해 믿을 만한 추론을 할 수 없었다.

나치 법이론가들은 범법자의 인격과 범죄를 연결하는, 순전히 범죄자 중심의 형법과 의도 중심의 형법을 분리하려 했다. 이들은 의도 중심의 형법은 범죄자의 성격과 특성도 고려하겠지만 판결이 범죄자 유형 분류체계에만 의존할 수는 없고, 여전히 결정적인 것은 범죄행위라고 주장했다. 프라이슬러는 판결은 범행, 그리고 그에 상응하는 범죄자 개인 특성 간의 관계에 주목해야 한다고 주장하며 의도 중심의 형법과 범죄자 중심 형법 사이의 연관성을 옹호했다. 즉, 범죄자의 부적절한 특성이나 행동을 고려해야만 적절한 처벌이 비로소 이루어진다는 것이다.[125]

나치 형법 전문가 파울 보켈만Paul Bockelmann은 전통적인 형법이 범죄자의 구체적 특성과 성격에 따라 적절한 처벌 수준을 정하는 데 실패했다고 비판하면서 범죄자 중심의 형법을 지지했다. 그는 범인이 반복해서 범죄를 저지르는 경우, 범죄자의 개인적 특성을 무시한 채 적절한 평결과 처벌을 할 수는 없다고 주장했다.[126]

흥미롭게도 보켈만은 법이 범죄자의 개인 특성을 무시한 것은 법과 도덕에 대한 자유주의적 구분 탓이라고 주장했다. 좀 더 구체적으로 말하면, 칸트가 나눈 자율적인 도덕법칙과 타율적인 법원칙Rechtsgesetz의 구분에 따라 국가의 개입을 개인의 외적 행동에 국한했기 때문이라는 것이다. 그는 "법과 도덕의 개념적 분리, 국가와 법에 대한 중립화만이 인격에 대한 평가를 금지하여 법을 행위에 대한 처벌에 국한한다. 만약 국가가 개인의 정신적 영역에 접근할 권한을 박탈당한다면 법은 인간 자체를 상실하는 것이다"라고 주장했다.[127]

이데올로기적 급진화 역시 범죄자 유형화를 강화했다. 나치 법사상가들은 점차 범죄와 그 개인적 특성을 연결 짓기 시작했다. 이는 메츠거의 다음 설명에도 잘 나타난다. "특정 범죄는 의지의 특징적인 결정에 따라 발생하며, 이를 통해 다양한 범죄 행위에서 특정 범죄자 유형을 특징지을 수 있다. … 즉 행위와 범죄자는 뗄 수 없는 단일체를 형성한다."[128] 그런 익숙한 유형 범주로는 '상습범,' '성범죄자,' '사기꾼 및 사취자,' '반역자,' '부패범죄자' 등이 있었다. 이 같은 나치의 전형적인 범죄자들은 점차 국가의 핵심 감시 대상이 되었다.[129]

의도 중심의 형법과 범죄자 중심의 형법 간의 긴밀한 연관성은 메츠거의 '행상책임行狀責任● 개념에서도 뚜렷이 드러난다.

> 죄책은 범죄에 대한 책임이지만, 생활 영위 면에서 죄의 책임이기도 하므로, 범죄자에 대해 혐의를 제기할 수만 있다면 처벌은 특정 범행에 대한 것일 뿐 아니라 그 범죄자의 인격에 대한 것이기도 하다. 물론 그렇다고 해서 처벌이 단지 범죄자의 개인인격과 그의 위험성만을 향한 것이라는 의미는 아니다.[130]

● conduct-of-life-guilt(Lebensführungsschuld). 직접적인 행위만이 아니라 행위자가 법과 관련하여 기존 생활에서 취했던 태도에서도 형사책임의 근거를 찾는 것.

의도 중심의 형법을 옹호하는 이들은 공동체의 윤리적 안정에 대한 위협을 강조하는 단순한 위험 중심의 형법과 의도 중심의 형법을 동일시하기를 거부했다. 나치 이론가들은 의도 중심의 형법은 위험에 대한 예방적 조치를 강조하면서도 여전히 의도와 그 표출에 주된 관심이 있다고 주장했다. 그럼에도 위협 중심의 형법은 실제로 발생한 일보다는 제기된 위험에 주목하는 편이다. 글라이스파흐는 이는 "공동체 구성원들이 이해하기 어려운" 탓에 형법의 명료성을 해친다고 보았다.[131] 메츠거는 의도 중심의 형법은 위험을 일으킬 의도뿐 아니라 법률 위반 의도까지 요구한다는 점에서 위협 중심의 형법과 차이가 있다고 보았다. 게다가 처벌할 수 있는 범죄 의사를 표출했다고 해서 모두 외적 위험과 연관되는 것은 아니었다.[132]

4.7 나치 형법 1939-1945

나치 국가는 형법을 무자비하게 적용했다. 공포정치로 전환한 이유는 사법부와 경찰이 경쟁관계가 되면서 사법부가 점차 권한을 잃었기 때문이다. 나치 친위대장 힘러는 1936년에 독일 경찰청장이 되자 사법부를 포함하여 전체 안보기관을 통제하려 했다. 그는 특히 사법부를 약화하고 경찰을 "사법부와 대등하거나 또는 훨씬 고위급이면서 범죄에 맞서 싸우는 기관"[133]으로 만들기 위해 게슈타포까지 동원했다. 역사학자 에베르하르트 슈미트의 표현에 따르면 국가 사법부와 비슷하게, 힘러 휘하의 경찰 사법당국은 "경찰

권력의 해방"을 상징하는 모습이 되었다.[134]

　1933년 나치가 권력을 장악한 직후 경찰은 법적 절차나 소송도 생략한 채 정적뿐 아니라 다른 '죄인들'을 투옥하기 시작했다. 감옥 가는 것은 이제 강제수용소에 감금되는 것을 의미했고, 이곳에서 수감자들은 형기를 마치고도 한참 더 갇혀있거나 민간인의 삶으로 돌아갈 기회를 영영 얻지 못하는 경우도 많았다. 제3제국 초기, 이런 경찰 조치의 근거가 된 것은 공공의 질서와 평화를 지킨다는 명목하에 국가기관이 광범위한 안보 조치를 취할 수 있도록 한 1933년 2월 28일의 「민족과 국가 수호를 위한 제국 대통령령」이었다. 이 시기까지만 해도 사법부는 유가족이 법적 소송을 제기할 경우 강제수용소에서 일어난 의문사 사건(살해가 의심되는 경우)을 기소했다. 그러나 1936년 이후 사법부는 강제수용소 체계에 대한 통제권을 경찰에게 빼앗겨 버렸다.

　1939년 전쟁이 발발하면서, 새로 제정되거나 보강된 몇몇 법률은 민족사회주의 정권의 권력과 공포정치를 강화했다. 여기에는 1939년 9월 5일의 「민족에 해를 끼치는 자에 대한 법령Decree on Parasites upon the Volk」, 「폭력범죄자에 대한 법령Decree Against Violent Criminals」, 「폴란드인과 유대인에 대한 형법 집행에 관한 법령Decree on the Administration of Criminal Law against Poles and Jews」이 포함됐다.[135] 이러한 법령은 범죄자 중심의 형법과 의도 중심의 형법 정신에 입각해서 만들어졌다. 일부 조항에는 내적 태도 중심의 형법이 준 영향도 뚜렷이 드러나 있었다.

　「민족에 해를 끼치는 자에 대한 법령」은 전쟁 중 소위 '내부 전선'

을 막는 것이 목적이었다. 따라서 이 법은 약탈Plünderung, 공습 상황에서 저지르는 범죄, 공공의 안전을 해하는 범죄 등의 범행을 규제했으며, 모두 최대 징역 15년형, 심지어 사형까지도 가능했다. 해당 법령은 전시 상황을 틈타 민족의 저항능력을 방해하거나 약화하는 행위를 방지하고자 했다.[136] 범죄 억지가 처벌의 결정적 이유가 되었다.

앞서 언급한 범행들은 민족공동체에 대한 충성 위반에 해당했다. 재판부는 점차 범행의 종류보다는 범죄자의 개인 특성에 초점을 맞추기 시작했다. 따라서 범죄자의 유형이 판결의 중심이 됐다. '공공의 적,' '민족에 해를 끼치는 자,' '파괴공작원,' '돌출행동을 하는 인물' 등은 모두 민족공동체에서 제거되어야 했다. 즉 이러한 범주에 해당하는 사람에게는 무자비한 박해와 기소가 이루어졌다.

게다가 범행의 정의가 나날이 광범위해지면서 형을 선고하는 판사의 재량이 확대됐다. 특히 '전쟁상황 악용'을 처벌 강화의 근거로 삼았던 「민족에 해를 끼치는 자에 대한 법령」 제4조는 (해당 행위가 민족의 건전한 인식에 특히 해로운 것으로 판단될 경우) 그런 모든 행위를 징역 15년형 또는 사형에 처하도록 했다.[137]

전쟁 중에 소위 '내부 전선과 적'에 맞서 민족을 보호하기 위한 「폭력범죄자에 대한 법령」은 의도 중심의 형법 개념에 큰 영향을 받았다. 즉 국가안보에 위험을 초래하는 어떤 의도를 지녔거나 의사를 표현한 자는 이 법령에 의해 몰살대상이었다.

이 법령에 따르면 무기(여기서는 광범위하게 규정됨)를 사용한 모든 강력 범행─구체적으로는 성폭력, 노상강도, 은행강도 등─은 사형에 처할 수 있었다. 그리고 소급 적용이 가능했다. 조력이나 미수라 해도 사형에 처할 수 있었다.

1941년 12월 4일의 「폴란드인과 유대인에 대한 형법 집행에 관한 법령」은 1940년 6월 6일 동부 점령지에서 처음 도입됐던 처벌을 강화했다. 해당 법령은 유대인이나 폴란드인이 독일 민족을 상대로 범행을 저지른 경우 사형에 처할 수 있다며 위협했다. 이들 '범죄'에는 반독일적인 발언을 공개적으로 하거나 독일의 행정 및 정부기관의 공공게시물을 제거, 또는 훼손하거나 독일 민족의 지위와 평판을 깎아내려 독일 민족에게 해를 끼치는 행동 등이 포함됐다. 결정적으로, 이 법령은 "폴란드인과 유대인은 독일의 형벌 법규를 위반하거나 독일 형법의 기본 개념에 따라 처벌받아야 할 행위를 저질렀을 경우에도 동부 점령 지역 내의 긴급한 필요에 의해 처벌받는다"[138] 라고 명시하여, 법의 유추 원칙을 적용한 사례가 되기도 했다.

내적 태도 중심의 형법이 미친 영향이 뚜렷이 드러난 것은 제3조 2항으로, 특히 비난받을 만한 정신적 태도를 내보이는 행위는 사형에 처할 수 있다고 규정했다. 해당 조항은 중범죄를 저지른 미성년자에게도 사형을 선고할 수 있도록 했다. 제7조는 폴란드인이 독일인 판사를 기피할 수 없다고 못 박았다. 뿐만 아니라, 폴란드인은 독일인을 상대로 중대한 반란을 일으키거나 독일의 조직적 노력을 위협할 경우 군사재판으로 사형에 처해질 수 있었다(제13조). 군사재판에서는 아무런 법적 절차도 거치지 않고 범죄자를 게슈타포에 인계할 수도 있었다.

정치와 법의 경계는 이미 사라졌다. 「폴란드인과 유대인에 대한 형법 집행에 관한 법령」은 폴란드인과 유대인에 대한 모든 법적 안전성을 제거해버린 잔인한 경찰의 도구였다.[139] 힘러는 경찰과 사법부 사이의 경쟁구도에서 승자가 됐고, 그 최종 승부가 가려진 것은 합병된 영토, 즉 폴란드에서였다. 1942년, 그는 티라크 법무장관과 폴란드 내 처벌 권한과 권력을 경찰이 행사하는 데 합의했다.[140]

4.8 맺음말

　　형법 영역에서 법이론가들이 민족사회주의에 동조함으로써 충격적인 결과를 가져왔다. 법이 정쟁도구로 전락하는 길이 열린 것이다.

　법사상가들은 형법의 변화가 일정 한계를 넘지 않도록 최소한의 노력은 했지만 전반적으로 가혹한 형법체계를 지지했고, 이는 정권에 위협요소로 여겨지는 이들에게 엄청난 결과를 가져왔다. 나치 법률가들은 무시할 수 없는 전문적 지식에 따라 개념을 정제하려고 시도했지만, 의도에 초점을 맞춘 형법 개념에 대한 섣부른 해석에 반대하며 유보적 태도를 보이던 이들도 전체주의적 국가의 정치적 압력 아래서 무너져내렸다.[141]

　가차 없는 억지력과 인종에 따른 범죄자 유형분류가 지배적인 요소로 부각되면서, 전쟁은 형법의 무자비한 적용을 강화했다. 한편 각종 처벌은 권위주의적 국가의 정치적 조치와 구분하기 어려워졌다. 판사는 총통의 의지를 실행하는 거수기가 돼버렸다. 점차 판사들의 주된 관심사는 범죄자가 어떤 유형에 해당하는지가 되어버렸다. 피고가 공동체를 위험에 빠뜨릴 사악한 사고방식을 가졌다는 의심이 들면 사형도 적절한 처벌이라고 여겼다.

형법의 도덕화는 정치적 악용을 부추겼다. 저명한 법이론가들이 윤리적 의무로 간주하며 "민족의 건전하고 올바른 인식"에 부합한다고 주장한 것들이 무수히 많은 형사사건들로 이어졌고, 저지른 '범죄'라고는 민족의 풍속과 질서라는 기준을 공유하지 않거나 그에 부합하지 못했을 뿐인 사람들이 사형까지 당하는 일도 벌어졌다.

도덕을 아리아인 민족공동체를 결속시킬 접착제 정도로 보는 인식은 정치적으로 민감한 영역에서 근본적인 규범기준을 서서히 무너뜨렸다. 이를테면, 「폴란드인과 유대인에 대한 형법 집행에 관한 법령」은 '인종불평등' 원칙을 기본으로 하는 독일 법질서의 일부가 되었다. 아리아인 집단에 맞춘 형법은 일찍부터 법과 정치를 뒤섞어 놓았지만 이러한 법의 정치화는 어떤 인구집단을 '동등하지 않다'거나 '열등하다'고 간주할 때 특히 폭력적인 양상을 띠었다.

궁극적으로 사법부의 입지를 약화한 건 히틀러와 힘러의 나치 친위대 및 경찰권력이었지만, 이런 힘겨루기의 토대를 마련한 것은 법이론가들이었다. 이는 1938년 메츠거가 다음과 같이 형법의 새로운 노선을 설명한 내용에 잘 드러나 있다.

> 격렬한 의견대립이 있는 것과 별개로, 새로운 법의 방향은 법에 대한 평가적 이해와 형법에 대한 새로운 전체 개념에 중점을 두면서 윤리에 기반한 형법과 생물학에 기초한 안보법 사이

의 연결로 특징지을 수 있다.[142]

흥미로운 사실은 일부 법이론가들이 나중에 이런 형법의 전개 방향에 회의를 품게 되었다는 것이다. 게오르크 담은 1935년에 쓴 『범죄와 구성요건Verbrechen und Tatbestand』[143]에서 범행과 사실관계(즉, 사건에 대한 정밀한 감정)에 초점을 맞추는 자유주의적 형법을 강도 높게 비판했다. 범행이 법률에 따라 불법이라고 공표되는 경우에만 법원이 조치를 취하고 피고에게 형을 선고할 수 있다('법 없으면 처벌할 수 없다)'는 의미였기 때문이다. 담은 판사가 어떤 행위의 서술적 요소와 특징을 평가할 때 죄체에 초점을 맞추어야 한다는 자유주의적 원칙에 전적으로 반대했다. 심지어 "죄체라는 개념 및 표현 자체를 형법원칙에서 완전히 들어내야 한다. 죄체의 원칙은 효용이 없을 뿐 아니라 해롭다. 죄의 본질과 내적 특성을 모호하게 흐려놓는다"라고도 주장했다.[144]

그 결과 담은 민족공동체 및 "독일 민족의 삶의 질서"와의 관계를 고려한 범죄자 중심의 형법을 지지했다.[145] 진정으로 범죄자 중심인 형법에서는 범행과 범죄자가 단일체를 형성한다고 주장했다.[146]

그러나 1944년 발표한 글에서는 입장을 바꿔 나치 형법의 전개방향에 반대했다.[147] 특히 형법의 도덕화와 정치적·행정적 목적을 위한 도구화에 대해 이렇게 개탄했다.

법률은 효용의 규칙Nützlichkeitsregel도 도덕적 교리문답도 아니다. 따라서 우리 시대에 그런 독특한 방식으로 교차하는 모든 노력과 관련하여 경계가 존재한다. 즉 법과 도덕을 통합하려는 노력, 마찬가지로 법을 단순히 계획이나 정치적, 기술적 조직으로 바꾸려는 경향, 행정과 사법 사이의 구분을 흐리려는 경향이 존재한다.[148]

가령 담은 「폭력범죄자에 대한 법령」 같은 나치 입법에서는 범죄억지의 측면이 속죄의 측면을 압도하여 결국 "사회적 양심"이 더 이상 감당하기 어려울 만큼 억지 및 범죄예방 목적에 처벌을 활용하는 법령이 되어버렸다며 반대의사를 밝혔다.[149] 더 나아가 사형은 보호조치로도 억지수단으로도 볼 수 없다고 주장하기도 했다. 그는 "순전히 편의주의 원칙으로 적용하려면 이는 [사형의] 윤리적 의미와 비합리적 내용에 모순된다. 사형은 효용의 관점뿐 아니라 정의의 관점에서도 늘 면밀한 조사를 거쳐 하는 처벌이다"라고 주장했다.[150] 1944년, 담은 순전한 범죄자 중심의 형법에도 매우 비판적인 입장을 보이며 죄체는 판결에서 핵심요인이라고 주장했다. 실제로 그는 판사가 "주관적 인상과 모호한 추정"을 넘어 공정한 판결을 내리는 데 도움이 될 만한 범죄자 유형분류 체계를 개발하는 것은 불가능하다고 생각했다.[151] 그리고 범행 중심 형법의 객관적 기준이 결여된 범죄자 중심의 형법은 판사가 피고와 그 개인 특성에 대해 자의적으로 판단하도록 부추긴다며 공개적으로 우려를 표명했다. 그는 "범죄학적으로 순전한 범죄자 중심의 형법은 한낱 꿈, 그것도 추악한 꿈에 불과하다"라고 덧붙이며 후회 섞인 탄식을 했다.[152]

5장 인종주의적 입법

5.1 들어가는 말

　홀로코스트로 극에 달한 나치 정권의 인종 이데올로기는 처음부터 나치 운동의 중요한 부분을 차지했다. 1920년 2월 24일 나치당 강령은 유대인과 비유대인 시민의 분리를 나치당의 정치적 목표 중 하나로 내세웠다. 제4조에는 "오직 민족동지만이 시민이 될 수 있다. 민족동지는 신앙과는 상관없이 독일혈통이어야만 한다. 따라서 유대인은 절대 민족동지가 될 수 없다"고 명시했다. 제5조에서는 "시민권이 없는 자는 누구든 방문객으로만 독일에 거주할 수 있으며 외국인에 대한 법령에 따라야 한다"라고 되어 있다. 제6조에서는 공직 피선거권과 "행정 및 법 관련 사안 결정"에 참여할 권리를 시민으로 국한함으로써 유대인을 정치 참여에서 배제했다.[1]
　1933년 1월 제국 총리에 히틀러가 임명되면서 이 강령을 실행할 기회가 왔다. 처음부터 총통국가는 나치당 강령의 반유대주의 지침에 언급된 대로 인종적으로 순수한 민족공동체라는 개념을 실현하기 위해 의도적으로 법적 조치를 취했다.

나치 정권은 인종적 순수성, 힘, 온전한 정신이라는 기준에 부합하지 않는 이들을 탄압했고, 이는 다른 집단에도 치명적인 결과를 가져왔다. 나치의 안락사 프로그램으로 최소 8만 명의 신체·정신 장애인이 희생되었고 약 50만 명의 집시가 살해당했다.[2] 그러나 나치 인종 독트린의 핵심은 반유대주의였으며, 히틀러에게 가장 중요한 정치적 의제는 소위 '유대인 문제' 해결이었다.

이번 장에서는 나치의 반유대주의 입법을 중점적으로 살펴보고자 한다. 나치의 인종 독트린을 형성하고 이에 영향을 미친 주요 이론적 개념을 간략히 짚어본 뒤 이 이데올로기를 법이론가들이 수용한 과정을 다룬다. 이후 법적 규제에서 말살 계획으로 이행한 과정을 뉘른베르크법과 후속 법령에 비추어 살펴볼 예정이다. 앞으로 설명하겠지만, 뉘른베르크법이 시행되던 시기에 제정된 행정규정은 대량학살 시기까지 깊이 영향을 미쳤다. 맺음말에서는 이 같은 연속성이 제기한 이론적 규범문제를 다룬다.

5.2 나치의 인종 독트린

19세기 후반, 생물학적·인류학적 데이터에 대한 고도의 이데올로기적 재해석을 통해 인종, 인종별 기질, 인종에 따른 개인의 신체적·정신적 특성에 관한 조악한 가설들이 만들어졌다. 나치 이데올로기에 활력을 불어넣은 인종 이론들은 이 같은 사이비과학에 기반한 각종 주장, 선입견, 사회적 고정관념, 편견이 뒤섞인 혼합물이었다.

인종인류학자들은 '인종'은 가치가 배제된, 경험적 서술과 분류의 범주라고 주장했다. 그러나 인종 개념은 특히 민족사회주의자들의 우열 기준과 연결되면서 사실상 규범적 판단의 범주가 됐다. '인종' 및 '인종적 소속'은 사회적 수용, 배제, 궁극적으로는 폄하의 기준으로까지 진화했다. 결국 특정한 집단, 특히 유대인 집단은 근본적으로 독일인과 다르기 때문에 주류 독일인 집단과 분리되어야 한다는 기준을 확립했다.

코넬리아 에스너Cornelia Essner는 인종적 광신을 행정적으로 집행했던 나치에 대한 괄목할 만한 연구에서 "인종적 사고라는 미로"의 두 가지 주요 방향을 밝혀냈다.[3] 에스너가 '전염론적 반유대주의'라 이름 붙인 첫 번째 방향은 외부에서 독일인의 피에 침투하는 것을 막음으로써 '인종적 순수성'을 유지하는 것에 초점을 맞췄다. 두 번째 갈래인 인종차별적 반유대주의는 인종인류학 및 유전에 관한 생물학 연구를 바탕으로 한 유전학적 인종차별에서 찾아볼 수 있다.[4]

전염론적 반유대주의는 독일인과 유대인의 피가 섞이면 독일의 미래 세대가 퇴행할 것이라는 공포에서 비롯되었다. '아리아인'[5] 여성과 유대인 남성이 성적으로 접촉하면 완전한 아리아인 자녀를 낳을 수 없게 되며 해당 여성이 다시 아리아인 남성을 만나게 된다 해도 마찬가지라는 논리였다.

에스너에 따르면, 전염론적 반유대주의에 중요한 영감을 불어넣은 것은 아서 딘터Arthur Dinter의 『피에 대한 죄The Sin Against the Blood』
(1918)—일반 대중에게 엄청난 영향을 미쳤던 원시적인 반유대주의
멜로드라마—였다.[6] 딘터의 저속한 환상은 나치 지도부의 지지를
받지는 못했지만, 유대인과 아리아인 간 성관계는 아리아계 독일인
의 피를 불순하게 만들 것이라는 전염 가설은 오랫동안 엄청난 영향
력을 발휘했다.[7] 이런 형태의 반유대주의를 주창한 대표적인 인물
이 바로 율리우스 스트라이허Julius Streicher로, 그는 악명 높은 타블로
이드판 잡지《돌격대Der Stürmer》의 편집장이자 광적인 민족사회주의
자였다.[8]

전염주의적 이데올로기는 유대인과 비유대인 간의 성관계를 금
지하려 했다. 나치 통치 초기, 인종적 치욕Rassenschande, 즉 인종 오염
을 저지르는 것은 공공연히 비난받았다.[9] 1935년 뉘른베르크법으로
유대인과 아리아계 독일인 간의 결혼 및 혼외정사를 금지하면서 인
종 오염은 범법행위가 됐고, 1936년부터는 징역형으로 처벌까지 가
능해졌다.

반유대주의의 두 번째 형태인 유전학적 인종차별은 19세기 후반
의 자연과학으로 그 연원이 거슬러 올라간다. 바로 생물학 연구가
인종에 초점을 맞추기 시작한 시기이다. 이를테면 과학자들은 멘델
의 유전법칙이 인종별 특색의 유전 및 확산에도 부합하는지 연구했
다.[10] 인종을 특정 유전적 특성의 조합으로 간주하여 유전적 기질이
전달되는지, 전달된다면 어떻게 전달되며 그것이 해당 자손의 인종
적 강점이나 약점에 어떤 영향을 미칠지에 관한 연구로 이어졌다.
인종혼합이 유전적 소인에 해로운 영향을 미치는지도 뜨거운 논쟁

거리였다.

다윈주의가 대두하면서 여러 인종의 생존과 쇠퇴는 초미의 관심사가 됐다. 예를 들어 1921년에 인간의 유전 이론과 인종 위생을 다룬 영향력 있는 논문에서 저자 어윈 바우어Erwin Baur, 유겐 피셔 Eugen Fischer, 프리츠 렌츠Fritz Lenz는 인종 혼합에 의한 '노르딕 인종'의 위험 가능성을 논했다.[11] 이 필자들은 인종차별적 우열론까지는 조장하지 않았지만, 동유럽인이 인종적으로 '침투'하는 것에는 반대했다.[12]

제1차 세계대전 이전과 발발 직후만 해도 유전되는 인종적 특색에 관한 연구가 유대인을 특정 대상으로 삼지는 않았다. 변화가 시작된 것은 1920년대였다.[13] '인종학자들'은 인종적 특색, 특성, 다양한 인류학적 차이에 대한 경험적 연구에 관심이 있을 뿐이라고 주장했다. 그러나 인구집단별로 정상적인 생물학적 본질을 보존하는 연구를 한다고 공언한 인종 연구 및 위생학은 점차 민족 이데올로기 및 반유대주의와 결합하기 시작했다.

한스 F. K. 귄터Hans F. K. Günther는 경험과학자의 이미지를 구축한 인종학자라는 놀라운 이력을 가졌다. 독일문학을 공부한 이후(1915년에 박사학위 취득) 인류학에 강한 흥미를 느꼈던 그는 학문적 사상가라기보다는 대중작가에 가까웠다. 1922년에 나온 독일인의 인종적 특징에 관한 그의 연구는 대중적으로 널리 읽혔고, 그는 그로부터 2년 뒤 유럽인의 인종적 특성에 관한 후속작을 출간했다. 1930년 귄터는 유대 민족에 관한 인종 연구를 발표했다.[14]

이런 저작들은 나치의 인종적 사고에 엄청난 영향을 미쳤다. 특히 유대인의 신체적·정신적 특색은 유럽 인종들과 구별되기 때문에 노르딕 인종과 유대인의 결합은 어떤 식으로든 피해야 한다는 귄터의 논지는 나치 독트린의 중심 사상이 됐다.

그는 "인종은 인간에게 적용되는 자연과학 개념"이므로 이는 "인간에 관한 서술적 연구 개념ein Begriff der beschreibenden Menschenkunde" 이 된다고 주장했다.[15] 인종 개념은 과, 속, 종 같은 범주와 마찬가지로 단순한 분류에 해당한다는 설명이었다.[16] '인종'을 "신체적, 정신적 특징들의 적절한 배합을 통해 모든 다른 인간 집단과 구별되는 집단"이라고 본 귄터의 정의는 나치의 인종주의적 법 해석으로 흘렀다.[17]

귄터는 인종과 민족의 구분을 강조했다. 그는 인종이 특정한 생물학적, 인류학적, 정신적 특성으로 구별되는 반면, 민족은 추가로 문화적 전통, 태도, 가치, 심지어 언어에 의해서도 구성된다고 주장했다. 따라서 '민족'은 역사적-도덕적 개념으로서 "언어와 윤리적 태도Gesittung가 동일한 사람들"을 지칭했다.[18]

귄터에 따르면 독일 민족은 단일 인종에 해당하지 않았다. 오히려 노르딕, 지중해, 디나르, 알프스, 동발트 등 다양한 인종으로 구성된 민족이었다.[19] 귄터는 분명 노르딕 인종을 선호했지만, 그의 분류 체계는 남부 독일인들과 연관된 인종적 갈래를 통합해야 했다. 그는 노르딕 인종이 다른 인종들, 특히 동발트인보다 우월하다고 생각했다.[20] 귄터가 노르딕 인종의 여러 특성(키가 크고 홀쭉한 체형, 갸름한 얼굴형, 금발, 푸른 눈)을 숭배한 대목은 인종적 편견을 드러내며, 스스로 경험적 과학자라고 자처한 것과도 완전히 모순되었다.

권터는 노르딕 인종의 특징을 강화하는 소위 '노르딕화Aufnordung'를 이주 및 비독일인과 독일인의 결합으로 독일 민족이 더 쇠퇴하는 것을 막는 유일한 길이라고 보았다. 그는 『독일민족의 인종학 Rassenkunde des deutschen Volkes』에서 "독일인의 삶을 중대하고 순수하며 가치를 창출하는 방향으로 펼치는 것은 오직 노르딕 인종의 피와 정신으로만 가능하다"라고 했으며,[21] 노르딕 인종의 생식을 촉진하기 위한 의견을 제시하기도 했다.[22]

권터는 1920년에 쓴 책 『기사, 죽음, 악마Ritter, Tod und Teufel』에서도 이미 독일 민족을 다시 노르딕의 세계관으로 이끌어야 한다는 시급함을 표현한 바 있다.[23] 노르딕 인종의 존재에 집중하는 것이 중요하다고 강조하면서 그는 칸트의 정언명령과 유사한 인종주의적 도덕법칙을 상정했다. "네 의지의 준칙이 항상 노르딕 인종법의 기본 지침에 타당하도록 행하라"라는 것이었다.[24] 그는 이 지침의 철학적 배경에 대해, 칸트와 달리 피히테는 민족 중심의 입법을 향한 행보를 보였다고 설명했다. 그러나 피히테에게는 '피의 결합 Blutzusammenhänge'에 대한 통찰이 없었다. 권터에 따르면 이는 오직 19세기 사상가들이 세계시민주의cosmopolitanism의 '인류애라는 이상'과 '보편 입법'을 포기할 때 가능한데, 이는 인종학으로 뒷받침되는 단계에서 비로소 할 수 있는 것이었다. 그는 인종에 대한 연구는 궁극적으로 자연과학으로부터 윤리적 가치의 영역까지 이어진다고 덧붙였다.[25]

권터의 연구의 유해성은 유대 민족에 관한 인종 연구에서 더욱 뚜렷이 나타났다. 권터는 독일인이 여러 인종으로 구성되었다고 알려져 있듯 유대인도 여러 인종적 요소들, 주로 근동 및 동양의 여러 인종이 혼합되어 있다고 주장했다. 그는 이들 두 집단을 이스라엘인과 히브리인으로 나누었다. 이스라엘인은 팔레스타인에 살았던 반면, 히브리인은 이집트, 아프리카, 근동 북부에 살았다가 팔레스티나(가나안)로 이주해 그곳에서 유대인과 섞여 살았다고 주장했다. 그는 여기서 더 나아가 유대 민족은 서부, 함, 노르딕, 흑인 인종으로 형성됐다고 주장했다.[26]

권터는 유대 인종의 역사에 관한 고찰 외에도 당대 유대인의 신체적·행동적 특징을 두루 논하기 위해 『유대민족의 인종 연구 Rassenkunde des jüdischen Volkes』의 한 장 전체를 할애했다. 유대민족을 열등하게 보지 않는 것은 물론이고 판단 자체도 피하겠다고 피력했지만, 정작 그가 기술한 내용은 부정적인 고정관념과 인종주의적 편견으로 가득했다. 권터는 본인의 저서가 단지 유대인의 '다름 Andersartigkeit', 즉 유대인의 정신적-영적 이질성만을 기술했을 뿐이라고 주장했다. 그러나 묘사와 평가를 뒤죽박죽으로 섞어버림으로써 그는 소위 '유대인 문제'가 등장한 원인을 이 '다름' 탓으로 돌려버렸다. 즉 이 문제를 해결하려면 유대인과 비유대인을 엄격하게 분리해야 한다는 주장이었다.[27]

권터의 저서에 담긴 규범적 함의를 보면 인종학이 단지 규범적 자연과학의 한 갈래라는 그의 주장이 거짓이라는 것을 알 수 있다. 그럼에도 나치 시대는 물론 그 이후까지도, 그는 가치중립적 인류학자이자 인종 연구 전문가를 자처하며 명성을 유지할 수 있었다. 정권의 광기 어린 인종차별에 중요한 영감을 불어넣은 장본인 중 한 명

이었지만 전후의 법적 절차는 용케 피했다.[28]

　에스너가 구분한 두 가지 형태의 반유대주의, 즉 전염론적 반유대주의와 생물학적-유전적 반유대주의 외에도 독일의 문화와 철학의 성취 위에 구축된 문화적 형태의 반유대주의를 누구든 확인할 수 있었다. (노르딕 인종에 대한 권터의 숭배에서 영감을 얻은) 게르만족의 덕목과 가치에 대한 우상화는 인종적으로 고귀한 인종의 생식과 번성을 옹호할 뿐 아니라 이런 목표를 윤리적 의무로 여긴, 인종에 기반한 일종의 윤리적 완벽주의를 탄생시켰다.

　막스 게르스텐하우어Max Gerstenhauer의 저서 『영원한 독일Das ewige Deutschland』은 이러한 인종차별의 뚜렷한 예를 보여준다.[29] 게르스텐하우어에 따르면, 그가 생각한 (생물학적·인류학적 독트린에 바탕을 둔) 인종학은 본래 민족 세계관과 내부적으로 연결되어 윤리적·인종적-물리적 법의 조화에 바탕을 둔 "새로운 윤리 체계"를 만들어냈다.[30] 그는 인간의 본질(즉 인간의 의지와 정신적·윤리적 태도)은 유전된 것이라고 보았고, "인종 자체가 곧 정신Geist"이며 또한 "인종은 생명을 불어넣는 힘이자 본질, 발달의 법칙"이기도 하다고 주장했다.[31] 독일 민족은 이런 인종적 윤리를 지속시킬 의무가 있었다. 그는 "순수한 피와 순수한 민족의 특수성을 보존하는 것은 **도덕적 임무이자 윤리 의무**"라고 했다.[32] 인종, 피, 본질, 특수성의 통일은 특별한 형태의 게르만 정신을 형성했다. 그러므로 인종적 혼합으로 그 특수성과 고유성을 오염시킨 민족은 "그 발달의 법칙에도 반하고 창조주의 신성한 의지에도 반하는" 행위를 하고 있다는 것이었다.[33]

　알프레드 로젠베르크의 『20세기의 신화The Myth of the 20th Century』는

대표적인 문화적 인종주의 저술이다.[34] 로젠베르크의 책은 나치 지도자들 사이에서 논란이 되었지만, 저자가 나치 시대에 1941년 7월부터 정치적 역할, 특히 동부 점령지(발트해 연안국, 벨라루스, 우크라이나)의 제국 장관직을 적극적으로 수행했다는 것을 감안하면, 나치 시대의 인종학 문헌 가운데 특별한 위치를 차지했던 것은 분명하다.

로젠베르크는 인종을 생물학적 의미보다는 정신적-문화적 의미로 이해했지만, 여전히 노르딕 인종을 추켜세웠다.[35] 그의 관심 대상은 인종주의적 인류학자들이 초점을 맞추던 신체적 특색도, 인종학이 골몰하던 유전적 특성도 아니고 노르딕 인종의 정신과 영혼이었다. 로젠베르크에게는 게르만족의 예술과 신비주의로 빚어진 의지 속에 인종적 고결함이 드러나 있었다. 그는 노르딕 인종이 유대 인종과 실존적 싸움을 벌이고 있다고 보았다.

『20세기의 신화』는 인종 기반의 가치론과 국가 개념에 대한 독일 철학의 모든 기여를 망라해서 다루고자 했다. 그러나 로젠베르크는 장황하고 지루한 설명으로 효과적인 논지를 펴지 못했다. 빅터 클렘퍼러Victor Klemperer는 그의 유명한 일기에 그 핵심을 이렇게 간명하게 적었다. "[로젠베르크가] 자주 되뇌는 건 아는 문장이 이것 하나뿐이기 때문이다. '노르딕 인종, 노르딕의 피는 **모든 훌륭한 문화, 모든 훌륭한 것**의 전달자다―피가 섞이면 무조건 열등한 것이 나온다.'"[36]

게르만 인종 신화를 받아들이는 데는 한계가 있었다. 1930년 로젠베르크의 저서가 처음 출간됐을 때, 노르딕 인종에 대한 저자의 종교에 가까운 숭배에 대해 대중의 반응은 험악했다. 남부 독일인들은 폄하와 모욕을 당했다고 느꼈고, 기독교계에서도 거세게 항의했다. 인종별로 영혼이 있으며 신의 계시는 이 영혼을 통해 이루어진다는 그의 논지는 교회의 반대에 부딪혔다.[37]

교계와 공공연한 갈등을 피하고 싶었던 히틀러는 로젠베르크에게 독일 내 노르딕 인종 이외의 집단들이 등을 돌리게 만드는, 종교적으로 도발적인 인종 독트린을 자제하라고 촉구했다. 로젠베르크는 총통의 특별지시에 따라 1931년 2월 17일 자《민족의 감시자_Völkischer Beobachter_》*에서 『20세기의 신화』는 나치당의 노선과 다르며 자신의 개인적인 견해라고 밝혔다.[38] 히틀러는 또한 민족사회주의 계열 작가들에게 교회를 자극하지도 말고 아리아계 독일 민족 내에서 우열을 가리는 것도 삼가라고 지시했다. 이러한 전략적 타협에도 인종적 고정관념은 공개 담론과 정치 영역을 끊임없이 형성해 나갔다.

로젠베르크의 저서에 대한 논쟁은 1933년에 나치가 집권한 이후에도 지속되었다.[39] 히틀러는 로젠베르크의 형이상학적 장광설과 신비주의적 이데올로기에는 전혀 감명받지 않았지만, 그에게 어떠한 조치도 절대 취하지 않았다. 오히려 그는 1933년에 로젠베르크를 나치당의 대외정책국장에 임명했으며, 1년 뒤에는 나치당의 정신 및 사상 교육 전반을 감독하는 감독관을 맡겼다.[40]

그러나 히틀러는 로젠베르크의 영적 인종주의와는 거리를 두었다. 1938년 나치 전당대회의 문화 컨퍼런스에서는 다음과 같이 연설했다.

• 나치당 기관지.

민족사회주의는 현실주의Wirklichkeitslehre에 기반한 건실한 독트린으로, 예리한 과학적 통찰과 그 개념적 표현으로 이뤄져 있다. 우리는 이제 이 독트린에 우리 민족의 마음을 열었지만, 그 마음을 우리 독트린 바깥의 신비주의로 채우고 싶지는 않다. 무엇보다, 민족사회주의는 그 조직 면에서 명백히 민족의 운동이지만 결코 광신적 종교 운동은 아니다.[41]

히틀러는 반유대주의의 이론적 토대에 관심이 있기 때문에 생물학 연구, 인류학, 인구개발학을 게르만 및 노르딕 인종의 덕목에 대한 엉터리 철학적 고찰보다 더 중요시했다.[42]

인종 연구 역시 제도적으로 나름의 자리를 확보했다. 바이마르공화국 말기에는 인종인류학/위생과 민족사회주의 사이에 끔찍한 동맹이 등장했다. 나치 집권 이전에도 인종 연구자들을 도구화하려는 시도가 있었는데, 이때 한스 F. K. 귄터가 중요한 역할을 담당했다.

1930년, 귄터는 당시 튀링겐주 교육부장관이었던 민족사회주의자 빌헬름 프리크(훗날 제3제국 초대 내무장관직 수행)에 의해 예나 인류학연구소의 사회인류학 및 인종학 교수로 임명됐다.[43] 대학 교수진들은 귄터가 학술적 자격을 제대로 갖추지 못했다며 그를 채용하는 것에 반발했지만 나치 지도부의 정치적 지원에 힘입어 임명이 강행됐다.[44] 심지어 1930년 11월 귄터의 예나연구소 취임 강의에는 히틀러와 괴링이 참석하기도 했다. 나치가 권력을 잡자 귄터는 승승장구했다. 1935년에는 베를린대학 교수로 임용됐고 인종학·민족생물학·사회학연구소 소장을 지냈다. 그의 저서들도 널리 읽혔다.[45]

1927년에 설립된 카이저-빌헬름 인류학·인간유전학·우생학 연구소는 인종 독트린을 과학적으로 지원하는 데 주된 역할을 담당했다. 이 연구소의 역사, 특히 연구소장이었던 유겐 피셔Eugen Fischer의 이력은 인종학이 어떻게 민족사회주의의 정치적 영향권 내에 들어가게 됐는지를 보여주는 전형적인 예다. 나치 시대 이전에 피셔는 유전법칙, 우생학, 인류학을 연구하는 경험적 연구자라고 자신을 소개했다. 그는 인류학을 유전과 환경 간의 복잡한 관계를 과학적으로 연구하는 것이라고 정의하면서 "순수 인류학은 그 어떤 가치판단도 하지 않는다"라고 강조했다.[46] 당시 피셔는 나치당과 관련이 없었다.

1933년 이후로 카이저-빌헬름 연구소는 나치 정권의 통제를 받게 됐고 피셔는 새로운 정치권력에 순순히 따랐다. 1936년, 그는 우생학자들이 민족을 위한 연구에 착수할 기회라며 뉘른베르크법을 환영했다. 그리고 1937년 프로이센학술원 회의에서는 무엇보다도 자신이 인종적 속성이 유전된다는 사실을 발견함으로써 인종 및 유전에 기반을 둔 제3제국의 인구정책에 기여할 수 있어서 영광이라고 말하기도 했다.[47]

대학에서 이력을 쌓은 인종학 전문가가 한스 F. K. 귄터만 있었던 건 아니었다. 나치가 집권한 뒤로 인종학, 인류학, 인종위생학은 학계의 주류에 들어갔다. 몇몇 대학은 이런 새로운 학과를 위해 교수직을 마련했다. 늘 경력을 쌓을 기회를 찾고 있던 인종 연구자들은 인종학을 정당화하는 데 매진하며 나치 정권의 끔찍한 이데올로기에 봉사하면서 사적 이익을 추구했다. 1933년 6월, (당시 귄터가 몸담고 있던) 내무부에 인구 및 인종 정치 자문위원회가 설립되었다. 뿐만 아니라 (1933년에 한스 프랑크가 설립한) 독일법학술원은 인구 정치에 관한 법적 문제를 담당하는 자문기구를 설립하기도 했다. 그러나 이들 위원회의 정치적 지위와 영향력에는 한계가 있었다.[48]

정치적으로 더 중요한 조직은 인종 및 유대인 문제 담당 사무국으로, 다양한 국가기관에 이들 사무국이 설립됐다. 법적으로 가장 중요한 조직은 1933년 내무부에 설치되었다. 인종학 전문가인 베른하르트 뢰제너Bernhard Lösener가 이끌던 이 사무국은 빌헬름 슈투카르트 내무 차관의 감독 아래에 있었고 뉘른베르크법을 준비하고 제정하는 데 핵심적인 역할을 담당했다. 슈투카르트와 그의 직원들은 이후 나치 정권의 반유대주의 정책이 급진화되어 결국 유대인 집단학살로까지 치달았던 행정과정에도 참여했다.

이 연구는 인종주의 이데올로기가 나치의 법과 법이론을 어떻게 형성했는지에 관한 것이므로, 다양한 갈래의 반유대주의가 나치 국가의 반유대주의 입법과 결합한 방식을 면밀히 살펴보는 것이 핵심이다. 당시 공통의 관심사는 민족을 이질적 요소들로부터 보호하여 민족의 인종적 본질을 보존하는 일이었다. 그러나 법적 조치들이 전염론적 또는 생물학적·유전적 반유대주의를 고려한 결과였는지, 아니면 게르만-노르딕 인종주의 개념까지 통합한 결과였는지는 종종 국가 기관과 당 간의 경쟁까지는 아니라도, 정치적 전략에 달려 있었다.

5.3 인종 이데올로기와 법이론

민족사회주의에 동조한 법이론가들은 놀라울 정도로 나치의 인종 독트린을 수용했다. 인종적 동질성, 인종-민족 통일성, 인종적 가치, 인종적 평등, 인종주의 법, 인종주의적 혈연, 인종적 순수성, 인종반역Rassenverrat 같은 개념이 당대 법 문헌에 흔하게 등장했다.[49]

수많은 법률 해설자료에서 '인종'을 "전형적인 신체적 특색과 정신적 특징에 의해 여타 인간 집단과 구분되는 인간들의 집단"으로 규정한 귄터의 정의를 노골적으로 지지했다.[50] 이런 차이가 동질성 Artgleichheit과 이질성Artfremdheit 간의 경계를 결정했으며, 이는 결국 법적 권리가 있는 사람과 없는 사람을 구분하는 것이 됐다.[51]

나치 법률가들은 민족과 인종을 구분한 귄터의 견해 또한 수용했다. 귄터는 '인종'이라는 용어는 유전되는 생물학적 특징과 관련있다고 여기는 반면, '민족' 개념에는 문화적 가치도 포함되는 것으로 봤다. 나치 법이론가들이 보기에는 어떤 민족이든 특정 인종에 속한 개인들로 구성될 수밖에 없으므로 이들 개념은 서로 연결되어 있었다.

나치 법률가들이 쓴 몇가지 글을 살펴보자. 게오르크 담에 따르면 "독일법은 독일 민족의 삶의 질서"로, 인종적 동일성은 바로 이 삶의 질서를 구성하는 중요한 부분이다.[52] 『전체국가The Total State』에서 포르스토프가 언급했듯이 "민족은 존재론적, 종적 동질성seinsmäßige, artmäßige Gleichartigkeit에 기초한 공동체다. 이 동질성은 인종의 동질성과 민족의 운명에서 비롯된다."[53] 헬무트 니콜라이는 "유전적으로 동일한 인간 집단"이라는 인종에 대한 귄터의 정의를 받아들이며 "인종에 소속되지 않은 사람"은 존재하지 않는다고 주장했다.[54]

귄터의 영향은 나치 국가의 구성은 인종적 의미에서 민족적일 수밖에 없다는 에른스트 루돌프 후버의 주장에서도 뚜렷이 나타난다. 후버는 "정치적 민족은 종의 단일성Einheitlichkeit der Art으로만 형성된다. 인종은 민족의 자연적 토대다. 인종은 특정한 신체적·정신적 특성들로 특징지어지는 혈통의 공동체"라고 했다.[55]

오토 쾰로이터는 법의 인종적 근거를 다음과 같이 정당화했다. "민족의 생활질서로서 민족주의적 법치국가의 토대는 민족이며, 그 인종적 본질 및 신체 건강한 구성원의 보존이야말로 모든 정치적·문화적 진보의 토대다."[56] 따라서 쾰로이터는 "인종적으로 이질적인 요소들의 유입을 막을" 법적 조치에 찬성했다.[57] 그리고 정치적 권한의 근거를 민족적 공통성에 고정시켜 두는 것이 중요하다고 보았다. 총통국가라는 정치적 형태는 "민족의 인종적·영토적 조건들과 민족정신의 본질에 의해 결정된다"라고 주장했다.[58]

쾰로이터는 국가의 토대와 통치에 대한 자신의 구상이 가져올 극단적인 결과를 구체적으로 명시하는 데 전혀 거리낌이 없었다. 그는 "리더십은 동질적 인간 집단을 상호보완적으로 조직하고 적의 세력을 저지하며 때에 따라서는 말살할 수도 있는 힘이다. 즉, 모든 리더십은 내적 질서를 생성하고 자체적인 힘을 사용해 방해 세력을 퇴치할 수 있는 힘이 필요하다"라고 했다.[59]

나치 법률가들은 인종적으로 이질적인 개인들은 윤리적으로나 법적으로나 독일의 법과 정의에 따를 수 없다고 주장했다. 따라서 독일인 공동체에서 배제해야 한다고 봤다. 이 법률가들은 인종적-생물학적 요인을 범죄와 직접 연관 짓기도 했다.[60] 범죄 예방은 독일 공동체에 대한 인종적 보호를 수반했다.

1935년, 에리히 베커Erich Becker는 "인종 및 우생학적 관점에 따른 민족 지향 정치 형태"를 주장했다.[61] 막스 하게만Max Hagemann은 1936년 『범죄학사전*Dictionary of Criminology*』에서 인종 개념을 설명하며 "한 민족의 삶과 행동의 방식 전반에 대한 표현"으로서 법은 구체적인 민족적 성격을 드러내야 한다고 했다.[62] 그리고 뉘른베르크 법에 대한 해설서에서 빌헬름 슈투카르트와 한스 글롭케Hans Globke는 "보편적인 인간 평등의 원칙, 그리고 국가로부터 제약받지 않는 개인의 자유 원칙에 대해 민족사회주의는 인간의 자연적 불평등과 이질성을 가혹하지만 불가피한 조건으로 인정한다"고 언급했다.[63] 인종주의적 입법에 관한 슈투카르트와 롤프 시더마이어Rolf Schiedermair의 해설을 보면 이와 같이 인간의 평등을 부정하는 입장이 확인된다.

> 자유주의 시대는 어떤 인종적 문제도 인정하지 않았다. 인간의 얼굴을 한 모든 사람은 평등하다는 치명적 오류에 빠져버린 상태였다. 그래서 당시 국가 지도부는 인종 문제를 국가의 정치적 과제로 간주하지 않았다. 따라서 자유주의 시대의 입법은 인종 문제에 대처하지 않았지만 민족사회주의는 인종 문제를 세계관의 중심에 둔다.[64]

법이론가들은 나치 정권의 인종 이데올로기가 어떤 방향으로 전개될지 모를 리 없었을 것이다. 최초의 반유대 법안은 나치 정권의 극렬한 반유대주의가 이미 공격적인 수사rhetoric 수준을 넘어 유대인들의 삶에 치명적 영향을 미치는 현실이 되었음을 분명히 보여주었다. 1933년 4월 7일, 「직업공무원제의 재건을 위한 법」은 모든 유대인 공무원을 해임한다고 규정했다. 제3조 제1항은 "아리아인 혈통이 아닌 공무원은 퇴직처분한다. 명예직 공무원Ehrenbeamte은 해임한다"였다.[65]

이 법은 특히 법학계에 충격적인 파장을 일으켰다. 유대계 대학교수들과 국가기관에서 일하던 법학자들은 일자리를 잃었고 생계수단을 잃은 이들은 다른 나라로 떠날 수밖에 없었다. 돌연 해직된 유대인 법학교수와 법무관들의 자리는 나치에 충성하던 이론가들이 꿰찼다.[66]

「직업공무원제의 재건을 위한 법」은 관료제에서 인종 이데올로기를 실행에 옮긴 극적인 첫 걸음이었다. 각종 권리를 인정하거나 부정하기 위해 완전히 새로운 법적 기준인 '인종적 소속'을 도입하겠다는 나치 정권의 확고한 결심을 드러내며 구체적인 규범적 지위를 지정하기에 이른 것이다.

나치 법률가들은 이처럼 경험적인 것에서 규범적인 것으로 명백히 변화하는 것을 은폐하려 했다. 쾰로이터는 "인종은 정치적인 개념이 아니라 그 자체로 자연적-과학적인 개념이라는 사실을 지적하는 것이 중요하다고 생각한다"라며 인종에 대한 귄터의 정의를 따랐다.[67] 나치 법률가들은 인종과 인종적 소속에 관한 담론이 단지 경험적-과학적인 것이라고 주장하면서, **인종적 소속**이 갑자기 사회적 권리와 기회의 기준점이 되어버린 이유에 대해 설명하는 것을 회피하려 했다. 따라서 이들은 인종 독트린의 '자연과학적' 근거가 비판 세력을 침묵시킬 것이라고 생각했다. 생물학적 사실들은 자명하므로 반박할 수 없는 경험적 진실이 될 것이라고 주장했다. 법률가들은 자연과학적이라고 추정되는 사실들을 언급하여 자신들이 '인종'을 규범적으로 이용한다는 사실을 모호하게 만들었고, 결국 다시 규범적 정당화를 요구했다(물론 정당화할 길은 없었다).

법률적 훈련을 받아 사실인 것과 규범적인 것의 차이를 너무나도 잘 알고 있을 사상가들이 어떻게 그런 오류를 대놓고 지지할 수 있었을까? 나치 법률가들은 적어도 그 문제를 인식하고 있었고, **사실**is과 **당위**ought의 이분법을 단순한 법실증주의의 구성 개념(빈 학파의 인위적 추상 관념 중 하나)에 불과하다고 맹비난하면서 그 문제에 정면으로 맞섰다. 이들의 주장에 따르면 법실증주의는 민족적 법사상의 기본 전제들과 양립할 수 없는 것이었다.[68] 논지는 분명했다. 주어진 민족의 생활질서, 즉 존재의 법칙에서 출발하는 민족중심적 법학에서 경험과 규범의 영역이 융합되어 사실/당위의 차이는 소멸되기 마련이라는 것이었다. 게오르크 담은 이 같은 논증을 다음과 같이 설명했다.

> 모든 행동과 존재는 규범의 구조나 외부에 공존하는 방식이 아니라, 실제적이고 살아있는 내부 질서인 공동체에서 나온 것일 때만 의미가 있다. … 공동체는 외부로부터 외적으로 조직되지

않으며 그 안에 나름의 법이 있다. 경험적 현실은 민족적, 인종적 질서에 확실히 모순될 수는 있으나 가치와 현실, 즉 **'당위'**와 **'사실'**의 이중성을 지니는 모든 종류의 사고가 잘못된 이유가 바로 여기에 있다. 그러나 우리의 민족적 존재는 혼돈이라기보다는 질서다. 그 안에 나름의 평가 기준Maßstab이 있으므로 현실을 넘어서는 관점에서는 평가나 판단이 불가능하며 독립적 규범으로도 평가나 판단을 할 수 없다.[69]

사실인 것과 규범적인 것의 이 같은 통일은 법이론가들이 인종 개념을 활용할 때 재량권을 부여했다. 나치 사상가들은 **'사실'**과 **'당위'**의 구분을 인정하지 않은 채 경험적 차원에서 규범적 차원으로 이동하는 경우가 많았으며, 자신들의 이데올로기에 도움이 되면 두 차원을 쉽게 뒤섞어버렸다. 이들 사고방식의 내적 논리에 따르면, '자연과학적' 전제로부터 규범적 결론과 의무적 명제를 도출하는 것은 전적으로 허용되는 것이었다. 이런 전략은 이후 통과된 인종주의 법에 사이비과학적 근거를 부여했다.

5.4 뉘른베르크법

제3제국의 인종주의 입법의 다음 주요 행보는 뉘른베르크법, 특히 「제국시민법Reich Citizenship Law」과 「독일혈통 및 독일명예 수호를 위한 법Law for the Protection of German Blood and German Honor」

과 함께 이뤄졌다. 제국 의회는 뉘른베르크 나치당 전당대회 특별 회기 중인 1935년 9월 15일 이 헌법적 법률들을 통과시켰다.

「제국시민법」은 '제국 시민Reichsbürger'과 '국민Staatsangehörige'을 구 분했다. 제2조 제1항은 "독일혈통 또는 독일계와 혈연이 있고 인민 과 제국에 헌신할 의지가 있다는 것을 행동을 통해 충실히 입증하 는 국민만이 제국 시민"이라고 명시했다. 제1조 제1항에 따르면 "국 민은 독일 제국이라는 보호 연합체에 속하고 그에 따라 제국에 대한 특별한 의무를 지닌 사람이다." 제2조 제3항에서는 "오직 제국 시민 만이 법규정에 따른 온전한 정치적 권리를 누린다"라고 규정했다.[70]

「제국시민법」의 모든 내용은 후속 법령으로 더욱 뚜렷이 드러났 다. 「제국시민법」의 제1차 보충규정(1935년 11월 14일)은 유대계 독 일인의 투표권을 박탈했다. "유대인은 독일제국의 시민이 될 수 없 다. 유대인은 정치적 사안에 대해 투표할 권리가 없으며 공직에 있 을 수 없다."(제4조 제1항)[71] 제4조 제2항은 아직 공직에 남아있는 모 든 유대인은 1935년 12월 31일까지 퇴직해야 한다고 규정했다. 힌 덴부르크의 개인적 요청에 따라 제1차 세계대전 당시 참전한 공무 원들은 해고를 피했었지만, 이 규정은 이들에게까지 영향을 미쳤다. 1차 보충규정은 유대계 공무원에게 퇴직 시까지 급여 지급하는 것 을 인정했지만, 제국 및 프로이센주 내무부 지침(1935년 12월 20일)은 1935년 12월 31일 자로 강제 퇴직당하는 유대계 공무원들이 당연히 퇴직급여를 받게 되는 것은 아니라고 규정했다. 해고된 유대계 공무 원은 '관련 법조항에 근거하여 지급받을 자격이 있는지' 여부에 따 라 퇴직금 지급이 결정된다는 애매한 표현으로 규정되었다. 이 지침

은 제1차 세계대전에 참전한 공무원을 포함했다.[72]

급히 제정된 후속 법조항들이 기존 조항들을 무효로 만들었기 때문에, 유대인들은 일체의 법적 보장에 대해 확신할 수 없었다. 게다가 계속 바뀌는 규정으로 인해 행정적으로도 상당한 혼란이 야기되었다.

「독일혈통 및 독일명예 수호를 위한 법」은 독일인들의 사생활까지 깊숙이 파고들었다. 제1조 제1항은 "유대인과 독일인 또는 독일 관련 혈통의 국민" 간의 결혼을 금지했다.[73] 외국에서 결혼했더라도 그 결혼은 무조건 무효로 간주했다. 제2항은 "유대인과 독일인 또는 독일 관련 혈통의 국민 간 혼외정사"를 금지했으며, 제3항은 유대인은 "독일 국적의 여성" 또는 독일 관련 혈통을 가진 45세 미만 여성을 집에 고용하지 못하도록 했다.

뉘른베르크법은 정치적 차별(유대인은 시민으로서의 지위 및 공직에 출마할 권리를 상실)과 사회적 배제를 결합했다. 그리고 유대인 집단과 비유대인 집단을 엄격히 분리했다. 「독일혈통 및 독일명예 수호를 위한 법」은 전염론적 반유대주의의 영향을 잘 보여주고 있다. 유대계와 아리아계 독일인 간의 결혼과 성관계를 금지한 것은 민족의 순수성을 보존하고 아리아계 혈통이 오염되지 않도록 지킨다는 기이한 생물학적 관념에서 비롯한 것이었다.

나치의 법이론가들은 나치 국가의 인종 정책이 유대인을 탄압하거나 멸시하려는 것이 아니라 그저 아리아계와 유대계를 동등하게 구분하기만 하는 것이라고 주장했었지만, 뉘른베르크법으로 개인의 권리가 사라진 것을 비롯해 후속 법령에 드러난 잔혹성을 보면 이들의 주장은 그저 냉소에 불과한 것임을 알 수 있다.

뉘른베르크법의 공포 및 이 법이 독일의 유대인에게 미친 영향과 관련하여 흔히 제기된 세 가지 주장에 대해 비판적으로 논의할 필요가 있다. 첫째는 국가 관료는 뉘른베르크법 기획에 관여하지 않았고, 당시 정권의 급작스러운 계획에 당황해서 해당 법의 영향을 완화하고자 최선을 다했다는 주장이다. 둘째는 유대인 집단이 자신들에게 허용되는 것과 금지되는 것을 명확히 규정한 뉘른베르크법을 어느 정도 안도하며 받아들였다는 주장이다. 셋째는 뉘른베르크법은 이후 홀로코스트로까지 치달은 전시 상황에서 급진화된 반유대주의 정책에는 책임이 없다는 논지였다.

이 세 가지 논지는 모두 회의적 시각으로 봐야 한다. 모두 제국 내무부에서 인종 문제 특별 자문까지 맡았던 베른하르트 뢰제너의 자전적 기록을 바탕으로 한 주장이기 때문이다. 이 내용은 1961년《계간 현대사 *Vierteljahreshefte für Zeitgeschichte*》에 게재되었고, 2001년에 영역본이 나왔다.[74]

뢰제너는 보고서에서, 뉘른베르크법은 히틀러의 압박으로 본인을 비롯해 1935년 9월 뉘른베르크 전당대회에서 갑자기 소집된 제국 내무부 공무원들이 급하게 초안을 작성한 것이라고 주장했다. 스트라이허와 선전장관 괴벨스 Goebbels가 촉발한 조치들이 독일 경제를 위험에 빠뜨리고 정권의 악명이 높아지자 총통은 걷잡을 수 없는 유대인 박해와 집단학살을 끝내기 위해 그렇게 서둘렀다는 것이다.

뢰제너에 따르면 뉘른베르크법이 공포되기까지의 모든 숙의 과정에서 내무부는 완전히 배제되었는데, 이에 대해 그는 나치당, 나치 친위대, 친위대 소속의 하이드리히 휘하의 보안국Sicherheitsdienst에 책임을 돌렸다. 뢰제너의 보고서에는 과거 몇 달간 반유대주의적 과잉 조치에 반발한 것으로 알려진 그와 다른 내무부 관료들이 뉘른베르크에서 스트라이허 및 나치 친위대와 보안국 간부들과 대립각을 세우며 소위 반½유대인을 해당 법규정에서 면제하는 등 반발한 과정이 상세히 기술돼 있다. 히틀러가 '예고 없이 즉각적으로' 지시했다고 알려진 뉘른베르크법의 수용 문제와 관련하여 뢰제너는 다음과 같이 언급하기도 했다.

> 뉘른베르크법이 공포된 뒤 단지 박해법으로만 간주됐던 것은 아니다. 나치 체계를 전혀 신봉하지 않았던 많은 이들을 비롯해 직접적으로 영향을 받는 이들까지도 어느 정도는 안도하는 마음으로 환영했다. 뉘른베르크법은 어쨌든 완전히 불확실한 법적 상태에 종지부를 찍었기 때문이다. 적어도 이제는 자신의 처지를 알게 됐고, 이전까지 위협받던 광범위한 집단, 특히 '유대계 후손Judenstämmlinge' 및 유대계-비유대계 혼인 배우자들은 한숨 돌리게 됐다. 직전까지만 해도 극단주의자들이 유대계-비유대계 간 결혼에 대해 법적 분리를 요구했었기 때문이다. 공무원, 특히 내무부의 공무원들 역시 뉘른베르크법을 이런 관점에서 보았다.[75]

뢰제너는 뉘른베르크법이 유대인 집단에 대한 "실질적 박해의 시작점"이며 결국 홀로코스트로 치달았다는 주장은 단호히 부정했다. 심지어 말살행위는 물론이고 "유대인을 대상으로 자행된 여타 잔학

행위"를 이 법과 연관 짓는 것은 "연쇄적인 역사적 사건들 속에서 원인과 결과의 관계"를 뒤집어 "역사적 진실을 오판"하는 것이라고 도 주장했다.[76] 그는 다음과 같이 설명했다.

지금까지 공개적으로 알려지지 않았지만 내가 알고 있는 수많은 사실에 비춰보거나 오늘날 잊힌 사실들을 기억해보면 다음 과 같이 객관적 사실을 간단히 말할 수 있다: 이후 수년에 걸쳐 일어난 생지옥이나 다름없는 유대인 박해가 끔찍한 현실로 나 타난 것은 **뉘른베르크법 때문이라기보다, 뉘른베르크법에도 불구하 고** 발생한 결과다.[77]

역사학자들이 이런 해석을 적당히 가감해서 받아들이는 것은 특 히 이 보고서의 역사적 배경 때문이기도 하다.[78] 결국, 뢰제너의 내 무부 전 상관이었던 빌헬름 슈투카르트는 1942년 1월 20일에 개최 된 그 악명 높은 반제회의Wannsee conference에 참석한 바 있고, 1947년 11월부터 1949년 4월까지 열린 빌헬름 가 재판*(미국 대 바이츠재커 외 재판)에서 기소됐다. 피고 측 증인으로서 슈투카르트가 무죄라고 증언한 뢰제너는 법률가 발터 슈트라우스Walter Strauß로부터 내무부 의 인종 전문가로서의 경험을 기록해 달라는 요청을 받았다.[79] 뢰제 너의 보고 내용은 뢰제너의 동의하에 슈트라우스가 1950년에 뮌헨

• Ministries Trial(Wilhelmstraßenprozess). 제2차 세계대전 후 미군 군사법정에서 개최한 전 쟁범죄 재판 중 하나로, 피고는 나치 독일시기에 독일 및 점령국에서 자행한 잔학행위로 기소되 었던 정부부처의 고위공직자들이었음.

현대사연구소Institut für Zeitgeschichte 측에 전달했고 뢰제너 사망 후 수
년이 지난 1961년에야 연구소 학술지에 슈트라우스의 서문과 함께
게재되었다. 해당 보고서가 게재된 배경에는 당시 전직 나치 관료들
에 상당히 관대했던 인사정책에 대한 비판 여론을 잠재우려는 아데
나워 정부의 계산이 있었던 것으로 보인다(당시 논란의 중심에는 슈투
카르트와 함께 제3제국의 인종법에 대한 나치 관점의 해설을 책으로 펴냈
던 한스 글롭케 국무장관이 있었다).[80] 뢰제너의 보고서는 슈투카르트
재판에서 증인석에서 한 증언과 더불어, 내무부가 유대인 박해를 막
고자 적극적으로 노력했다는 신화를 만들어냈다.

뢰제너의 보고서는 편파적이고 아전인수 격이지만, 그의 주장은
법, 행정 법령, 말살 명령이 끔찍하게 서로 얽혀있는 상황을 이해하
는 데 실마리가 될 뿐 아니라 제3제국의 복잡한 구조를 전반적으로
잘 파악하기 위해서도 중요하다.

본인과 내무부 관료들은 뉘른베르크법을 예상하지 못했으며 그
계획에 관여하지도 않았다는 뢰제너의 주장은 완전히 거짓이다. 역
사학자들은 증거자료를 통해 뉘른베르크법이 나치당과 각 부처에
서 조직적으로 준비되었음을 입증한 바 있다.[81]

1935년 8월 20일에 이미 유대인에 대한 격화된 대응이 불러온
경제적 여파에 관한 회의가 제국 경제부에서 열렸다. 회의를 주재
한 얄마르 샤흐트Hjalmar Schacht 경제장관 외에도 빌헬름 프리크 내
무장관, 프란츠 귀르트너 법무장관, 그라프 슈베린 폰 크로지크Graf
Schwerin von Krosigk 재무장관, 요하네스 포피츠Johannes Popitz 프로이센
주 재무장관, 아돌프 바그너Adolf Wagner 바이에른주 내무장관 겸 대

관구 지도관(총통 대리인 루돌프 헤스Rudolf Hess를 대신하여 참석), 몇몇 차관들, 나치당의 인종정치국 대표단Rassenpolitisches Amt, 게슈타포 및 보안국 대표 등이 참석했다. 뢰제너는 직접 회의록을 작성하기도 했으나 본인의 보고서에는 이 사실을 누락했다.[82]

이 회의는 외국에 충격을 주고 경제적 파장을 불러올 걷잡을 수 없는 공격은 막으면서도 소위 유대인 문제에 대처할 방법을 강구하기 위한 것이었다. 참석자들은 법적 형식을 통해 반유대주의 조치를 취하자는 데 동의했다. 프리크는 경찰이 불법적 반유대주의 폭동에 강력하게 대처하도록 하는 법령을 즉각 통과시킬 것을 촉구했고, 샤흐트는 나치당 강령의 반유대주의 조항들은 법적 기반을 갖고 시행되어야 한다고 주장했다. 귀르트너 법무장관 역시 총통국가는 법률을 존중하는 방식으로 목적을 추구하는 게 중요하다고 강조했다.

1935년 8월 22일 당시 회의록에는 각 부처 장관들이 반유대주의 조치를 전면 금지하기보다는 통제 불능의 온갖 반유대주의를 통제하기 위한 법 규정을 요구했던 사실이 드러나 있다. 회의 참석자 가운데 나치 정권의 반유대주의 자체를 공개적으로 반대한 사람은 아무도 없었다.[83]

프리크 내무장관이 당시 회의에 참석했다는 사실은 1935년 8월 27일 회의에 대한 뢰제너의 요약 내용은 물론이거니와, 내무부 관료들이 뉘른베르크법을 전혀 예상하지 못했다는 뢰제너 본인의 주장과도 배치된다. 해당 회의록은 국가 관료체계, 특히 내무부가 뉘른베르크법에서 소위 '혼혈Mischlinge'은 면제해 주려 애썼다는 뢰제너의 주장과도 어긋난다. 이를테면 바그너는 계획된 법들을 완전한 유대인에게만 적용할 것을 제안하여 혼혈을 어떻게 포함할지에 대한 문제가 입법과정을 방해하거나 지연하지 않도록 했다.[84]

그에 못지않게 문제가 되는 부분은, 뢰제너가 유대인들이 뉘른베르크법을 최소한 어느 정도 안전을 보장해주는 것으로 인식했다고 가정한 점이다. 현실적으로 말이 되는가? 시민권과 정치적 권리를 박탈당한 사람들이 과연 그렇게 느낄까? 1935년 봄과 여름에 거리에서 벌어졌던 폭력 사태를 종식하려는 정권의 의지로 잔혹성은 누그러졌다 해도, 당시 독일에 거주하던 유대인이 처해있던 온통 절망적인 상황을 생각하면 반유대주의를 법적으로까지 공식화한 행보를 개선으로 볼 수는 없다.

사실 유대인 여부를 판단하는 뉘른베르크법의 분류 기준은 1933년 4월 「직업공무원제의 재건을 위한 법」에 비하면 완화된 것이었다. 이 법의 1차 보충규정(1933년 4월 11일) 중 소위 '아리아인 조항'은 조부모 중 한 명이 유대인이면 비非아리아인이라고 분류하지만, 1935년 11월 14일 「제국시민법」의 1차 보충규정에서는 이 경우를 '혼혈'로 규정하고 몇몇 반유대주의 규정에서 면제했다. 그러나 "직접 영향을 받는 이들은 어느 정도 안도하는 마음으로 [뉘른베르크법을] 환영했다"라는 뢰제너의 주장은 겁에 질린 유대인들이 보충규정에 자신이 적용되는지를 알아내려고 필사적으로 애쓰는 모습을 그가 기술했던 것과도 배치된다.[85] 뢰제너는 결혼하려는 유대인 '혼혈'은 "여러 관공서에서 몇 주씩 삶의 모든 면을 파고드는 굴욕적인 조사를 받고도 결국은 단호하게 거부당했다"라고 보고서에 직접 적

기도 했다.[86]

5.5 뉘른베르크법에서 홀로코스트까지

홀로코스트로 극에 달한 "끔찍한 유대인 박해"가 뉘른베르크법과 직접적인 연관은 없다는 뢰제너의 주장을 어떻게 봐야 할까? 여기에서는 두 가지 주장이 중요하다. 하나는 역사적 사실에 관한 것이고, 다른 하나는 이 상황 전개에서 관련 국가기관들의 역할과 책임에 관한 것이다. 나치 독재의 규범적 구조를 좀 더 제대로 이해하기 위해서는 뉘른베르크법과 홀로코스트가 무관하다는 뢰제너의 주장을 자세히 들여다봐야 한다.

실제 역사적 전개에 비추어 뢰제너의 논지는 얼마나 타당한가? 뉘른베르크법이 제정될 당시에는 유럽 내 유대인 말살을 향한 나치 정권의 거침없는 행보를 전혀 예측할 수 없었다. 나치 정권이 주변 국가에 대해 침략 전쟁을 벌이기로 결정한 것은 모든 규범적·도덕적 기준을 무너뜨리는 결정적 요인이었다. 특히, 소련에 대한 '말살 전쟁'은 무자비한 파괴와 대량 학살로 이어졌다. 침략 직후 1941년 여름, 여성과 아이들을 포함해 유대인에 대한 대규모 총살이 조직적으로 자행됐다. 특수 설계된 죽음의 수용소에서 유대인 전원을 조직적으로 학살하기로 결정한 시기는 1941년 늦여름부터 가을 사이로, 나치 지도부가 독일 영토에서 유대인을 축출하려는 애초의 계획은 달성할 수 없다는 것을 깨달은 시점이었다. 1941년 늦가을, 나치 정

권은 유대인들을 동부 점령지(아마도 소련 점령지)로 강제 추방하려던 계획을 말살 작전으로 변경했다.[87]

뢰제너는 이들 사건을 예견하기 어려웠다고 직접적으로 언급하지는 않은 채, 이 사건들은 "뉘른베르크법 때문이라기보다, 뉘른베르크법에도 불구하고 끔찍한 현실"이 되었다는 본인의 기존 주장을 되풀이한다. 그러나 이전까지 가지고 있던 유대인들의 시민 자격을 부정하는 법규들이 어떻게 더욱 극심해진 박해를 막는 것으로 여겨질 수 있는지에 묻는 것이 타당할 것이다. 권리를 잃고 집단으로부터 분리된 사람들은 더욱 극심한 차별조치라는 위험에 빠지지 않을까? 뢰제너의 주장은 사실과 반대되는 해석으로만 이해할 수 있다. 법규범이 《제국법률관보》에 공표된 이후로까지 유대인에 대한 나치 지도부의 적대적 조치가 지속되지 않았다면 그런 끔찍한 박해는 발생하지 않았을 것이다. 뉘른베르크법은 결코 박해의 종지부를 찍은 것이 아니었다.

뉘른베르크법과 홀로코스트는 무관하다는 뢰제너의 주장은 유대인 박해에 가담한 기관들에 대한 특정 시각을 보여준다. 역사학자들이 지적했듯, 뢰제너의 회고록은 관료들을 나치 국가의 권력중심―정당, 나치 친위대, 보안국, 게슈타포―으로부터 분리하며 '깨끗한 관료 체제' 신화를 형성하는 데 결정적인 역할을 했다. 이런 관점에 따르면 대량 학살로 직결된 나치 정권의 인종 이데올로기 실행에 대한 책임은 행정 관료가 아니라 오직 기관들에만 있는 것이다.

유대인을 학살하겠다는 결정은 분명 각 부처 및 행정당국과 별개로 나치 권력의 가장 중심부에서 이뤄졌고, 당시(1941년 늦여름부터 가을까지) 각료 회의는 중단된 지 오래였으며 장관들은 히틀러를 만나기가 점점 더 어려운 시기였다.[88] 역사학자들에 따르면, 소위 '최종 해결'(이 시점에는 추방이 아닌 죽음을 의미했다) 지시는 히틀러로부터 서면이 아닌 구두로 하달됐다. 히틀러가 내린 이 명령은 나치 친위대장이자 독일 경찰 수장인 힘러에게 전달됐고, 힘러는 이 명령을 추방 및 살해 작전을 담당하는 나치 친위대와 경찰 고위 간부들, 특별 지휘부로 구성된 특수기동대Einsatzgruppen에 전달했다.[89] 이언 커쇼Ian Kershaw에 따르면, 1941년 여름 나치 정권의 반유대주의 계획 및 정책의 이해와 실행에 관한 모든 상황은 여전히 "나치 당국의 반유대주의 정책에 대한 엄청난 혼란과 모순된 여러 해석"으로 점철되었다.[90] 그러나 1941년 12월 즈음 당 강령은 전면적 몰살이라는 윤곽을 뚜렷이 드러냈다.

행정 각료들이 대규모 집단학살의 결정과정에 직접 관여하지는 않았지만, 행정과 '최종 해결'이 무관하다는 것은 도저히 받아들일 수 없는 주장이다. 행정 관료, 특히 내무부의 법률가들이 만들고 작성한 유대인 말살 계획에는 법률 용어 이면의 숨은 의미가 있었다. 행정 당국의 법률가들이 인종학살을 막기는커녕 더욱 수월하게 만든 셈이다.

1942년 1월 20일 반제회의는 '최종 해결'에서 나치 친위대(제국 보안본부, 보안국, 인종 및 정착국)의 역할과 행정 관료를 사실상 연결한 회의였다. 나치 친위대의 고위급 장교들 외에도 몇몇 법률가들이 당시 회의에 참석했다. 그중에는 롤란트 프라이슬러(법무부), 프리드리히 빌헬름 크리칭거Friedrich Wilhelm Kritzinger(제국총리실), 빌헬름 슈투카르트(내무부) 등도 있었다.⁹¹ 유대인 말살은 회의 당시 이미 결정돼 있던 사안이고, 주요 쟁점은 그 실행방법이었다.

회의를 소집한 제국 보안본부 책임자 라인하르트 하이드리히 Reinhard Heydrich는 제국 총사령관 헤르만 괴링이 자신을 "유럽 내 유대인 문제에 대한 최종 해결을 준비할 대표로 임명"했으며 "지리적 경계와 상관없이" 힘러가 이 일을 이끌어갈 것이라고 참석자들에게 알리며 회의를 시작했다.⁹² 당시 기록에는 "최종 해결 담당"의 의미가 달라졌다고 명시되어 있지는 않지만, 하이드리히가 유대인 1100만 명을 동부로 추방할 계획을 밝혔을 때 참석자들은 무슨 뜻인지 분명히 알아차렸을 것이다. '최종 해결'은 더 이상 추방을 의미하지 않았다. 절멸을 뜻했다.

하이드리히는 혼혈에 대한 특별 규정도 발표했다. 회의록에 따르면, 1급 유대인 혼혈(즉, 조부모 대에 2명의 유대인이 있는 사람)은 유대인으로 간주하며 이들은 추방 대상에 포함했다. 그러나 "당 및 국가의 최고위직에서 어떤 영역에 대해서든 면제 허가증을 발급한 바 있는 대상자"를 비롯하여 독일인과 결혼하여 독일혈통 배우자와의 사이에 자녀를 둔 사람들은 1급 혼혈 대상에서 제외하기로 규정하기도 했다.⁹³ 더 나아가 회의록에는 혼혈에 불리한 결론이 날 가능성을 고려하면서 모든 사례를 개별적으로 평가해야 한다고도 규정했다.⁹⁴

빌헬름 슈투카르트 내무장관의 반응은 행정기구와 나치 친위대 사이에 교감이 있었음을 여실히 보여주는 대목이다. 슈투카르트는 이 제안된 법규정들이 "끝없는 행정업무"를 불러올 것이라며 반대했고, 대안으로 모든 반半유대인에 대한 강제 불임시술을 제안했다.

유대계-비유대계 간 결혼에 대해서는 입법자가 간단히 "이런 결혼은 이제 끝났다"라고 선언하도록 권고하기도 했다.[95]

슈투카르트의 제안은 상당한 논란거리였다. 그는 종전 후 본인은 반제회의에서 '혼혈'(1급 및 2급)의 추방을 막고자 애썼다고 주장하며 자신을 변호했지만, 다른 이들은 그의 개입이 하이드리히의 계획에 복종하는 것이라고 해석했다. 회의록 작성자인 아돌프 아이히만 Adolf Eichmann은 예루살렘에서 열린 재판에서 이 후자의 견해를 지지하며, 통상적으로는 법규정에 엄격하던 슈투카르트가 법조문에 어긋나는 과격한 정책을 고안하는 데 놀랐다고 털어놓기도 했다.[96]

반제회의 당시 슈투카르트가 개입한 것은 경쟁이 극심했던 나치 국가 구조 안에서 내무부의 권한을 유지하려 노력했던 것으로 해석해야 한다. 역사학자 한스 크리스티안 야슈 Hans-Christian Jasch에 따르면, 1급 '혼혈'은 추방하되 각 사례별로 면제 여부를 결정하라는 하이드리히의 요청은 행정법령으로 유대인 문제를 규제하는 내무부 권한에 정면으로 도전한 것으로 해석된다.[97] 히틀러는 1935년에 이미 '유대인 문제'에 대한 책임을 나치 친위대 보안국과 나치당으로 이관하겠다고 으름장을 놓았다. 그리고 나치 친위대는 유대인 강제 이주(빈에서 아이히만이 조직적으로 첫 실행)에서부터 유대인 문제에 대해 점점 더 독단적인 태도를 보였다. 행정기관, 특히 슈투카르트 관할의 인종 문제 담당부서는 반유대주의 정책에 큰 관심을 가졌으며 '최종 해결' 실행에 계속 적극 관여하고자 했다.

뢰제너의 보고 및 슈투카르트의 서술 내용은 '깨끗한 행정이라는 신화'를 만들어냈지만, 실제는 매우 다를 수 있다. 슈투카르트와 동료들은 지위를 잃지 않으려 안간힘을 쓰며 유대인 문제에 자신들이 꼭 필요하다는 것을 증명하기 위해 온갖 수단을 동원했다. 「제국시민법」의 보충규정은 이런 맹종을 잘 보여주는 예다. 이 법령의 초안을 작성한 것은 내무부(아마도 슈투카르트와 동료들)였고 그 영향은 대량학살 시기까지 한참 이어졌기 때문이다.

「제국시민법」의 제11차 보충규정(1941년 11월 25일)은 유대인은 더 이상 독일 국민이 아니며 따라서 유대인의 재산은 독일제국에 귀속된다고 명시했다.[98] 제12차 보충규정(1943년 4월 25일) 제4조는 "유대인과 집시는 국민이 될 수 없으며" 심지어 "임시 국민"이나 "임시 보호를 받는 국민"도 될 수 없다고 못 박아 두었다. 유대인에게는 전혀 안전을 보장하지 않겠다는 의미였다. 관료집단이 나치당 및 친위대에 기꺼이 동조했다는 것은 제5조에도 명백히 드러난다. 이 조항은 해당 법령의 실행에 필요한 "법적, 행정적 명령"은 당수 부장, 나치 친위대장, 독일 인종 강화를 위한 제국 전권위원의 동의 아래 제국 내무장관이 내리도록 규정했다.[99]

이후로 반유대주의법은 1943년 7월 1일의 제13차 보충규정으로 한층 더 강화됐다. 이 법령으로 유대인에 의한 모든 범법행위는 경찰에 의해 처벌되고 유대인은 더 이상 1941년 12월 4일 통과된 「폴란드인 및 유대인에 대한 형법」의 적용을 받지 않게 되었다. 즉, 이 시점부터 유대인들은 국가 사법권 및 법원의 권한에서 벗어난 것이다. 제2조 제1항에서는 "유대인 사망 시 해당 재산은 독일제국으로 몰수된다"라고 명확히 규정했다.[100] 이처럼 살인과 수탈의 악랄한 조합에 내무장관(프리크), 제국 법무장관(티라크), 제국 재무장관(그라프 슈베린 폰 크로지크Graf Schwerin von Krosigk), 당수부장(보어만 Bormann)이 서명했다.

「제국시민법」의 보충규정 초안은 슈투카르트와 내무부 관료들이 작성했지만 서명이 없는 반면, 인종주의 입법에 관한 해설에는 분명 슈투카르트의 서명이 들어가 있다. 슈투카르트와 한스 글롭케가 공동 집필한 이 해설서는 1936년에 발간된 뒤 후속판은 나오지 않았고 1942년경에는 사용되지 않았다.[101] 그러나 슈투카르트가 롤프 시더마이어와 함께 집필한 인종주의에 관한 해설『제3제국 법률에 나타난 인종 및 우생학Rassen- und Erbpflege in der Gesetzgebung des Dritten Reiches』은 1938년 초판이 발간된 이래 1944년 마지막 제5판까지 후속판이 나왔다.[102] 이들 후속판의 핵심 구절을 비교해 보면 홀로코스트에 대한 법적 함의가 드러난다.

슈트카르트와 시더마이어 해설 초판(1938)과 확장판인 제2판(1939)의 뚜렷한 차이는 바로 "독일 경제에서 유대인 제거"라는 제목이 붙은 절로, 여기서 유대인의 기업, 재산, 자산에 대한 제약을 명시했다.[103] 이런 규제의 배경은 유대인과 유대인들의 기관 및 기업을 무자비하게 도륙한 '깨진 유리의 밤Kristallnacht'•으로, 이후 수천 명의 유대인이 강제로 독일제국을 떠나 탈출할 수밖에 없었다.[104] 이처럼 폭력이 고조되기 시작한 배경에는 유대인 학생 헤르셸 그린슈판Herschel Grynszpan이 파리 주재 독일대사관 직원 에른스트 폼 라

• 1938년 11월 9-10일 유대인과 유대인 소유 재산에 대해 집중적으로 벌어진 학살과 공격을 지칭하는 표현으로, 당시 거리에 유리 파편이 널려있던 모습에서 유래함.

스Ernst vom Rath를 살해한 사건이 있었다. 1939년판 해설에서는 "독일 민족과 제국에 대한 유대인들의 적대적 태도로 인해 파리 주재 대사관 직원 폼 라스가 살해를 당했다"며 이에 대한 배상으로 독일 내 유대인 공동체 전체가 10억 마르크의 '배상금Sühneleistung'을 지불할 것을 요구했다.[105] 즉, 나치 정권은 유대인 피해자들에게 손해배상을 하도록 한 것이다.

게다가 해설서 제2판(1939)에서는 유대인은 특정 공공장소에 출입하지 못하도록 제한했다. 유대인이 소지한 모든 여권은 1938년 10월 5일에 효력을 상실했고, 이후 유대인 전용 신분증명서Kennkarte로 대체되어 유대인들은 이를 항상 소지하고 다녀야 했다.[106] 슈투카르트와 시더마이어의 해설서 제2판과 제3판(1942)에 나오는 이 규정들에 대한 내용은 동일하지만, 제4판(1943)에서는 유대인의 주거지 및 행방을 (1941년 11월 1일부로 내무부 경찰 포고령에 근거) 감시 대상으로 정했다. 게다가 (혼혈을 제외한) 유대인들은 외출 시에 자신이 유대인임을 나타내는 별 표식을 반드시 착용해야 했으며, 거주 지역을 벗어나려면 해당 지역 경찰청의 서면 허가를 받아야만 했다.[107]

한층 심각해진 유대인 박해와 관련하여 가장 뚜렷한 변화가 나타난 것은 제4판이었다. 제1부 제1장(인종주의 입법의 토대) 제목과 내용은 1938년 판, 1939년 판, 1942년 판이 동일했으나, 제4판의 첫 두 장은 이전 판들과 제목이 달라졌다.[108] "인종적-정치적 요건" 대신 "인종적-정치적 과제"로 바뀐 것이다. 마찬가지로 "독일의 인종 문제" 역시 "인종법의 목표"로 대체되었다.[109]

1938년 판, 1939년 판, 1942년 판 모두 "인종적-정치적 과제" 부분에서는 자유주의 시대는 어떠한 인종 문제도 인정하지 않는다고 강조했다. 바로 이어서 굵은 글씨로 강조한 다음 문장이 나왔다. **"반면, 민족사회주의는 인종 문제를 세계관의 중심에 두고 있다."** 1938년 판과 1939년 판에서는 이 문장 뒤로 다음과 같이 이어졌다. "제3제국에서의 **입법**은 일반적 구속력이 있는 규범을 통해 민족사회주의 세계관에서 비롯되는 **인종적-정치적 요건**을 곧바로 **현실화**하기 시작한 것이다."[110]

1943년 개정된 제4판에서 이 문장은 다음과 같이 수정되었다. "민족사회주의 국가의 지도부는 민족사회주의 세계관에서 비롯되는 인종적 요건을 실제로 실현하기 시작했다."[111] 여기서 분명히 알 수 있는 사실은 '일반적 구속력이 있는 규범들' 형태의 입법이 구체적 조치들, 즉 살해로 대체되었다는 것이다.

중요한 건, 1943년 판에는 인종법의 목표, 즉 "유대인 없는 독일"에 관한 절이 따로 추가되었다는 점이다.[112] '추방'이라는 단어는 사용하지 않았다. 하지만 수용 가능한 국가들조차도 최소한의 유대인들만 입국을 허락하고, 이민법 강화로 유대인의 유입을 막으려 했기 때문에, 이주도 축출도 현실적으로 "유대인 문제"(민족의 자기보존 및 자기방어Notwehr 명령으로 규정) 해결을 위한 현실적 방법이 아니라는 것이 암시되어 있었다.[113] "이들을 받아줄 국가가 마땅치 않기 때문에 축출은 실현 불가능"하다고도 덧붙였다.[114]

저자들은 이렇게 섬뜩하게 서술하면서, 나치 정권 내부에서 내린 살해 결정의 근거를 자신들의 반유대정책이 낳은 이주라는 외부적인 장애물에서 찾았다. 이들의 설명에 따르면, 정치적 상황 전개상

더 이상 필요 없는 유대인들에 대한 특별조항Sondervorschriften이 필요
해졌다는 것이었다.

> **인종주의 입법의 목표**는 **이미 달성된** 것으로 보이므로 인종주의
> 입법은 대체로 마무리되었다. 앞서 언급했듯이 이는[인종주의
> 입법은] 유대인 문제에 대한 예비 해결로 이어졌고, 동시에 본
> 질적으로 '최종 해결'이 준비되었다. 독일이 유대인 문제라는
> 궁극적인 목표에 가까이 갈수록 수많은 규정은 실용적 의미를
> 상실할 것이다.[115]

　요약하면, 인종주의 입법은 유대인 제거라는 '궁극적인 해결'의
토대를 마련하는 데 성공했기 때문에 1943년에는 더이상 할 역할이
없었다. 슈투카르트와 시더마이어의 해설서 제4판이 출간된 것은
1943년인데 이때는 이미 유럽 내 유대인 상당수가 베우제츠, 트레블
링카, 소비보르, 아우슈비츠-비르케나우 등지의 학살수용소에서 몰
살당한 뒤였다.

5.6 맺음말

　이 장에서는 나치 정권의 인종주의 입법의 이데올로기적
토대와, 유대인을 무자비하게 박해하는 데 기여한 법의 역할에 대해
간략히 살펴보았다. 나치의 통치는 합법성이라는 탈을 쓰고 이뤄졌

으며 나치 법률가들은 정권이 학살정책으로 치닫고 있는데도 이런 포장을 지탱하고 있었다.

전쟁 전 나치 법이론가들의 저술을 보면 정권의 포악한 반유대주의에 동조하고 그에 기반한 차별을 쉽게 수용하고 있었다. 법사상가들은 1935년의 뉘른베르크법도 높이 평가했을 뿐 아니라 거기에 헌법적 지위를 부여하기까지 했다. 게다가 대학의 법학교수들과 행정 체제 내 법률가들 사이에는 전문가끼리의 유대도 형성됐다. 두 그룹은 서로 만나서 민족사회주의 법 개혁을 논의하고, 민족사회주의라는 정치원칙에 부합하는 법을 만들기 위해 고위급 위원회에도 참여했다. 또한 서로의 저술에 대해서도 관심을 보였다(인종주의적 입법에 대한 1936년의 슈투카르트와 글롭케의 해설서에 대해 쾰로이터가 열정적으로 평가한 것을 보라).

그러나 대학교수들에 비해 행정 관료들이 반유대주의 정책을 담당하는 정치권력의 중심에 더 가까워지면서, 학계의 법이론가들과 법률가 출신의 고위급 정부 관료들의 생각도 각자의 길을 걷기 시작했다. 관련 행정기관들은 말살 계획을 인지하고 있었고 강요, 협박, 살해에 대한 법적 배경을 제공했다. 그러나 의사결정은 최고위급 정치권력과 이 전체주의적 권력 체계를 지탱하는 핵심 기관들, 즉 나치당, 특히 나치 친위대의 손에 달려있었다.

나치당과 나치 친위대의 역할, 그리고 다른 한편으로는 행정 관료 체제를 면밀히 살펴봄으로써 우리는 나치 국가의 규범 구조에 대해 무엇을 통찰할 수 있을까?

나치당/친위대 및 행정 관료들은 나치 국가의 정치적 목적을 아주 다른 방식으로 실현하고자 했다. 행정 관료들은 합법적으로 국가의 정책을 실행했지만, 나치당과 친위대는 자신들이 이해한 민족사회주의의 정치적 임무를 실행하기 위해서라면 물불을 가리지 않았다. 즉, 법의 내용에 상당한 압력을 행사할 뿐 아니라 제국의 법률 체계를 자주 위반하고, 심지어 노골적으로 거부하기도 했다. 나치당과 친위대는 순전히 편의주의에 따라 정치적 목표를 달성하기 위한 수단을 선택했고, 이런 잔혹한 도구주의의 결말은 대량 학살이었다. 특히 전쟁 중에는 정치적 범죄가 법을 대신했다.

이렇게 두 구조 체계―행정 관료와 나치당·친위대 집합체―로 역할이 나뉘어 있었던 데서 에른스트 프랭켈이 이 민족사회주의 국가의 특징으로 언급한 '이중국가'라는 유명한 표현이 나왔다. 즉, 이는 규범적 국가와 특권적 국가로 구성된 정치체를 의미했다. 규범적 국가는 여전히 법에 따라 작동했지만, 특권적 국가는 자의적 개입, 조치, 명령을 통해 권한을 행사했다. 특권적 국가의 기본원칙은 순전히 재량에 따른 실력 행사였다. 프랭켈의 말을 빌리자면, "정치 영역을 지배하는 법적 규칙은 없다. 그것은 지배적 지위의 관료가 재량적 특권을 행사하는 자의적 조치Massnahme에 의해 규제된다. 따라서 '특권적 국가Massnahmenstaat'라는 표현이 성립된다."[116]

물론, 프랭켈은 제3제국이 법으로 통치되는 기관(각료 및 행정 기구)과 법을 위반하는 당 및 친위대로 양분되어 있다고 말한 것은 아니었다.[117] 규범적 국가 및 특권적 국가라는 개념은, 정권 내에서 별개의 국가 독립체로 별도 취급하기보다는 국가권력을 행사하는 두 가지 방식으로 이해하는 것이 가장 적절하다. 즉 한쪽에서는 아직 남아있는 법치국가의 일부 요소에 따르고 다른 한쪽에서는 변덕스럽거나 자의적인 권력 행사로 이어지는 소위 '조치들'을 통해 작동했다는 뜻이다. 프랭켈은 나치 국가에는 신뢰할 만한 법적 구조가 없으므로 안정적이라 여겨지던 법적 체계 안으로 전제주의나 자의적 권한 행사가 언제든 파고들어 법을 짓밟고 무력화할 수 있다고 지적했다.

물론 우리는 나치당과 친위대 같은 핵심적인 이데올로기 기관에서 여러 조치를 무력으로 강행하는 극단적 경향을 볼 수 있다. 그러나 나치 국가에 대해 전반적으로 분석할 때 두 개의 국가 단위로 나뉘어 있다는 전제는 오해의 소지가 있다. 2장에서 살펴보았듯, 1933년부터 1934년까지 '획일화' 강령은 국가와 당이 제도적으로 융합하는 결과를 가져왔다. 이러한 두 핵심 권력의 결합은 권위주의적 총통국가에 반드시 필요한 요소였다.[118]

인종 정책과 법제에 대한 논의는 법이론과도 결부된다. 제3제국의 인종주의적 입법에 관한 각종 해설이 홀로코스트를 둘러싼 각종 규범, 규제, 행정 지침의 틀을 만들어서 '이루 말할 수 없는' 것들에 어떻게든 대처해 보려 했지만, 저자들 자신도 결국 나치 국가가 합법성을 넘어 인종 의제를 밀어붙였다고 인정할 수밖에 없었다. 슈투카르트와 시더마이어가 1943년에 지적했듯이 민족사회주의의 "인종적 요건"을 실현하기 위한 정권의 '실용적 방식'은 법적 규범을 도외시하고 그 중요성을 무시하는 것이었다. 권력의 핵심에 있던 정치세력은 행정보다 막강했을 뿐 아니라 그들이 가진 수단과 조치는 "일반적 구속력을 지니는 규범들"로 만들 수는 없는 것이었다. 테러, 대량 학살, 말살을 합법화할 방법은 없었다. 홀로코스트가 상징하는 "문명의 붕괴"는 법적 개념으로는 표현할 길이 없었다.[119]

대량 학살에 직면했을 때 궁극적으로 법이 작동하지 못했다는 인종법 해설의 주요 구절에서 우리는 어떤 교훈을 얻을 수 있을까? 이 구절은 우리가 합법성과 법질서의 특징에 대해 이해하는 데 어떻게 영향을 미칠까?

뉘른베르크법과 나치 정권이 대량학살로 방향을 선회한 것 사이의 차이는 분명히 구분해야 한다. 뉘른베르크법은 그 내용이 끔찍하기는 하지만《제국법률관보》에 공표되었기 때문에 영향을 받게 될 모든 이가 그 내용에 접근할 수는 있었다. 그러나 유대인을 제거하라는 명령은 워낙 은밀한 방식으로 이뤄진 탓에 학살이 벌어지는 인근에서 작전 수행 중인 나치 친위대 장교들조차 학살 계획에 대해서는 알지 못했다.[120] 제3제국이 일반 규범을 통해 유럽 내 유대인을 말살하겠다는 계획을《제국법률관보》에 공표한다는 생각만 해도 우리에게는 엄청난 충격으로 다가온다.[121] 그러나 한편 이는 법질서의 구성 요건에 대해 중요한 사실을 보여준다.

론 L. 풀러Lon L. Fuller는『법의 도덕성 *The Morality of Law*』에서 법의 8가지 기준을 제시했다. 즉, 법체계는 (임시 방편의 결정이 아닌) 일반 규칙들로 구성되어야 하고, 이 규칙은 일반에 공개되어야 하며, 이해할 수 있어야 하고, 신뢰할 수 있어야(너무 자주 바뀌지 않아야) 하고, 모순되지 않아야 하며, 따를 수 있어야 하고, 소급 적용되어서는 안 되며, 공표된 규칙과 실제 집행이 일치해야 한다는 것이다.[122] 특히 그 영향을 직접 받는 이들을 대상으로 한 법적 규범의 공표와 투명성은,

풀러가 생각한 법질서로서의 자격을 갖춘 규칙 체계의 핵심 요건이었다.

제3제국의 인종 정책이 전개되고 급진화된 과정, 특히 공표된 법에서 비밀스런 산업 수준의 대량학살 계획으로 전환한 것은 풀러가 제시한 조건이 적절하다는 것을 여실히 보여주는 사례다.[123] 공표가 얼마나 중요한 요건인지는 나치가 유대인 말살 계획을 비밀리에 실행했던 것에서 확인된다. 유럽 내 유대인을 말살하겠다는 결정을 《제국법률관보》에 공표할 수 있었을까? 아마도 그럴 순 없었을 것이다—적어도 계획 자체를 축소하지 않고서는 불가능했을 것이다. 그리고 여기서 우리가 마주하는 불가능성이 가져온 결과는 주목할 만하다. 모든 규정을 공개해야 한다는 그 간단한 요건이 나치 정권이 최악의 극단으로 치닫는 것을 막았을지도 모른다는 것이다.

대량 학살을 목전에 둔 상황에서 법이 아무 힘도 쓰지 못하게 됐다는 사실 역시 합법성에 관해 중요한 사실을 알려준다. 이는 바로 법과 법적 규범은 자의적 조치나 비밀 지시, 구두 명령으로 제시되지 않는, 특정한 형태로만 존재한다는 점이다.

마지막으로, 누군가는 제3제국에서(주어진 실정법 맥락에서) 합법성의 근원이 훨씬 더 광범위했다고 주장하며 나치 정권의 유대인 말살 계획이 합법성의 범위를 넘어섰다는 견해를 반박할 수도 있다. 다시 말해, 리더십 원칙의 범위와 강력함을 강조할 수도 있다. 이런 반박논리에 따르면 총통은 모든 권력을 통합해 자기 손안에 넣었을 뿐 아니라 각종 조치와 제정된 법규범을 모두 동원해 통치했다.

히틀러의 입법권한이 각종 선언과 발표에까지 미치는지에 관한 이 구체적인 질문을 두고 나치 법률가들 사이에서 의견이 분분했다. 실제로, 제3제국의 최고위급 법률가 중 한 명이었던 프란츠 귀르트너 법무장관은 총통의 선언에 법적 지위를 부여하는 것을 단호히 반대했다. 민족사회주의 원리에 부합하는 법 개혁에 관한 자문위원회에서 귀르트너는 이렇게 발언했다.

> 나는 총통의 의지선언이 법과 그 내용의 목적을 인정하는 수단이라면 무엇이든 받아들일 준비가 돼 있다. 하지만 이 의지를 입법형식으로 제시되는 의지와 동등하게 취급하려는 모든 시도에 대해서는 매우 의구심이 든다. 특히 그렇게 법 외부에서 이뤄지는 형태의 의지 선언은 반드시 추가로 심사숙고해야 할 문제다.[124]

법학적 관점에서 보면, 귀르트너의 우려는 총통의 모든 권력 표명에 합법성을 부여하는 데는 한계가 있음을 보여준다. 이는 제3제국의 일부 고위급 법률가들도 여전히 동의하던 권한의 제한이었다. 그러나 나치 국가는 최고위 권력층이 무제한의 권력을 향유하던 전체주의적 정치 체제였다. 게다가 그런 권력행사는 법적 규범 및 조치를 공표하는 입법을 통해서뿐 아니라 지시, 발표, 명령 등을 통해서도 이뤄졌다. 히틀러의 규범적 권력은 그의 모든 정치적 공언을 포함했지만 그가 표명하는 모든 의지가 법에 해당하는 것은 아니었다. 총통의 모든 선언이 법적 규범에 해당하는 규범적 지위를 가지는 것은 아니었다. 이는 권력 체계가 두 개—입법을 통해 규범적으로 작동하는 체계와 법 영역보다는 정치 영역에 속한 자의적 조치를 통해 작동하는 체계—인 프랭켈의 이중국가 개념에서도 강조된다. 국가의 기본적 보호를 누리기 위한 인종 기준을 충족시키지 못하는 이들에게 나치 국가가 그토록 두렵고 예측 불가능하며 위험한 존재가 된 것은 바로 이 통치의 이중성 때문이었다.

6장 경찰법

6.1 들어가는 말

제3제국에서 두드러졌던 특징은 국가기관들과 민족사회
주의 핵심 조직들(주로 나치당과 나치 친위대) 사이에 지속된 권력다
툼이 있었다는 점이다. 경찰에 대한 권한이 누구에게 있느냐가 문제
의 핵심이었다.

바이마르공화국에서 경찰 관련 사안은 연방 국가의 소관이었
다. 가장 막강한 연방 경찰 조직이었던 프로이센주 경찰은 1931년
부터 성문화된 경찰법―「프로이센주 경찰행정법Prussian Law on Police
Administration, PVG」―을 근거로 삼았다. 특히 경찰조치에 대한 행정
사법 심사를 허용했기 때문에 법치에 따라 경찰을 조직한 대표적인
모델로 여겨진 PVG는 프로이센주 내무부에 경찰(정치경찰 포함)에
대한 권한을 부여했다.

PVG의 두 조항―제4장 제14조(경찰 당국의 임무) 및 제8장 제41

조(경찰 명령) — 은 경찰권력을 제한하는 데 중요한 역할을 했다. 제
14조는 경찰 당국의 임무를 "유효한 법체계 안에서" "적절히 검토
하여" 공공의 안전과 질서를 해칠 위험을 예방하는 것으로 폭넓게
정의했다.[1] 제41조는 공공의 안전과 질서를 지키기 위해서는 "관련
자들과 대중에 미칠 피해를 최소화할 수단을 선택[해야]"한다고 규
정했다.[2] 이러한 보장 내용은 바이마르공화국 말기 대통령 독재 시
기까지만 해도 유효했다.[3]

1933년 1월 말 나치가 권력을 장악하게 되면서 경찰의 법적 체계
가 급격히 변했다. 이러한 변화는 헌법적 차원에서 경찰의 책무 및
권한에 대해 이해하는 방식에 영향을 미쳤다. 1933년 2월의 「제국의
회 화재 법령」은 개인의 기본권에 경찰이 개입할 수 있도록 허용했
다. 공공 질서를 회복하겠다는 정권의 주장은 정적들을 탄압할 구실
이 되었다. 보호구금protective custody과 같은 새로운 조치들은 경찰권
력을 강화했다.[4]

나치가 권력을 장악한 이후로도 PVG는 유효했지만, 권위주의적
인 총통국가는 경찰법을 새롭게 설계하는 데 참고할 부정적인 예로
삼았을 뿐이다. 경찰권력이 동원할 수 있는 수단을 제한한 제14조의
일반조항을 재해석하여, 나치 통치에 대한 위협으로 인식된 정치적
반대세력과 싸우는 일이 경찰의 핵심 임무가 되었다.

법치주의 체제에서 경찰은 국가 행정(대개 내무부)에 충실히 따른
다. 그러나 민족사회주의자들은 경찰력을 법적 규범 및 행정규제의
틀 속에 두는 것에 반대했다. 1936년 6월 17일 히틀러가 나치 친위
대장 하인리히 힘러를 경찰청장에 임명하면서 국가 행정기관이 나

치 이데올로기에 충실한 조직의 직접통제 대상이 되었다. 실제로, 힘러는 경찰을 '내전'의 도구로 전락시켜 경찰을 나치 친위대의 정치적 임무에 맞추어 운영하고자 했다.[5]

이어지는 내용에서는 나치 국가에서 경찰권력의 이러한 규범적 변화가 어떻게 일어났고 또 어떻게 이론적으로 정당화되었는지 설명하고자 한다.

6.2 경찰 통제를 둘러싼 갈등 1933-1936

프로이센주는 제국 연방 주 가운데 가장 큰 주였으므로, 프로이센주 경찰력을 통제하는 것은 나치 독일의 권력 분배에서 핵심적인 일이었다. 따라서 히틀러는 나치에 오래 몸담았던 제1차 세계대전의 영웅 헤르만 괴링을 1933년 1월 30일에 프로이센주 내무부의 제국 전권위원으로 임명하고 그에게 프로이센주 경찰에 대한 모든 권한을 주었다.

1933년 3월 3일에 괴링은 「바이마르헌법」의 여러 기본권을 이미 정지했던 1933년 2월 28일에 제정된 「제국 의회 화재 법령」 시행을 위한 훈령circular decree을 통해 경찰의 권한을 대폭 확대했다.[6] 예를 들면, 경찰의 조치에 대해서는 비례성 원칙 적용을 중지함으로써 PVG 제14조와 제41조에 규정된 제한을 벗어나는 조치를 허용했다. 역사학자 위르겐 마인크Jürgen Meinck는 괴링의 훈령을 행정집행 명령을 통해 각종 법규칙과 제재를 깨뜨린 대표적인 사례로 간주한다.[7]

1933년 4월 10일 프로이센주의 총리에 임명되면서 괴링의 권세는 커져갔다. 4월 26일에 그는 제1차 「게슈타포법Gestapo Law」을 제정하여 비밀국가경찰청(게슈타파Gestapa)[8]을 설립했다. 국가를 위험에 빠뜨릴 만한 제국 내 모든 행동을 기록할 임무를 부여받은 게슈타포는 민족사회주의 정권이 무제한 권력을 추구하는 데 핵심적인 역할을 담당했다.[9]

자기 권력을 유지하는 데 골몰했던 괴링은 정치경찰을 프로이센주 총리인 자신의 직속으로 두는 또 다른 「게슈타포법」을 1933년 11월 30일에 통과시켜, 게슈타포를 통제하려던 프리크 내무장관의 입지를 약화했다.

하지만 괴링과 프리크 사이의 경쟁구도는 힘러의 야망에 비하면 미미한 것이었다. 1934년 4월 바이에른주 정치경찰에 대한 통제권을 손에 넣은 힘러는 프로이센 및 샤움부르크-리페 지역을 제외한 모든 연방 주의 정치경찰을 통제하게 되었다. 나치 친위대장이었던 힘러는 이후 프로이센주 경찰에 대한 권한까지 결국 손에 넣었다. 1934년 4월 괴링은 항복하고 게슈타포의 최고 감독관에 힘러를 임명하고, 힘러의 최측근인 라인하르트 하이드리히를 게슈타포의 수장으로 앉혔다.

1934년 6월말 나치 돌격대장 에른스트 룀을 비롯한 주요 돌격대원 숙청('장검의 밤')을 계기로 나치 친위대의 입지와 함께 게슈타파의 입지도 강화됐다.[10] 하이드리히가 이끄는 게슈타포는 나치 친위대 작전 계획을 도왔으며, 이후 힘러와 나치 친위대는 히틀러의 총애와 신임을 받게 됐다.

1934년 11월, 괴링은 힘러에게 프로이센주 게슈타포를 통솔하는 책임을 맡겼다. 힘러는 게슈타포의 최종 통솔권을 두고 내무부와 나치 친위대 사이에 격화되던 갈등에서도 승기를 잡았다. 1936년 6월 17일에 힘러가 나치 친위대장직에 더해 독일 경찰청장직까지 맡게 되면서, 게슈타포는 사실상 내무부의 권한을 넘어선 조직이 되었다. 이제 나치 친위대는 강제수용소에 대한 전권까지 쥐게 되었다.[11]

독일 경찰청장 자리에 힘러가 임명되기 전인 1936년 2월에 세 번째 「게슈타포법」이 통과되었다.[12] 게슈타포의 법무 자문이었던 베르너 베스트Werner Best가 초안을 작성한 이 법은 행정조직 내에 아직 남아있던 법치 원리의 싹을 잘라내고 행정부에 대한 나치 친위대의 장악력을 공고히 하는 것이 목적이었다. 1930년대 중반, 정치적 비상사태를 벗어나 질서를 찾고 안정에 접어들었다고 여겨졌던 만큼 행정 각료 일각에서는 「제국 의회 화재 법령」에 근거했던 조치들이 철회되거나 적어도 제한될 것으로 생각했다. 그래서 보호구금 조치는 부처 관료들 사이에서 특히 논란이 되었다.

제3차 「게슈타포법」 제1조에 포함된 게슈타포의 전권위임 조항 Ermächtigungsklausel은 "국가 영토 전체에서 벌어지는 모든 전복적 시도를 조사하여 그에 맞서 싸우고, [해당] 조사 결과를 수집 및 평가하며, 중요하다고 판단되는 모든 증거에 관해 국가 행정부 및 기타 당국에 보고해야 한다"는 임무를 게슈타포에 부여했다.[13] 이로써 기존의 PVG 제14조에 규정된, 경찰은 일반 대중 및 각 개인을 보호하여 국가를 상대로 개인의 방어권을 존중할 수 있도록 해야 한다는 핵심 사상은 무효화되었다. 1936년의 「게슈타포법」은 위험 가능성이 있는 모든 정치운동에 대항하여 게슈타포가 적극적으로 국가를 지킬 것을 요구했다. 다시 말해, 대중과 개인에 대한 보호의무를 국가에 대한 보호의무로 대체한 것이다. PVG 제14조는 위험의 방지를 일반적인 법적 규제로 제한했지만, 「게슈타포법」은 국가 수호의 원칙을 해석하는 데 광범위한 재량을 허용했다.[14] 정치경찰의 활동 범위를 확장하는 흐름에 맞추어 제3차 「게슈타포법」의 제7조는 "비밀국가경찰에 관련된 명령은 행정법원의 사법심사 대상이 아니"라고 명시했다.[15]

또 한 가지 중요한 입법은 제3차 「게슈타포법을 위한 시행령」이었다.[16] 제2조는 중대범죄, 반역, 폭발물과 관련된 범행의 경우, 게슈타포가 경찰 수사를 진행할 수 있도록 했다. 제4조에서는 해당 지구 및 지역 수준의 경찰 당국이 집회와 결사의 권리를 제한할 수 있으며 심지어 인쇄물도 압수할 수 있다고 규정하여 게슈타포에 힘을 실어주었다. 가장 눈에 띄는 대목은 제2조 제4항에서 비밀 국가경찰에 "국영 강제수용소 관리 책임"을 맡긴 것이다.[17] 제3차 「게슈타포법」은 게슈타포의 조치들에 대한 사법심사를 배제함으로써 강제수용소 내 나치 친위대의 폭정과 수감자들의 법적 무방비 상태를 고착화했다.

법무부는 나치의 잔혹성과 폭력성에 맞서 여러 번 개입하려고 했다. 나치 친위대와 나치 돌격대의 보호구금 처리(즉, 강제수용소 억류) 방식을 제한하려고도 했다. 1934년 4월, 법무부는 법령에 따라 나치 친위대와 나치 돌격대가 무단 설치한 강제수용소를 폐쇄하려 했다. 1936년 2월 10일에 제정된 시행령은 나치 조직을 우회하여 게슈타포에게 보호구금 권한을 부여했다. 그러나 얄궂게도 이 규정은 곧 나치 친위대에 유리하게 작용했다. 1936년 6월 힘러가 독일 경찰 및 게슈타포에 대한 통제권을 손에 넣으면서, 나치 친위대가 예방적 구금을 명령할 "법적 권한"이 있다고 주장할 수 있게 됐다.[18]

당시 법무부의 입지는 나치 정권에 비해 상당히 위축된 상태였다. 귀르트너 법무장관은 룀의 숙청에 대해 감히 공개적 비판을 할 엄두조차 내지 못했다. 대신 그는 1934년 7월에 통과된 법에 따라 나치 돌격대에 대한 대응을 소급하여 승인했다.[19] 총통국가에 대해 이렇게까지 양보를 한 상황에서 2년 뒤 법무부가 각종 법률 및 행정 규정을 통해 나치 친위대 경찰력을 제한하자고 주장한 것은 앞뒤가 맞지 않았을 것이다. 법무부는 이미 나치 국가를 너무나도 기꺼이 지탱해온 상태였으므로 힘러의 권력 부상을 사실상 막을 수 없었다.

1936년 6월 17일 독일 경찰청장에 힘러가 임명되자 행정부가 권력을 잃는 것은 기정사실이 되었다. 그렇지 않아도 이미 법률가들과 행정 관료들을 불신하던 히틀러에게 1934년 나치 돌격대의 위기는 자신의 권력을 충성스러운 나치 조직을 통해 보강하는 것이 얼마나 중요한지 깨닫는 계기가 되었다.

'나치 친위대장 겸 독일 경찰청장'의 직무가 결합하면서 총통의 직접적인 행정권력 아래 있는 기관이 탄생했다. 독일 경찰청장에게 지시를 내릴 공식 권한이 내무장관에 있기는 하지만, 경찰청장의 권력은 사실상 독재구조에 선점된 상태였다. 제3제국의 통치권은 히틀러에게 있었다. 역사학자 한스 부크하임은, 내무장관은 "자기 부처의 법적 권한에 호소할 수도 없고, 직속 '부하'(힘러)에 대해 권한

을 주장할 수도 없었을 것이다. 그렇게 되면 총통의 권위에 반대하는 셈이기 때문"이라고 강조했다.[20]

6.3 경찰권력의 이념적 토대

제3제국 초기에 경찰권력은 1933년 2월 28일 자 「제국의회 화재 법령」에서 비상시에 허용한 특별조치를 기반으로 확장되었다. 그러나 차츰 나치의 세계관에 호소하는 것만으로도 포괄적인 경찰권력은 정당화되었다. 경찰의 주요 기능을 총통국가를 건설하고 수호하는 일로 규정하면서 결국 행정집행 권한을 광범위하게 해석하는 데까지 이르렀다. 나치 법률가들이 쓴 이론적 글들은 이러한 주목할 만한 변화를 반영한다. 나치의 법이론가들은 경찰을 주로 국가의 감시도구로 간주했다. 나치 인종 이데올로기의 영향으로 행정부의 역할은 '인종적-생물학적 침투'로부터 아리아족 민족공동체를 지켜내는 일까지 포함하기에 이르렀다.

나치 경찰법 전문가였던 발터 하멜에 따르면, 경찰 권한은 국가와 사회의 연합에 맞추어 결정될 수밖에 없었다. 그는 경찰은 "모두가 민족에 대한 의무를 다하고 민족의 가치Volkswerte를 유지하고 창출하는 역할을 준수하는지 확인"할 임무를 띤 "공동체의 수호자"로서 기능해야 한다고 보았다.[21]

하멜은 민족적 총통국가라는 일종의 윤리적-완벽주의적 개념을 선전하면서 다음과 같이 주장했다.

민족동지의 자유를 지향한다는 것과 이 자유를 국가가 형성한다는 양극단은 모두 오늘날 민족의 실체를 보존하는 것을 목적으로 한다. 민족동지는 민족의 구체적인 윤리적, 실질적 가치를 발전시키기 위해 자신의 자유를 이용할 의무가 있다. 그리고 공동체를 통치하는 권력인 국가는 이 같은 봉사 의무를 형성하고, 그런 의무가 가능한 최선의 방식으로 이행되도록 보장하며, 그렇게 만들어진 재화를 보호하여 민족공동체를 가장 완벽한 상태로 이끌어간다. 그러므로 자유주의 사회에서 발생하는 위험을 예방하는, 경찰의 특별한 실질적 통치권은 이제 무의미해졌다. 경찰의 일을 위험 방지로 국한하는 것은 이[위험 방지]를 국가의 유일한 의미로 간주했던 합리주의 이데올로기의 부자연스러운 환상에 불과했다. 기본적으로, 늘 경찰의 업무는 대체로 국가의 업무다.[22]

하멜의 관점에서 경찰의 권한은 더 이상 실정법으로 규제될 수 없었다. 그는 "주권의 본질과 그것이 총통과 제국 총리에 의해 형성되는 방식만이" 경찰의 법적 기반이라고 보았다.[23]

하멜의 주장들, 특히 국가가 시민들에게 공통의 윤리적 가치를 증진하도록 강요해야 한다는 주장은 나치 독일의 전형적 특징이었던 법의 도덕화를 통해 나치 경찰법이 어떻게 형성되었는지를 보여준다. 경찰은 민족국가의 '윤리적 강령'에 참여해야 했으며, 하멜은 이를 실행하기 위해 보호구금 같은 강압적 조치를 적용해야 한다고 강조하기도 했다. 따라서 그는 법 규정으로부터 도출할 수도 없고 실제로 도출된 바도 없는 보호구금을 인가하는 것이 "경찰직무의 당

연한 일부분"이라고 보았다.[24]

그러나 결국 하멜도 경찰의 권한 범위를 명료하게 정의하는 것을 피했다. 그는 다음과 같이 언급했다.

> 경찰직무는 확정되거나 세분화될 수 없다. 국가의 업무가 어떤 합리적 목적이나 주제 영역에 따라 명확히 구분되는 게 아니기 때문이다. 특정한 과업이나 주제는 사실 국가의 일반 주권으로 부터 분리해 낼 수도 있다. 그러나 도저히 제한할 수 없고, 목적이나 주제의 결정을 방해하며, 상황적 맥락에 따라 그 범위가 끊임없이 변하는, 이성적이지 않은 핵심은 늘 남기 마련이다. 국가 주권의 이 비이성적인 핵심을 대표하는 것이 경찰이다. 경찰직무에 대한 모든 일반적 정의는 국가에 대한 합리화에 해당할 것이다. … 만일 나치 국가의 주권이 합리적으로 제한될 수 없다면, 국가행정 안에서도 끝까지 결정할 수 없는 실체가 반드시 있기 마련이다.[25]

경찰을 국가권력의 비이성적이고 정의하기 힘든 측면과 결부하는 이런 수사rhetoric는 힘러가 경찰을 마음대로 주무를 수 있는 이데올로기적 도구로 만드는 것을 뒷받침했다. 게다가 나치 법률가들은, 포괄적인 권력을 추구하는 과정에서 정확히 개인의 권리를 침해할 준비가 되어있는 국가를 지지하면서도 경찰이 더 이상 그런 권리 침해를 막지 않는 것에는 반대하지 않았다.

경찰법에 관한 다른 출판물들도 경찰의 역할에 대해서는 모호한 설명만을 내놓았다. 나치 친위대 소속 법률가인 라인하르트 횐은 경찰과 관련한 글에서 민족사회주의는 경찰과 그 임무에 대해 고유한 개념을 가지고 있으며, 궁극적인 목표는 민족공동체를 보호하는 것이라고 주장했다. 그는 "경찰법의 결정적 변화는 권한의 범위를 바꾸는 데 있지 않으며, 경찰의 본질을 바꾸는 데 있다"라고 했다.[26] 따라서 그는 PVG의 제14조에 규정된 제한은 총통국가 경찰의 새로운 역할에 맞지 않는 해묵은 실증주의적 법률사고라며 거부했다. 또 그는 공동체적 질서를 보전하는 의무에는 자유주의 원칙과 상충하는 광범위한 예방조치가 따른다고 주장했다. 따라서 제3차 「게슈타포법」은 "새로운 경찰 원칙"을 도입함으로써 정치경찰은 그에 따라 총통국가의 수호대로 기능하게 하고 형사경찰에게는 "통상의 반사회적 현상, 즉 전문 범죄를 뿌리 뽑는" 일을 맡겼다.[27]

힘러가 독일 경찰청장에 임명되면서 경찰권력은 기존의 모든 규범적 경계를 초월했다. 가령, 정치경찰은 이제 아무런 법적 근거 없이도 보호구금(강제수용소 억류) 명령을 내릴 수 있게 되었다. 민족적 질서를 보호해야 한다는 사명이 모든 법 규정을 간단히 초월해 버렸다.

보호구금의 법적 토대에 관해 쓴 1936년 글에서 한스 테스머Hans Tesmer(게슈타파의 관료)는 이 같은 규범적 변화에 대해 "「제국 의회 화재 법령」은 보호구금을 정치적 반대 세력, 특히 공산주의자들의 '전복적인 폭력행위'에 대한 조치로 간주했으나, 1936년 즈음부터는 '국가와 민족에 대한 해로운 행동으로 독일민족의 재건작업을 위협하는 모든 요소'에 대해 구금조치차 내려졌다"고 정리했다.[28] 다시 말해, 서로 다른 다양한 정치 신념도 민족의 안녕에 해가 되는 것으로 간주했다. 1936년의 또 다른 기고문에서 게슈타포의 법률 자문이었던 베르너 베스트는 비밀국가경찰이 나치의 '이데올로기적-정치적' 원칙에 공감하지 않는, 혹은 공감할 수 없는 이들을 얼마나 철저히 탄압할지에 대해 다음과 같이 단언했다.

> **민족사회주의 총통국가**의 건립으로 독일에서는 처음으로 생동적인 이념에서 그 정당성을 도출하고 모든 국가권력 수단을 동원하여 현 지도부에 대한 공격을 막아내는 정치적 통치 체제가 등장했다. 유기적이고 불가분적인 국가단일체라는 세계관의 원칙에 부합하는 민족사회주의의 정치적 총체성 원칙은 일반의지와 맞지 않는 그 어떤 정치적 의지 형성도 용납하지 않는다. 또 다른 정치적 관점을 강제하거나 단순히 유지하려는 모든 시도 역시 민족이라는 온전한 유기체의 일반적 통일성을 위협하는 질병으로, 그들의 주관적 의지와는 상관없이 소멸될 것이다.[29]

베스트는 "인종주의적 총통국가에서 정치경찰의 사상과 정신"을 정의하면서 경찰의 임무를 인종 위생과 연결하기도 했다. "[정치경찰은] 각 질병의 증상을 시의적절하게 인식하고 파기의 원인균이 내부의 부식에 의해 생겨났는지, 아니면 외부로부터 의도적으로 독이 주입된 것인지 확인하여 적절치 못한 것은 뭐든 제거함[으로써] […] 독일 정치체의 위생을 신중하게 감독하는 기관이다."[30] 베스트의 저술은 단순히 이데올로기에 현혹된 나치 친위대 법률가의 토로에 불과한 것이 아니라 경찰법에 관한 당대의 공식적인 주요 해설이었다.

실제로, 1940년에 출간된 그의 저서 『독일경찰 *The German Police*』은 개인주의적-인도주의적 국가(개인들 간의 합의 의지 개념 고안)와 민족국가를 구분했고, 이는 경찰의 지침서가 됐다.[31] 개인주의적-인도주의적 국가에서 경찰은 원칙, 규정, 법령을 이용해 시민 개개인을 보호하지만, 민족국가의 목적은 "단일한 피와 단일한 정신적 특성이라는, 개인도 시간도 초월하는 전체성"으로서의 민족을 보존하고 강화하는 것이라는 게 그의 주장이었다.[32] 그가 보기에 경찰은 "분열과 파괴에 맞서 민족적 질서를 보호"하기 위한 일종의 "질서 및 안보 서비스"에 해당했다.[33] 베스트가 직접 초안을 작성한 1936년 2월 10일의 제3차 「게슈타포법」은 이 같은 지침에 따라 국가를 위험에 빠뜨릴 수 있는 모든 동향을 감시, 박해, 진압하는 것이 비밀국가경찰의 기능이라고 정의했다.

베스트는 자신이 설명한 경찰의 역할은 온갖 형태로 표명된 총통의 모든 의지가 법의 원천이 되는 민족적 법개념을 토대로 한다고 주장했다. 그럼으로써 비교적 엄격한 규범과 느슨한 규범, 헌법적 법률과 일반 법 규범, 법령, 명령, 행정명령, 공법과 사법의 차이를 없애버렸다.[34] 베스트는 작센 상급행정법원의 1935년 판결을 옹호하며 총통국가의 법이 곧 "공동체의 법, 다시 말해 심지어 법률보다도 우선시되고 민족공동체의 삶을 영위하는 바탕이 되는 질서"라는 점을 인용하기도 했다.[35]

힘러 휘하의 경찰이 어떻게 국가의 행정 관료체계에서 벗어나 그토록 막강한 권력을 손에 넣을 수 있었는지를 이해하려면 먼저 이같은 급진화된 법적 변화부터 인정해야 한다. 경찰법에 관한 베스트의 설명에 잘 드러나듯이, 총통의 의사결정 권한과 합법성을 동일시하는 것은 경찰 치안 활동의 규범적 무제한성을 설명해 준다. 나치 국가에서 경찰의 모든 활동은 원칙적으로 정치 지도부의 계획, 의도, 의지에 따라 얼마든지 정당화될 수 있었다.

법에 대한 새로운 해석 역시 나치 친위대가 지시한 경찰 치안 활동을 행정 관료들이 막을 수 없었던 것은 물론, 이의조차 제기할 수 없었던 이유를 설명한다. 여전히 기존의 관료국가Beamtenstaat 및 공직자 윤리Beamtenethos의 범주 안에서 생각하던 행정 관료들은 수많은 경찰 조치의 '합법성'에 계속 혼란을 느끼고 행정절차와 규제의 생략에 저항했지만, 결국 새로운 규범질서, 즉 전쟁 이전에 자신들이 온전히 파악할 수 있었던 것 이상으로 훨씬 더 급진적으로 국가 구조를 바꿔놓은 체계와 맞닥뜨리게 되었다.

6.4 힘러 휘하에서 확장된 경찰권력

힘러는 독일 경찰청장으로서 자신의 권력을 이용하여 경찰조직을 개편했다. 1936년 6월 임명된 지 불과 며칠 만에 그는 경찰조직을 둘로 나누었는데, 하나는 쿠르트 달루에게Kurt Daluege 휘하의 질서경찰Order Police(경찰지구대, 군사경찰Gendarmerie, 시 자치경찰로 구성)이었고 다른 하나는 라인하르트 하이드리히 휘하의 보안경찰Security Police(행정법무국, 범죄 수사부, 정치경찰국 포함)이었다.[36]

일반경찰 사안을 소위 정치경찰 사안과 분리함으로써 힘러는 보안기구를 확충할 수 있었다. 그는 보안경찰 내 주요 직책을 나치 친위대원들로 채웠고, 프로이센 뿐 아니라 독일 전역의 정치경찰에 대한 통솔권을 베를린 게슈타파에 부여했으며, 나치 친위대의 무자비한 전략가 라인하르트 하이드리히를 게슈타파 및 보안경찰의 수장으로 임명했다. 하이드리히는 경찰을 총통국가의 수호자로 변모시키려는 힘러의 계획을 전적으로 지지하는 입장이었다. 하이드리히에 따르면, "총통이 규정한 세계관의 … 영원한 원칙은 나치 친위대뿐 아니라 경찰에서도 구현되어야" 하며 정적들에 맞서 "가차없는 칼"의 역할을 해야 한다.[37]

그는 이런 냉혹한 선언을 곧 실행에 옮겼다. 1937년 12월 14일, 범죄예방에 관한 경찰법령으로 용의자에 대한 무제한 감시가 허용됐다. 힘러가 개시한 이 법령에 프리크 내무장관이 서명을 하기는 했지만, 그 '합법성' 여부는 총통의 제도적 승인에 달려있었다.[38] 게다가 소위 전문적이고 상습적인 범죄자를 겨냥한 감시조치는 사법심사 대상에도 들어가지 않았다. 피고인들은 제국 형사경찰청Reich Criminal Police Office에 선처(즉, 감시 중단)를 구할 수밖에 없었다. 결국 해당 조치가 취소될 수 있는지는 힘러의 동의 여부에 달려있었기 때문이다.

1937년 12월 14일의 경찰법령은 범죄자 및 소위 반사회적 분자(노동의지가 없는 자, 부랑인, 집시, 군복무 능력이 없는 자로 규정)에 대한 다양한 "특별 경찰활동"의 법적 근거가 되었다.[39] 힘러는 독일 경찰청장으로서 이런 활동을 담당할 경찰 부서를 결정했다. 그는 형사경찰이 아닌 게슈타포에 용의자들을 보호구금(강제수용소에 억류)할 것

을 지시했다.[40]

힘러가 총통의 명령에 따른 활동이라고 주장하는 한 친위대장의 경찰 지시는 합법이었다. 히틀러의 의지를 합법성의 근원으로 간주했으므로, 그 의지를 표명하는 방법은 다양한 형태—법규, 명령, 행정 규정, 서면 지시 또는 심지어 구두 명령—로 가능했다. 힘러의 권한을 그토록 강화하여 용의자들을 겁박할 수 있었던 것은 바로 총통이 가진 이 같은 권한의 범위와 가변성 덕분이었다.

보호구금은 게슈타포의 공포를 유발하는 강력한 도구였다. 1938년 1월 25일 「보호구금에 관한 법령Decree on Protective Custody」은 강제수용소에 수감되기까지의 모든 절차를 은폐했다. 피고인은 변호사의 법률 조력을 받을 수 없었고 공소장 같은 서류도 볼 수 없었다. 기존의 모든 보호구금 규정을 대체한 이 법령은 "민족사회주의 국가를 재건하는 과정에서 독일 경찰 전체, 특히 비밀국가경찰에 부과된 일반적인 임무"를 근거로 삼았다.[41] 보호구금은 점차 국가의 적뿐만 아니라 민족사회주의의 사회적 행동규범에 부합하지 않는 사람까지 그 대상으로 삼기 시작했다.

1938년의 「보호구금에 관한 법령」 제1조 제2항에서는 범죄행위에 대한 형 선고는 법원이 내려야 하며 "보호구금은 처벌이나 징역을 대체할 목적으로 부과되어서는 안 된다"라고 규정했지만, 수많은 피고인이 처한 현실은 달랐다. 재판 결과가 무죄로 끝난 경우에도 수시로 게슈타포에 의해 구금당했고 즉각 강제수용소로 보내졌다.

사법제도는 그런 식의 '판결 수정'에 대체로 무방비 상태였다. 법률가들은 게슈타포가 무죄판결을 받은 피고를 체포하는 것에 대해 계속 항의했지만, 보호구금 사건에 대한 권한이 전혀 없었던 법무부는 범죄예방 조치로 정당화된 체포 건에 개입할 수 없었다. 함부르크 고등지방법원장이었던 커트 로텐베르거Curt Rothenberger는 1939년 2월 1일 함부르크 법률가들을 대상으로 한 연설에서 "우리 법무부는 보호구금 조치가 예방적 성격을 띠는 한 막을 수 없다는 입장을 견지하고, 이를 인정하고 있지만, 판결 수정 조치가 습관화되어서는 안 된다"고 간략히 밝혔다."[42] 결국 사법부는 게슈타포와의 싸움에서 패했고, 귀르트너 법무장관은 무죄 판결을 받은 피고인을 체포하기에 앞서 게슈타포는 법정 바깥에서 대기토록 하라고 법원에 겨우 권고할 뿐이었다. 이는 사법제도의 치욕을 보상할 수 없는 얄팍한 형식에 불과했다.[43]

사법부는 사법절차의 밖에서 내려진 사형집행 판결에 대해서도 아무런 권한이 없었다. 다시 말해, 전체주의적 국가 구조가 결정적인 역할을 했다. 법원에서 징역형을 선고한 경우에도 제국의 최고법원으로서 히틀러는 사형집행을 명령할 수 있었다. 사형집행 명령은 총통으로부터 직접 하달되거나 힘러에게 위임되어 내려오기도 했다. 전쟁이 일어나자 사형집행을 명령하는 건수가 증가했으며 이는 나치 지도부의 눈에 사법부가 너무 온건히 대응한다는 질책의 의미이기도 했다.[44] 사법부를 장악한 히틀러의 권한은 1939년 9월 16일에 통과된 법으로 한층 더 강화되어 재판부의 선고를 취소하고 재심을 명령할 권리까지 갖게 되었다.[45]

전쟁 중 국가의 적과 정적들에 맞선 싸움이 격화되면서 사법체계는 경찰에 더 많은 권한을 빼앗겼다. 나치 독일에 적대적 태도를 보이는 사람은 누구든 강제수용소로 보내겠다는 것이 힘러의 전략이었다. 소련 침공은 이 같은 경찰의 조치를 더 악화하는 계기가 됐다. 하이드리히는 1941년 8월 회보에서 나치 친위대장이 공산주의자, 그리고 독일에 적대적인 폴란드인과 체코인을 장기간 강제수용소에 억류하도록 명령했다고 보고했다.[46] 1942년 9월 귀르트너의 후임 티라크 법무장관과 힘러 사이에 이뤄진 특별 합의로 폴란드인, 유대인, 러시아인, 우크라이나인, 집시에 대한 형사절차는 법원 대신 나치 친위대장이 담당하기로 했다. 반사회적 분자들은 일반 교도소에서 "노동을 통한 파괴Vernichtung durch Arbeit"를 목표로 하는 강제수용소로 이송하도록 했다.[47]

제2차 세계대전 발발 이후 경찰은 어딘가 불길한 업무지침서를 받았다. 동부 지역에서 대독일greater Germany이라는 나치의 이상을 실현하기 위해서는 오늘날 홀로코스트라고 명명된 그 일에 개입해야 한다는 내용이었다. 1939년 9월 27일, 힘러는 제국 보안본부Reich Security Main Office(RSHA)를 설립하여 비밀국가경찰, 형사경찰, 보안국을 통합하고 나치 친위대의 권력을 중앙으로 집중시켰다. 하이드리히를 필두로 한 RSHA는 침략지에 행정부를 조직하고 독일의 지배를 공고히 하며 나치 정권의 인종학살 계획을 실행하기 위한 핵심기관이 되었다.[48]

폴란드 침공에 앞서 인종적으로 순수한 독일제국을 확장하기 위한 살인적인 방법들이 마련되었다. 보안경찰본부가 대원을 선발해서 각각 500명으로 구성된 5개의 나치 친위대 특수기동대Einsatzgruppen를 조직한 것이다. 법령에 따라 이 특수기동대는 1939년

7월 31일에 "제국과 독일에 적대적인 모든 요소들"에 맞서 싸우라는 지시를 받았다.[49]

처음에 군 수뇌부와 보안경찰청장은 국방군을 따라 폴란드로 진입하는 나치 친위대 특수기동대가 점령한 영토의 주민을 학대해서는 안 된다고 합의했다. 그러나 교전이 시작되자 힘러와 하이드리히가 이 합의를 지킬 의사가 전혀 없음이 분명해졌다. 나치 친위대와 경찰부대는 유대인과 폴란드인 전쟁포로를 모두 살해했다.[50] 국방군 장교들이 이 같은 대량학살의 진상을 조사하고 정식으로 항의하자, 나치 친위대 수뇌부는 필요시에는 즉결처형 같은 "가장 가혹한 방법"을 써서라도 점령지를 안정시키라는 히틀러의 '특별명령'이 힘러를 통해 하달됐다고 했다.[51]

1941년 6월 소련에 대한 공격과 함께 나치 친위대와 경찰의 잔학 행위는 수치로 보나, 참상의 정도로 보나 더욱 심각해졌다. "볼셰비키-유대인 지식층"을 전멸시키라는 임무를 부여받은 나치 친위대 소속 4개의 대규모 기동대는 점령지에서 20만 명이 넘는 유대인 남성, 여성, 아동을 학살했다. 이 기동대의 일부 수뇌부는 RSHA에서 활동했다. 형사경찰부 수장인 아르투어 네베Arthur Nebe는 발트해 국가에서 유대인 약 4만 5천 명을 살해한 기동대 B를 지휘했고, 고위급 학자인 오토 올렌도르프Otto Ohlendorf는 종전 후 본인이 자백했듯이 소련 남부 지역에서 유대인 9만 명을 살해한 기동대 D를 지휘했다.[52]

RSHA는 소련을 침공하기 전에 철저히 작전을 세웠다. 군 대표들과의 협의에서 RSHA는 국방군이 특수기동대의 작전을 잘 알아야 하지만, 기동대는 국방군과 독립적으로 운영된다고 결정했다.[53] 특별한 경우에 한해 군사령관들은 특수기동대의 작전을 저지할 권리가 있었으나, 이는 유명무실한 권리였다. 부대에 명령을 내리는 것은 보안경찰 및 보안국 수장 하이드리히였으며 총통의 특별명령에 기댈 수 있는 힘러가 그를 항상 지원하고 있었기 때문이다.

질서경찰청장 쿠르트 달루에게는 소련 내 나치 친위대 및 경찰 활동을 위한 준비모임에 참석했다.[54] 그 결과, 1941년 여름과 가을에 걸쳐 벌어진 대량 총살에서 특수기동대 지원을 위해 여러 질서경찰 대대가 배치되었다. 다른 부대들은 폴란드 내에 아직 남아있던 유대인 집단을 찾아내 살해하는 일에 참여했다. 가장 널리 알려진 질서경찰 부대는 101 예비경찰대대, 1942년 7월부터 폴란드에서 작전에 참여했다. 역사학자 크리스토퍼 브라우닝Christopher Browning은 평범한 남자들이 어떻게 그런 집단학살을 자행할 수 있었는지에 대한 저명한 연구에서 이 부대의 행동을 세심하게 재구성했다.[55]

6.5 맺음말

나치 국가에는 성문화된 경찰법이 없었다. 고정된 법체계 안에서 경찰권력의 범위를 규정했다면 독재정권의 정치적 야욕을 제한할 수 있었을 것이다. 나치 법률가가 초안을 작성한 유일한 법이었던 「게슈타포법」에는 행정 관료체계로부터 정치경찰을 자유롭게 풀어놓고 이들을 강화하려는 계산만이 담겨있었다.

나치의 법 관련 저술들은 전통적 규범의 경계를 넘어서는 행위에 대한 이론적인 자양분이 되었다. 나치 법률가들은 경찰법에 관해 치열한 토론을 벌였지만, 이들의 노력은 주로 나치의 세계관에 비추어 경찰의 임무를 다시 생각해 보려는 것이었다.[56]

성문화된 경찰법과 전체주의적 총통국가가 양립할 수 없다는 것은 독일법학술원의 경찰법위원회가 민족사회주의 경찰법을 만들려고 노력했지만 성과없이 끝나버린 것에서도 분명히 알 수 있다. 1934년 6월 21일, 학술원 내에 민족사회주의 경찰법 1차 위원회가 설립되었다.[57] 1936년 힘러가 독일 경찰청장으로 승진한 뒤 위원회는 베르너 베스트와 그의 대리인 격이었던 라인하르트 횐의 지휘로 재조직되었다. 1936년 10월 11일 위원회 창설 모임에서 힘러와 독일법학술원장인 한스 프랑크가 계획적인 기조연설을 했는데 위원회 구성원들의 기대에 못 미치는 실망스러운 수준이었다.[58] 결국 위원회는 정기적으로 모이지 못했고 1938년 5월에 이렇다 할 성과 없이 해산되었다. 그러나 실패로 돌아간 이 계획을 살펴보면 체계적인 민족사회주의 경찰법을 만들어내려던 노력은 애초부터 실패할 수밖에 없었다는 것을 알 수 있다.[59]

경찰의 개념부터 재정비하라는 베스트의 요구에 위원들이 제시한 의견은 다음과 같았다.

> "'경찰'은 국가 지도부에서 정해놓은 임무를 수행해야 하는 권력이다. 즉 내부 지도부의 질서 및 공동체 질서를 보호하고 물리력을 동원하여 민족의 보존과 발전에 이바지하기 위한 권력이다."(아르투어 네베)

"경찰은 민족공동체를 내부적으로 보호해야 한다. 경찰 활동의 구체적인 종류, 형태, 수단은 주어진 필요에 의해 결정된다."(하인리히 뮐러)

"경찰은 민족공동체의 내부 보호를 위해 복무하며 … 다른 기관의 합법적인 명령이 힘을 필요로 하는 한, 힘을 사용하여 명령을 수행할 책임이 있다."(라인하르트 횐)[60]

1937년 6월 2일에 열린 위원회 두 번째 회의 기록에서 베스트는 "경찰은 제국의 수호대로, 독일 민족의 질서를 지키는 데 필요한 모든 조치를 신속하게 취함으로써 내부의 혼란과 파멸을 막아야 한다"라고 위원회의 제안을 요약해 놓았다.[61]

이 같은 정의가 법적 규범성에 대한 고전적 개념을 얼마만큼이나 넘어선 것인지는 나치 이데올로기를 철저히 내면화한 내무부 관료 당크베르츠Danckwerts 위원의 적극적인 발언을 통해서도 확실히 알 수 있다. 그는 "첫째, '민족의 질서'라는 개념 사용이 아주 절묘하다고 생각된다. 이로써 필요시 규범을 벗어난 국가권력의 자유로운 적용이 확실히 가능해진다. 이제는 더 이상 견딜 수 없는 '형식적 합법성Formalgesetzmäßigkeit'의 부담에서 벗어난다는 의미다"라고 했다.[62]

베스트는 민족사회주의 경찰의 정치적 성격이 실증주의적 법 규범 체계와 상충한다는 데 동의했다. 1938년에 그가 쓴 글에도 당시 나치 법률가들이(심지어 해당 프로젝트에 적극적으로 가담했던 이들조차) 임박한 "독일 경찰의 명령"에 얼마나 불편한 감정을 느꼈는지 그대로 드러나 있다.[63] 그러나 이들의 우려는 성급한 것이었다. 경찰에 대한 법적 지침을 명확하게 하는 성문화는 끝내 이뤄지지 않았다. 그 대신 다음 글에서 베스트가 인정했듯이 총통의 절대권력이 경찰문제를 규제했다.

> 법규로 성문화되지 않은 [채] 불문의 '경찰법'은 오늘날 '경찰'의 모든 활동을 결정하고, 민족에 뿌리를 둔 순수한 '법관념'뿐 아니라 제국 최고지도자 혹은 지도부의 승인에 따라 다양한 형태의 규정과 규칙—법규, 행정명령, 특별명령, 조직 규정 및 권한 규정—이 제정된다.[64]

나치 법률가들의 글을 보면 경찰이 민족사회주의 국가의 진정한 권력 중심부인 총통과 제국지도자의 손 안에 있었음을 분명히 알 수 있다. 베스트는 "경찰은 상관들이 정한 규칙에 맞추어, 최고지도부의 결정에 따라 움직이는 한 절대 '무법적'이거나 '법에 어긋나는' 행동을 하지 않는다"라고 했다.[65] 테오도르 마운츠는 더 나아가 저서 『경찰의 형태와 법 Form and Law of the Police』에서 "경찰은 설령 실정법을 넘어선다 해도 제국 지도자, 궁극적으로는 총통의 명령에 순응해야 한다"라고도 주장했다. 또 "총통은 법규라는 전달형식에 얽매이지 않으며 대략적인 개요를 전달하는 등 다른 방식으로도 자기 의지를 알릴 수 있다"라고 했다.[66]

그럼에도 행정 관료체계가 없어지지는 않았다. 충성스런 민족사회주의자들에 의해 해석된 총통의 의지라는, 사실상 개인화된 이 형태가 국가 행정보다 우선했지만, 행정부는 나치 정권을 안정시키는 데 기여한 전통적인 법적 안정성이라는 중요한 연속성을 제공했다. 베스트는 1936년에 쓴 『비밀국가경찰The Secret State Police』에서 게슈타포와 국가행정 간의 연계를 지지하기도 했다.[67]

힘러가 맡았던 직무의 이중적 성격, 즉 나치 친위대가 지배하는 정치경찰 기구와 행정부가 맞물리는 것을 보면 에른스트 프랑켈이 나치 국가를 규범적 국가와 특권적 국가로 분석한 것을 떠올리게 된다. 『이중국가』 서문에서 프랑켈은, 게슈타포가 몰수한 자금을 루터파 교회의 한 갈래인 고백교회Confessing Church에 돌려주는 문제를 논의하는 회의에서 마르틴 가우거Martin Gauger가 "이중국가 이론을 베스트에게 간단하게나마 설명할 기회를 잡았다"라고 했다. 마르틴 가우거는 프랑켈이 저서 집필에 관해 의논하기도 했던 루터파 교회의 법률자문이었다. 프랑켈에 따르면, 그와 가우거는 "베스트가 [1937년에] 《독일법학술원 연감Jahrbuch der Akademie für Deutsches Recht》에 기고한 글에서 가우거와 공유했던 생각과 대체로 일치하는 주장을 펼치는 것을 보고 우리의 이론이 인정받았다는 묘한 인상을 받았다."[68]

프랑켈의 발언은 좀 더 넓은 맥락에서 살펴보아야 한다. 어쨌든 프랑켈이 1934년부터 1937년까지 베스트의 이론적 저술에 대해 잘 알았던 것만큼이나 베스트 역시 프랑켈이 분류한 여러 범주들에 대해 익히 알고 있었다.[69] 그러나 정치적 반대자들과 별개로, 게슈타포의 법 전문가였던 그는 경찰이 나치 정권의 정치적 목적을 위해 전통적인 형태의 합법성을 초월해야 하지만, 한편으로는 정당성 유지를 위해 관료국가Beamtenstaat와 최소한의 유대관계는 유지해야 한다는 것을 인식할 만큼 나치 국가에 대한 통찰력을 가지고 있었다.

7장 나치 친위대의 사법관할권

7.1 들어가는 말

1946년 8월 6일 뉘른베르크 국제전범재판소에서 있었던 주요 전범재판 증언에서[1] 나치 친위대 사법부 수석판사였던 귄터 라이네케Günther Reinecke(나치 친위대 피고 측 증인)는 다음과 같이 진술했다.

나치 친위대는 창설 초기부터 원칙상 어떤 대가를 치르더라도 범죄에 맞서 싸웠고 완벽하고 질서정연하게 사법행정을 펼쳤다. …
나치 친위대의 훈련은 품위, 정의, 도덕성을 지향하며 체계적으로 진행되었다. 훈련을 완벽하게 진행하기 위한 기관이 존재했다. 나치 친위대 사관학교에서는 국제법을 비롯한 법률 교육이 이뤄졌고, 법적 절차는 전체 부대 앞에서 공개적으로 진행되었다. '나치 친위대 재판소' 본부는 이 같은 법적 체계의 중심단위로서 모든 친위대원이 품위와 정의라는 원칙을 확고히 정립할 수 있도록 독자적인 자료도 발행했다. 나치 친위대에서 이뤄진 법률 교육은 검찰 측 주장과는 정반대였다. …

나치 친위대는 소위 기본법의 구속을 받아 특정한 도덕적 품행을 준수해야 했다. 법을 위반한 나치 친위대원들은 죄가 더 무겁기 때문에 더 심한 처벌을 받아야 했다. 이는 군부대원이나 독일 민간인에 비해 나치 친위대원에 대한 처벌이 한층 더 무거웠다는 의미다.[2]

나치 친위대에 면죄부를 주려던 라이네케의 자신만만한 주장은 아무런 호응을 얻지 못했다. 국제전범재판소는 나치 친위대 전체를 범죄조직으로 기소했다. 그러나 뉘른베르크 재판 당시 라이네케가 한 증언은 나치 체제가 저지른 형언할 수 없는 범죄에 대해 가장 큰 책임이 있는 조직이 규범적 측면에서 스스로를 어떻게 이해했는지를 파악할 수 있는 대목이다.

나치 친위대는 1925년 히틀러 경호를 위해 창설된 집단으로, 1929년 하인리히 힘러가 지휘하면서 민족사회주의 운동을 수호하는 준군사조직으로 모습을 갖추기 시작했다. 라인하르트 하이드리히는 1931년부터 나치 친위대 내에 방첩 업무를 담당하는 보안국을 창설했다. 역사학자 한스 부크하임Hans Buchheim에 따르면 "당의 핵심조직인" 나치 친위대는 1933년경에 "에른스트 룀이 이끄는 훨씬 더 규모가 크고 정비된 나치 돌격대를 닮은 상태가 되었다."[3] 나치 친위대에 자원한 이들은 대부분 많은 시간을 정치적 업무에 쏟지 않고 단지 조직에 가입하기만을 원했다. 월회비만 납부해도 누구나 나치 친위대 후원회원이 될 수 있었다.

1934년 6월 말에 벌어진 룀의 숙청은 나치 친위대에 전환점이 되었다. 이 숙청은 나치 돌격대가 히틀러의 권위에 잠재적 위험이 된다는 이유로 나치 친위대원들이 나치 돌격대장 에른스트 룀과 부하 100여 명을 살해한 사건이다.[4] 그 결과 나치 친위대는 무소불위의 정치권력을 손에 넣게 되었으며 나치국가 안의 국가로 성장해 나갔다.[5]

1939년까지만 해도 준정당 조직인 일반친위대General SS•가 나치 친위대의 주요 조직이었다. 그러나 나치 친위대 지도부는 (1935년부터 1938년까지) 군사 무장조직 — 나치 친위대 특무부대SS-Verfügungstruppe — 을 구축하고자 상당히 노력을 기울였다.[6] 1939년 전쟁 발발로 나치 친위대 특무부대는 소위 무장친위대Waffen SS(1939년 11월 이후 이는 전투에 참여하거나 예비군에 복무한 무장 나치 친위대를 지칭하는 공식 용어였음)로 편입되었다.[7] 마찬가지로 일반 친위대원 대다수는 무장친위대로 징집되었다.

나치 친위대는 복잡한 조직이었다.[8] 전쟁 중 (힘러와 그의 부하들을 제외하면) 가장 권력이 막강한 나치 친위대 조직은 라인하르트 하이드리히가 이끄는 RSHA와 오스발트 폴Oswald Pohl이 수장으로 있던 경제행정본부Main Economic and Administrative Office(WVHA)였다. 1939년 9월 27일에 설립된 RSHA는 국가 보안문제를 다뤘고 WVHA는 강

• 무급으로 자발적 활동을 했으며, 무장친위대와 달리 비무장 상태로 활동함.

제수용소의 경제적 관리를 비롯한 나치 친위대의 경제업무를 담당했다.

종전 직후의 문헌들은 나치 친위대원들이 대체로 직업적 실패를 겪고 사회적으로 고립된 미개하고 잔인한 이들이었다고 묘사한 반면, 최근 연구들은 이와 미묘한 차이를 보인다.[9] 종전 직후 기록이 대다수 나치 친위대 수용소 경비병들이나 일부 악명 높은 무장친위대 부대에 대해서는 정확한 내용일 수 있지만 나치 인종정책의 기획과 실행을 담당하던 나치 친위대 고위급 장교들에게는 해당되지 않는다. 이를테면 RSHA는 수많은 학자, 특히 법률가들로 구성된 조직이었기 때문이다.[10]

나치 친위대 안에서 이데올로기는 격화됐다. 힘러는 나치 친위대를 나치 세계관에 몰입하고 끈끈한 '형제애'를 기반으로 한, 극도로 엘리트 중심적인 조직으로 만들고자 했다.[11] 힘러의 역사적 낭만주의는 나치 친위대를 튜턴기사단Teutonic Order*의 전통에 따른 '기사단'으로 형상화함으로써 동방을 식민지배했던 기사단과 나치 친위대를 동일시하기에 이르렀다.[12]

나치 친위대원들은 '품위, 명예, 남자다움'이라는 친위대 정신을 옹호하고, 총통을 향한 충성을 표현하며, 상부의 지시에 무조건적으로 복종해야 했다. 이런 규범을 심하게 위반하면 나치 친위대에서 축출될 수 있었다. 나치 친위대는 외부 제재를 통해 규범을 준수

• 중세 십자군 전쟁 당시 큰 역할을 한 3대 기사단 중 하나로, 주로 독일 국경지역에서 활동했으며 '독일기사단'이라고도 함.

하기보다는 대원들의 '윤리적 이행'—즉 기준에 대한 내재적 동기에서 우러나는 복종—에 의존했다. 나치 친위대 사법본부의 정기 보고서에 게재된, 젊은 나치 친위대원들을 위한 최상의 교육에 대한 글을 보면 나치 친위대의 교육을 "윤리적 측면에서 다뤄야 한다"고 되어 있다. "나치 친위대원은 단지 처벌이 두려워 명령에 복종하는 것이 아니라 마음 깊은 곳의 신념에 따른 자발적 헌신을 통해 자기 임무를 완수하는 수준까지 점차 도달할 수 있도록 교육받아야 한다"라는 것이었다.[13]

이 같은 규범 원칙은 무장친위대에도 적용되었는데 그중 적극적인 대원들은 '정치 병사'로 분류되어 대독일제국의 민족사회주의 확장을 위해 싸우는 임무를 맡았다. 따라서 무장친위대 전투원들은 군사명령 및 이데올로기적 지시에 복종해야 했다. 한스 부크하임이 강조했듯이 "공식적 명령/복종 관계" 외에 이 두 유형의 명령은 아무런 공통점이 없었다.[14] 종전 이후 무장친위대 전투원들 다수가 자신은 그저 군인으로서 역할을 다했을 뿐이라고 주장했지만, 무장친위대는 잔학행위로 악명이 높았다.[15]

형식적으로, 무장친위대 부대는 국방군의 지휘를 받았다. 무장친위대원 및 나치 친위대 경찰 부대에 대한 나치 친위대의 특별 관할권이 설정되면서 그들은 전쟁범죄를 비롯한 여타 잔학행위에 대해 국방군의 군사법원 재판을 받지 않도록 면제됐다.[16]

7.2 나치 친위대의 사법체계:
법적 기준과 친위대 정신 사이

1939년 10월 17일, 제2차 세계대전이 발발한 지 불과 몇 주만에 나치 친위대와 경찰사법권SS-und Polizeigerichtsbarkeit은 무장친위대원, 친위대 특무대원, 참전 경찰부대원의 범죄에 대한 관할권을 가지게 되었다.[17] 보통 군사법원은 나치 친위대원의 정치적 사고방식과 세계관에 대한 이해가 충분하지 않아서 그들을 재판할 수 없다는 것이 그 이유였다.

그러나 힘러가 나치 친위대 내부에 특별 사법체계를 만든 것은 단지 무장친위대원들과 나치 친위대 특무대원들을 국방군의 군사법원으로부터 보호하기 위해서만은 아니었다. 법을 나치 친위대 사법체계의 수중에 들어오게 함으로써 제3제국 권력구조 안에서 나치 친위대의 입지를 강화하려는 계산도 있었다. 힘러는 앞으로 나치 친위대를 대독일제국의 중추로 삼을 계획이었고, 이 목표를 위해 야만적인 무력과 이념적으로 왜곡된 도덕과 합법성이라는 형식을 동원했다.

곧 독일의 주요 도시 및 합병된 영토의 고위급 나치 친위대와 경찰 지도자들의 본부에 나치 친위대 법원들이 세워졌다.[18] 현지 법원은 범죄 수사를 명령할 수 있었고 결과에 따라 나치 친위대 법원에서 재판을 할 수도 있었다. 나치 친위대 판사(정규 법률교육을 받은 자)가 재판을 주재했고 이들 재판에는 대개 보조판사 2인, 담당 검사 1인이 참석했으며 경우에 따라 피고 측 변호인 1인도 참석할 수 있었다. 판결은 다수결로 이뤄졌다.

나치 친위대 최고재판소는 뮌헨의 나치 친위대 사법본부Hauptamt SS-Gericht였다. 최고 사법권한을 가지고 있었던 히틀러가 나치 친위대 법정의 판사들을 임명했다. 그러나 그 외에는 힘러에게 권한을 위임하여, 힘러가 무장친위대원 판사들을 감독했다.[19]

나치 친위대의 사법부는 판사의 독립성을 인정했지만, 역사학자들은 힘러에 의해 사실상 훼손된 형식적인 제도였다고 주장한다.[20] 힘러는 재판절차에 직접 개입할 수는 없었지만, 형 선고를 파기하고 다시 재판하도록 명령할 권한이 있었다. 정치적으로 민감한 사건인 경우에는 자기 권한을 이용해 판결을 유지하거나 기각하기도 했다.[21]

구체적인 나치 친위대 형법 따위는 존재하지 않았다. 법원은 공식적인 구사법과 제3제국에서도 여전히 유효한 1871년의 형법전에 의존했다.[22] 그러나 나치 친위대 사법부는 나치 친위대의 지배적인 가치에 크게 영향을 받았다.

공식적으로, 나치 친위대 판사들은 법학 학위를 소지하고 공식적으로 판사 자격을 갖춰야 했다. 그리고 나치 친위대원이어야 했다. 대부분의 나치 친위대 판사들은 변호사나 검사 재직 이력이 있었으므로 나치 이전의 법치주의 전통을 잘 알고 있었다. 그러나 나치 친위대 안에서 이들이 맡은 사법적 역할은 정권의 이데올로기적 가치에 헌신하는 것이었다. 역사학자 제임스 바인가르트너James Weingartner의 표현에 따르면 나치 친위대 판사는 "전통적인 판사와 근본적으로 다른 방식으로 처신해야 했다. 법조문의 노예가 돼서는 안 되며, 이상적으로는 법조문보다도 원칙을 우선시하는 정치적 투사이자 교육자여야 했다."[23]

힘러는 1942년 8월 1일 자 지침을 통해 나치 친위대 사법부 수장은 법조계 출신보다는 군 출신이어야 한다는 지시를 내렸다. 1942년 8월 (법률가가 아닌) 프란츠 브라이트하웁트Fanz Breithaupt가 뮌헨의 나치 친위대 사법본부장으로 임명됨으로써 나치 친위대 사법부의 임무는 다음과 같이 규정되었다.

> 나치 친위대 사법부의 임무는 나치 친위대원이 이기적으로 공동체에 대한 자기 본분을 망각한 채 공동체의 법을 위반했을 경우 가차 없이 개입하는 것이다. 나치 친위대 판사는 '법률가'가 아니라 법에 해박한 나치 친위대 소속 지도자이다. 부적절한 행동을 한 사람이 심지가 곧은 사람이라면 판사는 이해심을 보여줄 것이다. 그러나 사소한 이기심에서 비롯된 범행에 대해서는 단호한 조치를 취해야 한다. 우리 공동체에서 있는 힘껏 총통을 지지하지 않는 사람은 우리 민족의 엘리트가 될 수 없다. 우리 시대의 과제 앞에 실패한 허약자들은 … 마땅히 혹독한 처벌을 받을 것이다.[24]

이런 식의 수사가 공식적인 대학 교육을 받은 나치 친위대 소속 법률가들을 불쾌하게 만든 것도 당연했다. "지나치게 노쇠한 법률가들"보다는 "젊고 참신한 나치 친위대 지도자들"의 손에 나치 친위대 사법부를 맡겨야 한다는 브라이트하웁트의 선언을 모두가 환영

했을 리는 없었다.[25]

그럼에도 불구하고 나치 친위대 판사들은 사법본부가 정기간행물Mitteilungen에 공표한 나치 친위대 정신과 이데올로기 지침에 사로잡혀 있었다. '옳은 것과 정의로운 것'을 뜻하는 '도덕률'의 개념은 군사법을 나치 친위대 이데올로기에 맞게 재해석하기 위한 손쉬운 수단이 되었다. 그에 맞춰 범행의 정의도 달라졌다.[26]

특히 군 불복종을 규정한 「군형법」 제92조는 나치 친위대 이데올로기를 나치 친위대 형법 안에 포함되도록 했다.[27] 동성애, 간통, 알코올 남용은 결국 전부 제92조 위반에 해당했다. 나치 친위대 사법부는 제92조를 워낙 폭넓게 해석했기 때문에 사실상 힘러가 내리는 지시를 위반하는 것은 모두 군 불복종으로 분류될 수 있었다. 비앙카 비에르게Bianca Vieregge의 주장대로 나치 친위대 사법권은 나치 친위대 판사들에게 법을 만들 수 있게 허용함으로써 사법적 측면에서 새로운 영역에 진입한 셈이었다.[28]

심지어 힘러는 보통 시민보다 나치 친위대에게 더 엄격한 기준을 적용했는데, 이는 심각한 결과로 이어졌다. 가령 최초의 뉘른베르크 법인 「독일혈통 및 독일명예 수호를 위한 법」은 "독일인 또는 독일 관련 혈통"의 시민이 유대인과 성관계 맺는 것을 금지했던 반면, 나치 친위대원은 비유대계 폴란드인 등 다른 민족 사람들과 관계 맺는 것까지 일체 금지당했다. 이 같은 제한사항은 힘러의 "민족적 자긍심에 대한 명령Befehl über völkische Selbstachtung"에 명시되었고, 이를 위반하는 것은 제92조에 따라 군 불복종으로 간주했다.[29] 또 유대인과의 성관계는 징역형으로 처벌한 반면, 제92조를 위반한 자는 사형에 처할 수도 있었다.

게다가 나치 친위대의 사법권은 제92조를 군 불복종, 즉 명령 위반 및 위계질서 문란이라는 더 좁은 의미에 맞춰서 해석했다. 무장 친위대원과 경찰대원이 상부의 지시 없이 움직였을 경우 이들은 나치 친위대 세계관에 대한 호소만으로 자신의 행동을 정당화할 수는 없었다. 특히 명령에 의하지 않은 살인의 경우 더욱 민감했다. 동부에서 나치의 살인적인 인종 프로그램이 시행된 것을 보면, 일부 나치 친위대원은 자발적으로 유대인을 살해하는 것을 자신의 임무라고 생각했다. 나치 친위대 사법권은 이 중 몇몇 사건을 기소했다.[30]

나치 친위대 판사들은 대체로 상충하는 요구들이 생길 수 있는 복잡한 규범체계에 맞닥뜨렸다. 나치 친위대원으로서 이들 역시 힘러의 지시에 따라 움직이는 정치 조직에 속해있었다. 그러나 이들은 공식 교육을 받은 판사로서 법적 기준과 원칙의 제약도 받았다. 이들은 한편으로 나치 친위대 정신에 동의할 것이라는 기대를 받으면서 상당한 재량권을 인정받았지만 다른 한편으로는 군사법과 독일 형법의 기존 규칙들도 따라야 했다. 이처럼 법규와 나치 친위대의 세계관 및 '윤리원칙'에 동시에 헌신해야 했기 때문에 상당한 긴장감이 조성되었다. 앞으로 살펴보겠지만, 몇몇 판사들은 이데올로기적 임무와 법률가로서의 자기이해 사이에서 갈팡질팡했다.

7.3 법령을 초월하다:
나치 친위대 판사 노르베르트 폴의 이론적 고찰

　　나치 형법이론의 변화—의도 중심의 형법, 범죄자 유형론 승인, 유추 허용 등—는 모두 나치 친위대 사법체계에 뚜렷이 영향을 미쳤다. 나치 친위대 판사들은 법과 도덕의 통일과 함께 나치 친위대 정신에 따라 사건을 판결했다. 이는 크라쿠프 나치 친위대 재판소의 수석판사였던 노르베르트 폴이 뮌헨의 나치 친위대 사법본부장 파울 샤르페Paul Scharfe에게 보낸 장문의 서한에서 잘 드러난다.[31]

　　1942년 1월 22일 자 서신에서 폴은 나치 친위대 판사들이 내린 판결을 사법본부가 너무 자주 취소해서 나치 사법부 안에서 신뢰에 대한 위기를 초래했다며 항의했다.[32] 폴은 사법본부가 형을 취소할 때 사건 파일의 사실관계만 조사한 전문가들에 의존한다며 불평했다. 그리고 자료를 검토하는 법률 전문가에게는 형량이 너무 가벼워 보일지 몰라도, 피고인의 긍정적 성격과 단호한 태도를 고려하면 충분히 정당하다고 주장했다. 또한 교육받지 못한 피고인은 자기 범행의 성격에 대한 통찰력이 없기 때문에 가벼운 처벌이 적절할 수 있다. 그러나 이 같은 세부사항은 판사와 피고가 직접 대면해야 명확히 파악할 수 있었다.

　　폴이 보기에 피고인이 판사에게 주는 인상은 공정한 판결을 내리는 데 중대한 요소였다. 그는 심지어 "법령보다도 피고인의 인격이 정의 구현을 좌우한다"라고 주장하며 법령보다 인격을 우선시할 정도였다.[33] '법조문의 노예가 아닌' 폴은 자기 나름의 판결을 다음과 같이 분명히 설명했다. "형량을 심의할 때 나는 가장 먼저 이런 질문을 던져본다. 재판에서 범죄사실이 입증된 범죄자는 어떤 처벌을 받아야 할까? 이 점에 대해 명확한 이해가 있을 때에만 법률을 참조한 다음, 이를 포함하여 결론을 내린다."[34] 여기서 폴은 특정 사건의 구체적인 사실을 가지고 일반 규범에서 판결을 도출하는 일반적인 절차를 거부함으로써 사법적 추론방식을 완전히 뒤집었다. 폴은, 만일 판사가 "기록되어 있는 사건의 사실관계에 의존하여 법 규정에 그 사실들을 고스란히 대입해 본 뒤 법을 완전히 위반한 사람이므로 아주 무거운 처벌을 받도록 해야 한다고 결정했다"면 이 판사가 택한 절차는 "법에 사로잡힌, 자유주의적 판결로 퇴행한 것에 불과하다"고 주장했다.[35]

폴에게 법 규정은 법적 지식의 중요한 원천이기는 하지만 "피고인의 개인적 특성과 공동체와의 관계에 대한 고려 없이는 … 생명력이 없고 판사를 기계적인 도구로 전락시킬 뿐"이었다.[36] 그는 나치 친위대 사법본부의 심사관에게는 처벌의 적정성을 평가할 증거가 부족하다고 빠르게 결론을 내렸다.

폴은 자신의 견해를 뒷받침하기 위해 나치의 법이론을 적용하여 이렇게 주장했다. "형법 영역에서 거대한 규모의 급진적인 변화가 우리 눈앞에 펼쳐지고 있다.—오늘날, 그리고 가까운 미래에 범죄자 개인의 인격은 단지 재판의 중심축일 뿐 아니라 또한 총체적 정의 구현의 중심축이 될 것이다."[37]

폴은 전통적인 행위 중심의 형법을 범죄자 중심의 형법으로 바꾼 형법이론가 게오르크 담을 높이 평가했다. 그는 민간 형사법원에서는 이미 "범죄학적 범죄자 유형"을 사용하고 있다며 나치 친위대 사법권이 담의 "규범적 범죄자 유형" 개념을 수용해야 한다고 주장했다.[38]

그리고 그는 이 의견을 한층 더 진전시켜, 개별 범죄자 유형의 구체적인 특색(주취자, 상습절도범, 살인범 등)에 초점을 맞춘 범죄학적 접근과 달리 규범적 접근은 소속 집단의 일반적 특징에 비추어 범죄자를 평가해야 한다고까지 주장했다. 이는 형을 선고할 때 다양한 인종적, 민족적 편견이 작동하도록 문을 활짝 연 셈이 되었다. 총독부General Gouvernement 내 재판소에서 일했던 폴이 범죄자 유형론을 너무 광범위하게 인정하는 바람에 일부 나치 법률가들조차 이를 법률 지침으로 받아들이는 것은 거부했을 정도였다.[39]

폴은 뮌헨의 나치 친위대 사법본부의 법률 전문가들이 총독부 내부 상황에 익숙하지 않아 크라쿠프 법정에 크나큰 어려움을 안겨줬다고 비판했다.

> 폴란드에서 초기 몇 개월간 일하며 잠시나마 이루 말할 수 없는 혼란을 경험했던 사람이라면 군대, 나치 친위대, 경찰, 민간 행정 소속의 누구라도 스스로 정당화할 수 있도록 행동한 사람은 거의 없었다는 걸 안다. 완전 무법, 기근, 혼란, 주민에 대한 적대감은 고위급 지휘관을 비롯하여 다른 이들을 상황에 굴복하게 만들었다. 이 장교들 중 정당한 처벌을 받은 것은 소수에 불과하다는 사실을 모두가 안다.[40]

그럼에도 폴에 따르면 소속 판사가 단 네 명뿐인 크라쿠프의 나치 친위대 재판소에서는 1941년 한 해에만 1,341건의 중대 사건을 수사하고 365건의 판결을 내렸다. 게다가 같은 해에 크라쿠프의 나치 친위대 판사들은 폴란드인들에 대한 군사법원 판결 3천 건을 조사하고 평가했다. 폴에 의하면 각종 법적 절차와 재판 때문에 타르노플, 루블린, 바르샤바, 렘베르크 등 다른 지역 재판소로 출장을 가기도 했다.[41]

또 다른 대규모 부패 사건에서 폴은 열흘에 걸친 재판 기간 중 판사들은 "오물과 거짓의 구렁텅이"와 마주했다며, "침공 직후 몇 달간 폴란드는 부패와 밀거래Schiebertum의 소굴이었고 최고의 행정기관들도 연루되어 있었다"고 기존의 자기 의견을 재확인했다.[42]

문제의 사건은 바로 게오르크 폰 자우베르츠바이크Georg von Sauberzweig의 경우였다. 바르샤바의 나치 무장친위대 창고 책임자였던 자우베르츠바이크는 유대인을 쫓아내며 몰수한 재산을 암시장에서 팔아 막대한 이익을 챙긴 인물이었다. 크라쿠프의 나치 친위대 재판소는 그에게 사형을 선고했지만, 그가 고위급 인사였기 때문에 판결은 나치 친위대 본부의 이목을 끌게 됐다. 판결 취소를 피하려던 폴은 샤르페에게 보내는 서한에서 나치 친위대 보조 판사의 이름—콘라트 모르겐—을 밝히며 판결의 정당성을 주장했다.[43] 모르겐은 자우베르츠바이크와 그 측근을 면밀히 조사했을 뿐 아니라 폴이 강조했듯이 총독부 내 다른 친위대원 범법자들도 추적하여 재판을 진행했다. 모르겐의 행보는 나치 국가의 정치적-법적 체계가 사법적 청렴성을 달성하려는 노력을 얼마나 흔들며 훼손했는지를 보여준다.

7.4 "정의광", 나치 친위대 판사 콘라트 모르겐[44]

콘라트 모르겐은 프랑크푸르트, 로마, 베를린, 헤이그, 킬 대학에서 법학을 공부했다. 1933년 5월 그는 나치당에 합류했고 나치 친위대원이 되었다.[45] 1934년부터 1938년까지는 독일 사법체계 안에서 법률 교육을 받았다. 1936년에는 「전쟁 선전과 전쟁 예방」이라는 논문을 발표했으며[46] 2년 뒤 2차 국가고시에 최종 합격하여 판사 자격을 얻었다. 슈테틴 법원에서 상관들과 갈등을 빚게 된 그는 제국 법무부에 의해 민사재판권을 박탈당했다.[47] 나치 무장친위대에서 1년간 복무한 뒤 1940년에 나치 친위대 사법부에 지원해서 간단한 교육을 받고 1941년 1월에 크라쿠프의 나치 친위대 및 경찰 법원으로 전출됐다.

나치 친위대 판사로서의 모르겐의 이력은 두 시기로 나눌 수 있다. 크라쿠프 나치 친위대 법원에서 근무한 1941년 1월부터 1942년 5월까지는 일상적 군사법 위반뿐 아니라 고위급 나치 친위대 장교들의 금전적 부정부패에 대해서도 기소하려고 노력했다. 그리고 1943년 6월부터 종전까지는 강제수용소 내 횡령 및 행정명령의 범위 밖에서 이뤄진 '불법적인 살인'에 대해 수사했다. 이 수사 과정에서 모르겐은 소위 유럽 내 유대인에 대한 집단 학살인 '최종 해결'을 탐지해 냈다.[48]

1942년 5월, 힘러는 인종 오염을 이미 자백한 피고인에게 무죄를 선고했다는 이유로 모르겐을 육군 이등병으로 강등하고 나치 친위대 사법부에서 해고했다. 그러나 진짜 이유는 따로 있었다. 모르겐의 총독부 내 반부패 수사에는 나치 친위대의 유력 장교들이 연루되었는데 이들이 힘러와의 관계를 이용해 모르겐을 몰아낸 것이었다.[49] 모르겐은 1942년 12월 말 동부전선으로 파견되었다. 하지만 힘러는 1943년 5월, 그를 베를린의 제국 형사경찰청 Reichskriminalpolizeiamt in Berlin의 나치 친위대 판사로 재임용했다.[50] 그가 이제 강제수용소 내부의 엄청난 부정부패에 맞서 싸우기 위해서는 모르겐의 도움이 필요했기 때문이다.

1943년 7월, 모르겐은 '불법 살인'에도 연루된 부헨발트 강제수용소 내 부정부패 사건 수사에 착수했다. 1943년 8월 24일, 모르겐은 전직 수용소 사령관 카를 오토 코흐Karl Otto Koch와 수용소 담당 의사 발데마르 호펜Waldemar Hoven을 횡령 및 수감자에 대한 무단 살해 혐의로 체포했다.[51]

모르겐은 루블린, 오라니엔부르크, 작센하우젠, 헤르조켄보시, 아우슈비츠, 크라쿠프-플라스조프, 다하우 수용소에서도 수사를 진행했다. 1943년 가을, 그는 루블린과 아우슈비츠에서 유대인들을 집단 학살한 사실을 알게 됐다.[52] 모르겐은 아우슈비츠를 방문하여 계획적인 대규모 살인industrial murder 방식에 대한 직접적인 증거를 수집했고, 1943년 11월경에는 루블린 지구의 유대인들을 집단 총살했다는 사실도 찾아냈다.[53] 모르겐은 결국 힘러가 이런 범죄를 명령했다는 사실을 알게 됐다.

모르겐은 말살계획을 선동한 히틀러와 힘러를 기소할 힘이 자신에게는 없음을 깨달았지만 2차 범죄를 저지른 하급자들을 기소할 전문적 수단을 모색했다. 1943년 11월 아우슈비츠를 조사한 뒤 모르겐은 행정명령 없이 2천 건의 살인사건을 자행한 아우슈비츠 게슈타포의 수장 막시밀리안 그라브너Maximilian Grabner를 체포했다.[54] 모르겐은 다이아몬드를 유용한 혐의로 아돌프 아이히만에 대해 체포영장을 발부해 달라고 나치 친위대 베를린 법원을 설득하기도 했다.[55]

1944년 가을, 결국 모르겐의 기소는 부헨발트 전직 사령관 카를 오토 코흐, 부헨발트 수용소 의사 발데마르 호펜, 게슈타포 수장 그라브너에 대해 바이마르에서 열린 나치 친위대 재판에서 절정을 이뤘다.[56] 코흐와 호펜은 사형 선고를 받았다. 코흐는 1945년 4월 초에 처형당했으나 호펜은 같은 해 3월 석방됐다. 그라브너에 대한 재판은 무산되었다. 힘러는 바이마르 재판을 통해 부정행위에 가담한 강제수용소 사령관들에게 엄중히 경고했다.[57]

1943년 11월 말, 모르겐은 수용소 내부의 소위 '정치범죄'(유대인 학살을 뜻하는 암호명)를 기소하는 나치 친위대 특별법원 설립을 신청했다.[58] 힘러는 1944년 4월 이 법원을 승인했지만 그 외에는 모르겐의 활동을 방해하여 결국 계류 중인 사건을 종료시키고 추가 수사를 중단시켰다. 1944년 11월, 모르겐은 다시 크라쿠프의 나치 친위대 법원으로 보내졌고, 1945년 1월에는 다시 브레슬라우로 전출됐다. 그리고 1945년 5월, 그곳에서 나치 친위대 판사로서 그의 경력은 끝났다.[59]

모르겐은 1945년 9월부터 1948년 5월까지 미군에 의해 구금되었다. 미군 방첩대로부터 전시 활동에 관해 강도 높은 조사를 받은 그는 1947년 국제전범재판소 및 미 군사재판소 두 곳에서도 증언했다.[60] 1950년 탈나치화de-Nazification 재판이 종결된 후 모르겐은 프랑

크푸르트 암 마인에서 변호사가 되었다.[61]

콘라트 모르겐은 개인적인 위험을 무릅쓰면서까지 나치 친위대 내부의 부패 및 범죄와 싸우는 데 다른 나치 친위대 판사들보다 훨씬 더 앞장섰다. 실제로 그는 종전 후 심문에서 자신이 800건이 넘는 사건을 수사했고 그중 200건을 재판에 회부했다고 주장했다. 그는 강제수용소 사령관 5명을 체포하고 그 가운데 둘을 처형한 공에 대해서는 인정받았다.[62]

모르겐은 나치 친위대 판사로서 끊임없이 자기 권한의 한계를 시험했다. 심지어 유대인 살해 등 수용소 내 범죄를 기소할 수 있는 법적 범위도 확대하고자 했다. 그의 수사활동은 당연히 상관들에게 눈엣가시였다. 바이마르에서 열린 나치 친위대 재판에서 나치 친위대 고위급 장교들은 코흐와 호펜을 기소한 모르겐에 비난을 퍼부으며, 사실상 모르겐을 "죽은 목숨"으로 낙인찍었을 정도였다.[63] 그럼에도 불구하고 나치 친위대 판사라는 직업적 지위는 모르겐을 나치 엘리트 조직과 긴밀하게 연결하고 있었다.

나치 친위대를 향한 모르겐의 태도는 매우 양가적이었다. 한편으로는 '품위, 명예, 남자다운 강직함, 정직'이라는 가치 체계에 매료되었으면서도,[64] 동시에 나치 친위대의 범죄에 환멸을 느꼈고 유대인 집단 학살의 직접적인 증거를 마주했을 때는 엄청난 충격을 받았다. 그의 마음은 끊임없이 요동쳤다. 때로는 나치 친위대의 덕목을 지지했다가도 또 어떤 순간에는 그들의 규정에 반감과 심지어는 경멸까지 드러내며 "나치 친위대 이데올로기"라는 말 자체에 질색하기도 했다. 종전 이후 심문 과정에서 모르겐은 이렇게 설명했다. "중앙당국의 저항에 부딪치면 나는 나치 친위대 이데올로기로 대응했다. '나치 친위대 내부는 절대적 순수성을 원하지 않는가?'라고 하면 그들은 늘 허를 찔린 듯한 반응으로 마지못해 '아니다. 생각이 있다'고 답해야 했다."[65]

그럼에도 불구하고, 모르겐이 '허용된 것'과 '금지된 것'을 구분하는 데에는 종종 나치 규범이 사용되었고, 이로 인해 그의 도덕적 인식은 빈번히 왜곡되었다. 예를 들면, 모르겐은 총독부에서 일하는 동안(1941-1942) 악명 높은 무장친위대의 오스카 디를레방어Oskar Dirlewanger 장군을 기소하려 했다. 디를레방어가 통솔하던 여단이 끔찍한 잔학행위를 저질렀기 때문이다. 종전 후 미국 측의 심문을 받는 과정에서 모르겐은 디를레방어의 범죄에 대해 낱낱이 밝혔다. 그러면서도 그는 디를레방어가 젊은 유대인 여성을 정부로 두고, 심지어 자신을 방문하는 다른 나치 친위대 장교들에게 소개하는 등 나치 친위대의 기준을 존중하지 않았다고 비난했다.[66]

아우슈비츠의 말살 계획을 알아낸 뒤 20년이 흐른 시점에도 모르겐은 여전히 나치 친위대의 품위 규정에 사로잡힌 듯한 모습이었다. 프랑크푸르트 암 마인에서 열린 1964년 3월의 아우슈비츠 재판 증언에서 그는 비르케나우의 학살 기계를 조사한 뒤 나치 친위대 장교로서 충격받았던 이야기를 진술했다. 담당 나치 친위대원들이 있는 경비실에 들어가 보니 몇몇은 소파에서 꾸벅꾸벅 졸고, 몇몇은 유대인 소녀들이 가져다주는 감자 팬케이크를 먹느라 난장판인데다, 그 소녀들은 수용자 복장이 아니라 민간인 복장을 하고 있었다는 것이다.[67] 나치 친위대 기준 위반에 관해 그가 목격한 장면은 전날 밤 그가 아우슈비츠로 향하던 당시 "수천 명의 사람이 기차 몇 대에 꽉 들어차게 실려 가스실로 보내져 재가 되었다"라는 그의 증언과도 일맥상통한다.[68]

모르겐이 용감하고 위험을 무릅썼음에도 불구하고, 그의 사법활동에는 심각한 결함이 있었다. 나치 친위대 판사로서 담당했던 역할에 관한 본인의 진술만 보아도 그의 행동이 자신이 참여한 실제 사법실무와 어떻게 부합하는지 설명하면서 상당한 난관에 봉착했음을 알 수 있다.

모르겐은 자신이 대학에서 법률교육을 받은 판사임을 거듭 강조했다. 종전 후 방첩대에게 심문을 받을 때 그는 "독일 공무원 전통에 어느 정도 익숙한" 법률가로서 크라쿠프 나치 친위대 법원에 배치되어 독일 점령이 초래한 결과를 접했을 때 느꼈던 혼란을 이렇게 설명하기도 했다. "눈에 들어온 그곳의 광경에 머리카락이 쭈뼛섰다. 마치 메뚜기떼가 땅을 집어삼키러 내려온 것 같았다. … 한쪽에는 분명히 민중의 빈곤이 있었고 다른 한쪽에는 흥청거림과 사치, 부패가 있었다."[69]

1942년 3월, 모르겐은 뮌헨의 나치 친위대 사법본부 인사책임자에게 총독부로부터 "좀 더 분위기가 건전한" 지역, 가능하다면 노르웨이로 전근시켜 달라는 서한을 보냈다. 서한에서 "워낙 총독부 내부패 문제가 심각하고 중대범죄 및 위험한 범행이 자주 발생하다 보니 어떤 판사든 시간이 지남에 따라 지치고 무감각해져서 타고난 정의감마저 손상될 위험이 있다는 확신이 들었다"라고도 했다.[70]

이 서한에서 모르겐은 마치 본인이 법치주의 체계 안에서 활동하고 있는 것처럼 적었다. 바이마르의 나치 친위대 재판에 대비해 1944년 8월 부헨발트 전직 사령관 카를 오토 코흐와 수용소 의사 발데마르 호펜에 대한 공소장을 작성할 때도 비슷한 인식에 기반한 것으로 보인다. 1871년 제정된 「독일 형법」의 제211조 및 212조에 의거, 모르겐은 두 명 모두를 수감자들에 대한 모살murder* 및 우발적 살인manslaughter** 혐의로 기소했다.

모르겐은 정의라는 도덕적 이상을 추구한 평범한 판사로 본인의 직업적 정체성을 묘사하려 했지만, 이는 처참하게 실패했다. 나치 독일의 정치적, 법적 체계에 관해 그가 직접 했던 말을 고려하면, 자신은 법치에 따르는 판사였다는 주장도 받아들여질 수 없었다.

> 나치 국가의 법은 다음 몇 가지에 해당했다. 첫째, 과거와 마찬가지로 법은 보통법 등 시행 중인 법적 규범들의 총합이었다. 그러나 한편으로는 [동시에] 총통의 명령이기도 했다. 나치 국가의 총통은 모든 권한을 자기 수중에 통합했다. 그는 국가의 수반일 뿐 아니라 최고 입법자이자 최상위 판사이기도 했다.[71]

모르겐은 국제전범재판소에서 증언하며 자신이 대량 학살의 주동자들에게 법적 조치를 취하지 못한 이유를 다음과 같이 설명했다.

> 전쟁 중인 독일의 상황은 국가의 법적 보장이라는 의미에서 볼

---

* 계획적 살인이라는 의미.
** 우발적 살인과 과실치사를 아우르는 개념.

때 더 이상 정상이 아니었다. 게다가 내 입장에서는 '나는 단순한 판사가 아니라 군형법상의 정의를 판단하는 판사이기도 하다'는 점도 고려해야 했다. 세상 어떤 군사법원도 국가 수반은 말할 것도 없이 최고사령관을 법정에 세울 수는 없었다.[72]

분명 모르겐은 나치 독일의 일그러진 법적 체제를 알고 있었다. 다만 그가 인식하지 못한 것은 이런 체계는 그의 도덕적으로 건전하고 전문가적인 자기 이해에 대한 주장을 상당히 제한한다는 사실이었다. 판사로서 법치주의적 정체성을 발전시키려던 그의 시도에는 전혀 일관성이 없었다. 그의 작업 틀 안에서는 법치주의 사법권을 구성하는 규범 기준, 즉 정의의 원칙이 작동하지 않았다.

마찬가지로, 모르겐이 '군형법 판사'를 자처하는 것도 말이 되지 않는다. 군사법원체계에서 나치 친위대의 관할권은 이웃 국가들에 침략 전쟁을 일으킨 독일 군사기관의 일부에 해당했다. 나치 친위대 사법부의 주목적은 군사법을 위반한 악명 높은 무장친위대원들을 기소하는 것이었다. 그런 체계 안에서 정의가 실행될 것이라는 가정은 의도적인 자기기만이나 다름없다.

행위자의 직업 정체성은 해당 직업의 실무규칙을 준수하는지 여부에 달려있다.[73] 따라서 특정한 실무를 맡는다는 것은 단순히 행위자의 직업적 역할 및 자기 이해를 형성할 뿐 아니라 그 실무를 담당하는 기관이나 조직과 그 행위자를 연결하는 일이다. 비판적 성찰을 통해 행위자가 해당 조직의 구성 목표 전부를 지지하지는 않는다 하더라도 조직의 활동과 실무에 멀쩡히 참여하는 한 그는 그 조직과 무관할 수 없다.

모르겐의 자기 묘사 속에 나타난 모순은 명백하다. 그는 (법치에 따르는 판사라는) 자신의 직업 정체성은 이 정의라는 구성 기준이 작동해야 하는 실무와 직결돼 있다고 주장했다. 다시 말해, 법치에 따르는 판사의 행위는 정의가 목표라는 것이다. 그러나 동시에 나치 친위대의 법률 체계는 이 기준에 따르는 것을 불가능하게 만들었다.[74]

따라서 자기 행위를 정의의 측면에서(법치 체계의 의미에서) 설명하려는 모르겐의 노력은 결국 구성적 실패였다. 구성적 실패란 실제로 자신이 수행하는 실무와 무관한 외부 기준에 따라 자기 행위를 정당화하려는 시도라 할 수 있다.[75] 모르겐의 경우 구성적 실패는 훨씬 더 극단적이었다. 그는 실무 외적 기준(즉, 법치주의적 의미에서의 정의)이 아니라 애초에 그 실무를 담당하는 기관의 부패한 기준을 받아들였다. 모르겐은 구성 목적이나 기준을 들먹이며 헛되이 노력했지만, 본인이 관여한 바로 그 실무 규칙 때문에 수포로 돌아갔다. 이는 왜 그의 사법 실무에 결함이 있었는지, 좀 더 일반적으로는 왜 나치 친위대 사법권 자체가 '가짜'였는지를 설명해 준다.[76]

모르겐이 정의라는 이상을 전면 거부한 것은 아니었다. 오히려 그는 제3제국의 제도적 배경을 고려할 때 정의가 나치 친위대 사법권의 구성 목표이자 기준이 아니었고, 그럴 수도 없다는 사실을 깨닫지 못한 것이다. 게다가 모르겐은 정의가 무엇을 요구하는지에 대한 명확한 이해도 부족했다―나치 친위대에 속해있는 동안 그의 도덕관념은 오염되었다. 이를테면 그는 전쟁 중이나 종전 뒤 나치 친위대 전직 장교들에 대한 재판의 증언에서도, 방첩대의 심문을 받는

동안에도 나치 독일의 군사적 침략에 대해 명확히 비판한 적이 한 번도 없었다.[77]

모르겐은 어떻게든 유리한 방향으로 자신을 설명하고자 무던히 애썼다. 자신이 관여한 실무를 넘어서는 규범기준에 따라 본인이 내렸던 사법적 조치를 평가할 뿐 아니라 본인의 활동을 나치 독일의 정치적, 법적 배경과 분리하려 했다. 예를 들면, 모르겐은 미국의 심문관에게 이렇게 말한 적도 있었다. "내가 왜 감옥에 있어야 하는지 모르겠다. 나는 범죄자였던 적도 없고 당신이 지금 하는 것과 똑같이 전쟁범죄에 대한 수사를 해왔던 사람이다."[78]

그러나 모르겐은 평판이 좋지 않은 나치 친위대 내부의 범죄를 추적했다. 그리고 가장 주목할 만한 그의 성과인 바이마르에서의 나치 친위대 재판은 단지 힘러의 승인을 받아 강제수용소 사령관들의 부정부패를 막고자 한 것에 불과했다.

종전 이후 증언 녹취록을 보면 모르겐은 1943년 가을 '최종 해결'을 감지한 후 처음 든 생각은 스위스로 도피하는 것이었다고 주장했다. 그러나 그는 이후에 벌어질 일들이 두려워 그 계획을 포기했다. 모르겐은 나치 친위대의 규범적 틀을 벗어난 자신의 활동에 대해서는 아무런 설명도 내놓지 못했다. 사실, 본인의 규범적 정체성을 법치에 따르는 판사라고 규정하려면 나치 친위대와 관계를 끊는 것이 필요했지만, 단 한 번도 그렇게 한 적이 없었다. 관행적으로 실무를 수행하여 기존의 구성 기준을 자동으로 확인할 뿐이었다. 나치 친위대 판사로서 그가 한 행동은 나치 친위대 사법권의 구성 기준을 암묵적, 그리고 명시적으로 지지한 것이었다. 이러한 기준은 나치 친위대의 참혹한 이데올로기적 사명에 따라 만들어진 것이었다.

결국 모르겐은 본인 나름의 규범적 관점에서 볼 때 아무리 훌륭해 보이더라도, 나지친위대 사법권 작동 자체가 본인의 사법적 노력을 훼손했다는 것을 인정할 수밖에 없었다. 따라서 그는 전직 부헨발트 사령관이었던 코흐에 대한 공소장에 대해 다음과 같이 설명했다.

> 코흐는 나치 친위대 사법권의 시험 케이스였다. 나는 [사법권이] 쉽게 기소할 수 있도록 공소장을 작성했는데, 이것이 성공하려면 나치 법에 따라 틀을 구성해야 했다. 그러나 내 노력은 절반만 성공했다. 결국, 이 사건에서 체제를 바꾸거나 사람의 생명이 신성하다는 것을 규명하려는 관심이나 열망이 없었기 때문이다.[79]

7.5 맺음말

종전 후, 나치 체제의 범죄, 잔학행위, 참상이 명백히 드러나자 많은 이들이 '법은 법이다the law is the law'라는 원칙에 사로잡힌 채 나치를 맹종한 법률가들을 비난했다. 그러나 나치 친위대 사법권을 면밀히 살펴보면 법률가들의 실패 원인은 좀 더 복잡다단하다. 콘라트 모르겐은 상관들의 지시에 무턱대고 따르지는 않았다. 우회할 방법을 찾으려 했고, 때로는 명령을 아예 무시하기도 했다. 그는 기존의 법 규정을 무비판적으로 고수하지도 않았다. 오히려 문제는 판사로서 안일한 태도로 인해 자신의 법적인 활동이 지닌 정치적 맥락이 정작 그런 활동의 목표와 목적을 훼손한다는 점은 깨닫지 못했다는 것이다. 모르겐은 본인을 정의라는 높은 이상을 옹호한 사람으로 분류하고자 했지만 그의 활동무대였던 법체계는 나치 체제가 저지른 최악의 범죄에 책임이 있는 조직에 충실했다.

나치 친위대 사법권은 나치 법이론의 특징인 법과 도덕의 통합을 수용하는 도덕화 이데올로기로 가득 차 있었다. 그리고 나치 친위대 판사들은(적어도 이번 장에 언급된 판사들은) 그 왜곡된 형태의 윤리를 마음에 새기고 있었다. 라이네케는 나치 친위대 내부의 윤리교육과 양심에 자부심을 느꼈고, 폴은 법규보다 자신이 피고인에게 개인적으로 느낀 인상—나치 친위대의 덕목에 부합하는 태도였는지—을 우선시했다. 심지어 모르겐도 나치 친위대원 사건을 판결할 때 그들의 행동이 친위대의 기준에 얼마나 합치하는지에 따라 판단했다.

나치 친위대 사법권의 도덕률처럼 이데올로기적으로 기이하게 변형된 도덕률의 문제는 그 개념들이 굉장히 익숙해 보인다는 점이다. 이 도덕률을 구성하는 각종 원칙과 덕목—정직, 품위, 신뢰성, 청렴, 충성, 충실—은 사회적·법적 배경으로부터 추출된 것으로, 도덕에 대해 왜곡되지 않은 우리의 이해에 속한 영역이기도 하다. 그 의미를 특정 맥락 속에 놓아야만 우리는 의미론적 왜곡을 밝혀내고 도덕화와 도덕의 차이를 구분할 수 있다.[80]

도덕적 개념, 원칙, 덕목은 모두 사회적 맥락 안에서 명확히 설명되어야 한다. 즉, 도덕적으로 관련된 상황을 인식하고, 비교적 온전한 도덕적 인식을 지닌 행위자들이 적절한 해석을 더해 적용해야 한다. 대개 도덕적으로 관련된 상황이란 공정한 고려와 존중받는 대우 (즉 기만, 학대, 혹사당하지 않음)라는 면에서 개인의 인격적 지위가 위태로운 상황을 말한다. 관습적인 도덕은 이러한 도덕적 특징의 지표를 인정하고 따른다.[81]

그러나 제3제국에서 분명히 일어났던 것처럼 도덕적 중요성의 척도에서 심각한 일탈과 변형이 일어날 수도 있다. 나치 체제는 옳고 그름, 선과 악의 기준을 재해석했다. 실제로 품위, 명예, 강직함, 충성, 충실 같이 수용 가능한 개념을 법치사회의 전통적 도덕에 의해 금지된 것으로 재정의하는 등 알아볼 수 없을 정도로 완전히 개념을 왜곡했다. 그렇게 도덕 질서를 변형시킨 나치 국가, 특히 나치 친위대는 윤리적 의무가 무제한적 전쟁, 그리고 심지어 정치적 살인과도 혼동되는 규범 세계를 창조했다.

이 같은 새로운 규범 세계는 완전한 무도덕주의나 무한한 범죄의 세계가 아니라, 범죄행위와 살인이 윤리적 의무와 요건에 부합하는 것과 같은 전복된 질서였다. 이에 대해 한나 아렌트Hannah Arendt는 다음과 같이 냉정하게 설명했다.

> 이 '새로운 질서'는 말 그대로 새로운 질서였다. 섬뜩하리만치 참신할 뿐 아니라 무엇보다도 하나의 질서였다. 여기서 우리가 다루는 [그들이] 음모를 꾸미고 어떤 범죄든 저지르는 범죄집단에 지나지 않는다는 일반적인 생각은 대단히 잘못된 생각이다. … 또한 허무주의의 신조를 '모든 것이 허용된다'는 19세기적 의미에서 이해한다면 여기서 우리가 현대적 허무주의의 발

발을 다루고 있다는 통념도 역시 오해의 소지가 있다. 양심이 쉽게 무뎌질 수 있었던 것은 모든 것이 허용되는 건 결코 아니었다는 사실에서 비롯된 직접적인 결과였다.[82]

규범을 위반하는 행위를 처벌함으로써 합법적으로 그 질서를 보호할 임무를 맡은 나치 친위대 판사들은 정확히 이 새로운 질서의 중심에 있었다. 그리고 대체로 이들은 방종했고 정해진 임무를 완수하는 데서 자신의 '직업적 성실성'을 찾았다. 그러나 이 새로운 체계도 그들이 과거에 지녔던 옳고 그름에 대한 감각과 잔존하는 법치와의 관계까지 완전히 잠재우지는 못했다. 이들의 양심은 깨어있었다.―폴은 총독부 내부의 "더러움과 거짓의 구렁텅이"에 반기를 들었다. 횡령 사실이 발각된 코흐가 증인들을 살해하라는 명령을 내리고 호펜은 수용소 수감자들에게 페놀을 주입해서 살해하고 그라브너가 아우슈비츠 게슈타포 벙커에서 수감자들을 총살했다는 사실, 그리고 무엇보다도 유대인들을 집단 학살했다는 소식을 접하자 모르겐은 즉시 이들에게 맞섰다.

그러나 이들의 법적 권력은 각자의 양심을 능가할 만큼 강하지 못했다. 어쩌면 콘라트 모르겐의 표현처럼 나치 친위대 사법 관할권 내에 어떤 판사도 "최고 입법자이자 최상위 판사"이기도 한 국가 수반을 법정에 세울 수 없었다.

8장 민족사회주의가 추진한 법의 도덕화

8.1 법실증주의에 대한 민족사회주의 법사상가들의 공격

구스타프 라드브루흐Gustav Radbruch는 반향을 일으켰던 논문 「법률적 불법과 초법률적 법Statutory Lawlessness and Supra-Statutory Law (1946)」*에서 나치 통치기간 중 법실증주의의 역할에 대해 신랄한 평가를 내렸다. 즉, "'법률은 법률이다'를 원칙으로 삼은 실증주의 탓에 독일 법률 전문가들은 자의적이고 범죄적인 법령에 대해 방어할 말이 없어졌다. 게다가 실증주의 자체로는 법령의 유효성을 정당화할 길이 전혀 없다"라고 했다.[1] 라드브루흐가 보기에 법실증주의의 주된 약점은 법과 도덕, 정의를 각각 명확히 구분한 데 있었다. 라

• 독일어 원문은 'Gesetzliches Unrecht und übergesetzliches Recht'로, - '법적 무법과 초법적 법률' 등으로 번역하기도 하지만, 본 서에서는 이재승, "법률적 불법과 초법률적 법", 『법철학연구』, 제12권 제1호(2009), 477-502쪽에 따름.

드브루흐의 비판을 요약하면, 법실증주의는 한 세대 법학자들 전체를 법과 도덕을 분리하는 기조로 양성함으로써 나치 체제의 법적 토대를 마련했다는 것이다.

그러나 나치 법사상가들이 저술한 원전들을 면밀히 살펴보면 라드브루흐의 주장에 상당한 의문이 제기된다. 실제로는, 나치 법이론가들은 법실증주의를 완강히 거부하고 법과 도덕의 통합을 지지했다.

나치 법률가들의 신랄한 비판은 당시 법실증주의의 주창자 중 가장 명망 있던 한스 켈젠을 겨냥했다.[2] 킬대학 법학교수였던 카를 라렌츠는 켈젠의 『순수법학』을 "지적 외래 침투geistige Überfremdung의 발현"이라고 칭했다.[3] 그의 동료였던 에른스트 포르스토프는 자신이 보기에는 바이마르 시대에 독일을 괴롭혔던 윤리적 혼란과 상대주의는 법실증주의에 책임이 있다며 비난했다.[4]

특히, 법과 도덕을 별개의 규범 영역으로 다뤄야 한다는 켈젠의 주장에 반론이 집중됐다. 라렌츠는 법실증주의가 법으로부터 **"민족적 관습 및 도덕체계와의 자연스러운 연결"**을 제거해 버렸다고 주장했다.[5] 반면 카를 슈미트에 대해서는 "정치적인 것의 특성과 본질", 즉 "빈 학파의 인위적 추상관념들과 대비되는 정치적 삶이라는 단순한 현실"을 되살리고 부각했다며 호평했다.[6]

나치의 법사상가들은 대체로 실증주의의 특징인 법에 대한 형식주의적 개념을 법과 도덕의 통합에 기반한 실질적인 법 이해로 대체해야 한다는 데 동의했다. 법과 도덕을 결합해야 한다는 이 같은 요구[7]에 대해서는 게오르크 담은 다음과 같이 간명하게 표현했다.

우리는 오늘날 법의 독립성과 중립성, 그리고 법과 국가, 법과 정치, 법과 민족의 직관Volksanschauung, 법과 도덕의 분리와 대립을 이러한 악[즉, 실증주의가 초래한 법의 퇴보]의 핵심으로 인식한다. 이 같은 적대주의를 극복하고 법의 통합을 이뤄내는 것이야말로 우리의 법적 삶을 진정으로 새롭게 하는 전제조건이다.[8]

다시 말해, 민족사회주의 기본 가치와 민족공동체의 도덕적 감각이 법의 새로운 토대를 형성해야 한다. 독일 민족의 건전한 직관gesunde Volksanschauung으로 무엇이 품위 있고 옳은 것인지, 그리고 무엇이 범죄로 규정되어 처벌받아야 하는지를 결정해야 한다. 그 결과는 법적 규범과 도덕적 규범의 혼합이었다. 롤란트 프라이슬러의 말을 빌리자면 "법의 요건과 도덕의 요건에는 차이가 있을 수 없다. 법의 요건은 곧 품위의 요건이지만, 품위가 있고 없음을 결정하는 것은 민족과 그 구성원 개개인의 양심이기 때문이다."[9] 변호사 발터 하멜은 민족사회주의 경찰법에 관한 출판물에서 노골적으로 "행동에 관한 도덕적 의무와 법적 의무는 더 이상 구분할 수 없다"라고 밝혔다.[10]

법실증주의는 실제로 법과 도덕을 엄격하게 구분하는 것을 지지했다. 법실증주의자들에게 도덕이란 법체계와 법적 규범을 평가하는 외부 기준을 설정하는 것이다.[11] 실증주의자들은 외부의 도덕적 기준이 용납할 수 없는 결과를 초래하는 법령을 개혁하고 개정하는 데 동력이 되어야 한다고 주장한다. 그리고 실정법으로는 어찌할 수 없는 어려운 사건의 경우(즉, 제정된 실정법적 규범에서 직접 결론을 도출할 수 없는 경우), 도덕적 원칙과 고려는 판사의 법적 의사결정에 지침이 되어야 한다.

나치의 법이론가들은 도덕과 법의 관계에 대한 이런 이해를 도저히 옹호할 수 없었다. 그들의 관점에서 도덕적 이상은 법의 핵심 부분을 형성해야 했다. 그러나 나치 법률가들이 지녔던 도덕관념은 이데올로기적으로 왜곡되어 있었다. 그 결과 '품위,' '명예,' '충성' 같은 윤리적 개념이 법적 개념으로 둔갑했다.

나치 친위대 소속 법률가였던 라인하르트 흰의 글은 이런 규범적 변화를 잘 보여준다. 흰의 주장에 따르면 법이란 "단지 독립적인 윤리 원칙을 적용하는 기술이 아니다. 오히려 법은 민족이 실제 삶을 통해 체험한 도덕 또는 품위를 의미할 뿐이다."[12] 그의 견해에 따르면 법은 일반원칙과 형식적 절차로 환원될 수 없다. 법규와 이를 초월하는 정의라는 상위원칙의 이원성은 극복되어야만 했다. 흰은 법에 대한 자신의 관점을 설명하며 **"독일 법학에 따르며, 법은 규범체계도 아니고 가치의 총합도 아니다.** 정의는 법의 바깥에 있지 않다"고 요약했다.[13]

민족공동체라는 개념은 나치가 법을 도덕화하는 토대였다. 흰은 "독일의 새로운 법개념에 바탕을 둔 공동체는 단순히 사회적 사실이 아니라 법적 원칙이기도 하다"라고 했다.[14] 이렇게 이데올로기적으로, 그리고 인종적으로 새로 만들어낸 가치 개념은 민족공동체의 이상까지 결합하면서 법 속으로 스며들었다. '명예와 충성, 인종과 땅'은 나치 안에서 부활했을 뿐 아니라 실제로 법 안으로 통합되었

다.[15] 오직 '개인주의적 법체계'만이 이런 개념들을 '불법'이라고 분류할 수 있었다.[16]

민족공동체를 법과 법적 계율의 원천으로 끌어올린 데는 놀라운 규범적 함의가 있었다. 이를테면, '인종적 균등Artgleichheit'이나 '인종적 경험의 동일성artgleiches Erleben' 원칙 같은 동질적 민족공동체 신화의 특징적 요소들이 나치의 법 담론을 형성해 가기 시작했다. '혈통의 단일성' 개념이 '공동체 안에서 법을 경험하기 위한' 전제조건이 되었다.[17] 휀은 다음과 같이 지적했다.

> 공동체 정신의 발달은 특정한 전제조건들, 특히 공동체를 구성하는 당사자들의 인종적 균등 조건에 달려있다. 그러므로 법에 대한 독일인의 이해는 인종 독트린의 사실들에 기반을 둔다. **한 민족의 동일한 사고, 감정, 행동은 공통된 인종적 소인에 좌우되기 마련이다.**[18]

이런 주장들에 힘입어 나치 인종 독트린은 법 안에 단단히 뿌리를 내렸다. 실제로, 나치 법률가들은 '인종적으로 순수한 공동체'를 확립하고 보존하는 것이 법적 의무라고 주장하며 나치 체제의 노골적인 인종주의 입법의 토대를 마련했다.

마찬가지 방식으로 오토 퀼로이터 역시 법, 도덕, 공동체적 가치 사이의 유대를 강조했다. 그는 공동체 구성원들의 정의감은 나치의 법에 내재되어 있다고 보았다.

민족과 국가의 정치적 경험은 … 민족 국가 구성원 개개인의
내면에 살아있어야 하듯이 민족동지 개개인의 정의감 안에 민
족주의적인 법 이념이 살아있어야 한다. … 무엇보다 이는 민
족의 각 구성원이 나머지 모든 구성원을 법적 동지로 인정하고
민족동지 개개인의 인격과 명예에는 침해할 수 없는 법익을 의미
한다.[19]

　나치의 법률 전문가들은 그렇게 민족공동체 구성원인 아리아인
들에게 법과 윤리를 판단할 권한을 부여했다.—그들의 판단에 따라
무엇이 옳고 그른지, 무엇이 가치가 있고 없는지, 무엇이 공정하고
불공정한지를 결정한다는 것이었다. 그들은 공동체적 정신이 더 적
절한 도덕적·법적 판단을 부여한다고 보았다. 쾰로이터는 "만일 공
동체적인 감정이 민족의 각 구성원 안에 깨어나 있고 유지된다면,
민족의 '올바른' 정의감이 발달할 것이다. … 따라서 민족적 정의의
개념은 정치적 본질에 대한 민족적 관점 같은 동일한 뿌리로부터 나
온다"라고 했다.[20] 나치 이론가들이 보기에 법실증주의의 근본적 결
함은 법에 대한 초실증주의적 사고가 결여된 것에 있었다. 법이 정
의 개념을 결합해야 했으므로 성문화된 실정법을 넘어서야 했다. 다
시 말해, 실정법적 질서는 "법 개념과 이념Rechtsidee을 실현"하는 수
단이 되어야 한다는 것이었다.[21] 나치 법률 전문가들은 이처럼 법
Recht과 법률Gesetz을 구별하는 것이 중요하다고 강조했다.
　횐은 놀라운 예를 더 제시했다. 그의 관점에서 "법에 대한 독일의
새로운 이해"의 목표는 인종적으로 정의된 공동체 안에서 법과 도

덕을 연결하여 정의 개념과 법규 간의 이분법"을 극복하는 데 있었다. 그럼으로써 법은 "구체적인 삶의 질서로 존재하며 인식되는 것"이었다.[22]

퀼로이터는 법실증주의는 "궁극적으로 정의를 요구하는" 법개념에 찬성하지 않았기 때문에 실패했다고 보았다.[23] 정의는 권리에 대한 공동체의 이해에 여전히 결부되어 있었기 때문에 '국민의 민족적 삶의 질서를 보호하고 발전시키는 것을 사명으로 삼는' 규범만이 정의로운 것이었다.[24] 퀼로이터는 정의의 원칙을 나치 이데올로기에 국한했지만, "민족사회주의 법치국가는 정의로운 국가인 동시에 질서 있는 국가"라고 하는 데 주저함이 없었다.[25]

우리는 위 구절들을 어떻게 이해해야 할까? 나치 법이론이 법과 도덕 사이의 경계를 지워버렸다는 사실에서 무엇을 추론해야 할까?

다음으로, 나치 법률가들이 법과 도덕의 통합을 지지한 것에 담긴 이론적 함의를 간략히 살펴본 뒤 원전에서 얻은 통찰을 좀 더 구체화해 보려 한다. 내가 주장하듯이 우리는 법과 도덕의 구분을 유지해야 한다. 도덕은 법으로부터 분리되어야 하지만, 당연히 법치에 부합하는 법체계의 구성 요건을 위한 원천이 되어야 한다.

8.2 내적 자유의 소멸

나치의 법이론에서 법과 도덕의 통합은 정치적 맥락에서 이해해야 한다. 제3제국은 시민들을 완전히 통제하려는 전체주의 국가였다. 정치적 권위주의의 중요한 특징은 사회적 삶의 모든 측면을 규제하려는 포괄적 가치체계다. 그러므로 전체주의 국가는 모든 사회영역에 스며들어 말 그대로 시민의 '좋은 삶'을 정의함으로써 개인의 자율을 제한한다.

나치의 규범적 포부는 존 롤스가 말한 완전히 포괄적인 도덕적·정치적 독트린, 즉 "상세하게 설명된 하나의 체계 안에 모든 가치와 덕목을 포함하는" 규범적 질서였다.[26] 그러므로 "완전히 포괄적인 독트린"은 절대진리에 대한 근본주의적 주장, 즉 무엇이 참이고 선한지에 대한 국가의 관점이 비판의 대상이 될 수 없다고 주장한다는 점에서 비합리적이다. 롤스가 말하듯이 "종교적으로 참인 것 또는 철학적으로 참인 것"은 "정치적으로 합리적인 것"보다 우선한다.[27]

이 모든 것은 국가가 개인의 가치, 종교적 신념, 세계관에 대해 근본적으로 중립을 취하는 자유민주주의적 정치체계와 뚜렷이 대비된다. 민주주의 국가에서 시민은 기존의 권리 체계 안에서 행복한 삶에 대한 개념을 각자 자유롭게 모색할 수 있다. 이 같은 가치관이 타인의 권리를 존중하는 한 국가가 개입해서 개인이 중요하게 여기는 가치를 제한할 필요가 없다. 개개인이 선량한 삶, 행복한 삶에 대해 다양하게 개념을 구상하는 것은 민주주의 사회의 초석이다.

국가가 전체주의로 나아갈 때 폐기되는 것은 이 같은 관용의 원칙이다.[28] 전체주의 체제에서 개개인의 자유는 모든 것을 포괄하는 규범적 이데올로기 질서에 굴복한다. 나치 국가는 민족공동체를 흐트러짐 없이 유지하기 위해 완전히 포괄적인 도덕적 독트린을 전략적으로 개발했다―실제로, 나치의 법은 이런 도덕적 독트린에 흠뻑

빠져있었다.

나치의 법이론가들이 법을 도덕 및 윤리적 품위와 결합해야 한다고 강조한 것은 국가의 활동범위를 넓히기 위해서였다. 법규범과 윤리규범의 차이를 없애면서 나치 국가의 권한은 외적 자유의 영역뿐 아니라 내적 자유의 영역—즉, 개인의 윤리적 가치, 신념, 태도의 영역—에까지 미쳤다. 민주주의 체제에서는 출입을 (마땅히) 금지하던 규범적 영토를 이제 국가가 침범한 것이다.

이 같은 규범적 변화 속에서 무엇이 위태로워지는지는 철학적 고찰을 통해 알 수 있다. 임마누엘 칸트를 필두로 한 계몽주의 철학자들은 법과 도덕 사이의 경계를 흐리는 파괴적 효과에 주목했다. 칸트는 특히 국가권력의 한계를 명확히 하기 위해 법과 윤리를 분명하게 구분했다. 그가 보기에 국가는 외부 공간, 즉 외적 자유의 영역에서 인간관계를 규제해야 했다. 국가는 필요할 경우 강제력을 동원해 시민에게 법규에 복종하도록 요구할 수 있지만, 각 개인을 국가의 법적 규범에 따르도록 강요하는 것은 국가가 관여할 일이 아니었다. 내적 자유의 영역, 즉 윤리적 성향, 태도, 동기의 영역은 자기 입법self-legislation의 대상이지, 국가 입법의 대상이 아니었다.

따라서 윤리적 가치 및 원칙에 대한 헌신은 사적 자율의 문제였다. 개인은 윤리적 고려에 근거하여 법에 복종할 수 있지만, 그런 형태의 윤리적 자기 헌신은 각 개인에게 달린 것이다. 윤리적 동기에서 나오는 행동은 개인의 윤리적 자기완성과 고결함에 관련된 문제이지, 국가가 강제할 수는 없는 문제다.

칸트의 윤리학과 그의 법철학philosophy of right(권리철학) 사이의 주된 차이는 두 규범적 영역에서 **동기**와 **강제**의 역할에 있다. 칸트의 윤리학은 동기와 규범성 사이의 밀접한 관계를 유지한다. 그의 윤리 철학의 핵심은 선의지의 원칙을 드러내는 것이며, 이는 그에게 정언명령에 해당한다. 즉, 도덕적으로 행동하는 것은 도덕법에 대한 존중, 다시 말해 의무감에서 나오는 행동이다. 도덕적으로 선한 사람은 보편법칙으로 생각하거나 의도할 수 있는 준칙에만 근거하여 행동함으로써 도덕법—정언명령—을 자신의 행위원칙으로 삼는다. 그러므로 내적 동기(칸트의 용어로는 유인동기)는 개인의 행동방식의 도덕성, 또는 부도덕성을 결정짓는 요소다.[29]

권리의 영역에서 모든 것은 제각각 달리 작동한다. 칸트에게 중요한 것은, 이상적인 경우에 사람들은 권리와 원칙에 부합하는 법과 법령을 따르는데 이는 타인의 동등한 외적 자유를 존중할 것을 요구한다는 것이다.[30] 각 개인이 법을 준수하게 되는 동기나 이유는 법적으로는 관계가 없다. 법적 의무를 이행하는 데에는 외형적 준수만으로도 충분하다.[31]

윤리와 법은 강제와 관련해서도 차이를 보인다. 칸트에게 윤리는 개개인의 행위 기저의 준칙을 평가하는 문제다. 즉 실험은 보편화될 수 있는 준칙인지, 또는 그런 준칙에 따라 행동하는 것이 타인의 인간적 존엄을 해치는 것인지를 따져보는 것이다. 주관적 행위원칙으로서 준칙은 목적을 설정하는 것과 관련이 있다. 칸트는 개인의 목적을 설정하고 유인동기의 방향을 지시하는 것은 자율적 선택과 내적 자유의 문제라고 주장한다. 그 어떤 개인도, 어떤 국가도 누군가에게 특정한 유인동기와 내적 목적을 수용하도록 강제할 권리는 없다.

그러나 자유의 외적 관계를 규제하려면 반드시 강제력이 필요하다—다시 말해, 타인의 신체의 온전성bodily integrity과 외부 공간에 대한 침범을 금지해야 한다. 칸트에 따르면, 공적 영역의 지도 규범으로서 평등한 자유의 원칙은 시민들의 권리 보호를 위해 강제를 정당화할 수 있도록 한다.[32] 그러므로 강제력은 모든 이의 평등한 자유를 보장하기 위해서는 합법적으로 사용될 수 있다.

그러나 정당한 상호관계의 조건에서 개개인이 직접 강제력을 행사할 수는 없다. 대신, 공적인 정당함을 위해서는 적절한 공공기관이 강제력을 행사해야 한다. 그러므로 칸트는 공동으로 수용한 특정 권위—국가—에 강제력을 이양한다. 자유를 방해하는 장애물들[33]을 강제적으로 제거하는 일은 국가의 특권이다.

칸트는 합리적 개인은 소위 자연상태에 해당하는 "외적인 무법적 자유"의 조건에 직면할 수 있기 때문에 국가의 강제적 권위에 동의할 것이라고 보았다.[34] 사회의 구성원이 합리적이라면 '법적 자유'라는 규범 원칙에 동의할 것이기 때문에 시민적이고 정당한 조건으로 전환하는 것은 정당화된다. 정당한 조건은 "모든 이를 위한 법을 제공하겠다는 의지의 개념"에 결부되어 있다는 칸트의 주장에서 알 수 있는 것은, 개인은 "모두가 각자의 권리를 향유할 수 있는" 공적 정의의 조건을 확보하기 위한 규범적 근거를 공유한다는 사실이다.[35] 따라서 칸트는 정당한 개인 간 관계, 즉 타인의 권리를 존중하는 관계를 위한 공적 규범 조건을 간략히 제시한다.

칸트는 우리가 윤리와 법을 혼동해서는 안 되는 이유를 조심스레 정당화한다. 사적 자율과 공적 자율을 존중하기 위해서는 두 규범

영역을 분리할 것을 요구한다. 행위자의 내적 자유에 집중하는 윤리
와 달리 법은 행위자의 외적 자유, 즉 공적 영역에서 행위자의 자율
을 보호해야 한다. 즉, 칸트의 실천철학에서 우리가 도출할 수 있는
더 중요한 메시지는 법이 자유로운 행위를 가능하게 하는 조건이어
야 한다는 것이다. 다시 말해, 규범적으로 적절한 상황에서 법은 행
위자의 외적 자유뿐 아니라 내적 자유의 보존도 지향해야 한다.[36]

 앞서 언급한 철학적 부연설명을 통해 나치 법이론에서 법의 도덕
화가 얼마나 치명적 역할을 했는지 알 수 있다. 나치 법률가들은 도
덕과 법을 통일해야 한다는 얼핏 순진해 보이는 요구를 하면서, 동
시에 중대한 규범 위반—국민의 윤리적 자기 의무를 국가가 의도
적으로 요구하는 것—도 지지했다. 나치 법 이데올로기는 개인에게
법적 규범에 따를 것을 요구하는 것에 그치지 않고 내면의 윤리적
헌신으로 국가의 명령이나 법적 규칙을 따르기를 요구했다. 행위자
가 법에 따르는 동기에 대해 국가의 중립성을 포기한 전략은 국가가
정치적 통제력을 행사할 가능성을 높였다.

 도덕과 법의 구분을 완전히 없애려는 시도는 정권의 권력을 강화
했다. 내적 헌신과 충성의 태도는 단순한 법의 준수 이상을 요구하
는 총통국가의 목표에 부합했다. 역사학자들이 주장해 왔듯이 총통
의 명령에 대한 '윤리적 수용'은 전쟁 전 제3제국의 내부 안정을 위
해 필수적이었다. 한스 몸젠Hans Mommsen은 1933년 4월 7일에 발효
된 「직업공무원제의 재건을 위한 법」의 효과에 대한 괄목할 만한 연
구에서 다음과 같이 지적했다.

국가행정은 역사적 연속성의 기본 요소이며, 지속되는 모든 내재적 또는 외재적 권력을 과시하기 위한 전제조건이다—이는 제3제국에도 해당된다. 충성스런 공무원들로 구성된 조직의 노동과 성실함이 없었다면 제3제국 초기의 상당한 성공과 비교적 높은 수준의 내부 안정은 설명할 길이 없다. 국방군을 제외하면, 공무원 조직은 제3제국의 권력구조를 안정화한 가장 강력한 전통적 요인이었다.[37]

　나치 정권은 일찍이 1933년 2월과 3월의 초기 법적 조치들(「제국의회 화재 법령」과 「수권법」)을 통해 외적 자유를 혹독하게 제한했다. 그러나 나치의 전체주의적 야망은 이동과 집회의 자유, 선거권 및 피선거권, 정당 가입의 권리 같은 시민의 권리 및 자유를 축소하는 수준을 넘어섰다. 이들은 국민의 정신까지 통제하여 전체 권력을 추구했다. 윤리적으로 우월한 공통체에 속하는 대가는 양심의 자유를 박탈당하고 정권이 개인의 내면에서 이뤄지는 가치 판단이나 평가에 접근하도록 허용하는 것이었다.

8.3 나치의 법은 무효인가?

　　법실증주의에 대한 라드브루흐의 비판으로 돌아가보자. 확실히, 나치의 원문에서 우리가 추론해 낼 수 있는 것은 라드브루흐가 독일의 법률가들이 나치 정권에 영합한 책임을 법실증주의에 전가하려다 핵심을 놓쳤다는 사실이다. 나치 사상가들은 법실증주의를 맹비난했을 뿐 아니라 정치적 맥락에서 보더라도 그들이 법에 부과한 조건들, 즉 법과 도덕이 하나의 통일체를 형성하고, 정의가 법에 내재되어야 한다는 것은 종전 후 실증주의 비판 진영에서 지적했던 것과 다르지 않았다.

앞의 논의를 통해 법이론은 내적 자유와 외적 자유의 구분을 중요하게 받아들이고 도덕과 법은 별개의 규범 영역에 해당한다는 사실을 인정해야 함을 알 수 있다. 다시 강조하지만, 법과 도덕을 분리하는 것은 행위자의 자유와 자율을 위해 매우 중요하다. 법실증주의가 법과 도덕의 분리를 설파한다고 해서 라드브루흐가 이를 강하게 거부할 일은 아니다. 이런 맥락에서 보면 라드브루흐는 "법률전문가들에게 본인이 전달하려던 자유주의라는 정신적 메시지를 절반밖에 소화하지 못했다"라는 H. L. A. 하트Hart의 비판은 정확한 지적이다.[38]

그러나 라드브루흐의 논문 「법률적 불법과 초법률적 법」을 좀 더 면밀히 살펴보면 그런 실증주의의 분리가능론 그 자체를 거부하는 데 초점을 맞춘 것이 아님을 알 수 있다. 그보다 라드브루흐는 그것이 법실증주의의 법적 유효성 개념에 미친 결과를 가장 우려했다. 그는 실증주의가 정의를 외적 평가기준으로 격하했기 때문에 나치 법체계의 유효성에 의문을 제기할 수도 없었고, 하지도 않았다고 보았다. 그가 법과 도덕의 분리에 대해 비판한 것은 법실증주의로 인해 나치의 법체계가 도덕적으로 나쁜 법이었다고 하는 평가로 그칠 수 있다는 우려 때문이기도 했다. 본질적으로, 라드브루흐의 비판적 판단을 촉발한 것은 나치 법의 **유효성**에 대한 실증주의의 입장이었다.

법실증주의는 실제로 악법도 법이라는 입장을 견지한다. 법실증주의자들이 계속 강조하듯, 어떤 법체계가 도덕의 기준에 미치지 못한다고 해서 그에 속한 법규들이 반드시 법적으로 무효라는 뜻은 아니며, 그 법체계는 여전히 국민에게 권위를 지닌다. 한스 켈젠은 "실정법적 질서의 유효성은 어떤 도덕체계와 부합하는지에 달린 것이 아니다"라고 했다.[39] 마찬가지로, 하트 역시 악법이라고 해서 곧 그 법이 무효가 되는 것은 아니라고 주장했다. 그는 자신의 주요 논문 「실증주의 그리고 법과 도덕의 분리」에서 "법이 존재한다는 것, 그리고 그 법이 장점과 단점이 있다는 것은 별개의 문제"라는 존 오스틴의 말을 인용하며 이에 동의한다.[40]

법과 도덕은 분리되어야 한다는 켈젠의 주장은 과학적 법이론을 제시하려는 좀 더 광범위한 계획에서 비롯된 것이다. 그는 순수법학 이론의 목표는 "법이 '어떠해야 하는가'가 아닌, 법은 '무엇이고 어떻게 되어 있는가'라는 질문에 답하는 것"이라고 했다.[41] 그는 공평성을 지키기 위해서 법은 윤리 및 정치 같은 '외래적 요소'로부터 자유로워야 한다고 주장했다.[42] 법은 오직 '순수'한 형태에서만 정치적·이데올로기적 분쟁의 중립적 중재자로서 그 역할을 다할 수 있다고 본 것이다.

법에 대한 켈젠의 서술적 접근은 법적 유효성에 대한 그의 설명에도 영향을 미쳤다. 켈젠이 보기에 어떤 규범이 특정 법체계 안에서 법적으로 유효한 것은, 유효한 법규범을 생성하는 해당 체계 내 기존의 절차에 맞추어 생성되었을 경우에 한정된다.[43] 따라서 법적 유효성은 정치적·도덕적 올바름이라는 모든 기준과 무관하게 오직 법적 근거 위에서만 정의되고 평가되었다.

켈젠은 확고한 분리론자였지만, 도덕과 정의의 가치를 중요시했다. 그가 보기에 도덕과 정의는 법체계를 평가하는 외적 기준에 해당했다. 실제로, 켈젠은 법과 도덕을 분리하는 것이 도덕적 결함이 있는 법규를 개정하고 전반적으로 법을 개혁하는 데 필수적이라고 여겼다. 그는 법이 정의와 도덕의 요건을 충족해야 한다는 요구는 법과 정의가 개념적으로 얽혀있지 않을 경우에만 의미가 있다고 강조했다.[44]

켈젠의 입장에서 당황스러운 부분은 그가 도덕적 가치나 규범이 참인지는 물론 보편적으로 유효한지조차도 증명하는 것이 불가능하다고 여기는 상대주의자였다는 것이다. 그런 주장은 종교적 도그마—즉, 그가 가치 다양성에 대한 민주주의의 관용과 양립할 수 없다고 보았던 절대주의의 한 형태—의 잔재나 다름없다고 켈젠은 주장했다.[45]

켈젠식 법실증주의의 약점은 법과 도덕을 분리하는 것보다, 이런 급진적 형태의 상대주의다. 도덕과 정의가 법체계 및 법적 규범을 평가하기 위한 외적 기준을 구성한다는 본인의 논지와도 충돌한다. 켈젠의 상대주의는 당시 민주주의는 안정적 가치기반이 부족하다고 비난한 나치 법사상가들의 신랄한 비판을 불러왔다. 켈젠이 미처 깨닫지 못했던 것은, 민족사회주의같은 도덕화된 이데올로기를 거부하려 한다면, 상대주의는 결코 타당한 메타윤리적 입장이 아니라는 것이다.

종전 후 라드브루흐가 실증주의로부터 한층 더 거리를 두었던 것은 실증주의와 상대주의가 밀착된 탓이었는지도 모른다. 물론, 법실증주의를 상대주의나 주관주의와 연결 지을 필요는 없다. 도덕적 기준을 옳고 그름으로 판단하는 것은 켈젠의 견해처럼 가치절대주의나 관념적 형태의 가치실재론value realism에 빠지게 하는 것이 아니다. 그러나 자유민주주의의 가치다원주의가 상대주의를 수반한다는 켈젠의 주장은 바이마르 시대에 민주주의적 법사상을 형성했다.[46]

라드브루흐는 바이마르 민주정 시기에 일종의 상대주의를 지지했지만, 민족사회주의를 경험하면서 정의를 특정 세계관이나 실천적-정치적 관점에서는 상대화할 수 없는 객관적 기준으로 이해하게 되었다. 그의 관점에서 법과 정의의 내적 연결은 나치가 법을 악용하는 것을 바로잡기 위해 반드시 필요했다.

내가 보기에 라드브루흐는 전후 법실증주의에 대한 비판에서 별개의 두 가지 문제를 혼동했다. 하나는 특정 법체계에 관련된 법률 조항과 규범의 사실상의 유효성이고, 다른 하나는 법체계의 도덕적 가치, 즉 정의 및 법치에 부합하는 도덕적 적절성을 어떻게 평가할 것인가 하는 문제이다. 좀 더 설명해 보겠다.

주목할 부분은 라드브루흐가 실증주의를 반대하는 것은 전후 독일의 특정 문제—즉 나치 시대에 끔찍한 악행을 저질러 기소된 이들이 자기 행위는 나치 정권 아래에서 합법이었다고 주장하는 사건에 대한 처리—가 계기가 되었다는 점이다. 라드브루흐는 법실증주의는 정권을 비판하는 이들을 나치 당국에 신고하는 등 나치 치하에서 벌어진 끔찍한 행위들을 기소할 수단조차 제공하지 못했다고 주장했다.

라드브루흐의 논문 「법률적 불법과 초법률적 법」은 바로 그런 사건을 예로 들며 시작된다. 법무부 서기였던 푸트파르켄Puttfarken은 괴티흐Göttig라는 상인이 공중화장실 벽에 '히틀러는 대량학살자이며 전쟁은 그의 책임이다'라는 문구를 써놓았다며 나치 당국에 그를 신고했다. 그 결과 괴티흐는 사형선고를 받고 나치에 의해 처형당했다. 종전 후 푸트파르켄은 튀링겐(러시아 지역) 법정에서 재판을 받고 살인의 공범으로 종신형을 선고받았다.

라드브루흐는 이 사건에서 정의가 실정법을 대체했다는 결론을 도출했다. 단순히 어떤 법규가 부당하기 때문에 유효성을 상실한다고 주장하는 대신 그는 법적 안정성을 위해 "법과 정의 사이의 충돌이, 법률이 '결함 있는 법'으로 간주되어 정의에 자리를 내줘야 할 만큼 참을 수 없는 정도에 이르지 않는 한, 실정법이 정의에 우선한다"고 설명했다.[47] '라드브루흐 공식'으로도 불리는 이 같은 논증을 바탕으로 라드브루흐는 나치의 법이 무효라고 선언해야만 그런 밀고 사건들에 대해 판결할 수 있다고 주장했다. 그러나 그렇게까지 갈 필요도 없다. 나치의 법 전체가 무효라는 선언이나 특정 나치 법규가 불법적이라는 주장 없이도 밀고자들에 대한 유죄판결은 얼마든지 가능했다. 실제로, 라드브루흐는 푸트파르켄 사건에 관한 논문에서 이 효과에 대해 당시 법원의 수석 검사인 프리드리히 쿠슈니츠키Friedrich Kuschnitzki 박사의 말을 대거 인용했다. "민족사회주의에 대한 본인의 신념 때문에 괴티흐를 밀고하게 되었다는 피고인의 주장은 법적으로 무의미하다. 자신의 정치적 신념이 어떻든 타인을 고발할 법적 의무 같은 것은 없기 때문이다. 히틀러 통치 시기에도 그런 법적 의무는 존재하지 않았다"라는 내용이다.[48] 수석 검사의 논증을 통해 라드브루흐 공식—나치의 법은 무효이며 정의에 자리를 내줘야 한다는 것—은 피고인을 살인 방조로 유죄 판단하는 요인에 포함되지 않았다는 것이 확인된다.[49] 수석 검사는 당대 현존하던 실정법을 근거로 삼았지만, 그 법도 시민들이 타인을 당국에 고발하는 등의 악독한 행위를 의무적으로 행하도록 강제하지는 않았다. 수석 검사의 주장은 밀고 사건에서 익숙하던 방어논리도 힘을 못쓰게 했다.

통상적으로, 기소당한 밀고자들은 나치의 법이 나치 체제를 조롱하고 비판하거나 언어적으로 공격한 이들을 고발하도록 강제했다고 주장했다. 그러나 종전 이후 검찰 측은 법적으로 그렇게 하도록 강요하지 않았으며, 그들이 법이 요구한 수준을 넘어 대개 개인적인 악의를 가지고 행동한 것이라고 주장했다.[50]

나치 독일의 정치적 상황을 고려할 때, 피고인들은 패배주의적 행동을 하거나 총통의 대량 학살을 비판하면 사형까지는 아니어도 엄벌에 처해진다는 것을 잘 알고 있었다.

밀고 사건들을 다룬 전후 법정에서는 1871년 제정된 독일의 형법 등 나치 통치 중에도 여전히 유효했던, 나치 시대 이전의 법률에 호소하는 경우가 많았다. 전후 법원의 판결에서는 나치 법의 유효성을 반박하기보다는 이처럼 기존 법률을 근거로 판결하는 쪽이 법적으로 좀 더 안전했다. 다시 말해, 법정에서는 대개 라드브루흐 공

식—정의와 실정법이 심각하게 서로 충돌할 경우 실정법이 정의에
굴복해야 한다는 원칙—의 높은 도덕적 기준을 회피하는 경우가 많
았다.

그러나 라드브루흐의 논문에서 강조된 전후 법원 판결에는 또 다
른 차원의 문제도 있었다. 전후 법정이 마주한 과제는 대개 과거의
불의를 바로잡는 일과 더불어 정의를 수행할 정당한 권리는 나치 사
법권이 아니라 자신들에게 있다고 주장할 만한 이유를 대는 것이었
다. 따라서 법원은 나치 법체계 내부의 왜곡된 점을 들춰내고 구체
적으로 짚어야 했다. 다시 말하지만, 푸트파르켄 사건에서 수석 검
사의 논증은 이를 잘 설명하고 있다.

> 결정적인 질문은 피고인의 행위가 사법행정을 위한 것이었느
> 냐이며, 이는 사법체계가 정의를 집행하는 위치에 있다는 것을
> 전제로 한다. **법규에 대한 충실성, 공정함을 향한 노력, 법적 안정성**
> **이 바로 사법제도의 요건이다.** 히틀러 정권의 정치화된 사법제도
> 에는 이 세 가지가 모두 없다.[51]

이 구절에서 검사관은 일반적으로 법치를 위한 규정을 구성하는
적절한 법체계의 전제조건을 구체적으로 밝힌다. 즉, 법치는 법이
무엇을 요구하는지를 국민이 이해할 수 있도록 한다. 또한 국민은
법정이 자의적으로 형을 선고하지 않고, 법 앞에서 평등하다는 원칙
을 존중하며, 주어진 법을 공정하게 적용할 것이라고 기대할 수 있
는 근거가 있어야 한다. 법적 체계가 이런 조건들을 무시하지 않고

그에 부합하고자 노력하는 경우에만, 그 법을 이용하는 사람들이 정의의 이름으로 행동했다고 주장할 수 있다.

그러나 어떤 법체계가 법치의 기본 요건을 충족하지 않는다고 주장하는 것과 그 법이 유효하지 않다고 주장하는 것은 다르다. 적어도 **'법적 유효성'**이 실정법적 유효성, 즉 실제로 시행 중인 법령이라는 의미에서 유효성을 일컫는 '실증법적 유효성'을 의미한다면 말이다. 물론 우리는 '법의 유효성'을 정의와 도덕의 기준을 충족한다는 **도덕적** 의미로 이해할 수도 있다. 그러나 이를 제대로 표현하는 말은 '법적 유효성'보다는 '정당성'이다. **법적** 유효성이란 법을 만드는 데 규정된 절차를 준수하는 것에 달려있을 뿐, 도덕적 기준에 부합하는지에 달려있지 않기 때문이다. 정의와 상충하거나 심지어 심각하게 충돌한다고 해서 실정법이 무효화되지는 않는다. 사악한 법체계도 국민에게 사실상 지속적인 권위를 지닌다.

그러나 더 큰 질문이 남아있다. 나치의 법체계에서 **법적으로** 무엇이 잘못되었는지 이해한다고 해도, 범죄적 정치체제가 법을 도구화하는 것을 어떻게 막을 수 있을까? 다음 글에서는 법실증주의와 그 반대 입장에서 얻은 통찰을 결합하고, 또 그중 어느 한쪽에 치우치지 않는 법치 체계의 구성 조건에 대해 간략히 설명하는 것으로 이 문제를 다루고자 한다.

8.4 법치의 조건

앞서 나는 법과 도덕의 분리라는 법실증주의의 핵심 가정을 옹호했다. 법과 도덕을 분리하는 것이 개인의 자율을 지키기 위해 중요하다는 규범적 논거에 근거한 주장이었다.[52] 그러나 나치 법과 관련된 끔찍한 경험 때문에, 우리로 하여금 법과 도덕 사이에 더 많은 연관성이 있다고 가정하게 만들며, 법과 도덕이 완전히 별개라고 보기에는 충분치 않다고 의문을 제기할 수 있다. 제3제국에서 법이 악용되는 것을 목도했던 경험 때문에 우리는 적절한 법체계 속에서 정의의 역할에 대해 더 깊이 고민하는 것이 아닐까?

실제로, 비록 일부 법실증주의자들이 법, 도덕, 정의의 관계를 구체화하지 못했다고 해서 분리가능성 논제가 이들간의 관계를 더 깊이 고찰하지 않아도 된다는 면죄부를 주는 것은 아니다. 예를 들면, 1967년『순수법학』영문판에서 한스 켈젠은 다음과 같이 언급했다.

> 전체주의 국가의 법질서는 정부가 원하지 않는 의견, 종교, 인종에 해당하는 이들을 강제수용소에 감금하고, 온갖 종류의 노동을 강요하고, 심지어 죽일 수 있는 권한까지 정부에 부여한다. 도덕적 견지에서는 이런 조치가 맹비난을 받겠지만, 이를 이들 국가의 법질서 외부에서 일어나는 일로 간주할 수는 없다.[53]

켈젠은 종전 후 20여 년이 넘도록 나치의 법적 명령과 법규가 실정법이었다고 재확인한 것 외에는 그에 대해 별다른 언급을 하지 않았다. 마찬가지로, 하트 역시 "실제로 종종 그렇게 해왔다 하더라도 법이 도덕의 특정 요구를 반영하거나 충족시킨다는 것은 필연적 진리는 아니다"라고 주장했다.[54] 이런 점을 부인할 수는 없는 사실이지만, 우리는 나치 법체계가 도덕적으로 끔찍했다는 점 외에도 좀 더 말할 수 있어야 한다.

법실증주의에 반대하는 사람들은 나치 법의 **법적** 실패에 대해 성찰할 것을 촉구한다. 데이비드 다이젠하우스David Dyzenhaus는 그런 법적 논의의 틀에서는 "도덕적으로 잘못될 뿐만 아니라 … 법적으로도 잘못된다"라고 상기시켜 준다.[55]

나치 법은 실제로 중대한 구조적 결함을 드러냈으며, 이러한 실패는 정권 최악의 범죄와 연결되어 있다. 정치적 동기에 의한 소급입법 외에도, 최악의 참사가 벌어진 건 총통의 (구두 및 서면) 지시가 비밀리에 이루어졌기 때문이었다. 이를테면, 유대인 학살에 대해서는 해당 법규는 말할 것도 없고 아무런 서면 명령도 없었다.[56] 그리고 약 7만 명의 목숨을 앗아간 민족사회주의 안락사 프로그램의 '법적 토대'가 된 것은 히틀러가 총통비서실장인 필리프 보울러Philipp Bouhler와 자신의 주치의 카를 브란트Karl Brandt에게 보낸 비공식 서한 한 통이었다. 1939년 9월 1일 자 이 서한은 '불치병 환자들의 질병 상태를 최대한 면밀하게 판단한 후 안락사를 허용할 수 있다'라는 정보를 '선정된 의사들'에게 전달할 권한을 이들에게 부여했다.[57]

뉘른베르크법이라고도 불리는 나치의 인종법은 1935년 9월 15일에 제정되어 《제국법률관보》에 공식 게재되었다. 그러나 나치 정권은 안락사 혹은 유대인 및 다른 소수 민족 집단(롬Roma과 신티Sinti)• 말살에 대해 《제국법률관보》에 공표하는 것은 말할 것도 없이, 법규의 형태로 명령을 내릴 엄두조차 내지 못했다. 전체주의 체제가 권력을 행사하고 정치적 범죄성을 드러내는 주요 도구는 비밀주의다. 총통의 명령을 공포하라는 요건만으로도 나치 정권이 최악으로 치닫는 것은 막을 수 있었을 것이다.[58]

따라서 이런 주장은, 공표성, 투명성, 이해 가능성, 신뢰성, 예측 가능성, 일관성, 자의적 소급입법 방지 같은 규범적 조건을 인정하고 이를 충족하려는 법체계는 전체주의 권력에 적합하지 않다고 일반화될 수 있다. 순전히 법적 차원에서만 보자면, 제3제국의 가공할 범죄들은 그런 요건에 부합하는 법체계에서는 불가능했을 것이다.

앞서 언급했던 규범적 조건은 기본적으로 론 L. 풀러가 가상의 인물인 선의의 통치자(렉스) 이야기를 통해 개발한 원칙이다. 렉스는 좋은 의도에서 출발했으나 오락가락하는 입법으로 시민들을 혼란에 빠뜨렸다.[59] 풀러는 법적 규칙과 규범은 일반적이어야 하고 그 영향을 받는 대상들에게 알려져야(공포되어야) 한다고 주장했다. 또한 소급 적용이 아니라 향후 발생하는 사건에 적용해야 하며, 전향적이어야 하고, 명확하고 이해하기 쉬우며, 모순이 없어야 한다. 요약하자면, 법적 규칙과 규범은 불가능한 것을 요구해서는 안 되고, 계속 바뀌어서도 안 되며, 제정된 법과 공식 조치는 일치되어야 한다.

• 유랑생활을 하는 유럽 내 소수민족들로, '집시'로도 통칭함.

풀러는 적절한 입법형태를 규정하는 이 같은 원칙을 '법의 내적 도덕성'이라고 칭했다.[60] 풀러의 용어와 개략적인 원칙에 대한 이해는 내가 비판해온 방식대로 법과 도덕의 경계를 흐릿하게 했다. 그는 내가 문제라고 보는 법과 도덕의 통합에 가까워졌다. 나는 이것이 문제라고 본다.

적정한 법체계에 대한 풀러의 조건―공표성, 투명성, 이해 가능성, 신뢰성, 예측 가능성, 일관성/정합성, 자의적 소급 입법으로부터의 자유―은 완전한 도덕적 원칙도, 법의 내적인 도덕적 요소도 아니다. 오히려 그 조건들은 법과 도덕 사이에 있는 규범적 요건을 구성한다. 법적 원칙도 도덕적 원칙도 아니므로, 이는 법치를 공공연히 위반하지 않는 법체계의 구성 조건으로 보는 것이 가장 적합하다. 이 조건들은 도덕적 통찰(폭압적인 통치자는 말할 것도 없고, 변덕스러운 통치자의 손에 법을 맡긴 결과에 대한 통찰)을 법치에 따르는 법체계의 규범적 요건으로 해석한 데서 비롯된다. 그런 법질서는 도덕적으로 적절한 법체계의 이상에 더 가까워질 수 있다. 법치의 요건은 그런 규범 영역 사이의 구분을 지워 없애지 않고도 법과 도덕을 연결한다.

우리는 이를 어떻게 이해해야 할까? 이데올로기 중심의 도덕화가 될 가능성이 있는 법과 도덕의 내적 통합을 위해 애쓰는 대신, 법체계가 제대로 작동하지 않을 수 있다는 도덕적 통찰이 규범적 요건―형식적으로 온건한 법체계(즉, 법치를 공공연히 위반하지 않는 법체계)의 구성 조건으로 작동하는―이 되는 편이 더 낫다. 온전한 법체계, 즉 행위자의 자율성에 초점을 맞춘 법체계의 조건에 대한 통찰은 법이 개인을 통제하고 억압하는 권위주의적, 또는 전체주의적 정권에 조력할 때 벌어질 수 있는 결과에 대해 깊이 생각함으로써 얻을 수 있다.

입법자 렉스에 대한 풀러의 우화는 이를 잘 보여준다. 하지만 나치 통치와 같은 현실 세계의 역사적 사건은 법체계가 단지 정치 이데올로기의 도구로 사용될 뿐 앞서 언급한 공표성, 투명성, 이해 가능성, 신뢰성, 예측 가능성, 일관성, 정합성, 자의적 소급 입법으로부터의 자유 등의 조건을 충족하지 못할 때 실제로 어떤 결과가 벌어지는지 확실히 알려준다.

풀러는 이 원칙들을 법의 내적 도덕성으로 해석한 대가를 호되게 치렀다. 그는 나치 법체계에서 무엇이 잘못되었는지 정확히 이해했지만, 법이론가들은 그의 이론적 기여를 제대로 받아들이지 않았다. 그들은 풀러의 이론이 법과 도덕의 경계를 지워버렸다고 생각했기 때문이다. 하트는 분리론이 불가피한 입장이라고 보았는데, 풀러의 원칙을 "도덕의 한 형태로 분류한 것이 혼란을 낳는다"고 주장했다.[61] 그러므로 하트는 풀러의 요건을 "규칙에 따라 인간행위를 이끌려는 목적을 효율적으로 달성하기 위해 필요한 것이 무엇인지를 현실적으로 고려해야만 도달할 수 있는" 규칙일 뿐이라고 했다.[62] 그러나 하트가 풀러의 조건들을 비판적으로 해석하면서 그 규범적 중요성을 오판했는데, 그 조건들을 행위자의 자율성을 지향하는 법치체계의 구성 조건으로 해석하는 순간 그 의미는 명백해진다.[63]

나치의 법체계는 순전히 위계적인 힘의 행사에 가까웠다. 풀러는 이를 "어떤 권위적인 원천으로부터 나와 시민들에게 부과되는, 권위의 일방적인 투영물"로 보았다.[64] 나치의 법은 단순히 통제에 관한 문제가 아니었으며 그 과정에서 국민에게 잔혹한 테러를 일삼았다. 나치 국가는 특히 유대인, 정치적 반대자, 장애인에게는 법치 체계의 모든 기준을 무시했다. 나치 독일은 한 개인에게 무제한적 권력을 주고, 기본적인 자유와 권리를 박탈했고, 반체제인사들을 의도적으로 감옥에 가두고 살해했으며, 특정 민족집단 전체를 소멸시키려 했다. 그리고 법은 이 독재정치 체제에 맞추어 변화했다.

행위자의 내적·외적 자유를 존중하는 법은 다른 방식으로 구성된다. 그런 법은 '시민에게 가하는' 잔혹한 힘 대신에 조정, 협력, 갈등 해결을 위한 규칙을 설정하여 국민 사이의 관계를 규범적으로 구성함으로써 행위자 자율성을 보호하려는 사회적 관행으로 이루어진다. 이런 맥락에서 법은 사회적 상호작용의 규칙을 만들기 위한 수단을 구현한다.

잘 알려진 하트의 주장대로, 사회적 관행으로서의 법은 일차 규칙 및 이차 규칙의 체계다. 일차 규칙은 우리에게 무엇을 할지 알려주고, 특정한 행위(예를 들면 계약 체결)를 할 수 있게 해준다. 이차 규칙은 일차 규칙을 어떻게 만들어낼지 규정한다. 그러나 사회적 관행은 그 관행의 목표를 알려주는 동시에 무엇을 관행 규칙을 준수하는 것으로 볼지, 무엇이 단순히 규칙을 위반하는 것이고 무엇이 관행을 완전히 무시하는 것인지를 판단할 수 있는 구성 기준을 필요로 한다.[65] 그리고 우리가 법치체계를 위한 구성 목적이나 기준으로서 정의의 적절한 역할을 발견하는 것이 바로 이 지점이다. 정의는 좋거나 나쁜 법적 관행을 평가하기 위한 매개변수다.

법적 맥락에서 정의의 개념은 우선 공정함, 법 앞의 평등, 적법한 절차, 공정한 절차, 그리고 법적으로 무관한 요인(피고인의 종교적·정치적 견해, 민족적 배경 등)의 배제 등을 포함한다. 즉 정의는 앞서 언급한 법치 체계의 조건(공표성, 보편성, 명확성, 일관성 등)에 대한 추가적인 구성적 요소다.

정의가 실현되려면 법체계 역시 정치적 억압이나 심지어 범죄에 조력하는 것이 아니라, 정당한 조건을 개선하고 촉진해야 한다. 정당한 국가질서에 뿌리내린 법은 전체주의 국가질서의 법과는 다른 구성 조건으로 형성된다.

법은 미래지향적인 계획, 사회 조정과 협력을 통해 행위자의 자유를 확대해야 한다. 법체계는 사회적 갈등을 비폭력적인 방식으로, 그리고 가급적 합리적인 숙고와 협상을 통해 해결하기 위해 각종 규칙과 규정을 만들어야 한다. 전반적으로 법은 행위자들의 내적·외적 자유를 보장해야 한다. 그러나 이런 목적을 달성하기 위해 법은 도덕적·이데올로기적 각축장이 되지 않도록 해야 한다.

나치의 법체계는 법이 이런 요건들을 충족하는 데 어떻게 완전히 실패했는지를 단적으로 보여주는 역사적 사례다. 법은 정치적 압제의 도구가 되어버렸으며, 그렇게 법이 악용된 사실은 이데올로기적 도덕화를 통해 은폐되었다.

8.5 맺음말

　　나치 법에 대한 분석을 통해 우리는 어떤 결론을 도출해야 할까? 한 가지 확실한 결론은 나치 법의 왜곡이 법실증주의와 자연법 이론의 이분법을 뛰어넘을 것을 요구하며 법철학에 어려운 질문을 던진다는 점이다.

　나치 법률가들의 법에 대한 관점은 얼핏 자연법 이론과 일치하는 듯 보인다. 자연법을 지지하는 쪽은 법과 도덕의 긴밀한 연결을 적극 옹호하면서, 정의와 도덕은 법에 필수적이라고 강력히 주장하기도 했다. 당시의 원전을 통해서도 확인되듯, 이는 나치 이론가들이 모두 동의하는 부분이었다. 물론, 예나 지금이나 자연법 이론가들은 법을 한낱 전체주의 정권의 수단으로 전락시킬 개념을 전파하는 것과 거리가 멀다. 그들이 법과 도덕의 긴밀한 연결을 강조한 것은 법의 이데올로기적 악용을 막기 위한 것이었다.

　그러나 앞서 살펴본 것 같이 우리는 도덕과 법의 경계를 지우거나 그 거리를 좁히려는 모든 시도를 전면적으로 거부하지는 않는다 해도 회의적으로 보아야 한다. 그런 시도는 행위자의 자유를 보장하려면 두 규범 영역의 분리가 결정적이라는 사실을 인정하지 않기 때문이다. 도덕과 법이 규제하는 영역은 서로 다르기 때문에, 이들은 각기 다른 규범적 원칙을 따른다. 단순히 법과 도덕의 일치만을 추구하는 것은 나치의 법체계에서 발견된 종류의 왜곡을 바로잡는 데에는 적절하지 않다.

　법실증주의에 대해 라드부르흐가 전후에 비판한 것은 종종 법실증주의에 대한 자연법의 승리로 해석되었다. 이는 타당한 해석이 아니다. 사악한 법체계도 여전히 권위를 지니며 그 법령은 법적으로 유효하고 효력을 발휘한다는 면에서 실증주의가 옳다. 그러나 법이 도덕적으로 나쁘거나 부당할 수 있다고 단순히 주장하기보다 정의, 도덕, 법의 관계에 대해 더 논의할 것이 있다고 상기시켜주는 자연법 이론가들도 옳다.

지금까지 나는 정의를 일반성, 공표성, 명확성, 신뢰성 같은 추가적인 조건과 함께, 법치에 따른 법체계의 구성적 목적이자 기준이라고 해석하는 것에 대해 설명했다. 이는 정의와 법을 연계하는 것이 법체계의 악화를 막는 데 중요하다는 라드브루흐의 주장에 대한 직접적인 답변이다. 법치체계의 구성 조건을 통해 법과 도덕의 관계를 이해하자는 주장은 법과 도덕은 별개의 규범 영역에 해당한다는 법실증주의의 주장을 존중하면서 자연법 이론가들의 주장도 진지하게 받아들인 것이다.

이제 이번 장의 핵심 질문으로 돌아가보자. 민족사회주의가 법을 도덕화한 것에서 얻을 수 있는 결론은 무엇일까? 나치 이론가들이 법과 도덕의 통합을 지지했다는 사실에 내포된 의미는 무엇일까?

한가지 가능한 답변은 나치 이론가들이 이데올로기적으로 왜곡된 도덕 개념을 지니고 있었다고 인정하는 것 외에 딱히 심오한 결론이 없다는 것이다. 다시 말해, 법의 도덕화가 '올바른' 또는 '참된' 도덕에 근거한다면 나치 통치하에서와 같이 법을 이데올로기적으로 악용하는 일은 일어나지 않으리라는 것이다.

그러나 이런 주장은 도덕과 법을 별개의 규범 영역으로 다루어야 하는 이유를 정당화하는 이 책의 긴 설명을 무시하는 것일 뿐 아니라 도덕철학에서 오만하게도 '참된 도덕'—즉, 명백히 인정할 수 있고 선험적으로 감지할 수 있는 도덕원칙—으로 간주하는 것을 사회가 늘 염두에 두는 것은 아니라는 사실도 무시한다. 만일 도덕이 우리의 사회적 행동에 의미있는 영향을 미치고 우리의 상호작용과 얽혀있다고 주장한다면, 도덕은 선험적으로 참이라고 판단된 순전히 추상적인 몇몇 공식과 규칙에만 국한될 수 없다. 도덕적 규칙 및 원칙뿐 아니라 도덕적 진실은(우리가 조금이라도 논하는 한) 사회적 관행과 맥락을 통해 그 의미가 해석되어야 한다. 그리고 나치 국가와 같은 맥락에서는 바로 이 단계에서 도덕의 왜곡, 실제로 곡해가 이루어진다.[66]

특히 위험한 것은 정치적으로 왜곡된 도덕 이해의 규범적 범주가 이데올로기에서 자유로운 도덕의 규범적 범주와 흡사하다는 점이다. 즉 우리는 도덕에 대한 평범한 이해에서뿐 아니라 나치의 맥락에서도 정직, 진실성, 의무감, 부패 방지 같은 덕목을 발견한다. 이러한 도덕적 개념들은 사회적·정치적 맥락에서 분리해 본다면 순수한 도식이 된다. 이는 온전한 도덕과 왜곡된 도덕을 구분하려는 노력을 복잡하게 만든다. 실제로, 실행 가능한 도덕과 정치적으로 뒤틀린 도덕 간의 차이는 특정한 사회적·정치적 맥락에서 이런 도덕 공식과 개념을 어떻게 해석하고 활용하는지를 고려해야만 비로소 구분할 수 있다.

나치 체제는 도덕적 원칙, 규칙, 덕목에 대해 자체적으로 해석했다. 특히 그런 왜곡된 도덕은 나치 친위대 등 이데올로기 중심의 나치 조직에 파고들었다. 하인리히 힘러는 '정직과 진실함', '용감, 충성, 용기'라는 덕목과, '재산의 신성함', '남자다운 규율이라는 규칙'이 어떻게 정치적으로 이해되고 실행되어야 하는지에 대한 자신의 해석을 선전했다.[67]

법은 그 자체가 심각한 도덕적 문제가 되기보다는 사회적·도덕적 갈등에 대처하는 수단이어야 한다. 나치 법체계가 도덕을 이데올로기적으로 악용한 것을 보면 도덕은 법치의 구성 조건을 규정하는 근원으로 기능할 때 법체계를 평가하기 위한 중요한 매개변수로서의 역할을 가장 잘 수행한다는 것을 알 수 있다. 그리고 법치의 요건을 준수하는지의 여부가 온전한 법질서인지를 규정한다.

주

1장 서론

1. Steinweis, Alan E., Rachlin, Robert D., "Introduction", in Steinweis and Rachlin(eds.), *The Law in Nazi Germany. Ideology, Opportunism, and the Perversion of Justice* (New York and Oxford: Berghahn, 2013), pp.1-13 참조.

2. Gruchmann, Lothar, *Justiz im Dritten Reich 1933-1940. Anpassung und Unterwerfung in der Ära Gürtner* (München: Oldenbourg, 1988) 참조.

3. 민족사회주의 법률가들의 직책과 나치 국가에 협력한 사항은 책 말미에 실린 인물 약력을 통해 알 수 있다.

4. Coblitz, Wilhelm, "Vorbemerkungen", in Frank, Hans (ed.), *Nationalsozialistisches Handbuch für Recht und Gesetzgebung* (München: Zentralverlag der NSDAP, Franz Eher Nachf., 1935), pp.VII-XI, 특히 p.VII.

5. 상동.

6. "Der Bund Nationalsozialistischer Deutscher Juristen und die Deuts-che Rechtsfront", in Frank (ed.), *Nationalsozialistisches Handbuch für Recht und Gesetzgebung*, pp.1566-1571, 특히 p.1568 참조.

7. "Das Reichsrechtsamt der NSDAP", in Frank (ed.), *Nationalsozialistisches Handbuch für Recht und Gesetzgebung*, pp.1555-1565 참조. 나치당 제국 법무국에서 발행한 민족사회주의 형법 지침에 관한 논의는 이 책의 4.2장을 참조.

8. 1933년 10월 2일, 라이프치히대학에서 열린 독일법률가회의에서 독일법학술원 설립이 발표되었다. 이로써 공법 기관으로서 공식적인 인정을 받았다.

9. *Zeitschrift der Akademie für Deutsches Recht 1934-1944*, ed. by Frank, Hans (until 1942; from then by Otto Georg Thierack), 11 vols. (München, Berlin: C.H. Beck, 1934-1944) 참조.

10. *Akademie für Deutsches Recht 1933-1945. Protokolle der Ausschüsse*, ed. by Schubert, Werner (Frankfurt am Main: Peter Lang, 1986-2019), vol. I-XXIII 참조. 편집장 베르너 슈베르트가 지적했듯, 이 위원회는 입법에 직접적인 영향력을 행사할 수는 없었으나 굉장히 중요한 위치를 차지했으며 이들이 논의한 내용이나 결론은 각료들이 (반드시 찬성하는 것은 아니더라도) 염두에 두곤 했다. 다음을 참조. Schubert, Werner "Vorbemerkungen zur Gesamtedition", in *Akademie für Deutsches Recht 1933-1945. Protokolle der Ausschüsse*, vol. 1 (1986), pp.VIII-XIX, 특히 pp.XVII-XVIII.

11. 형법개혁공식위원회(Amtliche Kommission für die Strafrechtsreform) 회의 규약 내용은 출간되어 있다. *Quellen zur Reform des Strafund Strafprozeßrechts 1933-1939. Protokolle der Strafrechtskommission des Reichsjustizministeriums*, ed. by Schubert, Werner; Regge, Jürgen; Rieß, Peter; Schmid, Werner (Berlin, New York: Walter de Gruyter, 1988-1994), 4 vols. 참조. 귀르트너는 프랑크를 보좌위원으로 임명했으면서도 이외에는 위원회의 자문에 관한 프랑크의 영향력을 무력화하려 했다. 프랑크는 1935년에 위원회를 떠났지만 새로운 형법에 대한 최종 승인은 나치당의 손에 달려있다는 사실을 귀르트너에게 귀띔하는 것도 잊지 않았다. "Einleitung", *Protokolle der Strafrechtskommission des Reichsjustizministeriums*, 1. Teil (1988), pp.XIII-LVIII, 특히 pp.XV-XVI 참조. (각 권은 출간 연도―1988, 1989, 1990, 1994―로 구분하는 게 좋다. 1990년에는 위원회가 개정 작업한 독일 형법전의 다양한 초안들과 함께 추가된 별책도 출간되었다.

12. 이 책의 4.5장도 참조.

13. 1942년 4월 26일 히틀러의 의회 연설 중. 원문은 다음을 참조할 것. Domarus, Max, *Hitler. Reden und Proklamationen 1932-1945. Kommentiert von einem Zeitgenossen*, vol. II Untergang, Zweiter Halbband 1941-1945 (München: Süddeutscher Verlag, 1965), pp.1865-1876, 특히 pp.1874-1875.

14. Domarus, Max, 앞의 책, pp.1876-1877. 1942년 4월 26일의 대독일의회 회의가 마지막이었다. 대독일의회 선거는 하나의 후보자 명부(거의 대부분이 민족사회주의자들)만으로 1938년 4월 11일에 오스트리아 합병에 관한 국민투표와 함께 실시되었다. 히틀러가 룀숙청[나치 돌격대(SA) 대장이었던 에른스트 룀과 돌격대원 100여 명을 나치 친위대(SS)가 살해함]에 대해 정당화했던 1934년 7월 13일 의회 회의에서 그는 이미 독일 민족의 최고재판관 역할을 자처했다. 1942년 4월 26일에는 해당 권한이 자신에게 있음을 공식화하도록 요구했다. 나치 돌격대원 대상의 숙청 작업뿐 아니라 1934년 7월 13일에 있었던 히

틀러의 돌발적인 월권은 1934년 Deutsche Juristen-Zeitung 39, 15에 실린 카를 슈미트의 다음 글에서 정당화됐다. "Der Fuhrer schutzt das Recht. Zur Reichstagsrede Adolf HItlers vom 13. Juli 1934". Schmitt, Carl, *Positionen und Begriffe im Kampf mit Weimar-Genf-Versailes 1923-1939* (Hamburg: Hanseatische Verlagsanstalt, 1940), pp.199-203에 게재. 영문 번역은 Schmitt, "The Führer Protects the Law. On Adolf Hitler's Reichstag Address 13 July 1934", in Rabinbach, Anson and Gilman, Sander L. (eds.), *The Third Reich Sourcebook* (Berkeley, Los Angeles, London: University of California Press, 2013), pp.63-67 참조.

15. Boberach, Heinz (ed.), *Richterbriefe. Dokumente zur Beeinflussung der deutschen Rechtsprechung 1942-1944* (Boppard am Rhein: Harald Boldt, 1975) 참조. 귀르트너는 1941년 1월 29일에 사망했다. 1942년 8월 20일, (프란츠 슐레겔베르거 차관이 법무장관직을 임시로 대행한 시기 이후) 히틀러는 오토 게오르크 티라크를 법무장관에 임명했다.

16. 제국 사법재판소장, 인민법원장, 일부 검사들에게 보낸 1942년 9월 7일 자 훈령(circular decree)에서 티라크는 「판사들에게 보내는 서한」은 판사들에게 내리는 명령은 아니라고 밝혔지만 "사법지도부가 민족사회주의 법 적용에 대해 어떻게 생각하는지"를 보여주는 것이었다. "Runderlaß des Reichsministers der Justiz vom 7. September 1942", in *Richterbriefe*, pp.1-3, 특히 p.2 참조. 판사들에 대한 당시 정권의 복잡한 태도에 관해서는 다음을 참조. Graver, Hans Petter, "Why Adolf Hitler Spared the Judges. Judicial Opposition Against the Nazi State", in German Law Journal 19, 4 (2018), pp.845-877.

17. 1944년에 민족사회주의 형법의 여파를 공개적으로 비판했던 법이론가 중에는 게오르크 담이 있다(이 책의 4.8장 참조).

18. "Ausschuss für Rechtsphilosophie der Akademie für Deutsches Recht", Nietzsche-Archive (Goethe-and-Schiller-Archive) in Weimar, Nr. 72/1588 참조. 전체 내용은 *Akademie für Deutsches Recht 1933-1945. Protokolle der Ausschüsse*, vol. XXIII: Weitere Nachträge (1934-1939), ed. with an introduction by Schubert, Werner (Frankfurt am Main: Peter Lang, 2019), pp.45-78에 게재. 법철학 전문위원회원들 중에는 한스 프랑크(위원장), 카를 아우구스트 엠게(부위원장), 알프레드 로젠베르크, 마르틴 하이데거, 카를 슈미트, 율리우스 바인더, 에리히 융, 에리히 로타커, 루돌프 스탐러, 한스 프레이어, 야콥 폰 윅스퀼 등이 있었다. 베르너 슈베르트가 지적하듯, 1934년 6월 이후 이 위원회에서 회의가 소집되었는지는 불확실하다. 기록보관소에서 더 이상의 기록은 발견되지 않았기 때문이다. 슈베르트는 최근 일부 학자들이 제안한 것 처럼 법철학 전문위원회가 비밀리에 회의를 하지는 않았을 것으로 본다. 다음을 참조. Schubert, "Einleitung", in *Akademie für Deutsches Recht 1933-1945. Protokolle der Ausschüsse*, vol. XXIII,

pp.9-44, 특히 pp.13-18.

19. 창립 대회는 프리드리히 니체의 여동생인 엘리자베트 푀르스터-니체가 주관했다. 프랑크는 개회연설에서 민족사회주의의 목적에 니체를 인용하기도 했다. 프랑크, 로젠베르크, 엠게의 정교한 연설과는 별개로, 바이마르 파일에는 프랑크와 로젠베르크의 연설에 비추어 위원회의 임무를 어떻게 규정할 것인가에 관한 일부 구성원들(바인더, 폰 윅스퀼, 로타커, 융, 스탐러)의 서면 답변도 포함되어 있다.

20. "Antwort von Prof. D. J. Binder vom 9.5.1934", in "Ausschuss für Rechtsphiloso-phie", in *Akademie für Deutsches Recht 1933-1945. Protokolle der Ausschüsse*, vol. XXIII, pp.58-61, 특히 p.60. 바인더 외에도 폰 윅스퀼, 융, 스탐러, 로타커도 서면으로 답변했다. 로타커는 '민족'과 '독일다움'의 정확한 의미를 연구하기 위해 법률가, 역사학자, 사회학자, 철학자, 인종 정책 전문가 등으로 꾸려진 특임 부서를 카이저-빌헬름 연구소 부설로 세우자고 제안했다. "Antwort von Prof. Dr. Erich Rothacker vom 20.5. 1934", in "Ausschuss für Rechtsphilosophie", pp.65-67, 특히 pp.65-66 참조. 바이마르 파일에는 엠게의 요청에 응한 하이데거나 슈미트의 서면 답변은 없다. 민족사회주의에 대한 로타커의 태도와 관련해서는 다음을 참조. Steizinger, Johannes, "From Völkerpsychologie to Cultural Anthropology. Erich Rothacker's Philosophy of Culture", in Hopos 10, 1 (2020), pp.308-328.

21. 프란츠 노이만은 권위 있는 연구서 『괴물(*Behemoth*)』(1942)에서에서 "민족사회주의 이데올로기는 끊임없이 변하고 있다. 이 이데올로기는 어떤 마법같은 신념—리더십 숭배와 지배자 민족(master race)의 우위—을 지닌다. 그러나 그 이데올로기는 일련의 정언적, 교조적 선언 안에서 규정되지 않는다." Neumann, Franz, Behemoth, *The Structure and Practice of National Socialism 1933-1944*, with an introduction by Hayes, Peter (Chicago: Ivan R. Dee, 2009), p.39.

22. Rousseau, Jean-Jacques, "Of the Social Contract", in Rosseau, *The Social Contract and other later political writings*, ed. and transl. by Gourevitch, Victor (Cambridge: Cambridge University Press, 1997), pp.39-152, see particularly Book I, ch. 6 ("Of the Social Pact"), pp.49-51 참조. 루소의 문제는 개인이 자신의 자유를 확보할 수 있는 정치적 결사의 형태를 찾는 것이었다. 그가 제시한 해법은 누구나 다른 모든 이들과 동등하게 주권을 받아들이는 것에 자유롭게 동의하는 사회적 합의였다. 즉, **"우리 각 개인은 자신의 인격과 모든 권력을 일반의지의 최고 지시에 따라 공동으로 맡긴다"라는 것이다.** 앞의 책, p.50(원문대로 강조). 이러한 합의로부터 출발하는 정치체에 대한 루소의 정의가 개인의 독립성을 배제하고 있기 때문에 전체주의로 흐를 가능성이 있는지를 두고 정치학자들 사이에는 의견이 갈린다. 특히 논란의 소지가 있는 부분은 루소가 "이 같은 결사 행위로 집회에

서 나오는 목소리만큼이나 수많은 구성원들로 이뤄진 도덕적 집합체가 생겨나며, 바로 이 결사 행위를 통해 집합체는 그 통합성, 공동의 **자아**, 그 생명력, 그 의지를 부여받는다"라고 주장한 대목이었다. Rousseau, "Of the Social Contract", p.50(원문대로 강조). 루소가 전체주의의 선두에 서 있었다는 비판에 대해서는 Nisbet, Robert A., "Rousseau and Totalitarianism", in *The Journal of Politics* 5, 2 (1943), pp.93-114 참조. 루소에 대한 이 같은 해석(개인적으로는 타당한 의견으로 보지 않는다)을 여기서 자세히 다룰 여유는 없으나, 앞서 살펴봤듯이 나치 법이론가들은 민족사회주의 국가의 규범적 기초를 마련하는 데 루소의 주장은 도움이 되지 않는다고 판단했던 것이 분명하다.

23. Huber, Ernst Rudolf, *Verfassungsrecht des Großdeutschen Reiches*, 2nd ed. (Hamburg: Hanseatische Verlagsanstalt, 1939), pp.195-196.

24. Huber, Ernst Rudolf, 앞의 책, p.196.

25. Huber, Ernst Rudolf, 앞의 책, p.196.

26. Huber, Ernst Rudolf, 앞의 책, p.195. 후버는 헤겔이 이미 『법철학의 기본원칙(*Grundlinien der Philosophie des Rechts*)』§ 258에서) 루소의 일반의지 원칙을 제대로 반박했다고 덧붙이고 있다. 후버가 헤겔을 직접 인용한 것은 아니나, 헤겔의 다음 글을 염두에 두었던 것은 분명하다. "그러나 루소는 (이후 피히테도 그랬던 것처럼) 의지를 개인[einzelnen] 의지의 결정적 형태로만 간주했다. 그리고 보편의지를 합리성 그 자체가 아니라 **의식적 의지**로서 이 개별적인[der Einzelnen] 의지에서 나오는 공통 요소로만 간주했다. 그러므로 국가 테두리 안에서 개인들의 연합은 **계약**이 되고 이는 자연히 그들의 자의적 의지와 견해를 바탕으로 하며 그들 자신의 재량에 따른 명시적 동의에 따라 이루어진다. 또한 여기서 비롯되고 오직 그런 이해로만 연관되는 후속 결과들은 오직 그 자체로 존재하고 절대적 권위와 존엄을 지닌 신성한 [요소]를 파괴한다." Hegel, G. W. F., *Elements of the Philosophy of Right*, ed. by Wood, Allen W., transl. by Nisbet, H.B. (Cambridge University Press, 1991), § 258, p.277.

27. Larenz, Karl, *Deutsche Rechtserneuerung und Rechtsphilosophie* (Tübingen: J.C.B. Mohr [Paul Siebeck], 1934), p.7.

28. Larenz, Karl, 앞의 책, p.6.

29. 상동. 라렌츠는 국가와 공법(公法)은 사법(私法)을 보존하고 보호하기 위해 존재한다고 보았던 칸트와는 달리 헤겔은 사법을 국가에 종속시키려는 경향이 있었다고 강조한다. 앞의 책, p.9. 공법이 사법에 우선한다는 것은 나치 독일의 법률 교리의 원칙이었다.

30. Koonz, Claudia, *The Nazi Conscience* (Cambridge, MA and London: Harvard University Press, 2003), pp.69-102 참조.

31. Kant, Immanuel, "On the common saying: That may be correct in theory, but it

is of no use in practice", in Kant, *Practical Philosophy*, ed. and transl. by Gregor, Mary(Cambridge: Cambridge University Press, 1996), pp.273-309, 특히 p.291 (Academy edition of Kant's writings TP AA 08:291).

32. 칸트는 정언명령의 몇 가지 공식을 제안한다. 테스트 절차들을 포함하는 두 가지 정언명령 공식은 보편법칙 공식(Formula of Universal Law, "언제나 보편법칙으로도 성립될 수 있는 의지의 준칙에 따라서만 행위하라")과 인간성 공식(Formula of Humanity, "당신 자신에 대해서든 타인에 대해서든 인격에 대해 인간을 단지 수단으로서가 아니라 언제나 목적으로서도 대하도록 행위하라")이다. 보편법칙 테스트는 우리의 준칙을 생각으로든 의지로든 모순(일관성 없음) 없이 보편화할 수 있는지 검토하게 한다. 인간성과 결부된 테스트는 우리의 행위 준칙이 타인을 우리 자신의 목적에 도구로 이용하는(즉, 상대를 단순히 수단으로 삼는) 건 아닌지 점검하도록 한다. Kant, "Groundwork of The Metaphysics of Morals(1785)", in Kant, *Practical Philosophy*, pp.37-108, 특히 pp.73-82 (Academy edition GMA AA 4:421-4:432) 참조. 칸트의 테스트 절차에 관한 더 자세한 논의는 다음을 참조. Korsgaard, Christine M., *Creating the Kingdom of Ends* (Cambridge: Cambridge University Press, 1996), pp.77-132.

33. 아돌프 아이히만조차도 칸트의 보편주의가 민족사회주의의 엄밀한 특수성과는 상충한다는 사실을 인정할 수밖에 없었다. 예루살렘 재판 당시 한 판사가 아이히만에게 경찰 심문 도중 칸트를 언급했던 사실에 대해 묻자, 아이히만은 칸트의 정언명령을 인용하며 보편법칙 성립 개념을 고려했다고 재진술했다. 그러나 본인의 주장을 스스로 섬뜩하게 만들어버렸음을 인지한 아이히만은 '최종 해결' 과정에서 자신은 더 이상 칸트의 원칙을 고수할 수는 없었다고 덧붙였다. Arendt, Hannah, *Eichmann in Jerusalem. A Report on the Banality of Evil* (New York: Penguin Books, 2006), pp.135-136 참조. 판사의 이 질문은 아이히만에 대한 심문 기록의 한 구절을 언급했던 것으로, 심문관 애브너 레스가 아이히만에게 들이댔던 1960년 7월 9일 자 《스턴(Stern)》지의 이 기사에 따르면 (당시 이스라엘 감옥에 갇혀 있던) 아이히만은 "자기 임무를 수행했을 뿐"이라고 자기 행위를 정당화하며 지푸라기라도 붙잡으려 했다. 심문 도중 아이히만은 분노를 터뜨리며 자신에게 맡겨진 임무는 내적 헌신이며 자신은 늘 '칸트의 규범'에 따라 살아왔노라고 답변했다. Police D'Israel, *Vernehmungsprotokoll Adolf Eichmann*, Tape transcription, vol. 55, pp.36-37, Simon Wiesenthal-Archive Vienna.

34. 나치 이론가들의 글에서는 토머스 홉스에 대한 언급을 찾아보기 힘든 이유가 바로 여기에 있다. 카를 슈미트의 연구 『*Der Leviathan in der Staatslehre des Thomas Hobbes. Sinn und Fehlschlag eines politischen Symbols*』정도가 눈에 띄는 예외에 해당한다. 그러나 홉스를 자유주의자로 본 슈미트는 그가 전체주의적 국가 개념을 옹호한 것은 아니라고 생

각했다. 슈미트는 홉스에 대한 그런(전체주의와 연결 짓는) 오해는 '리바이어던'이라는 개념에 대한 신화적 요소들에만 치중한 탓이라고 보았다. 슈미트가 비판적 어조로 언급했듯이, "홉스 이론의 전체 개념이, 단지 불쌍한 인간 개인이 자연 상태에서 경험하는 모든 공포로부터 몰록과 골렘의 통치에 대해 갖는 유사한 공포로 몰아가는 것이라면 실로 기이한 국가철학이 될 것이다." Schmitt, *Der Leviathan in der Staatslehre des Thomas Hobbes. Sinn und Fehlschlag eines politischen Symbols*, p.112 참조. 홉스에 관한 슈미트의 해석에 관해서는 Dyzenhaus, David, "'Now the Machine Runs Itself'. Carl Schmitt on Hobbes and Kelsen", in *Cardozo Law Review* 16, 1 (1994), pp.1-19 참조.

35. Freisler, Roland, "Willensstrafrecht. Versuch und Vollendung", in *Das kommende deutsche Strafrecht. Bericht über die Arbeit der amtlichen Strafrechtskommission. Allgemeiner Teil* (1935), pp.11-48, 특히 p.15. 자유의지에 대한 전제가 없었다면 처벌에는 가해자의 속죄가 포함된다는 민족사회주의 형법이론가들의 주장은 성립되지 않았을 것이다.

2장 바이마르공화국에서 제3제국으로

1. Forsthoff, Ernst, *Der totale Staat*(Hamburg: Hanseatische Verlagsanstalt, 1933), pp.20, 26-27. 1934년에 포르스토프는 이 책의 수정판을 재출간했다. 그러나 책의 모든 페이지 숫자와 인용은 1933년 초판을 기준으로 한다. 초판과 수정판의 차이에 관해서는 다음을 참조. 포르스토프의 연구 및 이력에 대한 상세한 분석이 담겨있다. Meinel, Florian, *Der Jurist in der industriellen Gesellschaft. Ernst Forsthoff und seine Zeit* (Berlin: Akademie Verlag, 2011), pp.89-92. 메이넬에 따르면 포르스토프는 1934년의 달라진 정치 여건(당과 국가의 통합, 임박한 제국 총리 및 제국 대통령 직무의 통합, 공직에서 유대인 축출)에 맞춘 내용을 수정판에 반영했으며 나치 체제에 맞게 수정한 내용들이 추가됐다. 포르스토프의 연구는 카를 슈미트의 영향을 크게 받았다.

2. Koellreutter, Otto, *Grundriß der Allgemeinen Staatslehre* (Tübingen: J. C. B. Mohr [Paul Siebeck], 1933), p.25.

3. Koellreutter, Otto, *Deutsches Verfassungsrecht. Ein Grundriss* (Berlin: Junker & Dünnhaupt, 1938), p.21.

4. Höhn, Reinhard, "Volk, Staat und Recht", in Höhn, Reinhard; Maunz, Theodor; woboda, Ernst (eds.), *Grundfragen der Rechtsauffassung* (München: Duncker & Humblot, 1938), pp.1-43, 특히 p.8.

5. 상동.

6. Forsthoff, *Der totale Staat*, p.10.

7. Forsthoff, 앞의 책, p.11.

8. Koellreutter, *Deutsches Verfassungsrecht*, p.21.

9. 다수파 사민당의 당수였던 에베르트는 독일독립사회민주당(USPD)과의 연정부터 시작했다. Snyder, Louis L., *The Weimar Republic. A History of Germany from Ebert to Hitler* (Princeton, N. J.: D. Van Nostrand Company, 1966), pp.22-27; Eyck, Erich, *A History of the Weimar Republic*, vol. 1, transl. by Hanson, Harlan P. and Waite, Robert G. L. (Cambridge, MA: Harvard University Press, 1962), pp.49-51 참조.

10. Mommsen, Hans, *The Rise and Fall of Weimar Democracy*, transl. by Forster, Elborg and Jones, Larry Eugene (Chapel Hill & London: North Carolina University Press, 1996), pp.36-50 참조.

11. 사민당, 독일민주당, 중앙당의 소위 바이마르 연정은 1920년까지 집권했다. 1920년 이후로는 제국 의회 과반수의 지지를 받은 내각 구성은 독일인민당(German People's Party, DVP)까지 끌어들여야 간신히 가능했다. 독일인민당은 처음에는 「바이마르헌법」의 수용에 반대했던 정당이었다. 이 같은 네 정당의 '대연정'은 통제가 어려울 수밖에 없었다.

12. 베르사유 평화조약을 계기로 분열됐던, 필립 샤이데만(Philipp Scheidemann) 총리가 이끄는 내각은 사퇴했다(장관 6명은 조약 수용에 찬성했고, 장관 8명은 반대했다). 베르사유 평화조약 조인에 찬성했던 구스타프 바우어(Gustav Bauer) 총리가 이끄는 새로운 내각이 조직됐다.

13. 프로이스는 1919년 1월 선거 이후 수립된 에베르트 연정의 내무장관이 되었다. 1919년 6월 28일 베르사유 조약 조건에 항의하며 내무장관직을 사임했으나 헌법 관련 작업에는 계속 참여했다.

14. Preuss, Hugo, "Rede über die neue Reichsverfassung (1919)", in *Preuss, Gesammelte Schriften, Vierter Band: Politik und Verfassung in der Weimarer Republik*, ed. with an introduction by Lehnert, Detlef (Tübingen: Mohr Siebeck, 2008), pp.589-590, 특히 p.590 참조. 저명한 헌법학자였던 게르하르트 안쉬츠는 제국의 국가성, 단일정부주의, 민주주의를 「바이마르헌법」의 주요 개념으로 꼽았다. 그가 보기에 '제국의 국가성' 원칙이란 제국이 단지 여러 주의 연합에 불과한 것이 아니라 최고권력에 의해 집결된 인민의 통합체임을 나타내는 것이었으며, '단일정부주의'는 입법의 책임이 주가 아니라 제국에 있음을 가리키는 것이었다. 각 주는 어느 정도 자치와 독립을 누렸으나 그가 보기에 제국은 순전히 하나의 연방국가였다. 「바이마르헌법」이 독일 인민의 자기 입법(self-legislation) 행위였으니 그는 "민주주의"의 원칙이 충족됐다고 보았다. 뿐만 아니라, 「바이마르헌

법」은 제국 대통령 및 제국 의회 구성원을 선거로 선출하도록 하여 인민의 참여를 보장했다. Anschütz, Gerhard, *Drei Leitgedanken der Weimarer Reichsverfassung* (Tübingen: J.C.B. Mohr [Paul Siebeck], 1923), pp.12-32 참조.

15. 에른스트 프랭켈은 지배체제를 대의제와 국민투표제로 구분하여 설명했다. 대의제는 보편적인 안녕과 양립하는 한도 내에서 다수 의견을 대표하는 것이 목적이며, 국민투표제는 인민의 단일한 의지를 전제로 하며 이 같은 인민의 뜻은 보편적인 이해관계를 반영한다고 가정하는 것이다. 국민투표 방식은 제국 대통령의 (통합성을 부여하는) 막강한 입지, 그리고 일반투표를 통한 선출과 관련된 것이었다. 다음을 참조. Fraenkel, Ernst, "Die repräsentative und die plebiszitäre Komponente im demokratischenVerfassungsstaat", in Fraenkel, Ernst, *Deutschland und die westlichen Demokratien*, 9th ed., ed. with an introduction by Brünneck, Alexander von (Baden-Baden: Nomos, 2011), pp.165-207, esp. pp.199-205. 프랭켈은 국민투표제를 강조한 프로이스의 의견을 신랄하게 비판하며 이렇게 지적했다. "바이마르공화국이 탄생하던 시기에는 민주주의의 국민투표라는 형식에 충실했으나, 몰락할 즈음에는 [그런 결정으로 인한] 대가를 치렀다." 앞의 책, p.202. 프랭켈의 비판은 제48조에 의해 제국 대통령에게 부여된 광범위한 권한과 의회에 대한 일반적 불신을 지적한 것이다.

16. 「바이마르헌법」의 영문 번역본은 다음의 별책에서 확인할 수 있다. Schmitt, Carl, *Constitutional Theory*, ed. and transl. by Seitzer, Jeffrey (Durham and London: Duke University Press, 2008), pp.409-440. 「바이마르헌법」의 원본은 다음 책에 게재되었다. Anschütz, Gerhard, *Die Verfassung des Deutschen Reichs vom 11. August 1919*, Vierte Bearbeitung, 14th ed. (Berlin: Georg Stilke, 1933), pp.XII-XXXXVIII. 1933년 2월에 나온 이 판본의 서문에서 안슈츠는 「바이마르헌법」에 대한 본인의 논평 수정본이 "「바이마르헌법」의 토대와 그 규범적 권력을 위험에 빠뜨릴 정도로 정치적 내분과 소란이 극에 달한 시기"에 나왔다고 했다. 앞의 책, p.VI. 민족사회주의에 반대하던 안슈츠는 1933년 3월 31일 하이델베르크에서 스스로 사임한 후 민족사회주의 기간 동안 '내적 망명'(나치 독일에서 일부 지식인들이 저항의 의미로 공적 활동 일체를 중단했던 것 의미 ─ 역자) 상태로 살았다. 1948년 사망.

17. Snyder, Louis L., *The Weimar Republic* (Princeton: van Nordstrand, 1966), p.40.

18. Snyder, Louis L., 앞의 책, p.43. 스나이더는 「바이마르헌법」이 모든 정당을 만족시키고자 했으나 "아무도 만족시키지 못했다. 다수파 사회주의자들은 최소한의 프로그램조차 달성하지 못했다. 독립사회민주당은 「바이마르헌법」을 인민에 대한 배신에 불과하다고 보았다. 민주당에서는 「바이마르헌법」의 언어가 지나치게 프롤레타리아적이라고 보았고, 급진적 실험으로 이어질 허점이 많다고 비판했다. 중앙당은 세속적 관념들에 지나치게 초점을 맞추고 있

다며 폄하했다. 국가주의 정당들은 독일의 전통적인 과거와 단절하는, 용납할 수 없는 헌법이
라 비판했다"라고 강조한다.

19. Preuss, "Rede über die neue Reichsverfassung (1919)", p.589.
20. 역사학자 프랭클린 C. 웨스트는 바이마르 시대 제국 의회 의원들의 태도에 대해 다음과 같이
    지적한다. "그들은 본인의 '경험'을 자랑했으나 그런 경험 대부분은 거의 모든 중요한 정치적,
    행정적 결정으로부터 정당 의원들을 배제했던 권위주의적 관료체계에서 습득했던 것이라는
    사실을 간과했다." West, Franklin C., *A Crisis of the Weimar Republic. A Study of the
    German Referendum of June 20, 1926* (Philadelphia: The American Philosophical
    Society, 1985), p.18 참조.
21. Weber, Max, *Parlament und Regierung im nachgeordneten Deutschland. Zur
    politischen Kritik des Beamtentums und Parteiwesens* (München und Leipzig:
    Duncker & Humblot, 1918), p.69.
22. Preuss, "Um die Reichsverfassung von Weimar (1924)", in Preuss, *Gesammelte
    Schriften, Vierter Band: Politik und Verfassung in der Weimarer Republik*, pp.367-
    438, 특히 p.389.
23. Preuss, "Zur Verabschiedung der neuen Reichsverfassung (1919)", in Preuss,
    *Gesammelte Schriften, Vierter Band: Politik und Verfassung in der Weimarer Re-
    publik*, pp.85-87, 특히 p.86. 빌리발트 아펠트(Willibalt Apelt) 역시 정치적, 사회적 지배
    권력이 융통성 없는 옛 전통에만 너무 오래 매달렸다고 비판한다. Apelt, Willibalt, *Ges-
    chichte der Weimarer Verfassung*, 2nd ed. (München and Berlin: C. H. Beck, 1964),
    pp.37-38 참조.
24. 제48조는 다음과 같다.
    "48.1: 만일 어떤 주가 제국의 헌법이나 법률에 따른 의무를 이행하지 않으면 제국 대통령은
    무력으로 이에 대한 이행을 강제할 수 있다. 48.2: 독일제국에서 공공안전과 질서가 교란되거
    나 위태로워지면 제국 대통령은 이를 복구하기 위해 필요한 조치를 취할 수 있으며, 이를 위해
    필요한 경우 군대의 도움을 받을 수 있다. 대통령은 이러한 목적을 위해 제114조, 제115조, 제
    117조, 제118조, 제123조, 제124조 및 제153조에 정해진 기본권의 전부 또는 일부를 정지
    할 수 있다. 48.3: 본 조항의 제1항 또는 제2항에 따라 취해진 모든 조치에 대해서 제국의 대
    통령은 지체 없이 제국 의회에 통보해야 한다. 동 조치는 의회의 요청이 있는 경우, 효력이 상
    실된다. 48.4: 긴박한 우려가 있는 경우, 주 정부가 해당 지역에 제2항에 명시된 방식의 임시
    조치를 취할 수 있다. 동 조치는 제국 대통령이나 제국 의회의 요청이 있는 경우, 효력이 상실
    된다. 48.5: 이 조항들의 세부사항은 제국의 법률로 정한다." "The Weimar Constitution",
    Appendix to Schmitt, Carl, *Constitutional Theory*, pp.409-440, 특히 p.417 인용(저자

가 약간 수정하여 번역). 독일어 원문은 다음을 참조. Anschütz, Gerhard, Die Verfassung des Deutschen Reichs vom 11. August 1919, p.XXII.
제48조는 두 가지 다른 주제를 규정하고 있다. 제1항은 독일제국에 대한 의무를 이행하지 않은 개별 주에 대한 제국의 법 집행을 규정하고, 제2-4항에서만 공공질서 및 안전을 회복하기'위한 대통령의 특권을 언급하고 있다. Preuss, "Die Bedeutung des Artikel 48 der Reichsverfassung (1925)", in Preuss, Gesammelte Schriften, Vierter Band: Politik und Verfassung in der Weimarer Republik, pp.571-575 참조.

25. 본래 헌법 초안 작성자들은 제48조 제3항에서 대통령의 긴급조치에 대해 의회 승인을 요구하고자 했다. 그러나 이 요건은 완화되어 긴급명령의 동원을 대통령이 의회에 고지하도록 하는 단순한 의무만 남기게 되었다—이는 이후 치명적인 결과를 가져온 규정이 되었다. Kurz, Achim, Demokratische Diktatur? Auslegung und Handhabung des Artikels 48 der Weimarer Verfassung 1919-25 (Berlin: Duncker & Humblot, 1992), p. 37. 참조. 한스 몸젠은 제국 대통령이 어떤 승인 서명도 필요 없이 긴급명령 권한을 사용할 수 있게 하자는 독일민주당의 초반 제안이 받아들여진 것이라면 "사실상 무제한적 권력을 지닌 국가수반의 탄생은 당연한 것이었다"고 지적한다. Mommsen, The Rise and Fall of Weimar Democracy, p.57 참조.

26. 제국 대통령의 권한에 대해서는 「바이마르헌법」 제41-51조에, 제국 총리와 행정부의 권한에 대해서는 제52-58조에 규정되었다. 총리는 (총리와 장관들로 구성된) 행정부 수반이며 제국 의회의 책임자였다. 대통령이 총리를 임명했고 총리 추천에 따라 장관들도 임명했다. 물론 제국 의회의 신임을 받는 것을 조건으로 했다.

27. 새 헌법에 대한 자문 과정에서 막스 베버의 논고가 기여한 부분에 관련해서는 다음을 참조. "Beiträge zur Verfassungsfrage anläßlich der Verhandlungen im Reichsamt des Innern vom 9.-12. Dezember 1918", in Weber, Max, Zur Neuordnung Deutschlands. Schriften und Reden 1918-20, ed. by Mommsen, Wolfgang J. in cooperation with Schwentker, Wolfgang (Tübingen: J.C.B. Mohr [Paul Siebeck], 1988), pp.49-90, 特히 p.85 (= M. Weber, Gesamtausgabe, vol. XVI). 자문 과정에서 베버는 "독일의 사회화는 제국의 통치자(Reichs-Oberhaupt)가 간헐적으로 개입하지 않고는 불가능하다"라고 주장했다. 앞의 책, p.82. 1918년~1920년 시기의 막스 베버의 글이 실린 이 책의 서문에서 볼프강 몸젠은 베버가 비록 민주적 자유주의에 몰두했으나 "진정한 국민투표로 선출한 지도자의 통치(Führerherrschaft) 가능성"에 대한 여지를 남겨두려 했다고 지적한다. Mommsen, Wolfgang J., "Einleitung", in Weber, Max, Zur Neuordnung Deutschlands, pp.1-45, 특히 p.11 참조. 베버가 이 같은 견해를 지녔다는 사실은 1919년 2월 베버가 신문에 기고한 글에서도 확인된다. 이 글에서 베버는 오직 "인민에 의한 제국 대통령 선거만이 지도자

를 **선택**함(Führerauslese)으로써 지금까지 존속해 온 명사들에 의한 관리[망명가들의 관리(Honoratiorenwirtschaft)]라는 완전히 낡은 체계를 대체할 노선을 중심으로 정당들을 재조직할 기회이자 계기가 될 것"이라고 주장했다. Weber, "The President of the Reich", transl. by Speirs, Ronald in Weber, *Political Writings*, ed. by Lassmann, Peter and Speirs, Ronald (Cambridge University Press, 1994), pp.304-308, 특히 p.306 참조 (독일어 버전은 다음을 참조. Weber, *Zur Neuordnung Deutschlands*, pp.220-224, 특히 p.221). 또한 몸젠은 제국 지도자 선출을 위한 베버의 국민투표 제안은 독일민주당의 견해와 입장을 뛰어넘는 것이었으며 대통령 직접선거를 제외하면 승인을 얻지 못했다고도 지적한다. Mommsen, "Einleitung", in Weber, Max, *Zur Neuordnung Deutschlands*, pp.1-45, 특히 p.11 참조. 다음 역시 참조. Mommsen, Wolfgang J., *Max Weber and German Politics 1890-1920*, transl. by Steinberg, Michael S. (Chicago and London: The University of Chicago Press, 1984), pp.332-389; Bollmeyer, Heiko, *Der steinige Weg zur Demokratie. Die Weimarer Nationalversammlung zwischen Kaiserreich und Republik* (Frankfurt am Main: Campus, 2007), pp.222-228.

28. 『『바이마르헌법』의 역사』(1946)에서 빌리발트 아펠트는 제국의 미래 구조에 관한 자문 과정에서 "유명 사회학자 막스 베버의 일부 제안, 이를테면 제국의 대통령은 미국에서처럼 국민이 직접 선출하게 함으로써 의회에 대해 특별한 권위를 가지게 해야 한다는 의견은 특별히 주목을 받았다"라고 밝히고 있다. Apelt, *Geschichte der Weimarer Verfassung*, p.57. 아펠트는 프로이스가 처음에는 대통령 선출은 프랑스의 경우처럼 인민 대표의 손에 맡겨야 한다는 쪽이었으나 베버의 이 같은 제안은 프로이스의 지지를 얻을 수 있었다고 덧붙인다. 베버와 프로이스의 토론에 대한 구체적인 논의는 다음을 참조. Kennedy, Ellen, "Introduction: Carl Schmitt's Parlamentarismus in Its Historical Context", in Schmitt, Carl, *The Crisis of Parliamentary Democracy*, transl. by Kennedy, Ellen (Cambridge, MA: The MIT Press, 1988), pp.xiii-xlix.

29. Preuss, "Rede über die neue Reichsverfassung (1919)", p.590.

30. Kurz, *Demokratische Diktatur?*, p.25 참조. 1919년 4월부터 6월까지 에베르트가 선포한 국가 비상사태의 법적 토대는 1919년 3월 4일의 「경과법(Übergangsgesetz)」으로, 과거 황제가 지녔던 (국가비상사태를 선포할 권한을 포함한) 모든 권한을 제국의 대통령에게 이양한 법이었다.

31. 1919년 3월 1일에 이미 의회에서는 법적 효력이 있는 법 규정을 제정할 권한을 정부 내각에 부여하기 위해 「수권법」 3건을 통과시켰다. 제국 의회는 바이마르공화국의 취약한 경제를 안정시키려는 목적으로 입법권한을 정부 내각에 다섯 차례나 이양했다. Kurz, *Demokratische Diktatur?*, p.146 참조.

32. Kurz, 앞의 책, p.153.

33. Preuss, "Die Bedeutung des Artikel 48 der Reichsverfassung (1925)", in Preuss, *Gesammelte Schriften, Vierter Band: Politik und Verfassung in der Weimarer Republik*, pp.571-575, 특히 p.572.

34. Brecht, Arnold, *Prelude to Silence. The End of the German Republic* (New York: Howard Fertig, 1968), pp.20-22 참조.

35. 뮐러는 이전에도 1920년 3월 27일부터 6월 20일까지 짧은 기간 동안 총리를 맡은 적이 있었다.

36. 실업자 수가 1929년 200만 명에서 1930년 300만 명으로 치솟았고, 1932년에는 560만 명, 즉 독일 노동 가능인구의 약 37%가 실업 상태였다. 브뤼닝이 총리직을 사임한 지 여러 달이 지난 1932년 여름에야 독일의 암울한 경제 상황을 고려하여 배상해야할 나머지 지불액은 30억 골드마르크까지 축소됐다. 독일제국은 결국 이 남은 금액을 지불하지 않았다.

37. Hiden, John W., *The Weimar Republic* (London: Longman, 1974), pp.65, 117 참조.

38. 브뤼닝의 몰락에 대한 자세한 내용은 다음을 참조. Patch Jr., William L., *Heinrich Brüning and the Dissolution of the Weimar Republic* (Cambridge: Cambridge University Press, 1998), pp.220-271.

39. 프로이센주와 바이에른주의 요청으로 내무 및 국방장관 빌헬름 그뢰너는 1932년 4월 13일 나치 돌격대의 활동을 금지했으며 이는 힌덴부르크도 승인했던 조치였다.

40. 1932년 4월 24일 사민당 출신의 오토 브라운 총리가 이끌던 프로이센 연정은 프로이센에서 선거에 패배했고, 승리를 거둔 NSDAP가 제1당이 되었다. 그러나 NSDAP는 프로이센 의회(Landtag) 내에서 새로운 정부를 선출할 만큼 득표한 것은 아니었다. 1932년 4월 12일에 구 의회 내 다수파에 의한 법률 개정으로 상대적 다수가 아닌 과반수인 절대적 다수가 필요해졌기 때문이다. 따라서 브라운 총리가 이끄는 연정은 여전히 유효했으나 임시 역할을 맡은 상태로 인식되었다. 다음을 참조. Vinx, Lars, "Introduction", in *The Guardian of the Constitution: Hans Kelsen and Carl Schmitt on the Limits of Constitutional Law*, ed. with an introduction by Vinx, Lars (Cambridge University Press, 2015), pp.1-21, 특히 p.3.

41. Vinx, Lars, 앞의 책 p.4 참조. 빈크스는 국사재판소에 대해 언급하면서 "국무 담당 사법재판소"라는 표현을 쓰고 있다.

42. 그러나 국사재판소를 헌법재판소로 바꾸면 안 되는가를 두고 법학자들 사이에서는 논쟁이 있었다. 다음을 참조. Schmitt, Carl, *Der Hüter der Verfassung*, 4th ed. (Berlin: Duncker & Humblot, 1996), pp.3-7; von Hippel, Ernst, "Das richterliche Prüfungsrecht", in Anschütz, Gerhard and Thoma, Richard, (eds.), *Handbuch des deutschen Sta-*

atsrechts, Band 2 (Tübingen: J.C.B. Mohr [Paul Siebeck], 1932), pp.546-563.

43. 이 구조는 나치가 권력을 잡던 당시까지도 유지되어, 그들은 헤르만 괴링을 프로이센주의 연방 전권위원으로 임명했다. 적어도 국사재판소의 해당 판결은 비록 정치적으로 이행되지는 않았어도 독일헌법에서 규정한 연방구조가 해체될 수 없음을 명백히 밝힌 셈이었다(파펜의 조치는 프로이센 외에 독일제국의 다른 주들에도 경종을 울렸으므로, 라이프치히 국사재판소의 해당 사건은 바이에른 및 작센의 지지도 받았다). 나치로서는 제국의 연방 구조를 '획일화' 프로그램으로 무너뜨릴 것인지는 좀 더 두고 봐야 할 문제였다. 제국 정부가 대립관계의 주 정부들을 상대해야 할 가능성을 완전히 차단해야 할 필요가 있었다.

44. Schmitt, Carl, "Schlußrede vor dem Staatsgerichtshof in Leipzig in dem Prozeß Preußen contra Reich (1932)", in Schmitt, *Positionen und Begriffe im Kampf mit Weimar-Genf-Versailles 1923-1939* (Hamburg: Hanseatische Verlagsanstalt, 1940), pp.180-184.

45. Kelsen, Hans, "Das Urteil des Staatsgerichtshofs vom 25. Oktober 1932", in *Die Justiz*, 8 (1932), pp.65-91. 두 글(슈미트의 '결론'과 켈젠의 비판) 모두 라르스 빈크스(Lars Vinx)가 영문으로 번역했다. 다음을 참조. Schmitt, "Prussia contra Reich: Schmitt's closing statement in Leipzig", in *The Guardian of the Constitution*, ch.5, pp.222-227, and Kelsen, Hans, "Kelsen on the Judgment of the Staatsgerichtshof of October 25, 1932", in *The Guardian of the Constitution*, pp.228-253. 국사재판소의 법적 절차에 관한 슈미트와 켈젠의 글 인용 부분은 전부 빈크스의 번역을 사용하였다. (약간의 수정이 있으니 참조). 라이프치히 국사재판소에서 슈미트의 최후 진술에 대한 빈크스의 번역은 슈미트의 다음 책 3쇄본을 참고한 것이다. Schmitt, *Positionen und Begriffe im Kampf mit Weimar-Genf-Versailles 1929-1939* (Berlin: Duncker & Humblot, 1994), pp.205-210. 1994년의 2쇄본은 1940년 원문과 내용이 동일하다. 슈미트가 쓴 원문과 번역도 일치한다.

46. 데이비드 다이젠하우스는 '프로이센 대 제국' 논쟁을 다룬 뛰어난 논고에서 라이프치히 법정에서 헤르만 헬러(피고 측인 프로이센 의회 내 사민당 의원들의 변호인)의 변론은 국사재판소 판결에 대한 켈젠의 비판보다도 민주정에 대한 옹호로서 훨씬 더 설득력이 강하다고 주장한다. Dyzenhaus, David, "Legal Theory in the Collapse of Weimar: Contemporary Lessons?" in *The American Political Science Review 91*, 1 (1997), pp.121-134 참조. 켈젠이 가치판단적이지 않은 법실증주의에 헌신한 것이 민주주의에 대한 이해를 제한했다는 다이젠하우스의 주장은 중요하다. 하지만, 앞 장에서 논했던 문제는 단지 슈미트의 주장대로 제국의 대통령을 헌법의 수호자로 간주해 사법심사 대상에서 제외해야 하는지 또는 켈젠의 주장대로 진정한 헌법의 수호자는 모든 주 정부에 대한 사법심사 권한을 지닌 헌법재판

소가 되어야 하는지일 뿐이다. 켈젠과 슈미트의 이론적 입장과 비교하여 헬러의 법이론에 관한 자세한 논의를 살펴보려면 다음을 참조. Dyzenhaus, *Legality and Legitimacy. Carl Schmitt, Hans Kelsen, and Hermann Heller in Weimar* (Oxford: Oxford University Press, 1997).

47. Schmitt, "Prussia contra Reich: Schmitt's closing statement in Leipzig", p.223. 앞에서도 언급했듯이(주 40 참조), 프로이센 의회는 1932년 4월 12일에 정부 선출 규칙을 개정한 바 있었다(프로이센 의회 내 상대적 다수 득표 대신 과반수 득표를 필수로 공표했다). 이러한 변경 사유는 명백히 민족사회주의자들의 정부 구성을 막기 위한 조치였다.

48. Schmitt, "Prussia contra Reich: Schmitt's closing statement in Leipzig", p.223.

49. Schmitt, 앞의 글, p.226. 슈미트는 이 대목에서 또다시 프로이센에서 내각 조성을 위해 변경된 절차를 언급한다. 빈크스도 지적하듯, 슈미트는 프로이센 임시정부가 프로이센 의회 내 공산주의자들의 용인에 의존했던 것은 이미 "대통령이 프로이센 정부의 모든 권한을 연방 위원에게 임시 이양하도록 허용하는 공공 질서에 대한 위협"이었다고 주장했다. Vinx, "Introduction", p.16 참조.

50. Schmitt, 앞의 글, p.223. 슈미트는 p.224에서 다음과 같은 질문을 다시 던진다. "제국이 특정 주에 대리정부를 제공하는 것은 헌법상 허용되는가?"

51. Schmitt, 앞의 글, p226. 슈미트가 말한 "일정 범위"는 대통령이 자신의 정치적 재량을 오남용해서는 안 된다는 의미다. 그러나 슈미트가 "헌법의 수호자" 지위를 제국의 대통령에게 부여하고 더 나아가 대통령의 헌법보호 조치는 사법적 검토의 대상이 아니라고 주장한 탓에 제국 대통령의 정치적 재량 오남용을 어떻게 규정하고 평가할지를 가늠하기 힘들다. 대통령을 헌법의 수호자로 보는 슈미트의 견해는 바이마르공화국 초기 저작으로 거슬러 올라간다(*Die Diktatur 1921; Political Theology*, 1922). 슈미트가 헌법의 수호자 개념을 어떻게 신화화하고 비민주적인 정치적 구상으로까지 이어갔는지에 관한 추가적 논의는 다음을 참조. McCormick, John P., *Carl Schmitt's Critique of Liberalism. Against Politics as Technology* (Cambridge: Cambridge University Press, 1997), pp.121-156.

52. Schmitt, 앞의 글, p.226.

53. Schmitt, 앞의 글(저자가 약간 수정하여 번역).

54. 예를 들면, 다음을 참조. Seiberth, Gustav, *Anwalt des Reiches. Carl Schmitt und der Prozeß "Preußen contra Reich" vor dem Staatsgerichtshof* (Berlin: Duncker & Humblot, 2001). 자이베르트는 자기 논지를 뒷받침하기 위해 슈미트의 일기 한 대목을 인용하고 있다. 1933년 1월 30일 제국 총리에 히틀러가 임명되기 직전이었던 1월 25일, 슈미트는 일기에 이렇게 적었다. "…슬프고 우울하다. 7월 20일은 가고 없다." 슈미트와 친분이 있었던 에른스트 루돌프 후버도 1933년 1월 말에 슈미트가 "7월 20일이 가버렸어!"라

고 외쳤다고 했다. 다음을 참조. Huber, Ernst Rudolf, "Carl Schmitt in der Reichskrise der Weimarer Endzeit", in *Complexio Oppositorum. Über Carl Schmitt, Vorträge und Diskussionsbeiträge des 28. Sonderseminars 1986 der Hochschule für Verwaltungswissenschaften Speyer*, ed. by Quaritsch, Helmut (Berlin: Duncker & Humblot, 1988), pp.33-50, 특히 p.38. 흥미로운 사실은 후버는 슈미트가 '프로이센 공격 (Preusenschlag, 힌덴부르크의 긴급명령을 근거로 한 파펜의 프로이센 정부 해산)' 계획에 적극 가담했다고 생각한 것이다. 후버가 지적했듯이, 이러한 배경에서 제국 정부가 라이프치히 법원에서 슈미트를 변호인으로 지명했다고 보았다. 앞의 책을 참조. 프로이센에 적대적이었던 파펜의 조치를 계획하는 데 슈미트가 연루되었다는 후버의 진술은 슈미트가 파펜이 아니라 슐라이허를 지지했다는 자이베르트의 논고와는 대비된다. 자이베르트의 견해에 따르면, 슈미트는 슐라이허와 군부의 관계 속에서 민족사회주의 세력에 대항하여 군부의 지지를 얻을 기회를 찾았던 것이다. Seiberth, *Anwalt des Reiches*, pp.78-96 참조. 라이프치히 법원 판결에서의 슈미트의 역할과 1932년 여름부터 가을까지 그가 견지했던 정치적 입장에 관해서는 다음 역시 참조. Bendersky, Joseph W., *Carl Schmitt. Theorist for the Reich* (Princeton: Princeton University Press, 1983), pp.157-192.

55. 슈미트는 1931년 저서 『헌법의 수호자(*Der Huter der Verfassung*)』에서 이미 공화국에 대한 이 같은 구상의 개요를 밝힌 바 있었다. 이 책의 일부는 빈크스가 영문으로 번역했다. 다음을 참조. "The guardian of the constitution: Schmitt's argument against constitutional review", in *The Guardian of the Constitution*, pp.79-124; "The guardian of the constitution: Schmitt on pluralism and the President as the guardian of the constitution", in T*he Guardian of the Constitution*, pp.125-173.

56. 다음 역시 참조. Vinx, "Introduction", p.13.

57. Kelsen, "Kelsen on the Judgment of the Staatsgerichtshof of October 25, 1932", p.230 참조.

58. Kelsen, 앞의 글, pp.230-231(저자가 약간 수정하여 번역). 켈젠은 민주적인 방식으로 선출된 대통령이 발동한 명령이라고 해서 정당한 정치적 행위는 아님을 분명히 지적하고 있다.

59. Kelsen, "Kelsen on the Judgment of the Staatsgerichtshof of October 25, 1932", pp.246-249. 켈젠은 국사재판소가 "7월 20일 선포된 명령에 따라 동일한 조치가 제48조 제1항에 의거한 연방 정부의 집행이 되는 동시에 제48조 제2항에 따른 공공안전 및 질서회복 조치일 수 있다고 본" 것에 대해 비판했다. 앞의 책, p232. 또한 켈젠은 그밖에 다른 모순들도 지적했다. 가령, 법원은 제48조를 적용할 수 있는 전제조건의 충족 여부를 판단할 생각이 없다고 주장하면서도 판결에서는 "심각한 혼란과 공공의 안전 및 질서에 대한 위협의 시기"가 있었다고 제48조 제2항의 전제조건을 고려했음을 언급했다는 것이다. 카를 슈미트와 함께

논문을 썼고, 나중에 나치 독일의 저명한 헌법 변호사가 된 에른스트 루돌프 후버 역시 당시 법원 판결의 분열적 성격을 비판했다. 가령, 법원은 연방 전권위원을 임명하는 대통령의 조치를 제48조 제1항에 의거해서는 반박했지만, 제48조 제2항에 근거해서는 집행권한을 제국의 전권위원, 즉 제국의 손에 넘겨져야 한다며 제국 대통령의 조치를 수용했다는 것이었다. 그러나 후버의 비판은 켈젠과는 다른 점에 근거를 두고 있었다. 제48조에 대한 법원의 분리는 후버에게는 제국의 집행권을 독재로부터 부당하게 분리한 것이나 다름없었다. 후버에 따르면 제국 대통령의 독재는 두 측면에서 정당화되었다. 첫째, 「바이마르헌법」은 대통령에게 이 같은 광범위한 집행권을 부여했고, 둘째, 대통령의 권위가 제국의 정치적 통합성을 보장함으로써 분열된 정당 연방국가(Parteienbundesstaat)로 전락하는 사태를 막는다는 논리였다. 후버의 관점에서는 대통령과 그가 취하는 조치는 다음과 같은 이유로 사법적 통제의 대상이 될 수 없었다. 후버가 지적했듯이 모든 사법통제의 전제조건은 특정 사건에 대한 결정을 도출할 수 있는 법, 즉 일반 규범이었다. 그러나 제국의 집행 및 독재를 위해 대통령에게 위임된 예외적 권력은 특정 혼란 및 위협 상황에 대한 조치에 초점을 맞추고 있었다. 특정 사실들에 대한 판단을 요하는 이 같은 상황에 기반한 조치들은 일반규범을 바탕으로는 옳고 그름을 판단할 수 없었다. 따라서 개념적인 이유로 대통령의 조치들은 사법통제 영역을 벗어나 있었다. 다음을 참조. Huber, Ernst Rudolf, *Reichsgewalt und Staatsgerichtshof* (Oldenburg i. O.: Gerhard Stalling, 1932), pp.32, 64.

60. Kelsen, "Kelsen on the Judgment of the Staatsgerichtshof of October 25, 1932", p.246.

61. 주로 켈젠이 초안을 작성한 1920년 오스트리아 헌법은 헌법재판소라는 기관을 설립했다. 아이러니하게도 켈젠이 1930년에 오스트리아를 떠난 이유 중 하나가 헌법재판소에 영향을 미치는 정치적 논란이었다는 점이다. 켈젠은 쾰른대학에 자리를 잡았으나 민족사회주의자들이 1933년 4월 7일의 「직업공무원제의 재건을 위한 법」에 근거하여 유대계 대학교수들을 해임할 때 물러났다. 그는 결국 미국으로 망명했다.

62. Kelsen, Hans, "Wer soll der Hüter der Verfassung sein?" in *Die Justiz 6* (1931), pp.576-628 참조; 이 내용은 다음 책에도 실렸다. Kelsen, Hans, *Wer soll der Hüter der Verfassung sein? Abhandlungen zur Theorie der Verfassungsgerichtsbarkeit in der pluralistischen, parlamentarischen Demokratie*, 2nd ed., ed. by van Ooyen, Robert C. (Tübingen: J.C.B. Mohr [Paul Siebeck], 2019), pp.58-105; "Who ought to be the guardian of the constitution? Kelsen's reply to Schmitt"라는 제목으로 빈크스가 번역한 글은 *The Guardian of the Constitution*, pp.174-221에 실렸다.

63. Kelsen, "Who ought to be the guardian of the constitution? Kelsen's reply to Schmitt", p.206. 여기서 켈젠은 슈미트를 직접 인용한다.

64. Kelsen, 앞의 글, p.218.

65. Kelsen, 앞의 글, 218-219. 헌법의 수호자에 관련하여 슈미트에 대한 켈젠의 반박 논의는 다음 역시 참조. van Ooyen, "Die Funktion der Verfassungsgerichtsbarkeit in der pluralistischen Demokratie und die Kontroverse um den 'Hüter der Verfassung'", in Kelsen, Hans, *Wer soll der Hüter der Verfassung sein? Abhandlungen zur Theorie der Verfassungsgerichtsbarkeit in der pluralistischen, parlamentarischen Demokratie*, pp.VII-XXIII. 판 우엔은 켈젠이 슈미트의 견해가 국민주권(Volkssouveränität)에 대한 전체주의적 개념이 발현된 것임을 보여줬다고 지적한다.

66. *Wesen und Entwicklung der Staatsgerichtsbarkeit. Überprüfung von Verwaltungsakten durch die ordentlichen Gerichte, Verhandlungen der Tagung der Deutschen Staatsrechtslehrer zu Wien am 23. und 24. April 1928*, Berichte von Triepel, Heinrich; Kelsen, Hans; Layer, Max; von Hippel, Ernst (Berlin und Leipzig: Walter de Gruyter & Co., 1929) 참조.

67. "Bericht vom Geheimen Justizrat Professor Dr. Heinrich Triepel in Berlin", in *Wesenund Entwicklung der Staatsgerichtsbarkeit*, pp.2-28, 특히 p.6 참조.

68. 따라서 켈젠의 오스트리아인 동료이자 빈 회의에 참석했던 아돌프 메르켈(Adolf Merkel)은 트리펠이 헌법 사법제도에 대해 상당히 회의적이었을 뿐 아니라 헌법재판소라는 기관에 대한 노골적인 비판도 서슴지 않았다고 밝혔다. 다음을 참조. "Aussprache über die Berichte zum ersten Beratungsgegenstand", in *Wesen und Entwicklung der Staatsgerichtsbarkeit*, p.98.

69. Triepel, Heinrich, *Die Staatsverfassung und die politischen Parteien* (Berlin: Otto Liebmann, 1928), p.34.

70. Triepel, Heinrich, 앞의 책, p.36.

71. 상동.

72. 하인리히 트리펠은 민족사회주의를 지지하지 않았으며 민족사회주의 세력이 장악한 뒤에도 반대 진영에 남았다.

73. Kelsen, "Kelsen on the Judgment of the *Staatsgerichtshof* of October 25, 1932", p.253(저자가 약간 수정하여 번역).

74. Kelsen, 앞의 글(저자가 약간 수정하여 번역).

75. Hiden, *The Weimar Republic*, pp.71-72 참조.

3장 총통국가

1. 이러한 정치적 전략의 토대는 이미 마련되어 있었다. 1930년 이후로는 바이마르 의회민주정은 대통령제, 더 나아가 대통령 독재로 변화했다.

2. 한편 역사학자들은 현장에서 체포된 마리뉘스 판데르뤼버(Marinus van der Lubbe)의 단독 범행이었다고 추측한다. 나치는 의사당이 불탄 것을 공산주의자들의 조직적 집단행위로 묘사하며 선전에 활용했다.

3. 공산당 지도자 에른스트 델만(Ernst Thälmann)은 1933년 3월에 투옥됐다. 괴링은 사민당에 대한 언론 탄압으로 대응하기도 했다.

4. 1933년 2월 28일 「제국 의회 화재 법령」은 다음과 같이 시작된다. "제국 헌법 제48조 제2항에 따라, 국가를 위험에 빠뜨리는 공산주의자들의 폭력행위에 대한 방어책으로서 다음과 같이 법령으로 정한다. 제1조. 독일제국 헌법의 제 114, 115, 117, 118, 123, 124, 153조는 추후 공지가 있기 전까지 효력이 정지된다. 따라서 개인의 자유, 언론의 자유를 포함한 자유로운 의견 표명의 권리, 집회와 결사의 권리에 관한 제한과 우편, 전화, 전신을 이용한 통신 사생활의 침해, 가택 수색 영장, 재산에 대한 제약 및 몰수 역시 달리 규정되지 않는 한 법적 한계를 넘어 허용될 수 있다." 다음을 참조. "Decree of the Reich President for the Protection of Volk and State", in Rabinbach, Anson and Gilman, Sander L. (eds.), *The Third Reich Sourcebook* (Berkeley, Los Angeles, London: University of California Press, 2013), p.47. 독일어 본문은 다음을 참조. "Verordnung des Reichspräsidenten zum Schutz von Volk und Staat vom 28. Februar 1933", in *Recht, Verwaltung und Justiz im Nationalsozialismus*, ed. by Hirsch, Martin; Majer, Diemut; Meinck, Jürgen (Köln: Bund, 1984), p.89. 「제국 의회 화재 법령」의 추가 조항들은 연방 주 및 시 당국에 다음 규정들을 시행하고 따를 것을 의무화했다. 5조에서는 반역, 독살, 방화, 폭파, 철도시설 파괴에 대해 사형에 처하도록 했다.

5. Gruchmann, Lothar, "Rechtssystem und nationalsozialistische Justizpolitik", in Broszat, Martin and Möller, Horst (eds.), *Das Dritte Reich. Herrschaftsstruktur und Geschichte* (München: C. H. Beck, 1983), pp.86-87 참조.

6. 이러한 권력을 부여한 것은 주로 「수권법」 제1조와 제2조로, 다음과 같다. 1933년 3월 24일의 「수권법」을 「민족과 제국의 비상사태 해결을 위한 법(Law to Remedy the Distress of People and Reich)」이라고도 한다. "제1조. 독일제국의 법률은 제국 헌법에서 규정한 절차에 따라서 그리고 그 외에 독일 행정부에 의해서도 제정될 수 있다. 제2조. 독일제국 행정부가 제정한 법률은 제국 의회 및 제국 참의원 제도에 직접적인 영향을 미치지 않는 범위 내에서 제국의 헌법에서 정한 것과 다를 수

있다. 다만 대통령의 집행권은 변경할 수 없다. 다음을 참조. "Law to Remedy the State of Emergency of Volk and Reich", in *The Third Reich Sourcebook*, p.52. 독일어 원문은 "Gesetz zur Behebung der Not von Volk und Reich", *Recht, Verwaltung und Justiz im Nationalsozialismus*, p.92 참조.

7. 법적 토대는 1933년 4월 7일의 제2차 「연방 주 및 제국간 조정을 위한 법(The Second Law for the Coordination of the Federal States and the Reich)」이었다. 1933년 3월 31일의 「연방 주 및 제국 간 조정에 관한 임시법(The Temporary Law on the Coordination of the Federal States and the Reich)」을 통해 1933년 3월 5일부터 연방선거의 투표결과를 바탕으로 연방 주 의회들을 해산하고 새롭게 구성하기로 결정했다. 이 두 조치는 모두 힌덴부르크 대통령이 승인했다.

8. 나치당이 주 정부 기관들에 침투하기 시작한 것은 전체 권력을 장악하기 위한 주된 전략이었다.

9. Loewenstein, Karl, "Dictatorship and the German Constitution: 1933-1937", in *The Chicago Law Review 4* (1937), pp.537-574, 특히 pp.539-541; Fischer, Klaus P., *Nazi Germany. A New History* (New York: Continuum, 1995), pp.272-273 참조.

10. 보수 진영의 일부 후보자들은 '무소속 후보'라는 이름표를 달고 지명되었다. 당시 총선은 독일의 국제연맹(Völkerbund) 탈퇴 결정에 관한 국민투표와 함께 치러졌다.

11. 다음을 참조. "Decree to enforce the Law on the Head of the German Reich of August 1, 1934",(*Erlaß des Reichspräsidenten zum Vollzug des Gesetzes über das Staatsoberhaupt des Deutschen Reiches vom 1. August 1934 vom 2. August 1934*), German version in *Recht, Verwaltung und Justiz im Nationalsozialismus*, pp.142-143. 물론 히틀러가 힌덴부르크의 '위대함'을 찬양한 것은, 힌덴부르크가 사망하기 전날 그의 후계 문제를 법적으로 규제하는 무례한 행위로 인해 무색해졌다. 역사학자들에 따르면, 히틀러는 이미 1933년 9월에 대통령의 권력을 장악하려는 계획을 세워둔 상태였다. 게다가 1934년 8월 19일 대통령직과 총리직 통합에 관한 국민투표를 며칠 앞둔 시점에 나치는 힌덴부르크가 히틀러가 자신의 승계자가 되기를 바란다는 유언을 남겼다고 허위 주장을 했다. Mühleisen, Horst, "Das Testament Hindenburgs vom 11. Mai 1934", in *Vierteljahreshefte für Zeitgeschichte 44, 3* (1996), pp.355-371, 특히 p.365 참조.

12. Fraenkel, Ernst, *The Dual State. A Contribution to the Theory of Dictatorship*, with an introduction by Meierhenrich, Jens (Oxford: Oxford University Press, 2017), p.5. 프랭켈의 저서는 1974년 독일어판을 기본으로 번역했다.

13. 1933년 3월 20일, 다하우 강제수용소가 세워졌다(처음에는 주로 나치 정권의 정적들이 수감되었다). 1933년 4월 7일부터 「직업공무원제의 재건을 위한 법」에 따라 유대인 공무원들은 해고됐다. 힌덴부르크의 요청으로 이 법에는 제1차 세계대전 당시 독일군 소속으로 적극

복무했던 유대인 공무원은 제외하는 내용이 포함됐으나, 이후 해당 조항은 삭제됐다. 대학교수는 대개 국가 공무원이었으므로, 이 법규정은 학계에 엄청난 파장을 일으켰다. 정권에 충성하던 학자들이 해직된 유대인 교수의 자리를 메웠다. 이 법에 관한 대표적 연구로는 다음을 꼽을 수 있다. Mommsen, Hans, *Beamtentum im Dritten Reich. Mit ausgewählten Quellen zur nationalsozialistischen Beamtenpolitik* (Stuttgart: Deutsche Verlags-Anstalt, 1966).

14. 나치 돌격대를 혁명세력으로 받아들였던 돌격대원들 중에 산업계 및 기득권층의 지지를 얻으려던 히틀러의 행보에 어느정도 불만의 목소리가 있기는 했지만, 룀이 계획한 반란은 없었다. 룀을 비롯한 주요 돌격대원 숙청은 힘러의 나치 친위대 및 하이드리히 휘하의 보안국을 막강한 권력으로 확립하려는 전략이었다.

15. Domarus, Max, *Hitler. Reden und Proklamationen 1932-1945. Kommentiert von einem Zeitgenossen*, vol. I (Triumph) Erster Halbband 1932-1934 (München: Süddeutscher Verlag, 1965), pp.286-287 참조.

16. Scheuner, Ulrich, "Die nationale Revolution. Eine staatsrechtliche Untersuchung", Part I, in *Archiv des öffentlichen Rechts* NF 24 (1934), pp.166-220, 특히 p.167.

17. Triepel, Heinrich, "Die nationale Revolution und die deutsche Verfassung", in *Deutsche Allgemeine Zeitung* 72, 157 (1933); 재판 인쇄 이후 *Recht, Verwaltung und Justiz im Nationalsozialismus*, pp.116-119에 인용: p.117 (강조는 원문대로).

18. Schmitt, Carl, *Staat, Bewegung, Volk. Die Dreigliederung der politischen Einheit* (Hamburg: Hanseatische Verlagsanstalt, 1933), p.8.

19. 에른스트 루돌프 후버에 따르면, 기존 국가 체계는 "정신적인 면에서뿐 아니라, 각종 제도와 형식 면에서도 전복되었다." Huber, *Verfassungsrecht des Großdeutschen Reiches*, 2nd ed. (Hamburg: Hanseatische Verlagsanstalt, 1939), p.44 참조.

20. Schmitt, *Staat, Bewegung, Volk*, p.8.

21. Scheuner, "Die nationale Revolution", p.170.

22. Scheuner, 앞의 글, p.167.

23. Scheuner, 앞의 글, p.172.

24. Scheuner, 앞의 글, p.171.

25. Koellreutter, Otto, *Vom Sinn und Wesen der nationalen Revolution* (Tübingen: J. C. P. Mohr [Paul Siebeck], 1933), p.28.

26. Scheuner, "Die nationale Revolution", p.175.

27. Koellreutter, *Vom Sinn und Wesen der nationalen Revolution*, p.11. 민족사회주의 국

가가 법치를 존중하고 있었다는 주장은 법이론가들 사이에서는 익숙했다. 그러나 그들은 법치의 의미를 바꿔, '시민의 안전을 보장하는 국가의 역량'으로 축소했다.

28. Koellreutter, 앞의 책, p.35.

29. Scheuner, "Die nationale Revolution", p.181.

30. Scheuner, Ulrich, "Die Rechtstellung der Persönlichkeit in der Gemeinschaft", in Frank, Hans (ed.), Deutsches Verwaltungsrecht (München: Zentralverlag der NS-DAP, Franz Eher Nachf., 1937), pp.82-98, 특히 p.92.

31. Scheuner, 앞의 책, pp.89-93.

32. Frank, Hans, "Einführung: Nationalsozialismus und Verwaltungsrecht", in Frank (ed.), Deutsches Verwaltungsrecht, pp.XI-XXIII, 특히 p.XII.

33. Höhn, Reinhard, "Volk, Staat und Recht", in Höhn, Reinhard; Maunz, Theodor; Swoboda, Ernst (eds.), Grundfragen der Rechtsauffassung (München: Duncker & Humblot, 1938), pp.1-27, p.3. 주관적 공권은 국가에 대항하여 개인이 가지는 권리, 즉 국가에 대한 청구권이자 법원에서 보호받을 자격이 있는 권리로 정의되었다. 주관적 공권의 개념은 19세기 독일 법이론에서 발전했으며, 이는 주관적 권리(즉, 개인이 타인으로부터 무언가를 요구할 권리에 대한 법적 보호)의 개념을 공적 영역, 즉 국가와 행정으로까지 확장시킨 것이었다. 미하엘 슈톨라이스에 따르면, 주관적 공권은 1925년 바이마르공화국에서 완전히 인정된 이래 소극적 권리였던 「바이마르헌법」의 기본적 권리들과 함께 존재하며 국가에 의한 부적절한 개입에 맞서 개인을 보호했다. 소극적 권리 및 적극적 권리의 관점에서 보자면, 주관적 공권은 국가 또는 국가기관에 맞서는 적극적 권리, 특히, 행정부 업무에 대한 청구권이라고 할 수 있다. Stolleis, Michael, A History of Public Law in Germany 1914-1945, transl. by Dunlap, Thomas (Oxford: Oxford University Press, 2004), pp.211-212 참조.

34. Forsthoff, Ernst, Der totale Staat (Hamburg: Hanseatische Verlagsanstalt, 1933), p.22. 라인하르트 횐은 19세기 "공법 영역에서" 헌법의 발달로 "기본권, 주관적 공권, 그리고 무엇보다도 군주라는 인격을 대체하는 법인으로서의 국가 개념을 도입함으로써 개인주의적 법체계"가 형성됐다고 지적한다. Höhn, "Volk, Staat und Recht", p.3 참조. 횐이 인정했듯, 군주에게 권리를 부여하는 것은 부르주아적 해방을 시도하는 과정에서 자유주의적인 헌법국가가 발달하는 데 필수적인 요소였다.

35. Koellreutter, Otto, Deutsches Verfassungsrecht. Ein Grundriss, 3rd ed. (Berlin: Junker & Dünnhaupt, 1938), p.89f. 이 대목에서 쾰로이터는 "민족사회주의 국가에서는 자유주의적 형태의 권력분립, 자유 개념, 국가의 본질에 대한 관념, 국가와 국민의 자유주의적 관계, 그에 따른 기본권과 주관적 공권 원칙은 그 의미를 상실했다"라고 공언한 한스 프랑크에 동조했다. 다음을 참조. Frank, "Einführung: Nationalsozialismus und Ver-

waltungsrecht", p.XII. Maunz, Theodor, "Das Verwaltungsrecht des nationalso-
zialistischen Staates", in Frank (ed.), *Deutsches Verwaltungsrecht*, pp.27-48, esp.
pp.35-37; Scheuner, "Die Rechtstellung der Persönlichkeit in der Gemeinschaft",
pp.83-85도 참조.

36. 이런 지침을 적용한 예로 마운츠는 1935년 1월 30일의 「독일 공동체 조례(German Com-
munal Ordinance)」 및 나치의 「국가 노동조직에 관한 법률(Law for the Organization
of National Labor)」을 언급한다. Maunz, "Das Verwaltungsrecht des nationalso-
zialistischen Staates", pp.31-32 참조. 나치 국가의 행정법에 관해서는 다음 역시 참조.
Stolleis, Michael, *The Law under the Swastika. Studies on Legal History in Nazi
Germany*, transl. by Dunlap, Thomas (Chicago and London: The University of Chi-
cago Press, 1998), pp.105-111, pp.115-126.

37. Maunz, "Das Verwaltungsrecht des nationalsozialistischen Staates", p.37.

38. Maunz, 앞의 글, pp.33-35. 실제 구체적인 공동체로 간주되는 조직의 예로, 마운츠는 민족
사회주의당(나치당 지칭—역자)과 연관된 단체들을 언급했다.

39. Hamel, Walter, "Wesen und Rechtsgrundlagen der Polizei im nationalsozialis-
tischen Staate", in Frank (ed.) Deutsches Verwaltungsrecht, pp.381-398, 특히
p.390.

40. Maunz, "Das Verwaltungsrecht des nationalsozialistischen Staates", pp.38-41.

41. 마운츠는 카를 슈미트가 다음 저서에서 전개한 구체적 질서에 대한 사고 원리를 언급했
다. *Über die drei Arten des rechtswissenschaftlichen Denkens* (Hamburg:Han-
seatische Verlagsanstalt, 1934; 2nd ed. Berlin: Duncker & Humblot, 1993). 마운
츠에 따르면, 구체적 질서에 대한 사고는 추상적이거나 허구적인 의지가 아니라 그 사람의 명
예, 경제적 필요, 구체적 의지에 초점을 맞추어 사회 내에서 그의 지위를 강화한다는 것이다.
Maunz, Theodor, "Das Ende des subjektiven öffentlichen Rechts", in *Zeitschrift
für die gesamte Staatswissenschaft* 96, 1 (1936), pp.71-111, 특히 p.95 참조.

42. Maunz, "Das Verwaltungsrecht des nationalsozialistischen Staates", p.45.

43. 피터 콜드웰에 따르면, 민족공동체에 대한 법률적 호소는 일종의 "즉각적이고 자연적으로
주어진 유기적 독립체"로서의 '민족' 개념에 집중해, "행동주의에 대한 반(反)형식적 동의"
수준을 넘지 못했다. Caldwell, "National Socialism and Constitutional Law: Carl
Schmitt, Otto Koellreutter, and the Debate over the Nature of the Nazi State,
1933-1937", in *Cardozo Law Review* 16 (1994), pp.399-427, 특히 p.405.

44. 한나 아렌트에 따르면, 전체주의 국가는 절대권력, 선전과 거짓의 활용, 그리고 무엇보다도
지도자가 야만적인 테러와 폭력을 사용하는 특징이 있다. 또한 그는 "지도자들은 실질적 권

력의 중심을 끊임없이 옮기고 다른 조직으로 옮길 때도 많지만, 권력을 박탈당한 집단을 해 산하지도, 심지어 공개적으로 노출하지도 않는다"고 한다. Arendt, Hannah, *The Origins of Totalitarianism*, with an introduction by Powers, Samantha (New York: Schocken Books, 2004), p.520.

45. 카를 슈미트와 오토 쾰로이터 사이에는 이론상의 이견 외에도 개인적으로 깊은 경쟁의식이 있었다. 뮌헨대학 교수였던 쾰로이터는 1933년 나치 정권을 처음으로 강력히 지지한 공법학 교수 중 한 명이었다. 쾰로이터는 슈미트가 나치 정권에서 대표적인 법학자로서 승승장구하 는 모습에 자신이 뒤처졌다는 느낌을 확실히 받았다. 쾰로이터는 슈미트가 민족사회주의에 관여하는 것이 마음에서 우러나오는 헌신이 아니라 정치적 기회주의라 생각했으므로, 헤르 만 괴링이 슈미트를 "프로이센주 국무원(Preußischer Staatsrat)'으로 임명했을 때는 더욱 그랬다. 1934년 6월, 쾰로이터는 당시 제국 총리실 수장이었던 한스 라머스에게 보내는 서신 에서 슈미트의 명성에 흠집을 내려 했다. 1936년 나치 친위대가 슈미트를 조사하고 공격할 때, 그들은 쾰로이터에게서 슈미트를 유죄로 만들 만한 정보를 얻으려 했다. Blasius, Dirk, *Carl Schmitt. Preußischer Staatsrat in Hitlers Reich* (Göttingen: Vandenhoeck and Ruprecht, 2001), pp.155-156 참조. 그 시점에는 둘의 논쟁과 경쟁 관계가 정치적으로 얼 마나 위험한지 두 학자 모두에게 분명해졌다. 쾰로이터와 슈미트 간 경쟁 관계에 대해서는 다 음 역시 참조. Stolleis, Michael, *A History of Public Law in Germany 1914-1945* (Oxford: Oxford University Press, 2004), pp.340-341, p.347. 슈미트는 1936년 당과 관련 된 모든 직위에서 물러났지만, 베를린의 프리드리히-빌헬름스 대학의 교수로 남았고 프로이 센주 국무위원직도 유지했다. Schmidt, Jörg, *Otto Koellreutter 1883-1972. Sein Leben, sein Werk, seine Zeit* (Frankfurt/New York: Peter Lang, 1994), pp.174-180 참조.

46. Schmitt, Carl, *The Concept of the Political*, Georg Schwab가 서문 작성 및 번역한 증 보판(Chicago and London: University of Chicago Press, 2007), pp.22-24. 실제로 해 당 용어는 이미 슈미트의 이 저서에 등장한 바 있다. "Die Wendung zum totalen Staat (1931)", in Schmitt, *Positionen und Begriffe im Kampf mit Weimar-Genf-Versailles 1923-1939* (Hamburg: Hanseatische Verlagsanstalt, 1940), pp.146-157. 전체국가 (total state)에 관한 슈미트의 견해와 관련된 자세한 논의는 다음을 참조. Scheuerman, William E., Carl Schmitt. The End of Law (Lanham, Boulder, New York, Oxford: Rowman & Littlefield, 1999), pp.85-112. 젠스 마이어헨리히(Jens Meierhenrich)가 지적하 듯, 슈미트는 '전체 국가'라는 용어를 오토 쾰로이터의 국가주의적 법치국가(national rule-of-law)' 이론과 '정반대'로 사용했다. Meierhenrich, Jens, "Fearing the Disorder of Things", in *Meierhenrich*, Jens and Simons, Oliver (eds.), The Oxford Handbook of Carl Schmitt (Oxford: Oxford University Press, 2016), pp.171-216, 특히 p.194 참조.

47. Schmitt, *The Concept of the Political*, pp.22-23.

48. Schmitt, 앞의 책, p.26.

49. Schmitt, 앞의 책, p.28(원문대로 강조. 저자가 약간 수정하여 번역). 슈미트의 '적' 개념
의 '가소성'에 관한 분석은 다음을 참조. Pendas, Devin, "Criminals, Enemies, and the
Politics of Transitional Justice", in Sarat, Austin; Douglas, Lawrence; Umphrey
Martha Merrill (eds.), *Criminals and Enemies* (Amherst and Boston: University of
Massachusetts Press, 2019), pp.22-43.

50. Schmitt, *The Concept of the Political*, p.45. 참전에 대한 자유로운 의사결정에 관한 이 언
급은 국제연맹에 대한 슈미트의 비판이라는 맥락에서 살펴봐야 한다.

51. Forsthoff, Der totale Staat, p.7.

52. Forsthoff, 앞의 책, p.32. 이 같은 부분에서는 포르스토프의 스승인 카를 슈미트와 그의 "정
치적인 것에 대한 신학"에서 받은 영향이 나타난다. 슈미트의 정치신학에 관해서는 다음을
참조. Meier, Heinrich, *The Lesson of Carl Schmitt. Four Chapters on the Distinction
between Political Theology and Political Philosophy*, expanded ed., transl. by
Brainard, Marcus (New essays in this ed. transl. by Berman, Robert) (Chicago and
London: The University of Chicago Press, 2011). 포르스토프의 관점에 미친 슈미트
의 영향과 관련해서는 다음 역시 참조.Caldwell, Peter C., "Ernst Forsthoff in Frankfurt.
Political Mobilization and the Abandonment of Scholarly Responsibility", in Ep-
ple, Moritz; Fried, Johannes; Gross, Raphael; Gudian, Janus (eds.), *"Politisierung
der Wissenschaft." Jüdische Wissenschaftler und ihre Gegner an der Universität
Frankfurt am Main vor und nach 1933* (Göttingen: Wallstein, 2013), pp.249-283.

53. Forsthoff, *Der totale Staat*, p.31f. 다음 역시 참조. Fauser, Manfred, "Das Gesetz im
Führerstaat", in *Archiv des öffentlichen Rechts*, N. F. 26 (1935), pp.129-154, here
p.133.

54. Forsthoff, *Der totale Staat*, p.33.

55. Forsthoff, 앞의 책, p.38.

56. Forsthoff, 앞의 책, p.41.

57. Forsthoff, 앞의 책, p.31. 이처럼 '형이상학적'인 것에 대한 상당히 모호한 호소를 통해 포르
스토프는 자기 논지가 총통과 국민의 통합을 옹호하는 나치당의 독트린과 맞지 않는 문제를
극복하려 했던 것으로 보인다.

58. Forsthoff, *Der totale Staat*, p.41.

59. Forsthoff, 앞의 책, p.45. 포르스토프는 공동체 봉사로 노동봉사(Arbeitsdienst)를 지지하
는 의견을 피력하고 있다.

60. Schmitt, *Staat, Bewegung, Volk*, p.11. 쾰로이터는 슈미트가 국가 통합을 3자적 특성으로 규정한 것이 "국가의 민족적 구조를 표현한 것은 아니다"라며 반대했다. Koellreutter, Otto, *Volk und Staat in der Weltanschauung des Nationalsozialismus* (Berlin: Pan Verlagsgesellschaft, 1935), p.19 참조. 쾰로이터는 슈미트가 국가, 운동, 민족을 같은 질서 수준에 두고 있는 부분에 대해서도 비판하는 한편, 민족사회주의 국가의 본질적인 정치 및 헌법의 문제는 나치당과 국가의 관계로 본다. Koellreutter, Otto, *Grundfragen unserer Volks-und Staatsgestaltung* (Berlin: Junker & Dünnhaupt, 1936), p.19-20 참조.

61. Schmitt, *Staat, Bewegung, Volk*, p.24.

62. 다음을 참조. Schmitt, "Was bedeutet der Streit um den Rechtsstaat?", in *Zeitschrift für die gesamte Staatswissenschaft/Journal of Institutional and Theoretical Economics* 95, 2 (1935), pp.189-201, 특히 p.201. 슈미트는 법치국가(Rechtsstaat)라는 자유주의적 개념은 정의의 모든 실질적 내용을 제거함으로써 국가를 단순한 법률국가(Gesetzesstaat)로 바꿔놓았다고 비판했다. 또한 법치국가 개념에 대한 자유주의적 이해에는 적어도 '세계관'과 정치적 투쟁 능력이 있지만, 실증주의적 접근은 상대주의, 불가지론, 허무주의로 전락한다고 주장했다. 앞의 책, p.196.

63. 다음을 참조. Schmitt, Carl, "Der Rechtsstaat", in Frank, Hans (ed.), *Nationalsozialistisches Handbuch für Recht und Gesetzgebung* (München: Zentralverlag der NSDAP, Franz Eher Nachf., 1935), pp.3-10.

64. Koellreutter, Otto, *Grundriß der Allgemeinen Staatslehre* (Tübingen: J.C.B. Mohr [Paul Siebeck], 1933), p.65 f.

65. Koellreutter, 앞의 책, p.64. 쾰로이터는 순전히 권력지향적인 국가를 (이상하게도) 자유주의 국가와 결부하고 있다.

66. Koellreutter, 앞의 책, p.66.

67. Koellreutter, 앞의 책, p.11.

68. Koellreutter, *Deutsches Verfassungsrecht*, pp.12-13.

69. Koellreutter, 앞의 책, pp.15-16.

70. 쾰로이터는 1932년 작에서 이미 '국가주의적 법치국가(national rule-of-law state)'라는 용어를 만들어 썼다. Koellreutter, Otto, *Der nationale Rechtsstaat. Zum Wandel der Deutschen Staatsidee* (Tübingen: J.C.B. Mohr [Paul Siebeck], 1932) 참조. 그는 나치 정권 초기 저술에서는 이 용어를 계속 사용했으나, 이후 '민족사회주의적 법치국가'라는 표현도 병용했다.

71. Koellreutter, *Grundriß der Allgemeinen Staatslehre*, p.108. 여기서 쾰로이터는 볼셰비키 국가를 비판적 견지에서 언급하고 있지만, 영구혁명 개념은 거부한 것으로 보아 민족사회

주의, 그리고 나치 돌격대 내에서 구축한 혁명적 정치운동 개념을 동일시하는 것에 대해서는 비판적인 입장을 취한다.

72. Koellreutter, 앞의 책, pp.105-108.

73. 다음을 참조. Huber, Ernst Rudolf, "Die Totalität des völkischen Staates", in *Die Tat* 26, 1 (1934), pp.30-42. 후버는 슈미트와 함께 논문을 썼으나(1926년에 박사학위 취득) 본인이 밝혔듯이 슈미트의 조교였던 적은 없다. Huber, Ernst Rudolf, "Carl Schmitt in der Reichskrise der Weimarer Endzeit", in *Complexio Oppositorum. Über Carl Schmitt. Vorträge und Diskussionsbeiträge des 28. Sonderseminars 1986 der Hochschule für Verwaltungswissenschaften Speyer*, ed. by Quaritsch, Helmut (Berlin: Duncker & Humblot, pp.33-50, 특히 p.35 참조.

74. Huber, 앞의 책, p.30.

75. Huber, 앞의 책, p.35.

76. 상동.

77. 후버는 전체주의 국가 개념은 에른스트 융어의 "총동원이라는 표현"에서 영감을 얻었다고 지적했다(그는 1930년부터 융어의 저서 『전쟁과 전사(*Krieg und Krieger*)』를 언급했다. Huber, "Die Totalität des völkischen Staates", p.30 참조. 여기서 후버는 카를 슈미트가 1931년에 쓴 『*Die Wendung zum totalen Staat*』에서 에른스트 융어가 모든 영역을 관장하는 국가의 등장을 기술하며 "총동원"이라는 "매우 간명한 표현"을 도입했다는 지적에 주목했다. Schmitt, "Die Wendung zum totalen Staat (1931)", in Schmitt, *Positionen und Begriffe im Kampf mit Weimar-Genf-Versailles 1923-1939*, p.152 참조.

78. Huber, *Verfassungsrecht des Großdeutschen Reiches*, p.296.

79. Huber, "Die Totalität des völkischen Staates", p.40.

80. Huber, 앞의 글, p.41.

81. Huber, *Verfassungsrecht des Großdeutschen Reiches*, p.294.

82. 상동.

83. 상동.

84. Huber, "Die Totalität des völkischen Staates", p.42. 후버도 언급했던, 헤겔이 남긴 유명한 말은 헤겔의 『법철학(*Philosophy of Right*)』에서 다음 구절의 시작 부분에 나온다. "국가는 윤리적 이념의 현실태, 즉 실체적 의지로서의 윤리적 정신으로, 명명백백하고 자명하며 어떤 것을 아는 한 그 알고 있는 것을 스스로 사유하고 인식하고 실행하는 존재다." Hegel, G. W. F., *Elements of the Philosophy of Right*, ed. by Wood, Allen W.; transl. by Nisbet, H. B. (Cambridge: Cambridge University Press, 1991), § 257, p.275. 후버의 재구성 내용을 보면 민족사회주의가 민족 이데올로기와 윤리를 어떻게 통합했는지 알 수 있다. 후버

는 전체주의 국가에서 정치적 의지의 형성은 투표와는 별개이며 인민 전체(Volksganzen)의 의사표현이라고 주장했다. 그는 프랑스혁명 이후 의지 형성의 문제를 외부의 합리적 과정으로 축소함으로써 민족적 의지 형성의 문제가 합리주의적 방식으로 왜곡되었다고 비판했다. Huber, *Verfassungsrecht des Großdeutschen Reiches*, p.295 참조.

85. Huber, 앞의 책, p.37. 카를 슈미트는 인종 및 인종적 동질성(Artgleichheit) 개념은 민족사회주의 국가 및 그 법체계에 필수적이라고 주장했다. Schmitt, *Staat, Bewegung, Volk*, p.42 참조.

86. Nicolai, Helmut, *Rasse und Recht. Vortrag gehalten auf dem Deutschen Juristentag des Bundes nationalsozialistischer deutscher Juristen am 2. Oktober 1933 in Leipzig* (Berlin: Reimar Hobbing, 1933), p.49 참조.

87. Nicolai, 앞의 책, p.50.

88. Forsthoff, *Der totale Staat*, p.39.

89. 카를 뢰벤슈타인이 보기에 「바이마르헌법」은 "공식적으로 폐지되지는 않았지만 실질적으로 폐기된 상태"였다. Loewenstein, "Dictatorship and the German Constitution", p.547 참조. 에른스트 프랭켈에 따르면 "제3제국의 헌법 헌장은 1933년 2월 23일의 긴급명령"이다. Fraenkel, *The Dual State*, p.3 참조.

90. Huber, *Verfassungsrecht des Großdeutschen Reiches*, p.52. 슈미트는 1933년 저서 『국가, 운동, 민족(*Staat, Bewegung, Volk*)』에서 이미 「바이마르헌법」은 더 이상 효력이 없다. 이 헌법에 필수적이었던 세계관 및 조직에 관한 모든 원칙과 규정은 그것들이 전제하는 모든 가정과 함께 소거되었기 때문이다"라고 밝힌 바 있었다. Schmitt, *Staat, Bewegung, Volk*, p.5 참조.

91. Huber, *Verfassungsrecht des Großdeutschen Reiches*, p.47. 「제국 재건에 관한 법」으로 연방 의회가 해산됐고 연방 주들의 주권, 즉 입법권, 행정권, 사법권은 제국으로 이양됐다. 이 법으로 제국의 정치권력은 강화되었고, 연방 주들은 더 이상 독립적인 주로서의 지위를 잃게 되었다. 후버가 보기에 독일제국은 개별 주의 연합이 아니라 "불가분의 전체 독일 국민의 정치적 단일체"를 표현하는 것이었다. 앞의 책, p.326.

92. Huber, 앞의 책, p.47. 「수권법」의 발효는 정치적 조작으로 이뤄졌다. 「바이마르헌법」 제76조는 헌법은 입법을 통해 변경될 수 있다고 규정하고 있다. 다만 제국 의회에서 헌법 수정 안건을 논의할 경우 제국 의회 의원 3분의 2가 출석하고 출석의원 중 3분의 2가 헌법 수정에 찬성표를 던져야 했다. 그러나 나치는 공산당을 불법단체로 규정하여 의회 회기 중 제국 의회의 공산당 의원들을 사실상 배제한 상태였고, 사회민주당 의원 120명 중 94명만이 회의에 참석할 수 있었다. Loewenstein, *Dictatorship and the German Constitution*, pp.543-544 참조. 다음 역시 참조. Fischer, *Nazi Germany. A New History*, pp.276-278.

93. Huber, *Verfassungsrecht des Großdeutschen Reiches*, p.49.

94. Huber, 앞의 책, p.49.

95. 상동.

96. 상동.

97. 후버는 이들 법을 「바이마르헌법」에서 일종의 예외사항 정도로 여겨서는 안 된다고 보았다.

98. 나치의 법이론가들은 영국에도 성문헌법이 없다고 반복적으로 지적하며 이 사실을 경시했다.

99. Koellreutter, *Deutsches Verfassungsrecht*, p.19. 후버는 독일제국의 헌법에 관한 1939
년 저서에서 쾰로이터가 정리한 목록과 거의 동일한 헌법 목록을 제시했다. 다만 「오스트리아
의 재통일에 관한 법(Law on the Reunification with Austria)」, 「독일의 주데텐 지역 및 메
멜 지역에 관한 법(Law with the German Sudeten regions and the Memel region)」,
「보헤미아-모라비아 보호령(Decree on the Establishment of the Protectorate of
Bohemia and Moravia)」을 추가했다. Huber, *Verfassungsrecht des Großdeutschen
Reiches*, pp.55-56 참조.

100. Koellreutter, *Deutsches Verfassungsrecht*, p.20.

101. Koellreutter, 앞의 책, p.19.

102. 상동.

103. Koellreutter, 앞의 책, p.72. 후버는 뉘른베르크 인종법이 민족사회주의 국가의 헌법에 근
거하고 있다고 확인했다. 인종적 동질성은 "민족의 자연스런 토대"이며, 「독일혈통 및 독일
명예 수호를 위한 법」을 통해 "독일 민족의 자연스런 길은 영원히 지켜질 것"이었다. Huber,
Verfassungsrecht des Großdeutschen Reiches, pp.153-154.

104. Koellreutter, *Deutsches Verfassungsrecht*, p.23. 다음 역시 참조. Höhn, Reinhard,
Die Wandlung im staatsrechtlichen Denken (Hamburg: Hanseatische Verlagsan-
stalt, 1934); Höhn, Reinhard, *Rechtsgemeinschaft und Volksgemeinschaft* (Ham-
burg: Hanseatische Verlagsanstalt, 1935).

105. Huber, *Verfassungsrecht des Großdeutschen Reiches*, p.56.

106. Huber, 앞의 책, p.361. 민족사회주의 국가에서는 소유권의 개념도 달라졌다. 후버는 다음
과 같이 설명했다. "소유주는 민족과 제국에 대해 자기 재산을 책임있게 관리할 의무가 있
다. 그의 법적 지위는 오직 그가 공동체에 대한 이 책임을 다하는 경우에만 정당화된다. …
재산은 그 본질과 내용상 공동체와 연결되어 있다는 보증이다. 몰수와 관련해서 후버는 나치
국가에서 '불문율에 해당하는 새로운 원칙'은 소위 몰수에 대해서도 유효하다면서 이는 필
히 재산은 의무에 묶여있다는 사실로부터 파생되는 원칙이라고 설명했다. 앞의 책, p.376.

107. Neumann, Franz, *Behemoth. The Structure and Practice of National Socialism
1933-1944*, with an introduction by Peter Hayes (Chicago: Ivan R. Dee, 2009),

p.8.

108. 쾰로이터는 "민족사회주의 헌법의 본질은 그 정치적 토대의 변화, 그리고 정치적인 것의 본질에 대한 민족적 이해에 있다"고 표현했다. Koellreutter, *Deutsches Verfassungsrecht*, p.22.

109. Goltz, Anna, *Hindenburg. Power, Myth, and the Rise of the Nazis* (Oxford:Oxford University Press, 2009) 참조.

110. 다음을 참조. Schmitt, Carl, *Der Hüter der Verfassung* (1931), 4th ed. (Berlin: Duncker & Humblot, 1996); 일부는 라르스 빈크스가 영문으로 번역했다. "The guardian of the constitution: Schmitt on pluralism and the President as the guardian of the constitution", in Vinx, Lars (ed.), *The Guardian of the Constitution. Hans Kelsen and Carl Schmitt on the Limits of Constitutional Law* (Cambridge: Cambridge University Press, 2015), pp.125-173 참조.

111. 나치의 권력 장악 이후 슈미트가 총통의 권력에 기꺼이 지지 의사를 표명했다는 사실은 그의 악명 높은 글 「총통이 법을 수호한다(The Fuhrer Protects the Law)」에 노골적으로 드러나 있다. 이 글에서 슈미트는 1934년 6월 30일에 있었던 룀 숙청 과정에서 히틀러가 살해를 지시한 것은 국가의 질서와 안보를 지키는 데 필요한 합법적인 조치였다는 의견을 밝혔다. Schmitt, "The Führer Protects the Law. On Adolf Hitler's Reichstag Address 13 July 1934", in *The Third Reich Sourcebook*, pp.63-67 참조. 독일어 원문은 다음을 참조. Schmitt, "Der Führer schützt das Recht. Zur Reichstagsrede von Adolf Hitler vom 13. Juli 1934", in *Deutsche Juristen-Zeitung*, 39, 15, 1934; Schmitt, *Positionen und Begriffe im Kampf mit Weimar-Genf-Versailles 1923-1939*, pp.199-203.

112. Huber, *Verfassungsrecht des Großdeutschen Reiches*, pp.30-37.

113. Huber, 앞의 책, p.236.

114. Huber, 앞의 책, p.216.

115. 대통령 비서실은 오토 마이스너(Otto Meißner), 제국 총리실은 한스 하인리히 라머스(Hans Heinrich Lammers), 총통 비서실은 필리프 보울러(Philipp Bouhler)가 이끌었다. 이 세 기관 외에도 1941년부터는 마르틴 보어만(Martin Bormann)이 이끄는 나치당수부(당과 국가가 통합함에 따라 나치당의 사무 및 행정 업무를 나치당 총리가 담당했음—역자)도 있었다. 총통 비서실은 (나치당원의 사면 요청 건 처리 및 뉘른베르크법에 의한 결혼 규정 예외 승인 등 외에도) 1933년 7월 14일 통과된 「유전질환을 가진 후손을 예방하기 위한 법(Law for the Prevention of Hereditarily Diseased Offspring)」을 근거로 강화된 강제 불임시술 업무를 담당했다. 당시 총통 비서실은 안락사 프로그램 및 장애인 살해(작전

T4)에 가담하고 있었다.

116. Huber, *Verfassungsrecht des Großdeutschen Reiches*, p.230.

117. Huber, 앞의 책, p.213.

118. Fauser, "Das Gesetz im Führerstaat", p.134.

119. Nicolai, Helmut, *Grundlagen der kommenden Verfassung. Über den staatsrechtlichen Aufbau des Dritten Reiches* (Berlin: Reimar Hobbing GmbH, 1933), p.73 참조. 이 책의 2.4에서 언급했듯이, 바이마르 체제는 헌법재판소가 없었다. 나치 국가는 그런 기관을 설립할 이유가 더욱더 없었다.

120. Huber, *Verfassungsrecht des Großdeutschen Reiches*, p.239.

121. Koellreutter, *Deutsches Verfassungsrecht*, p.57. 파우저에 따르면, 민족사회주의 국가에서 법은 "우연히 의회에서 다수가 된 이들의 타협적 의사결정"에서 "정치 지도자의 의지에 따른 행위"로 바뀌었다. "입법과 집행 혹은 지배 권력 간의 구분"은 그 의미를 상실하고 말았다. Fauser, "Das Gesetz im Führerstaat", p.136.

122. Huber, Verfassungsrecht des Großdeutschen Reiches, p.237.

123. Huber, 앞의 책, p.244. 후버가 강조했듯, "법에 명백히 나타난 총통의 의지"는 "민족적 정의라는, 의식적으로 만들어진 형태에 불과"할 수 있다. 상동. 니콜라이는 총통이 의회보다 "더 많은 지식과 더 폭넓은 경험"을 지니고 있다고 주장하면서 총통에게 입법권한을 이양하는 것을 정당화했다. Nicolai, *Grundlagen der kommenden Verfassung*, p.87.

124. Larenz, Karl, *Rechtserneuerung und Rechtsphilosophie* (Tübingen: J.C.B. Mohr [Paul Siebeck], 1934), p.34 (강조는 원문대로).

125. Fauser, "Das Gesetz im Führerstaat", p.142.

126. 여전히 《제국법률관보》에 공표하는 것은 필수였다. 법적 규정과 행정 규제 간 차이도 여전했다. 또한 법령을 민족사회주의 국가의 법원(法源)으로 간주했다.

127. Fauser, "Das Gesetz im Führerstaat", p.137. 일례로, 파우저는 총통의 연설을 언급했다.

128. Fauser, 앞의 책, p.139. 마찬가지로, 후버는 "민족의 제국은 인민에게 끊임없이 호소하지 않고는 버틸 수 없다"라고 했다. Huber, *Verfassungsrecht des Großdeutschen Reiches*, p.239.

129. Koellreutter, *Deutsches Verfassungsrecht*, p.57.

130. Nicolai, *Grundlagen der kommenden Verfassung*, p.86.

131. Nicolai, 앞의 책, p.89.

132. Huber, *Verfassungsrecht des Großdeutschen Reiches*, p.200.

133. 상동.

134. Huber, 앞의 책, p.217.

135. Huber, 앞의 책, p.203.

136. Majer, Diemut, *Grundlagen des nationalsozialistischen Rechtssystems. Führerprinzip, Sonderrecht, Einheitspartei* (Stuttgart, Berlin, Köln, Mainz: Kohlhammer, 1987), p.118 참조.

137. Huber, *Verfassungsrecht des Großdeutschen Reiches*, p.230. 테오도르 마운츠의 주장대로 "민족공동체에 복무하지 않는" 국가는 "비정상적인 정치 상황에서는 죽은 메커니즘"이 되고 말 것이다. Maunz, Theodor, "Die Staatsaufsicht", in Höhn, Maunz, Swoboda (eds.), *Grundfragen der Rechtsauffassung*, pp.45-85, here p.60.

138. (예를 들면 국방군 내에서) 총통에 대한 선서를 통해 상징적으로 강화된 "나치 정신(에토스)"에 대한 이 같은 내적 몰입은 총통의 지시를 철저히 시행하게 했으며, 나치 정권의 참혹한 범죄가 명백히 드러났는데도 전쟁 중에도 여전히 지시에 복종했던 이유에 대해 (적어도 일부분은) 설명해 준다.

139. Kershaw, Ian, *The Nazi Dictatorship. Problems and Perspectives of Interpretation*, 4th ed. (London: Arnold, 2000), pp.69-92 참조.

140. Koellreutter, *Deutsches Verfassungsrecht*, p.59 참조.

141. 파우저는 나치 국가를 이 같은 아리스토텔레스의 준칙에서 벗어난 상태로 보았다. Fauser, "Das Gesetz im Führerstaat", p.129 참조.

4장 민족사회주의 형법

1. 「1936년 독일 형법전 초안」 서문에서는 이 같은 새로운 방향을 다음과 같이 설명했다. "민족사회주의에서 독일 민족은 모든 국가 조치의 대상이자 의미이다. … 민족사회주의는 개인 및 개인의 경제적 안녕에 대한 기존의 보호를 이 같은 운명으로 결속된 민족공동체(Schicksalsgemeinschaft), 즉 그 존재, 명예, 생활력, 외적 삶의 질서 등에 대한 보호로 대체한다. 다음을 참조. "Begründung zum Entwurf eines Deutschen Strafgesetzbuchs von 1936", in *Quellen zur Reform des Straf- und Strafprozeßrechts*, vol. 1.2, *Entwürfe eines Strafgesetzbuchs*, ed. by Regge, Jürgen and Schubert, Werner (Berlin, New York: Walter deGruyter, 1990), p.1. Günther, Klaus, "Von der Rechts- zur P"ichtverletzung", in *Vom unmöglichen Zustand des Strafrechts*, ed. by Institut für Kriminalwissenschaften (Frankfurt am Main: Peter Lang, 1995), pp.445-460, esp. pp.452-456.

2. 나치의 법이론가들 사이에 이견이 전혀 없었다는 의미는 아니다. 나치 정권 이데올로기의 변화는 새로운 형법의 방향과 구조를 정의하고 명확히 하는 방법에 대한 끊임없는 논쟁을 불러

310

일으켰다.

3. *Nationalsozialistisches Strafrecht. Denkschrift des Preußischen Justizministers,* ed. by Kerrl, Hanns (Berlin: R. v. Decker, G. Schenck, 1934).

4. Freisler/ Oetker/ Dürr/ Schwarz/ Schoetensack/ Thierack/ Noack/ Mayer/Strauß, *Grundzüge eines Allgemeinen Deutschen Strafrechts. Denkschrift des Zentralausschusses der Strafrechtsabteilung der Akademie für Deutsches Recht über die Grundzüge eines Allgemeinen Deutschen Strafrechts* (Berlin: R. v. Decker, G. Schenck, 1934).

5. *Das kommende deutsche Strafrecht. Allgemeiner Teil. Bericht über die Arbeit der amtlichen Strafrechtskommission,* ed. by Gürtner, Franz, 2nd revised ed. (Berlin: Franz Vahlen;1935); *Das kommende deutsche Strafrecht. Besonderer Teil. Bericht über die Arbeit der amtlichen Strafrechtskommission,* ed. by Gürtner, Franz, 2nd revised ed. (Berlin: Franz Vahlen, 1936).

6. *Nationalsozialistische Leitsätze für ein neues deutsches Strafrecht. 1.Teil,* 4th ed., ed. by Frank, Hans, Reichsleiter/Reichsrechtsamt der NSDAP (Berlin: Deutsche Rechts- und Wirtschaftswissenschaft Verlags-Ges., 1935); *Nationalsozialistische Leitsätze für ein neues deutsches Strafrecht. 2. (Besonderer) Teil,* ed. by Frank, Hans, Reichsleiter/ Reichsrechtsamt der NSDAP (Berlin: Deutsche Deutsche Rechts- und Wirtschaftswissenschaft Verlags-Ges., 1936).

7. 위원들로는 귀르트너 법무장관, 티라크 인민법원장, 슐레겔베르거와 프라이슬러 차관, 그 외에 부처 관료인 두르, 그라우, E. 셰퍼, L. 셰퍼, K. 셰퍼, 라이머, 로렌츠, 니타머, 리치, 그리고 형법학자 담, 도흐나니, 글라이스파흐, 헨켈, 콜라우시, 메츠거, 나글러, 샤프스타인이 참여했다. 이 위원회는 1933년 11월부터 1936년 10월까지 107차례 모였고 1934년부터 1935년 사이에 새로운 형법 초안을 두 버전으로 작성했다. Hartl, Benedikt, *Das nationalsozialistische Willensstrafrecht* (Berlin: Weißensee, 2000), pp.71-75 참조.

8. 이는 롤란트 프라이슬러가 형법 '총칙'과 '각론'에 폭넓게 기여한 데서도 드러난다. 해당 부분에서 프라이슬러는 의도 중심의 형법 개요를 제시했다. Freisler, Roland, "Willensstrafrecht: Versuch und Vollendung", in *Das kommende deutsche Strafrecht. Allgemeiner Teil* (1935), pp.5-48,특히 p.11-48; Freisler, Roland, "Aufbau und Aufgabe des Besonderen Teils. Gestaltung seiner Tatbestände. Einbau des Schutzes der Bewegung in das Gesetz", in *Das kommende deutsche Strafrecht. Besonderer Teil* (1936), pp.13-77 참조. 민족사회주의의 열렬한 신봉자였던 프라이슬러는 의도 중심의 형법을 가장 적극적으로 옹호했던 이들 중 한 명이었고, 당연히 귀르트너가 이끄는 위원회에 큰 영향력을

발휘했다.

9. 귀르트너가 이끄는 형법개혁공식위원회의 숙의가 최상위에 해당했고, 독일법학술원의 형법
위원회의 논의 내용 역시 중요했다. 독일법학술원 형법위원회의 원안에 대해서는 다음을 참조
할 것. *Akademie für Deutsches Recht 1933-1945. Protokolle der Ausschüsse*, ed. by
Schubert, Werner, vol. VII, Ausschüsse für Strafprozeßrecht und Strafrechtsangle-
ichung 1934-1941 (Frankfurt am Main: Peter Lang, 1998) and vol. VIII, Ausschüsse
für Strafrecht, Strafvollstreckungsrecht, Wehrstrafrecht, Strafgerichtsbarkeit der
SS und des Reichsarbeitsdienstes, Polizeirecht sowie für Wohlfahrts- und Für-
sorgerecht(Bewahrungsrecht) (Frankfurt am Main: Peter Lang, 1999).

10. Gruchmann, Lothar, *Justiz im Dritten Reich 1933-1940. Anpassung und Unterwer-
fung in der Ära Gürtner* (München: R. Oldenbourg, 1988), p.821. Hartl, *Das nation-
alsozialistische Willensstrafrecht*, p.277 참조.

11. 히틀러는 법학자들에 대한 멸시를 드러낼 때가 많았다. 합법성이라는 기만적 외피로 정권의
잔학행위를 은폐하기 위해 법률적 언어와 주장에 호소하는 것이 유리할 경우에는 법학자들
의 작업을 이용하되, 그런 법률적 규제가 자신의 정치적 계획에 달갑지 않은 제약이 된다면
이를 무시하는 것이 히틀러의 전략이었다.

12. "Leitsätze zum nationalsozialistischen Strafrecht", in *Nationalsozialistische
Leitsätze für ein neues deutsches Strafrecht. 1.Teil*, p.12.

13. 상동.

14. Thierack, Otto Georg, "Sinn und Bedeutung der Richtlinien für die Strafrechts-
reform", in *Deutscher Juristentag 1936, 5. Reichstagung des Bundes National-So-
zialistischer Deutscher Juristen*, ed. by National-Sozialistischer Rechtswahrer-
Bund (Berlin: Deutscher Rechts-Verlag, 1936), pp.25-30, 특히 p.27.

15. 상동.

16. *Nationalsozialistische Leitsätze für ein neues deutsches Strafrecht. 2. (Besonder-
er) Teil*, p.129.

17. Freisler, "Aufbau und Aufgabe des Besonderen Teils, Gestaltung seiner Tat-
bestände. Einbau des Schutzes der Bewegung in das Gesetz", in *Das kommende
deutsche Strafrecht. Besonderer Teil* (1936), p.16. '법익(Rechtsgut)' 개념에 대한 프
라이슬러의 급진적인 비판은 킬대학의 교수들, 특히 샤프스타인도 공감했지만, 민족사회주
의 법률가들 사이에서 폭넓은 동의를 얻지는 못했다. 형법개혁공식위원회는 법익 개념을 계
속 사용했다. Lüken, Erhard-Josef, *Der Nationalsozialismus und das materielle Stra-
frecht. Ein Beitrag zur Strafrechtsgeschichte* (Dissertation, Universität Göttingen,

1988), pp.40-41 참조.

18. Freisler, Roland, *Nationalsozialistisches Recht und Rechtsdenken* (Berlin: Spaeth & Linde, 1938) p.57.

19. *Nationalsozialistische Leitsätze für ein neues deutsches Strafrecht. 2. (Besonderer) Teil*, p.131. 반역(Volksverrat)은 "독일 민족의 정치적 통일, 자유, 세력"에 대항하는 공격으로 정의됐다. 그리고 "명예와 세계관(Ehre undWeltanschauung)" 부분에서는 다음과 같이 언급했다. "독일 민족의 명예와 세계관은 민족의 가장 내부의 윤리적, 인종적 힘의 중심이며, 민족은 이를 바탕으로 제국을 건설하고 삶을 형성한다." 앞의 책, p.134.

20. *Nationalsozialistische Leitsätze für ein neues deutsches Strafrecht. 2. (Besonderer) Teil*, p.132.

21. Freisler, 앞의 책, p.133.

22. 상동. 인종 독트린 및 형법의 관계에 대해서는 나치당의 법무국뿐 아니라 독일법학술원도 찬성했다. 작센주 법무장관 오토 게오르크 티라크(1942년부터는 제국 법무장관직 수행)는 1934년 독일법학술원 보고서에 "외래종의 피는 계속 거리를 두어야 한다. 유전적 질병(예: 유전적 정신지체)이나 퇴행(예: 상습 범행) 혹은 오염(예: 성병)이 일어난 피는 제거 및 말살해야 한다. ··· 그러므로 인종적 명예에 대해 더 이상 형법의 보호를 부인해서는 안된다."라고 했다. Thierack, "Sinn und Bedeutung der Richtlinien für die Strafrechtsreform", in *Deutscher Juristentag 1936, 5. Reichstagung des Bundes National-Sozialistischer Deutscher Juristen*, pp.25-30, 특히 p.26 참조.

23. *Nationalsozialistische Leitsätze für ein neues deutsches Strafrecht. 2. (Besonderer) Teil*, p.134.

24. Freisler, 앞의 책, p.135.

25. Freisler, "Willensstrafrecht; Versuch und Vollendung", p.45.

26. Freisler, 앞의 책, pp.45-48. 프라이슬러에 따르면 이 같은 심각한 제재(명예 상실)는 "일생에 한 번 범행을 저지른 수많은 공동체 구성원들에게는 부당한 판결"이 될 수 있었다. 앞의 책, p.47.

27. Nullum crimen, nulla poena sine lege: 법 없으면 범죄도 없고, 처벌도 없다; nullum crimen sine poena: 처벌 없는 범죄는 없다.

28. Dahm, Georg and Schaffstein, Friedrich, *Liberales oder autoritäres Strafrecht?* (Hamburg: Hanseatische Verlagsanstalt, 1933) 참조.

29. Mezger, Edmund, *Deutsches Strafrecht. Ein Grundriss* (Berlin: Junker & Dünnhaupt, 1938), p.136. 인용 내용은 다음을 참조. Mezger, *Deutsches Strafrecht* (1938).

30. Mezger, Edmund, Deutsches Strafrecht (1938), p.135. Punitur ne peccetur: 처벌은

범죄를 저지르지 않게 하기 위한 것이다.

31. Mezger, *Deutsches Strafrecht* (1938), pp.135-136.

32. Mayer, Hellmuth, *Das Strafrecht des Deutschen Volkes* (Stuttgart: Ferdinand Enke, 1936), p.34.

33. Mayer, 앞의 책, p.36.

34. 상동.

35. Freisler, *Nationalsozialistisches Recht und Rechtsdenken*, p.56.

36. Sauer, Wilhelm, "Die Ethisierung des Strafrechts. Über die Prinzipien der Strafrechtserneuerung und ihre praktische Auswirkung", in Freisler, Roland (ed.), *Deutsches Strafrecht. Strafrecht, Strafrechtspolitik, Strafprozeß*, Zeitschrift der Akademie für Deutsches Recht, Neue Folge, vol. 1 (Berlin: R. v. Decker, G. Schenck, 1934), pp.177-190, 특히 p.189 참조.

37. Sauer, "Die Ethisierung des Strafrechts", p.189.

38. Oetker, Friedrich, "Grundprobleme der nationalsozialistischen Strafrechtsreform", in Frank (ed.), *Nationalsozialistisches Handbuch für Recht und Gesetzgebung* (München: Franz Eher Nachf., Zentralverlag der NSDAP, 1935), pp.1317-1361, p.1320. 외트커는 독일법학술원의 형법개혁공식위원회의 일원이기도 했다. 베르너 슈베르트에 따르면, 빌헬름 제국 및 바이마르공화국의 대표적인 형법학자 중 한 명이었던 외트커는 자신의 보수적-권위주의적 세계관을 실현할 수단을 주로 민족사회주의에서 발견했다. Schubert, Werner, "Introduction", in *Akademie für Deutsches Recht 1933-1945. Protokolle der Ausschüsse*, vol. VII, pp.IX-XXVIII, esp. pp.XI-XIV 참조.

39. Sauer, "Die Ethisierung des Strafrechts", p.188.

40. 상동.

41. Sauer, 앞의 글, p.184.

42. 상동.

43. Freisler, "Aufbau und Aufgabe des Besonderen Teils, Gestaltung seiner Tatbestände. Einbau des Schutzes der Bewegung in das Gesetz", in *Das kommende deutsche Strafrecht. Besonderer Teil* (1936), p.57.

44. Sauer, 앞의 글, p.60.

45. Sauer, 앞의 글, p.61.

46. Sauer, "Die Ethisierung des Strafrechts", p.189.

47. 두 갈래의 형법상 제재는 민족사회주의가 고안한 체계가 아니었다. 이는 자유주의 형법의 원칙이었으며, 이 아이디어는 프란츠 폰 리스트(Franz von Liszt, 1898년부터 1917년까지 베

를린대학 교수였던 형법 전문가)까지 거슬러 올라간다. 그러나 나치는 이런 조치를 파악하여 유독 가혹한 방식으로 이용했다. 게다가 자유주의 형법에는 전례가 없었던 조치들(예를 들면 거세)까지 도입했다.

48. 범죄자의 범죄행위가 정신적으로 무능하거나 온전한 분별이 약화된 상태에서 일어난 경우에만 그 범죄자를 요양원이나 정신병원에 구금하도록 명령할 수 있다. 구금은 처벌의 목적상 (종신형이라 할지라도) 반드시 필요한 경우로 제한해야 하지만 3년마다 평가가 이뤄졌다.

49. 알코올중독 치료병원 또는 해독기관 구금은 재활조치로서 최대 2년으로 제한했다.

50. 노역장 유치(Arbeitshaus)는 부랑자(Landstreicher), 걸인, 성매매 여성에 대한 조치였다. 처음에는 2년으로 제한을 두었고, 다시 검거된 경우에는 무기한으로 적용됐다.

51. 예방구금(preventive detention, Sicherungsverwahrung)은 소위 상습범에 대한 처벌 이외의 추가 조치였다. 유사한 전과가 있는 경우 상습범은 최대 5년까지 징역형을 받을 수 있었다. 새로운 행위가 심각한 범죄에 이른 경우 최대 15년까지 징역형을 받을 수 있었다. 피고인이 "위험한 상습범"인 경우 판사가 무기한 예방구금을 선고할 수 있도록 했다. Werle, *Justiz-Strafrecht und polizeiliche Verbrechensbekämpfung im Dritten Reich*, p.95 참조. 이 법률의 토대는 1933년 11월 24일 통과된「위험한 상습범에 관한 법률(Law against Dangerous Habitual Criminals)」이었다. 또한 예방구금은 무기한 가능했으며, 종신형까지도 가능했다. 범죄로부터 민족공동체를 보호하고 필요할 경우 범죄자의 복역기간을 초과해서까지도 구금할 수 있다는 것이 기본이념이었으며, 구금에 대한 평가는 통상적으로 3년 이후 이루어졌다. 메츠거는 다음과 같이 말했다. "필요시 종신형까지도 가능한 예방구금은 새로운 제국이 상습적이고 전문적인 범죄에 맞서 싸우는 가장 중요한 수단이다." Mezger, *Deutsches Strafrecht* (1938), p.150. 메츠거에 따르면 1933년부터 1936년까지 총 6,160명이 예방구금에 처했다. 1937년 1월 1일 기준으로 3,258명의 재소자(남성 3,127명, 여성 137명)가 예방구금 상태였다. Mezger, *Deutsches Strafrecht* (1938), p.152. 예방구금과 보호구금(protective custody, Schutzhaft) 사이에는 중요한 차이점이 있다. 예방구금은 형법 조치의 일환이었으므로 사법 관할권의 조치에 해당했다. 보호구금은 강제수용소에 구금하는 것을 의미했고 소위 국가의 적에 대항하여 민족공동체를 지키기 위한 경찰의 조치로서, 비밀경찰(게슈타포)의 권한이었다. 보호구금은「게슈타포법」제1조에 민족과 국민의 안전을 위협하는 행동을 한 모든 사람에 대한 '강제조치(Zwangsmaßnahme)'라고 규정되어 있다. Werle, *Justizstrafrecht und polizeiliche Verbrechensbekämpfung im Dritten Reich*, p.547 참조. 보호구금 명령은 게슈타포의 보호 체포영장만을 근거로 이뤄졌다. 보호구금의 모든 절차는 사법체계 밖에 있었다. Werle, *Justizstrafrecht und polizeiliche Verbrechensbekämpfung im Dritten Reich*, p.504. Hoefer, Frederick, *The Nazi Penal System I*, in *Journal of Criminal Law and Criminology* 35, 6 (1945), pp.385-393,

특히 pp.389-390 참조.

52. 직업활동 금지는 중대한 직업 의무 위반에 따른 것이었다. 청소년 대상의 형법에는 특별감호 및 돌봄(Schutzaufsicht and Fursorgeerziehung) 같은 특별교육 조치도 포함됐다.

53. 위험한 성범죄자에 대한 거세는 생식선을 제거하는 것을 의미했고, 이 조치는 아동 대상 성 폭력, 노출증, 특히 성적 동기에 의한 치사나 살인의 경우 판사의 재량에 따라 21세 이상의 범죄자에게 명할 수 있었다. 메츠거에 따르면 1934년부터 1936년까지 1,227건의 거세가 집행되었다. Mezger, *Deutsches Strafrecht* (1938), p.152 참조.

54. Sauer, "Die Ethisierung des Strafrechts", p.187.

55. 상동.

56. Dahm, Georg, "Die Erneuerung der Ehrenstrafe", in Deutsche Juristen-Zeitung 13, 39(1934), pp.822-832; Schaffstein, Friedrich, "Ehrenstrafe und Freiheitsstrafe in ihrer Bedeutung für das neue Strafrecht", in Freisler (ed.), *Deutsches Strafrecht. Strafrecht, Strafrechtspolitik, Strafprozeß*, pp.273-282.

57. Dahm, Georg, "Die Erneuerung der Ehrenstrafe", p.822.

58. 상동.

59. Dahm, 앞의 글, p.826.

60. 상동.

61. Schaffstein, Friedrich, "Ehrenstrafe und Freiheitsstrafe in ihrer Bedeutung für das neue Strafrecht", in Freisler (ed.), *Deutsches Strafrecht. Strafrecht, Strafrechtspolitik, Strafprozeß*, pp.273-282; 특히 p.279 참조.

62. 상동.

63. Dahm, "Die Erneuerung der Ehrenstrafe", pp.826-827.

64. 상동. 샤프스타인은 명예처벌은 투옥과 유사한 기능을 가져야 한다고 주장했다.

65. Gleispach, Wenzel von "Willensstrafrecht", in *Handwörterbuch der Kriminologie und der anderen strafrechtlichen Hilfswissenschaften*, vol. 2, ed. by Elster, Alexander and Lingemann, Heinrich (Berlin und Leipzig: Walter de Gruyter & Co., 1936), pp.1067-1079, 특히 p.1075 참조.

66. Dahm, "Die Erneuerung der Ehrenstrafe", p.832. 담은 체벌과 범죄자를 대중에게 웃음 거리로 내보이는 것은 "민족의 건전한 인식에도 부합하지 않고 형법의 실제 임무에 대한 현대 의 인식에도 맞지 않는다"라고 주장했다. 상동.

67. Gleispach, "Willensstrafrecht", p.1075.

68. Schäfer, Karl, "Nullum crimen sine poena. (Das Recht als Grundlage der Bestrafung. Zeitliche Geltung der Strafgesetze)", in *Das kommende deutsche Strafrecht.*

Allgemeiner Teil (1935), pp.200-217, 특히 p.203 참조.

69. 이 원칙은 1871년 독일 형법의 일부로 당시 나치 국가에서도 여전히 유효했다. "Einleitende Bestimmungen", § 2 in Das Strafgesetzbuch für das Deutsche Reich, 7th ed., ed. by Oppenhoff, Th. F. (Berlin: G. Reimer, 1879), p.21 참조. '법 없으면 처벌도 없다'는 원칙 폐기의 효과에 관한 논의는 다음을 참조. Kirchheimer, Otto, "Criminal Law in National Socialist Germany", in Scheuerman, William E. (ed.), The Rule of Law under Siege. *Selected Essays of Franz L. Neumann and Otto Kirchheimer* (Berkeley, Los Angeles, London: University of California Press, 1996), pp.172-191.

70. 다음을 참조. Dahm, "Das Ermessen des Richters im nationalsozialistischen Strafrecht", in Freisler(ed.), *Deutsches Strafrecht. Strafrecht, Strafrechtspolitik, Strafprozeß*, pp.87-96, 특히 p.92. Gleispach, "Willensstrafrecht", p.1070. 클라우스 퀸터가 내게 지적했듯, '범죄자의 마그나카르타'라는 표현을 처음 도입한 것은 프란츠 폰 리스트로, '법 없으면 처벌도 없다'는 원칙은 피고인에게 어느 정도 법적 안정성을 주었다. 그러나 민족사회주의 법사상가들은 이 표현을 다른 의미로 사용했다. 즉, 자유주의적 형법은 범죄자에게 법적 기소를 피할 여지를 준다는 뜻으로 썼다. 메츠거에 따르면, '범죄자의 마그나카르타'라는 표현의 역사적 연원은 1215년 영국대헌장 제39조였다. Mezger, *Deutsches Strafrecht* (1938), p.29 참조.

71. Schäfer, "Nullum crimen sine poena", p.202.

72. Schäfer, 앞의 글, p.204. 마찬가지로, 프라이슬러는 '법 없으면 처벌도 없다'는 원칙은 판사를 '자동 판결기계(Urteilsautomaten)'로 만든다고 주장했다. Freisler, *Schutz des Volkes oder des Rechtsbrechers? Fesselung des Verbrechers oder des Richters? Einiges über das zweckmäßige Maß der Bindung des Richters an gesetzliche Straftatbestände* (Berlin: R. v. Decker, G. Schenck, 1935), p.2 참조.

73. 베를레에게 '처벌 없으면 범죄도 없다'라는 공식은 법치 기반의 자유주의적 형법을 상대로 거둔 승리의 '트로피'나 마찬가지였다. Werle, *Justiz-Strafrecht und polizeiliche Verbrechensbekämpfung im Dritten Reich*, p.143.

74. Schäfer, Nullum crimen sine poena, p.204. 글라이스파흐는 판사가 "법의 원천이어야 하지만, 그는 범죄의 여러 증거 중에서 불완전하게 표현된 것을 발견했다는 생각에 속박되지는 않는다"고 했다. Gleispach, "Willensstrafrecht", p.1070.

75. Krug, Karl, "Drei Grundprobleme des kommenden Strafrechts", in *Zeitschrift der Akademie für Deutsches Recht*, 2 (1935), pp.98-102, 특히 p.99.

76. Schäfer, "Nullum crimen sine poena", p.204 인용.

77. 자유주의적 형법에서는 범죄자의 변명 혹은 처벌을 피할 근거(예를 들면 정당방위)를 적용할

때 유추가 허용된다.

78. Schäfer, "Nullum crimen sine poena", p.205.

79. Schäfer, 앞의 글, p.212.

80. Schäfer, 앞의 글, pp.213-214. 수정내용은 《제국법률관보》에 게재되었다. RGBL.I(1935), p.839.

81. Lüken, *Der Nationalsozialismus und das materielle Strafrecht*, pp.73-74 인용.

82. Luken, 앞의 책, pp.74-75.

83. Siegert, Karl, "Nulla poena sine lege. Kritische Bemerkungen zu den Vorschlägen der amtlichen Strafrechtskommission", in Freisler (ed.), *Deutsches Strafrecht. Strafrecht, Strafrechtspolitik, Strafprozeß*, pp.376-386, 특히 p.380.

84. 법의 유추의 의미는 독일법학술원의 형법위원회 회의에서도 논의되었다. "Protokoll der Sitzung vom 3.4.1936(Öffentlichkeit des Strafverfahrens. Rechtsanalogie in der Praxis)", and "Protokoll der Sitzung vom 4.4.1936 (Rechtanalogie in der Praxis. Sitzungspolizei. Reformatio in peius)", in *Akademie für Deutsches Recht 1933-1945. Protokolle der Ausschüsse*, vol. VII, pp.46-64 and pp.64-80, esp.64-73 참조. 위원회에서는 법의 유추는 법을 제정하는 이가 특정 행위에 대한 규제를 망각한 것이 명백히 드러난 예외적인 경우에 법을 만드는 데 도움이 된다고 판단했다. 그러나 법의 유추를 지나치게 광범위하게 해석해서는 안 된다. 이는 판사가 최상위의 법 제정자, 즉 총통의 자리를 대신해서는 안 되기 때문이다. 앞의 책, p.55. 외트커는 법의 유추에 대해 회의적인 입장이어서 개정된 독일 형법(1935) 제2조는 법의 유추가 아니라 오직 법률상의 유추만을 허용하는 것이라 주장했다. 다음을 참조. Oetker, "Grundprobleme der nationalsozialistischen Strafrechtsreform", p.1324. 셰퍼 또한 법의 유추에 유보적인 입장이었다. 그는 법률의 내용은 무시할 수 없다고 강조하며 다음과 같은 예를 들었다. 만일 미성년자(16세 미만으로 규정)에 대한 성적 유혹을 처벌하는 법률이 존재한다면, 판사가 유추 원칙을 사용하여 17세를 대상으로 한 사건에 해당 법률을 적용할 수는 없다는 것이다. 연령제한은 법률의 필수 구성요소이기 때문에 연령제한을 무시하는 것은 법사상에 모순되기 때문이다. Schäfer, "Nullum crimen sine poena", p.205 참조.

85. Siegert, "Nulla poena sine lege. Kritische Bemerkungen zu den Vorschlägen der amtlichen Strafrechtskommission", p.380.

86. 상동.

87. Siegert, 앞의 글, p.381.

88. 비판적 논의에 대해서는 다음 역시 참조. Rüthers, Bernd, *Die unbegrenzte Auslegung. Zum Wandel der Privatrechtsordnung im Nationalsozialismus* (Tübingen: Mohr,

1968).

89. Dahm, "Das Ermessen des Richters im nationalsozialistischen Strafrecht", p.87.

90. Dahm, 앞의 글, p.89.

91. 상동.

92. Dahm, 앞의 글, p.90.

93. Dahm, 앞의 글, p.92.

94. Dahm, 앞의 글, p.91.

95. Hartl, *Das nationalsozialistische Willensstrafrecht*, p.56.

96. Hartl, 앞의 책, p.37.

97. Krug, Karl, "Drei Grundprobleme des kommenden Strafrechts", p.98.

98. 상동. 당대의 대표적 이론가 중 한 명인 글라이스파흐에 따르면, 의도 중심의 형법은 공동체의 개별 구성원이 "자기 의무를 다하고 생활공동체의 질서에 복종"하도록 요구했다, Gleispach, "Willensstrafrecht", p.1068.

99. Sauer, "Die Ethisierung des Strafrechts", p.188.

100. Freisler, "Willensstrafrecht: Versuch und Vollendung", pp.5-48, 특히 p.22.

101. 앞의 책, p.33. 형법이론가들은 의도에 대한 강조를 독일철학의 전통에서 찾았다.

102. Freisler, "Willensstrafrecht: Versuch und Vollendung", p.15.

103. Mezger, *Deutsches Strafrecht* (1938), p.27.

104. 상동.

105. Freisler, "Willensstrafrecht: Versuch und Vollendung", p.21.

106. Freisler, 앞의 글, p.15.

107. Freisler, 앞의 글, p.14-15.

108. Freisler, 앞의 글, p.14.

109. Gleispach, "Willensstrafrecht", p.1068.

110. Freisler, "Willensstrafrecht: Versuch und Vollendung", p.19.

111. Gleispach, "Willensstrafrecht", p.1069.

112. Freisler, "Willensstrafrecht: Versuch und Vollendung", p.15.

113. Freisler, 앞의 글, p.27.

114. Mezger, Edmund, *Deutsches Strafrecht. Ein Leitfaden* (Berlin: Junker & Dünnhaupt, 1936), p.28. Mezger, *Deutsches Strafrecht* (1936) 인용.

115. Hartl, *Das nationalsozialistische Willensstrafrecht*, p.92.

116. Freisler, "Willensstrafrecht: Versuch und Vollendung", p.25.

117. Freisler, 앞의 글, p.26.

118. Freisler, 앞의 글, p.22.

119. Krug, "Drei Probleme des kommenden Strafrechts", p.99. 의도 중심의 형법에 따르는 급진화(행위의 준비, 시도, 성공적 완수 사이에 전혀 구분을 두지 않음)의 예로는 1938년 6월 22일 나치가 도입한「차량 함정 금지법(Law against Car Trap)」이 있었다. 이 법의 효력이 소급하여 적용된 사건으로, 강도 목적으로 차량 덫을 설치한 것에 사형이 선고됐다. 1934년부터 1938년 사이에 괴체 형제가 벌인 강도행각에 이 법이 적용되어, 괴체 형제는 해당 법률이 효력을 발생한 지 이틀 만에 처형됐다. Werle, *Justizstrafrecht und polizeiliche Verbrechensbekämpfung im Dritten Reich*, pp.200-201. Hartl, *Das nationalsozialistische Willensstrafrecht*, p.379 참조. 이「차량 함정 금지법」은 1947년에 폐지됐다.

120. Freisler, "Willensstrafrecht; Versuch und Vollendung", p.35. 일부 나치 법이론가들은 민족공동체를 보호하기 위해서는 (그 실수가 당사자 본인에 관련된 것이든 상황에 관련된 것이든) 사실상 실수의 결과라 할지라도 모든 범죄 의사의 표현을 처벌해야 한다고 주장했다. 제국법원은 유대인으로 잘못 판단되어 '인종적 치욕(Rassenschande)'으로 고발당한 비유대인이 처벌받아야 하는 경우에 대해 이 주장을 따라 판결했다. Hartl, Das nationalsozialistische Willensstrafrecht, p.222 참조.

121. Krug, "Drei Grundprobleme des kommenden Strafrechts", p.102.

122. 가령 메츠거는 의도 중심의 형법은 어떤 내적 태도가 범행을 유발했는지 고려한다고 언급했다. "그러므로 의도 중심의 형법은 내적 태도 중심의 형법이나 다름없다"라고 주장했다. Mezger, *Deutsches Strafrecht* (1936), p.29.

123. Gleispach, "Willensstrafrecht", p.1069.

124. Mezger, *Deutsches Strafrecht* (1936), p.29.

125. Freisler, "Willensstrafrecht; Versuch und Vollendung", pp.27-28.

126. Bockelmann, Paul, *Studien zum Täterstrafrecht, 1. Teil* (Berlin: Walter de Gruyter & Co.,1939), p.44.

127. Bockelmann, 같은 책, p.70.

128. Mezger, *Deutsches Strafrecht* (1936), pp.29-30.

129. 전쟁 때문에 법은 더 범죄자에게 초점을 맞추었다. 그 중에서도 눈에 띄는 예는 나치 친위대 판사 노르베르트 폴이 상급자에게 보낸 서신에서 범죄자의 인격이 사법권에서 가장 중요하다고 주장한 이유이다. 노르베르트 폴의 서신에 대해서는 이 책의 6장에서 논의한다. 1933년 11월 24일에 통과된「위험한 상습범에 관한 법률(Law against Dangerous Habitual Criminals)」및 그 여파에 관한 논의는 다음을 참조. Wachsmann, Nikolaus, "From Indefinite Confinement to Extermination. 'Habitual Criminals' in the Third

Reich", in Gellately, Robert and Stoltzfus, Nathan (eds.), *Social Outsiders in Nazi Germany* (Princeton University Press, 2001), pp.165-191.

130. Mezger, *Deutsches Strafrecht* (1938), p.135.
131. Gleispach, "Willensstrafrecht", p.1069.
132. Mezger, Edmund, *Deutsches Strafrecht* (1938), p.132.
133. Werle, *Justiz-Strafrecht und polizeiliche Verbrechensbekämpfung im Dritten Reich*, p.3.
134. Schmidt, Eberhard, *Einführung in die Geschichte der deutschen Strafrechtspflege*, 3rd ed. (Göttingen: Vandenhoeck & Ruprecht, 1965), p.439.
135. 독일어 원제는 다음과 같다. *Das nationalsozialistische Polenstrafrecht unter besonderer Berücksichtigung der Verordnung über die Strafrechtspflege, gegen Polen und Juden in den eingegliederten Ostgebieten vom 4. Dezember 1941.*
136. 비어있는 공동주택 강도나 등화관제(전쟁 기간 중 광범위하게 이행된 조치였음) 중 타인을 공격한 것 등이 그 예이다.
137. Werle, *Justiz-Strafrecht und polizeiliche Verbrechensbekämpfung im Dritten Reich*, p.234.
138. 1941년 12월 4일부터 시행된 「폴란드인과 유대인에 대한 형법 집행에 관한 법령(Decree on the Administration of Criminal Law against Poles and Jews)」제2조. 해당 법령의 독일어 원문은 다음을 참조. Deutsches Reichsgesetzblatt 1941, Part I, Nr. 140, pp.759-761. 이 법에 관한 상세한 논의는 다음을 참조. Majer, Diemut, *"Non-Germans" under the Third Reich. The Nazi Judicial and Administrative System in Germany and Occupied Eastern Europe, with Special Regard to Occupied Poland, 1939-1945*, transl. by Hill, Peter Thomas; Humphrey, Edward Vance; Levin, Brian (Baltimore and London: The Johns Hopkins University Press, 2003), pp.412-469.
139. 형법에 대한 도덕화 지침은 「폴란드인과 유대인에 대한 형법 집행에 관한 법령」에서 중지되었다. 독일 민족공동체의 윤리적 질서와는 아무런 상관이 없고, 동부 영토에서 독일의 통치를 공고히 하기 위한, 순전히 권위주의적인 범죄자 중심의 형법으로 간주되었다. Werle, *Justizstrafrecht und polizeiliche Verbrechensbekämpfung im Dritten Reich*, pp.373-374 참조.
140. 전후에 있었던 미국 방첩대(CIC)의 몇 차례 심문 과정에서, 나치 친위대 콘라트 모르겐 판사는 사법부와 폴란드 내 게슈타포의 관계에 관해 다음과 같이 언급했다. "그들(예: 폴란드인과 유대인)의 범죄행위와 관련하여 사법당국은 완전히 배제됐다." Morgen, Konrad, American CIC Interrogation, October 12, 1946, p.7, Interrogation Records Pre-

pared for War Crimes Proceedings at Nuremberg 1945-1947, US National Archives, Record Group 238, Microfilm 1019, Roll 47 참조. 모르겐은 전쟁 중 판사의 권한도 제한되었으며, 사법부는 게슈타포의 "처분에 좌지우지"됐다고 불만을 토로하기도 했다. 또한 "티라크는 사법부의 중추를 끊어놓았다"라고도 덧붙였다. 앞의 책, p.17.

141. 의도 중심 형법을 가장 열렬히 옹호하는 이들 중 하나였던 프라이슬러가 1942년부터 1945년 2월까지 법원장으로 있는 동안 나날이 비인간적으로 변했던 인민법원의 사법권이 그 단적인 예이다. 뮌헨의 학생조직인 '백장미(Weise Rose)'는 나치 정권을 비판하는 소책자를 대학 내에서 배포했는데, 프라이슬러는 '백장미' 단원들에 대한 사형선고 및 집행의 책임자였다. 그런데 슈타우펜베르크의 음모의 피고들에 대한 재판지휘 과정에서 프라이슬러는 법정의 규칙을 모두 어겼다. 처음부터 광적인 민족사회주의자였던 티라크 법무장관조차 1944년 9월 8일 마르틴 보어만 당수부장에게 보낸 서한에 프라이슬러가 "법정의 존엄성"을 훼손했다고 적었을 정도였다. '범행의도'와 '명예롭지 않은 사고방식'을 기소하는 것에 집착했던 프라이슬러는 피고들을 모욕하려 했고, 계속해서 피고들에게 소리를 지르고 몇몇을 향해서는 "소시지 같은 놈(Wurstchen)"이라고 부르기도 했다. Lüken, *Der Nationalsozialismus und das materielle Strafrecht*, pp.31-32 인용. 다음 역시 참조. "The Sentencing of Hans and Sophie Scholl and Christoph Probst, 22 February 1943", in Steinweis, Alan E. and Rachlin Robert D. (eds.), *The Law in Nazi Germany. Ideology, Opportunism, and the Perversion of Justice* (New York, Oxford: Berghahn, 2013), Appendices, pp.204-207(= the sentence was signed by Freisler); 다음 역시 참조. Rachlin, "Roland Freisler and the Volksgerichtshof. The Court as an Instrument of Terror", in Steinweis and Rachlin (eds.), *The Law in Nazi Germany*, pp.63-88.

142. Mezger, *Deutsches Strafrecht* (1938), p.19.

143. Dahm, "Verbrechen und Tatbestand", in Dahm, Georg; Huber, Ernst Rudolf; Larenz, Karl; Michaelis, Karl; Schaffstein, Friedrich; Siebert, Wolfgang, *Grundfragen der Neuen Rechtswissenschaft* (Berlin: Junker & Dünnhaupt, 1935), pp.62-107.

144. Dahm, 앞의 책, p.89.

145. Dahm, 앞의 책, p.85.

146. Dahm, 앞의 책, p.92.

147. Dahm, "Gerechtigkeit und Zweckmäßigkeit im Strafrecht der Gegenwart", in Bockelmann, Paul;Dahm,Georg;Dohna, AlexanderGraf zu; Engisch, Karl; Exner, Franz; Lange, Richard; Mezger, Edmund; Peters, Karl; Schmidt, Eberhard; Schön-

ke, Adolf; Sieverts, Rudolf; Weber, Hellmuth von; Welzel Hans, *Probleme der Strafrechtserneuerung* (Berlin: Walter de Gruyter & Co., 1944), pp.1-23.

148. Dahm, 앞의 책, p.2.

149. Dahm, 앞의 책, p.3.

150. Dahm, 앞의 책, p.12.

151. Dahm, 앞의 책, p.18.

152. 상동.

5장 인종주의적 입법

1. *Das Programm der NSDAP und seine weltanschaulichen Grundlagen* (München: Zentralverlag der NSDSAP, Franz Eher Nachfolger, 1935). 온라인 자료는 다음을 참조. www.documentarchiv.de/wr/1920/nsdap-programm.html.

2. 나치 체제에서는 게이와 레즈비언도 박해하여 강제수용소로 보내는 경우가 많았고, 그곳은 유독 이들을 가혹하게 다뤘다. 최근에야 이 피해자 집단에 대한 면밀한 연구가 이뤄지기 시작했다. 다음을 참조. Giles, Geoffrey J., "The persecution of gay men and lesbians during the Third Reich", in Friedman, Jonathan C. (ed.), *The Routledge Handbook of the Holocaust* (London and New York: Routledge, 2011), pp.385-396 (자일스에 따르면, "게이 홀로코스트 같은 건 없었다." 앞의 책, pp.394-395). Giles, "The Institutionalization of Homosexual Panic in the Third Reich", in Gellately, Robert and Stoltzfus, Nathan (eds.), *Social Outsiders in Nazi Germany* (Princeton: Princeton University Press, 2001), pp.233-255; Murphy, Melanie, "Homosexuality and the Law in the Third Reich", in Michalczyk, John J. (ed.), *Nazi Law. From Nuremberg to Nuremberg* (London, Oxford et al: Bloomsbury, 2018), pp.110-124; Zinn, Alexander, "Aus dem Volkskörper entfernt"? *Homosexuelle Männer im Nationalsozialismus* (Frankfurt, New York: Campus 2018).

3. Essner, Cornelia, *Die "Nürnberger Gesetze" oder die Verwaltung des Rassenwahns 1933-1945* (Paderborn, München, Wien, Zürich: Ferdinand Schöningh, 2002), p.21.

4. Essner, 앞의 책, pp.32-49.

5. '아리아인'은 인종적으로 순수한 독일인을 위해 만들어낸 용어였다. 다음을 참조. Hitler, Adolf, "Aryan and Jew", in Rabinbach, Anson and Gilman, Sander L. (eds.), *The Third Reich Sourcebook* (Berkely, Los Angeles, London: University of California Press,

2013), pp.187-191 (extract from Hitler's Mein Kampf).

6. Dinter, Artur, *Die Sünde wider das Blut. Ein Zeitroman* (Leipzig: Matthes und Thost, 1920). 딘터가 쓴 글의 1921년 판 온라인 버전은 다음을 참조. https://archive.org/details/ Dinter-Artur-Die-Suende-wider-das-Blut_936/page/n1. 어느 아리아 계 독일인과 그 의 유대인 아내에 관한 내용으로, 이야기 속의 아내는 자신이 '괴물' 같은 아이들밖에 낳을 수 없다는 사실에 스스로 충격을 받아 죽었다. 이후 그 아리아인 남자는 결국 아리아인 혈통 여 성과의 사이에서 사생아로 태어났던 자기 아들과 재회하여 부모로서 안정과 행복을 찾았다는 내용이었다. 이 책은 대단한 인기를 끌어 1921년에 16쇄에 돌입했고 1934년까지 26만 부가 판매됐다. 다음을 참조. Kren, George M. and Morris, Rodler, F., "Race and Spirituality: Artur Dinter's Theosophical Antisemitism", in Holocaust and Genocide Studies 6, 3 (1991), pp.233-252, p.238; Hartung, Günther, "Artur Dinter, Erfolgsautor des frühen Nationalsozialismus", in Hartung, Günter, *Deutschfaschistische Literatur und Ästhetik. Gesammelte Studien* (Leipzig: Leipziger Universitätsverlag, 2001), pp.99-124.

7. 딘터는 1928년 10월 11일 나치당에서 축출됐다. 스트라이허와의 친분도 그가 당에서 기피 대상이 되는 것을 막지는 못했다. 그가 당에서 배제된 가장 큰 이유는 가톨릭계와 관계가 소원 해지는 것을 히틀러가 원하지 않았기 때문이다. 딘터가 유대인을 공격한 것은 가톨릭계를 자 극했다. 에른스트 파이퍼에 따르면 가톨릭계에 대한 히틀러의 포용적 태도는 오스트리아에 살 던 시절의 경험에서 비롯된 것이기도 했다. 오스트리아에서는 게오르크 폰 쇠너러(오스트리 아-헝가리 제국 내 독일어 사용자 집단과 독일제국과의 연합을 시도했던 인물) 같은 독일계 국 가주의자들의 정치는 가톨릭교회가 등을 돌린 탓에 실패로 돌아갔다. Piper, Ernst, *Alfred Rosenberg. Hitlers Chefideologe* (München: Pantheon, 2007), pp.167-168 참조.

8. 전염론적 이데올로기에 스트라이허가 광적으로 집착했던 사실은 제3제국 내무부의 인종학 전문가로서 자신의 경험을 적은 베른하르트 뢰제너의 보고서에서도 확인된다. 다음을 참조. Lösener, Bernhard, "At the Desk of Racial Affairs in the Reich Ministry of the Interior", in *Legislating the Holocaust. The Bernhard Loesener Memoirs and Supporting Documents*, ed. by Schleunes, Karl A., transl. by Scherer, Carol (Boulder, Colorado: Westview Press, 2001), pp.33-109; 특히 p.53. 그러나 뉘른베르크법이 유대인들에게 어느 정도 법적 확실성을 부여했다는 뢰제너의 논지는 상당한 논쟁의 소지가 있어 보인다(이 장의 4절 참조).

9. Gross, Raphael, "Guilt, Shame, Anger, Indignation: Nazi Law and Nazi Morals", in Steinweis, Alan E. and Rachlin, Robert D. (eds.), *The Law in Nazi Germany. Ideology, Opportunism, and the Perversion of Justice* (New York, Oxford: Berghahn Books,

2013), pp.89-104 참조.

10. 이런 연구로는 다음과 같은 주요 저서가 있었다. Fischer, Eugen, *Die Rehobother Bastards und das Bastardisierungsproblem beim Menschen* (Jena: Gustav Fischer, 1913; reprint Graz: Akademische Druck- und Verlagsanstalt, 1961). 이 책에서 피셔는 오늘날 나미비아 지역에 해당하는 아프리카 남서부의 독일 식민지의 원주민인 흑인과 유럽계(독일계) 정착민 사이에서 결혼 혹은 혼외 관계로 태어난 자손에 관한 연구 내용을 다뤘다. 멘델의 유전 법칙이 이 '혼혈 집단'에 적용되는지 그리고 구체적인 특성을 지닌 인종으로까지 이어지는지를 연구했다. 1908년 가을, 피셔는 아프리카 남서부에서 4개월간 머물렀다 (훔볼트 재단에서 그의 연구를 지원했다.) 피셔가 연구에서 사용했던 용어(혼혈 후손을 '잡종(bastards)'으로 지칭하고 코이코이족과 나마족에 대해 '호텐토트(원래는 딸꾹질 또는 말을 더듬는다는 의미 — 역자)'라는 용어를 씀)뿐 아니라 해당 연구의 정치적·문화적 맥락도 문제의 소지가 다분하며, 명백히 인종차별적이다. 피셔가 해당 저서의 도입부에서 밝혔듯, 그가 아프리카 남서부 혼혈인들에 대해 관심을 가지게 된 계기는 "통상적인 독일-아프리카 남서부의 상황 그리고 그 토착 집단에 익숙하던 광의의 우리 민족 집단을 그들과 섞인 '잡종들의 국가'로 만들어버린, 1904-1907년부터 시작된 헤레로족과 호텐토트족 간의 대대적인 전쟁" 이었다. Fischer, *Die Rehobother Bastards und das Bastardisierungsproblem beim Menschen*, p.2 (1961년 판을 기준으로 인용). 피셔가 머물던 1908년, 독일과 헤레로족과의 전쟁은 결국 집단학살로 끝냈다. 여기서 살아남은 헤레로족과 나마족은 포로수용소에 갇혀 노역, 학대, 잔혹한 생체실험을 당했다. 피셔는 인종 간 혼합이 민족의 퇴행을 가져왔다는 주장을 뒷받침할 증거는 찾지 못했다. 하지만, 이 책의 후반부에서 여전히 인종 간 혼합은 해롭다고 했는데 이는 독일의 인종 위생 및 인종학에 엄청난 영향을 미쳤다. Weingart, Peter; Kroll, Jürgen; Bayertz, Kurt, *Rasse, Blut und Gene. Geschichte der Eugenik und Rassenhygiene in Deutschland* (Frankfurt am Main: Suhrkamp, 1988), pp.100-102; 다음 역시 참조. Essner, Die "Nürnberger Gesetze" oder die Verwaltung des Rassenwahns 1933-1945, pp.41-42 참조. 제1차 세계대전 이전 인종 연구와 나치 통치하의 인종 연구 사이의 연관성에 대해서는 다음을 참조. Lusane, Clarence, *Hitler's Black Victims. The Historical Experiences of Afro Germans, European Blacks, Africans, and African Americans in the Nazi Era* (London and New York: Routledge, 2002), pp.43-67.

11. Baur, Erwin; Fischer, Eugen; Lenz, Fritz, *Grundriß der menschlichen Erblichkeitslehre und Rassenhygiene*, vol. II (authored by Fritz Lenz), *Menschliche Auslese und Rassenhygiene* (München: J.F. Lehmanns 1921), pp.105-108 참조. *Menschliche Erblichkeitslehre* (1927) 제3판의 영문판은 다음을 참조. Baur, Fischer, Lenz, *Human Heredity*, transl. by Paul, Eden and Paul, Cedar (London: George Allen & Unwin,

New York: Macmillan, 1931). 저자들은 영문판에 약간의 수정사항이 있다고 밝히고 있다. (렌츠가 저술한) 15장의 다음 부분이 특히 눈여겨볼 만하다. "Psychological Differences between the Leading Races of Mankind", in *Human Heredity*, pp.623-699.

12. 렌츠는 동유럽에서 오는 이민을 완전히 금지해야 한다고 보았으나 독일인의 동부 이주, 특히 러시아로 가는 이주는 권장했다. Lenz, *Menschliche Auslese und Rassenhygiene*, pp.163-164 참조. 독일 내 유대인이 처한 상황을 다룬 부분에서 그는 동유럽 출신의 유대인을 수용하는 것은 독일 내 유대인에게 좋을 것이 없다고 주장했다. 또한 유전병이나 정신질환, 알코올중독 등의 문제가 있는 이들에 대한 강제불임 시술을 권유하는 등 인종위생 시행에 대해 비인도적인 제안을 하기도 했다. "현실적인 인종 위생의 궁극적 목적은 부적합하고 열등한 이들보다 재능 있고 신체 건강한 이들이 더 왕성하게 생식하도록 하는 것"이라는 그의 발언에서 정치적 지향이 명백히 드러난다. 앞의 책, pp.118-119. 렌츠 역시 한쪽 배우자가 성병을 앓는 경우 결혼을 금할 것을 고려했으나 "우리 인구집단의 윤리적 견해(sittliche Anschauungen) 등급"은 그런 조치를 수용할 만큼 "충분히 높지 않다"라고 했다. 또 민주국가에서 인종 위생 입법은 대다수 인구의 윤리적 양심의 지지를 벗어나 추진할 수는 없다고 덧붙였다. 앞의 책, pp.123-124.

13. Essner, *Die "Nürnberger Gesetze" oder die Verwaltung des Rassenwahns 1933-1945*, p.49; Weingart, Kroll, Bayertz, *Rasse, Blut und Gene. Geschichte der Eugenik und Rassenhygiene in Deutschland*, pp.355-366 참조.

14. 세 권의 제목은 다음과 같다. Günther, Hans F. K., *Rassenkunde des deutschen Volkes* (München/Berlin: J. F. Lehmanns, 1922); Günther, Hans F. K, *Rassenkunde Europas. Mit besonderer Berücksichtigung der Rassengeschichte der Hauptvölker indogermanischer Sprache Rassenkunde des jüdischen Volkes* (München: J. F. Lehmanns, 1924; 3rd revised ed., 1929); Günther, Hans F. K., *Rassenkunde des jüdischen Volkes*, 2nd ed. (München: J. F. Lehmanns, 1930). *Rassenkunde Europas* 제2판 영역본은 다음 제목으로 출간되었다. Günther, *The Racial Elements of European History*, transl. by Wheeler, G. C. (London: Methuen & Co., 1927).

15. Günther, *Rassenkunde des Deutschen Volkes* (1922), p.7.

16. Gunther, 앞의 책, p 8.

17. Günther, *Rassenkunde Europas*, 3rd ed. (1929), p.8; Günther, *The Racial Elements of European History* (1927), p.3; 유사한 정의는 이미 귄터의 다음 저서에서도 등장한다. *Rassenkunde des Deutschen Volkes* (1922), p.13.

18. Günther, *Rassenkunde des Deutschen Volkes* (1922), p.7.

19. Günther, *The Racial Elements of European History*, ch. II 참조. 독일어판 제3판(1929)

에서 귄터는 약간 다른 유럽 인종 목록을 제시한다. 즉 노르딕 인종, 서부 인종(지중해 연안계), 동부 인종(알프스계), 동부 발트 인종으로 구분하고 있다. Günther, *Rassenkunde Europas* (1929), pp.7-13 참조. 기본적으로 다음 저서에도 같은 목록이 등장한다(추가로 동부 인종을 알프스계 인종으로 명시). Günther, Hans F. K., *Rasse, Tod und Teufel. Der heldische Gedanke*, 4th ed. (München: J. F. Lehmanns, 1935), p.178.

20. 노르딕 인종에 대한 귄터의 선호에는 개인적인 이유가 있었을 것이다. 귄터는 노르웨이 출신의 여성과 결혼하여 1923년부터 1929년까지 스칸디나비아에서 거주했다.

21. Günther, *Rassenkunde des deutschen Volkes* (1922), p.349.

22. 귄터가 제안한 내용 가운데는 다자녀 빈곤 가정 출신의 노르딕 혈통 아동은 안정적인 정신적 태도를 갖추고 경제적으로 더 부유한 노르딕 인종 가정에 입양되어야 한다는 것도 있었다. Günther, *Rassenkunde des deutschen Volkes*, 1922, p.357 참조.

23. Günther, *Ritter, Tod und Teufel*, 4th ed. (1935), p.191. 제4판에 추가된 내용은 1928년의 제3판에 귄터가 덧붙인 것으로, 여기서 귄터는 용어와 문체에 약간의 수정만 가하고 반복되는 부분을 줄였을 뿐 그 외에는 1920년 출간된 초판 형식을 그대로 두었다고 밝히고 있다. 귄터가 이후 추가한 부분은 없으므로 제4판은 1920년 원문과 실질적으로 동일하다고 볼 수 있다. 『기사, 죽음, 악마』의 제4판(1935)의 온라인 버전은 다음에서 확인할 수 있다. https://archive.org/details/RitterTodUndTeufelDerHeldischeGedanke. 『기사, 죽음, 악마』의 제4판에 나타난 귄터의 고찰은 나치의 인종 및 정치 이데올로기와 궤를 같이한다. 이를테면, 다음과 같은 표현이 그렇다. "도덕(Gesittung)은 각 민족동지가 의무로 인식하는 생활 영위의 형태다." Günther, *Ritter, Tod und Teufel*, 4th ed. (1935), p.111; "영웅적 국정운영은 장관이나 다수의 대표자들이나 대중의 특사로부터가 아니라 한 사람의 영웅으로부터만 나올 것이다." 앞의 책, p.152.

24. Günther, *Rassenkunde des deutschen Volkes* (1922), p.365. 동일한 인종적-윤리적 정언공식은 다음에 나온다. Günther, *Ritter, Tod und Teufel* (4th ed. 1935), p.191.

25. Günther, *Rassenkunde des deutschen Volkes* (1922), p.366.

26. Günther, *Rassenkunde des jüdischen Volkes*, pp.63-115. 이 책에서 귄터는 유럽의 인종을 노르딕, 팔릭, 동부, 서부, 디나르, 동발트 인종으로 구분했다. 다음 역시 참조. Steinweis, Alan E., *Studying the Jew. Scholarly Antisemitism in Nazi Germany* (Cambridge, MA and London: Harvard University Press, 2008), pp.28-33.

27. Günther, *Rassenkunde des deutschen Volkes*, p.433 (Appendix: Das Judentum) 참조.

28. 귄터는 종전 후 포로수용소에 있었으나 마지막에는 단순가담자(Mitlaufer)로 분류되었다.

29. Gerstenhauer, Max, *Das ewige Deutschland. Idee und Gestalt* (Leipzig: Armanen

1940); 게르스텐하우어의 저서 일부는(pp.58-68; 약간 줄임)는 다음 책에도 재인용되었
다. Pauer-Studer, Herlinde and Fink, Julian (eds.), *Rechtfertigungen des Unrechts. Das Rechtsdenken im Nationalsozialismus in Originaltexten* (Berlin: Suhrkamp, 2014), pp.398-410. 문화적 인종주의에 관한 다른 작업으로는 다음이 있다. Hildebrandt, Kurt, Norm, Entartung und Verfall. Bezogen auf den Einzelnen/Die Rasse/Den Staat (Stuttgart: W. Kohlhammer 1934, 2nd ed. 1939). 이 책은 킬대학의 민족사회주의 철학 교수이자 의학박사인 힐데브란트가 1920년에 발표한 글 두 편의 개정판이었다. 힐데브란트의 저서에는 인종, 인종적 퇴보, 인종 위생을 다룬 장이 포함되었으나, 당대의 유사한 연구들에서 나타나는 공격적인 반유대주의 논조에 빠지지는 않았다.

30. Gerstenhauer, *Das ewige Deutschland*, pp.60-61.

31. Gerstenhauer, 앞의 책, p.65.

32. Gerstenhauer, 앞의 책, p.63 (강조는 원문대로).

33. 상동.

34. Rosenberg, Alfred, *Der Mythus des 20. Jahrhunderts. Eine Wertung der seelisch-geistigen Gestaltenkämpfe unserer Zeit* (München: Hoheneichen, 1930, 2nd ed. 1931). 로젠베르크는 1920년대 중반에 이미 탈고한 원고가 있었지만 1931년까지 마땅한 출판사를 찾지 못했다(나치 저서들로 널리 알려진 출판업자였던 J. F. 레만스조차 해당 원고 출판을 거부했다). Piper, Ernst, *Alfred Rosenberg. Hitlers Chefideologe* (München: Pantheon, 2007), pp.183-184 참조.

35. Piper, *Alfred Rosenberg. Hitlers Chefideologe*, pp.194-196.

36. Klemperer, Victor, *I will Bear Witness 1942-1945. A Diary of the Nazi Years* (New York:Random House, 2001), p.77 (강조는 원문대로).

37. 『20세기의 신화』 제3권의 4장(노르딕-독일법)과 5장(독일의 국교 및 교육)에서 로젠베르크는 특히 로마가톨릭교회에 대해 비판적인 입장을 취했다. 2nd ed., pp.531-596. 다음 역시 참조. Piper, *Alfred Rosenberg. Hitlers Chefideologe*, pp.184-190.

38. Piper, *Alfred Rosenberg. Hitlers Chefideologe* p.171, p.680, note 38(referring to Rosenberg, "In eigener Sache", in *Völkischer Beobachter*, February 17, 1931).

39. 가톨릭계의 혹독한 비판으로 결국 1934년 교황의 금서 목록에 로젠베르크의 저서가 포함됐다.

40. 로젠베르크는 정치적 직무, 특히 점령지 장관직 수행으로 뉘른베르크에서 주요 전범으로 법정에 서게 됐고, 1946년 10월 16일에 사형을 선고받아 처형되었다.

41. Domarus, Max, *Hitler. Reden und Proklamationen 1932-1945. Kommentiert von einem Zeitgenossen*, vol. 1 Triumph, Zweiter Halbband 1935-1938 (München:

Süddeutscher Verlag, 1965), p.893; 관련 논의는 다음 역시 참조. Piper, *Alfred Rosenberg. Hitlers Chefideologe*, p.195. 해당 연설은 히틀러가 직접 한 것이 아니라, 1938년 9월 6일 뉘른베르크에서 열린 나치당 전당대회의 일환이었던 문화회의에서 아돌프 바그너가 대독했다. 리처드 웨이카트에 따르면, 히틀러는 '과학적 인종주의'를 지지했다. 다음을 참조. Weikart, Richard, *Hitler's Ethic. The Nazi Pursuit of Evolutionary Progress* (Basingstoke: PalgraveMacmillan, 2009), pp.55-82.

42. 동일한 맥락에서 히틀러는 늘 힘러의 '게르만에 대한 광신(Germanenschwarmerei)'에 회의적이었다. 그러나 『나의 투쟁』에서는 생물학적으로 정상적이고 순수한 생식에 초점을 맞춘 유전적 형태의 반유대주의뿐 아니라 인종 혼합 예방에 초점을 맞춘 전염론적 형태의 반유대주의도 지지했다. Weingart, Kroll, Bayertz, *Rasse, Blut und Gene. Geschichte der Rassenhygiene und Eugenik in Deutschland*, pp.367-381 참조. 코넬리아 에스너는 히틀러 역시 노르딕 형식의 인종학 및 '아리안화' 개념에 개방적이었으나 노르딕 인종학이라는 신화적 측면은 받아들이지 못했다고 주장한다. Essner, Cornelia, *Die "Nürnberger Gesetze" oder Die Verwaltung des Rassenwahns 1933-1945*, pp.55-61 참조.

43. 1929년 이후로 민족사회주의자들은 튀링겐 연합정부에 속해 있었다. 프리크(1933-1943년에 제3제국의 내무장관직 수행)는 지방정부 최초의 민족사회주의자 장관이 되었다. 프리크의 이력에 관한 자세한 분석은 다음을 참조. Neliba, Günther, *Wilhelm Frick. Der Legalist des Unrechtsstaates. Eine politische Biographie* (Paderborn, München, Wien, Zürich: Ferdinand Schöningh, 1992).

44. 나치는 사회인류학 및 인종학 교수 자리를 만드는 것을 자기네 인종적-정치적 강령 실행의 핵심 단계로 보았다. 학계에서는 즉각 날선 공개 비판이 나왔다. 독일 역사학자 발터 괴츠는 민족적 인종론에 대한 비판적 분석에서 귄터를 예나의 대학 교수로 임명한 것을 두고 "독일 학계에 대한 파괴행위"라고 했다. 그가 보기에 귄터는 나치당의 정치적 편파성에 휘둘리는 한낱 호사가에 불과했다. Goetz, Walter, "Die Rassenforschung", *Archiv für Kulturgeschichte* 22 (1932) pp.1-20, 특히 p.17 참조. 괴츠는 이 소논문에서 지속되는 인종적 특성이라는 개념 자체를 반박하며, 과학이 할 수 있는 일은 환경과 역사에 의해 형성된 인간 개인 또는 집단의 특색을 찾아내는 것까지라고 주장했다. 괴츠는 라이프치히대학의 역사학 교수였고 1920년부터 1928년까지 독일민주당(DDP)의 하원의원이었다. 나치는 권력 장악 후 괴츠를 강제로 퇴임시켰다. 종전 후 괴츠는 뮌헨대학에 임용됐다.

45. 1940년에 귄터는 프라이부르크대학으로 적을 옮겨 1945년까지 학생들을 가르쳤다.

46. Weingart, Kroll, Bayertz, *Rasse, Blut und Gene. Geschichte der Eugenik und Rassenhygiene in Deutschland*, p.243에서 인용. 피셔의 해당 발언은 1926년에 출간한 인류, 유전, 우생학에 관한 논고에 나온 것이다.

47. Weingart, Kroll, Bayertz, *Rasse, Blut und Gene. Geschichte der Eugenik und Rassenhygiene in Deutschland*, p.412 참조; 카이저-빌헬름 인류학·인간유전학·우생학 연구소에 대한 나치의 정치적 압력에 관해서는 pp.407-424 참조. 다음 역시 참조. Schmuhl, Hans-Walter, *The Kaiser Wilhelm Institute for Anthropology, Human Heredity, and Eugenics 1927-1945. Crossing Boundaries*, transl. by O'Hagan, Sorcha (Dordrecht: Springer 2008), pp.117-139.

48. 내무부 안에 설립된 인구 및 인종 정치 자문위원회는 1933년 6월 28일에 첫 회의를 열었고 빌헬름 프리크 내무장관이 개회사를 했다. "Niederschrift über die Sitzung des Sachverständigenbeirats für Bevölkerungs-und Rassenpolitik am 28.6. 1933", in *Akademie für Deutsches Recht 1933-1945. Protokolle der Ausschüsse*, ed. by Schubert, Werner, vol. XII, Ausschuss für Rechtsfragen der Bevölkerungspolitik (1934-1940) und Ausschuß für Kolonialrecht zusammen mit den Entwürfen des Kolonialpolitischen Amts (1937-1941). Sachverständigenbeirat für Bevölkerungs- und Rassenpolitik im Reichsministerium des Inneren (1933/1939) (Frankfurt am Main: Peter Lang, 2001), pp.257-267 참조(프리크의 개회사는 pp.262-267에 전재됨). 남아있는 자문위원회 회의록 자료에 따르면, 위원회 구성원들은 나치 정권의 인종적 목표를 추구하기 위한 순전히 행정적인 방식을 제안했다. 즉, 행정기관을 설립해서 독일 국민 전체의 혈통을 명료하게 하고, 이를 등록하고 문서화하는 친족카드 파일(Reichssippenkartei)을 만들 것을 긴급제안했다. "Niederschrift über die Sitzung der Arbeitsgemeinschaften II und III am 3.8. 1933", in *Akademie für Deutsches Recht 1933-1945. Protokolle der Ausschüsse*, vol. XII, pp.291-295, 특히 p.295. 1940년 6월 6일과 1940년 11월 21일에 열린 회의에서 법률가이자 인종위생 전문가인 팔크 루트케는 입법자들이 신뢰할 수 있는 인구 정치에 관한 법적 문제들을 위해 기록보관소를 확충할 것을 제안했다. 이는 명백히 자문단의 마지막 공식회의가 됐고, 추가적인 회의록은 없었다. "Niederschrift über die Sitzung vom 12.6.1940", in *Akademie für Deutsches Recht 1933-1945. Protokolle der Ausschüsse*, vol. XII, pp.239-242; "Protokoll der Sitzung vom 21.11.1940", 앞의 책, pp.243-256. 전문가 자문위원회에서 제안한 복잡한 관료주의 절차는 나치 친위대는 말할 것도 없이 나치당에서 추진한 급진적인 정치적 정책들과 충돌했다. 단적인 예로, 인종문제 관련 자문위원회가 정치적 상황 전개로 인해 어떻게 대체되었는지는 1939년 11월 23일 인구 정치에 관한 법적 문제들에 대한 독일법학술원 자문단 회의록에서 뚜렷이 나타나있다. 전시 중 위원회의 임무와 향후 과업에 관한 논의에서 위원들은 체념이라도 한 듯 나치 친위대장 힘러가 이미 폴란드 점령지 내 독일인들의 재정착을 위한 특별 명령을 받아 이를 집행하기 시작했다는 사실을 언급했다. 위원회는 유대인 문제는

향후에 다룰 수 있는 주제라는 결론을 내린 뒤 관련 예비작업을 통해 입법을 지원할 기관 설립 계획에 대해 논의했다. "Protokoll der Sitzung vom 23. 11. 1939(Umsiedlungsfragen im Osten. Institut für Bevölkerungspolitik und Bev⁸lkerungswissenschaft)", in *Akademie für Deutsches Recht 1933-1945. Protokolle der Ausschüsse*, vol. XII, pp.228-238 참조. 나치 이데올로기를 지지하고 공감했던 정치인들과 국가의 권한이 나치당보다 우위를 점해야 한다고 보았던 인종학자들 사이의 갈등으로 잘 알려진 두 가지 사건으로 인해 결국 인종학자들이 해임됐다. ─독일 형법 제175조를 위반(당시 범법 행위에 해당했던 동성애를 언급)했다는 이유였다. 인종주의 입법에 관한 책과 나치 국가의 향후 헌법에 관한 책의 저자이자, 한스 프랑크가 이끌던 독일법학술원의 설립위원이었던 헬무트 니콜라이는 1935년 내무부에서 해직됐다. 인종학자 아힘 게르케 역시 해고당했다(사실상 구금당한 뒤 동부전선으로 강제 이송됐다).

49. Huber, Ernst Rudolf, "Neue Grundbegriffe des hoheitlichen Rechts", in Dahm, Georg; Huber, Ernst Rudolf; Larenz, Karl; Michaelis, Karl; Schaffstein, Friedrich; Siebert, Wolfgang, *Grundfragen der neuen Rechtswissenschaft* (Berlin: Junker & Dünnhaupt, 1935), pp.143-188, esp. pp.151-157 참조.

50. Stuckart, Wilhelm and Globke, Hans, *Kommentare zur deutschen Rassengesetzgebung*, vol. 1 (München und Berlin: C. H. Beck, 1936), p.1.

51. Walz, Gustav Adolf, *Artgleichheit gegen Gleichartigkeit. Die beiden Grundprobleme des Rechts* (Hamburg: Hanseatische Verlagsanstalt, 1938) 참조.

52. Dahm, Georg, "Verbrechen und Tatbestand", in Dahm, Huber, Larenz, Michaelis, Schaffstein, Siebert, *Grundfragen der neuen Rechtswissenschaft*, pp.62-107, here p.85.

53. Forsthoff, Ernst, Der totale Staat (1933), p.38.

54. Nicolai, Helmut, *Rasse und Recht* (Berlin: Hobbing, 1933), p.7. Nicolai, Helmut, *Die rassengesetzliche Rechtslehre. Grundzüge einer nationalsozialistischen Rechtsphilosophie* München: Franz Eher Nachf., 1932), p.26f 참조.

55. Huber, Ernst Rudolf, *Verfassungsrecht des Großdeutschen Reiches*, 2nd ed. (Hamburg: Hanseatische Verlagsanstalt, 1939), p.153.

56. Koellreutter, Otto, *Grundriß der Allgemeinen Staatslehre* (Tübingen: J.C.B. Mohr [Paul Siebeck]), p.50.

57. Koellreutter, 앞의 책, p.51. 이 책에서 쾰로이터는 1933년 4월 7일 통과된 「직업공무원제의 재건을 위한 법」에 찬성 의견을 내고 있다.

58. Koellreutter, Grundriß der Allgemeinen Staatslehre, p.163.

59. Koellreutter, 앞의 책, p.54.

60. 다음 책 초판에서 이미 귄터는 범죄와 유대인적 특성 사이의 연관성에 대해 상당 부분을 할 애한 바 있었다. *Rassenkunde des deutschen Volkes* (1922). Günther, *Rassenkunde des deutschen Volkes*, pp.379-381 참조. 이후로도 그는 지속적으로 편견을 드러내는 글을 썼다. *Rassenkunde des jüdischen Volkes*, pp.276-280.

61. Becker, Erich, *Diktatur und Führung* (Tübingen: J.C.B. Mohr [Paul Siebeck], 1935), p.32.

62. Hagemann, Max, "Rasse", in Elster, Alexander and Lingemann, Heinrich (eds.), *Handwörterbuch der Kriminologie und der anderen strafrechtlichen Hilfswissenschaften*, vol. 2 (Berlin and Leipzig: Walter de Gruyter, 1936), pp.454-460, 특히 p.454.

63. Stuckart and Globke, *Kommentare zur deutschen Rassengesetzgebung*, p.25.

64. Stuckart, Wilhelm and Schiedermair, Rolf, *Rassen- und Erbpflege in der Gesetzgebung des Dritten Reiches*, 1st ed. (Leipzig: Kohlhammer, 1938), p.9 (강조는 원문대로).

65. "Law for the Restoration of the Professional Civil Service", in *The Third Reich Sourcebook*, p.53 참조(저자가 약간 수정하여 번역). 힌덴부르크의 요청에 따라, 제3조 제2항에서는 1차 대전 중 복무했던 유대인 공무원에 대해서는 예외로 규정했다. 힌덴부르크 사망 이후 이 법은 수정되어 해당 예외조항은 폐기됐다. 이 법의 전개 및 효과에 대한 자세한 논의는 다음을 참조. Mommsen, Hans, *Beamtentum im Dritten Reich. Mit ausgewählten Quellen zur nationalsozialistischen Beamtenpolitik* (Stuttgart: Deutsche Verlags-Anstalt, 1966).

66. 켈젠은 쾰른대학에서, 헤르만 헬러는 프랑크푸르트대학에서 교수직을 상실했고 이 자리를 에른스트 포르스토프가 넘겨받았다. 이와 관련해서는 다음을 참조. Rüthers, Bernd, *Entartetes Recht. Rechtslehren und Kronjuristen im Dritten Reich* (München: C.H. Beck, 1998), pp.129-132. 이후 헬러에게 일어난 일과 관련해서는 다음 역시 참조. Dyzenhaus, David, "Hermann Heller and the 'Jewish Element' in German Public Law Theory", in Epple, Moritz; Fried, Johannes; Gross, Raphael; Gudian, Janus (eds.), *"Politisierung der Wissenschaft." Jüdische Wissenschaftler und ihre Gegner an der Universität Frankfurt am Main vor und nach 1933* (Göttingen: Wallstein 2014), pp.209-248. 킬대학 법학 교수진은 민족사회주의 법이론의 중심부가 되었다. 교수진 가운데는 게오르크 담, 에른스트 루돌프 후버, 카를 라렌츠, 카를 아우구스트 에카르트, 프리드리히 샤프스타인 등이 있었다. 자세한 내용은 다음을 참조. Wiener, Christina, *Kieler*

Fakultät und "Kieler Schule." Die Rechtslehrer an der Rechts- und Staatswissen-
schaftlichen Fakultät zu Kiel in der Zeit des Nationalsozialismus und ihre Entnazi-
fizierung (Baden-Baden: Nomos, 2013).

67. Koellreutter, *Grundfragen unserer Volks- und Staatsgestaltung* (Berlin: Junker & Dünnhaupt, 1936), p.11.

68. Larenz, Karl, *Deutsche Rechtserneuerung und Rechtsphilosophie* (Tübingen: J.C.B. Mohr[Paul Siebeck], 1934), p.18.

69. Dahm, Georg, "Verbrechen und Tatbestand", in Dahm, Huber, Larenz, Michaelis, Schaffstein, Siebert, *Grundfragen der neuen Rechtswissenschaft*, pp.85-86.

70. "Reich Citizenship Law", in *The Third Reich Sourcebook*, p.209 참조.

71. "First Supplementary Decree to the Reich Citizenship Law (November 14, 1935)", in Legislating the Holocaust. *The Bernhard Loesener Memoirs and Supporting Documents*, Appendix: Nazi Legislation, pp.155-157. 독일어판은 다음을 참조. "Erste Verordnung zum Reichsbürgergesetz vom 14. November 1935", in Gütt, Arthur; Linden, Herbert; *Maßfeller, Franz, Blutschutz- und Ehegesundheitsgesetz. Gesetz zum Schutze des deutschen Blutes und der deutschen Ehre und Gesetz zum Schut-ze der Erbgesundheit des deutschen Volkes nebst Durchführungsverordnungen sowie einschlägigen Bestimmungen* (München: J. F. Lehmanns, 1936), pp.245-247 참조.

72. "Runderlaß des Reichs- und Preußischen Ministeriums des Inneren from Decem-ber 20, 1935", in Gütt, Linden, Maßfeller, *Blutschutz- und Ehegesundheitsgesetz. Gesetz zum Schutze des deutschen Blutes und der deutschen Ehre und Gesetz zum Schutze der Erbgesundheit des deutschen Volkes nebst Durchführungsverord-nungen sowie einschlägigen Bestimmungen*, p.251. 제국 내무부는 1934년 11월 1일 프로이센주 내무부와 통합되었다.

73. "Law for the Protection of German Blood and German Honor", in *The Third Reich Sourcebook*, p.209.

74. Lösener, Bernhard, "Als Rassereferent im Reichsministerium des Innern", ed. by Strauß, Walter in *Vierteljahreshefte für Zeitgeschichte* 9, 3 (1961), pp.264-313; 영문판은 다음과 같다. Loesener, Bernhard, "At the Desk for Racial Affairs in the Reich Ministry of the Interior", in *Legislating the Holocaust. The Bernhard Loesener Memoirs and Supporting Documents*, pp.33-109. 뢰제너는 1933년부터 1942년 말까지 인종학자였다. 나치 정권의 유대인 학살 문제를 두고 상관인 빌헬름 슈투카르트와 갈등

하다가 결국 내무부를 떠났다. 뢰제너의 설명에 따르면, 그는 1941년 12월 리가에서 유대인 집단 처형에 관해 알게 되어 상관인 슈투카르트에게 보고했으나 슈투카르트는 그저 나치 지도부 가장 윗선에서 처형 명령이 내려온 것이라는 사실만 알려주더라는 것이었다. 뢰제너는 1944년 7월 히틀러에 대한 공격에 가담한 이들 중 한 명을 본인 거처에 며칠 묵게 했다는 이유로 1944년 11월 나치에 의해 잠시 수감되었다가 종전 직후 풀려났다.

75. Lösener, Bernhard, "At the Desk for Racial Affairs in the Reich Ministry of the Interior", p.54(저자가 약간 수정하여 번역).

76. Lösener, 앞의 책, pp.55, 52.

77. Lösener, 앞의 책, p.55(강조는 원문대로).

78. Essner, Cornelia, Die "Nürnberger Gesetze" oder die Verwaltung des Rassenwahns 1933-1945, pp.113-154; Wildt, Michael, "Einleitung", in Wildt (ed.), Die Judenpolitik des SD 1935 bis 1938. Eine Dokumentation (München: Oldenbourg, 1995), p.25; Jasch, Hans-Christian, "Civil Service Lawyers and the Holocaust: The Case of Wilhelm Stuckart", in Steinweis, Alan E. and Rachlin, Robert D. (eds.), The Law in Nazi Germany. Ideology, Opportunism, and the Perversion of Justice, pp.37-61, esp. pp.48-50; Koonz, Claudia, The Nazi Conscience (Cambridge, MA and London: Harvard University Press, 2003), pp.190-192 참조.

79. 발터 슈트라우스가 유대인이었음에도 나치 통치에서도 살아남았던 것은 독일인 여성과 결혼했기 때문이었다. 그러나 그는 이후 강제노동에 처해졌다. 1949년부터 1963년까지 독일 연방 공화국 법무 차관을 지냈다. Apostolow, Markus, Der "immerwährende Staatssekretär." Walter Strauß und die Personalpolitik im Bundesministerium der Justiz 1949-1963 (Göttingen: Vandenhoeck & Ruprecht, 2019) 참조.

80. Essner, Die "Nürnberger Gesetze" oder die Verwaltung des Rassenwahns 1933-1945, pp.114-116 참조.

81. Kulka, Otto Dov, "Die Nürnberger Rassengesetze und die deutsche Bevölkerung im Lichte geheimer NS-Lage- und Stimmungsberichte", in Vierteljahreshefte für Zeitgeschichte 32, 4 (1984), pp.582-624, esp. pp.615-620 참조.

82. Kulka, 앞의 책, p.616. 이 회의에 대한 여러가지 기록이 존재한다. 첫 회의록은 1935년 8월 22일에 작성되었다("Niederschrift über die Chefbesprechung am 20. August 1935, 3:30 im Reichswirtschaftsministerium ueber die wirtschaftlichen Auswirkungen der verstaerkten Bekaempfung des Judentums"). 이 회의록은 뉘른베르크 국제전범 재판소에 있는 문서다(Document IMTNG 4607, State Archive Nuremberg). 경제부에서 쓴 것으로 추정되는 해당 회의록 서명 이니셜은 식별이 어렵다. 오랫동안 역사 연구에서는 이

회의록만 유의미한 자료로 간주되었다. 컬카에 따르면, 당시 회의록의 최종 버전은 1935년 8월 27일에 뢰제너가 작성하고 서명했으며 국가기밀보관소에 보관되었다(GStA, Rep.320, Nr. 513); Kulka, "Die Nürnberger Rassengesetze und die deutsche Bevölkerung im Lichte geheimer NS-Lage- und Stimmungsberichte", p.616, note 116 참조. 컬카의 말대로, 또 다른 버전의 회의록은 외무부에서 작성한 것이다. 컬카는 뢰제너가 작성한 버전의 회의록은 1935년 8월 22일 회의록(Document IMT-NG 4607) 및 외무부 회의록과 다르며, 여기에 포함되지 않은 참가자들의 진술이 기록되었다고 지적했다. 역사학자 미하엘 빌트는 1935년 8월 20일 자 회의에 중요한 세부사항을 추가했다. 하이드리히가 언급되지 않은 1935년 8월 22일 회의록(IMT-NIG 4607)만을 참조했던 해당 역사학자들이 그의 회의 참석 사실을 간과했다는 것이었다. 그러나 빌트가 지적하듯, 이 회의에 하이드리히가 참석했다는 사실은 하이드리히가 1935년 9월 9일의 회의 참석자들에게 보낸 서신을 통해서도 확인된다. 이 서신에서 하이드리히는 유대인과 아리아인 간의 결혼 금지, 유대인과 아리아계 독일인 간의 혼외 성관계 금지 등 뉘른베르크법을 예상하며 유대인에 대한 중요한 제약을 명시했다. "Heydrich an die Teilnehmer der Chefbesprechung im Reichswirtschafts-ministerium, 9. September 1935(Sonderarchiv Moskau 500/1/1939)", in Wildt (ed.), *Die Judenpolitik des SD 1935 bis 1938. Eine Dokumentation*, pp.70-73, 특히 p.71f 참조.

83. 샤흐트는 유대인에 대한 적대적인 조치를 강하게 비판했지만 이는 경제에 미치는 부정적 영향을 우려한 것이었다. 1935년 8월 20일에 있었던 제국 경제부 회의에 대한 기록(1935년 8월 22일 자)((IMT-NG 4607, 뉘른베르크 국가문서보관소). 1935년 5월 3일에 이미 샤흐트는 히틀러에게 보낸 제안서에서 반유대주의 폭동을 예방하기 위해 유대 문제에 대한 특별 입법을 요구한 바 있었다. 컬카가 설명하듯, 해당 제안서에서 샤흐트는 "유대인을 법적 지위가 열등하고 관련 법규에 의해 권리가 축소된 거주민으로 분류"하는 것에 동의한다는 뜻을 내비치면서도 "유대인에게는 여전히 주어진 권리들이 있으므로 광적이고 교양 없는 사람들로부터 국가의 보호를 받아야 한다"라고 덧붙였다. Kulka, "Die Nürnberger Rassengesetze und die deutsche Bevölkerung im Lichte geheimer NS-Lage- und Stimmungsberichte", p.619, 주 126. 1935년 8월 8일 쾨니히스베르크 연설에서 샤흐트는 1920년 나치당 강령의 제4조와 제5조에 따라 유대인 지위를 규정한 법률들 외에도 유대인 대우에 관한 특별 법규가 필요하다고 다시 한번 강조했다. Kulka, "Die Nürnberger Rassengesetze und die deutsche Bevölkerung im Lichtegeheimer NS-Lage- und Stimmungsberichte", p.619, 주 126 참조.

84. Kulka, 앞의 책, p.618.

85. 뢰제너는 회고록에서 두 개의 1차 법령 [1935년 11월 14일 및 1935년 12월 21일]의 즉각

적 효과로, 그 폭압적 조항들로부터 면제받고자 하는 탄원서들이 쏟아져 들어왔다"고 했다. Lösener, "At the Desk of Racial Affairs in the Reich Ministry of the Interior", p.62. 1차 보충령 제2조 제7항에는 "총통 및 제국 총리는 본 보충령에서 정한 규정으로부터 면제권을 행사할 수 있다"고 규정했다. *Legislating the Holocaust*, p.157 참조.

86. Loesener, "At the Desk of Racial Affairs in the Reich Ministry of the Interior", p.64; 다음 역시 참조. Jasch, Hans-Christian, *Staatssekretär Wilhelm Stuckart und die Judenpolitik. Der Mythos von der sauberen Verwaltung* (München: Oldenbourg, 2012), p.245.

87. 유럽 내 모든 유대인을 살해하라는 결정이 내려진 정확한 시점은 역사학자들 사이에서도 의견이 분분하다. 크리스토퍼 브라우닝은 "1941년 10월 말경 '최종 해결' 개념이 처음 구체화되었다"라고 주장한다. Browning, Christopher (with contributions by Jürgen Matthäus), *The Origins of the Final Solution. The Evolution of Nazi Jewish Policy, September 1939-March 1942* (Lincoln: University of Nebraska Press, Jerusalem: Yad Vashem, 2004), p.374; 앞서 몇 달간 전개된 상황에 대해서는 다음을 참조. pp.352-373. 페터 롱게리히는 "1941년 가을의 추방 및 계획의 의도는 승리 이후에도 여전히 점령지 소련의 수용소로 유럽 내 유대인을 추방하려는 것이었다"라고 주장한다. Longerich, Peter, *The Unwritten Order: Hitler's Role in the Final Solution* (Stroud: Tempus, 2003), pp.134-135. 독일과 오스트리아에서 동부 지역으로 유대인들을 첫번째로 추방한 것은 1941년 10월 15일과 11월 5일이었다. 앞의 책, p.132. 1941년 가을에 전개된 상황에 관해서는 다음 역시 참조. Longerich, Peter, *Heinrich Himmler*, transl. by Noakes, Jeremy and Sharpe, Lesley (Oxford: Oxford University Press, 2012), pp.541-553.

88. 각료 회의는 1937년부터 1938년 즈음에 중단되었다. 각료들은 이미 히틀러를 만나기 힘든 상황이 됐다. 가령 프리크 내무장관은 히틀러 눈 밖에 나서, 1943년 8월 프리크는 내무장관에서 해임됐지만 보헤미아 지역의 섭정을 담당했다. Neliba, *Wilhelm Frick. Der Legalist des Unrechtsstaates. Eine politische Biographie*, pp.324-333 참조.

89. 나치 친위대이자 루블린의 경찰 사령관이었던 오스트리아 출신의 오딜로 글로보츠니크는 힘러로부터 베우제츠, 소비보르, 트레블링카의 강제수용소에서 대학살(소위 '라인하르트 작전 (Aktion Reinhard)')을 준비하라는 명령을 받았다.

90. Kershaw, Ian, *The Nazi Dictatorship. Problems and Perspectives of Interpretation*, 4th ed. (London: Arnold, 2000), p.120.

91. 전체 참석자 명단을 보려면 다음을 참조. "Wannsee Protocol Section I", in *The Third Reich Sourcebook*, p.752. 독일어로 된 반제회의 기록은 다음에서 볼 수 있다. www.ghwk. de/fileadmin/user_upload/pdf-wannsee/dokumente/protokolljanuar1942_barri-

erefrei.pdf. 재판본은 다음에서 확인할 수 있다. Kampe, Norbert and Klein, Peter, *Die Wannsee-Konferenz am 20. Januar 1942. Dokumente, Forschungsstand, Kontroversen* (Köln, Weimar, Wien: Böhlau, 2013), pp.40-54. 회의록의 해당 버전(반제회의 참석자들에게 배부된 총 30부 중 16번째 사본)은 종전 후 발견된 유일한 버전으로, 외무 차관이었던 마르틴 루터의 집무실에서 발견되었다. Jasch, *Staatssekretär Wilhelm Stuckart und die Judenpolitik. Der Mythos von der sauberen Verwaltung*, p.320 참조.

92. "Wannsee Protocol, Section II", in *The Third Reich Sourcebook*, p.752.

93. "Wannsee Protocol, Section IV", in *The Third Reich Sourcebook*, p.756.

94. 상동.

95. 앞의 책, p.757. 1942년 3월 16일, 내무장관은 슈투카르의 서명이 있는 서한을 반제회의 참석자들에게 보냈는데 그 서한에는 '자칫 독일 혈통의 절반이 폐기될 수 있으므로' 1등급 유대인 혼혈은 추방 조치에서 면제해줄 것을 요청하고 있다. 다음을 참조. Reichsminister des Innern (gez. Stuckart), "Brief vom 16. März 1942", Document NG-2586, State Archive, Nuremberg (해당 문서는 1947년 11월부터 1949년 4월까지 슈투카르트 및 그 외 주요 정부 관료들에 대해 있었던 소위 정부 부처 재판자료의 일부였다); *Rechtfertigungen des Unrechts. Das Rechtsdenken im Nationalsozialismus in Originaltexten*, pp.438-443, 특히 p.441.

96. 1961년 7월 24일 예루살렘 재판에서 아이히만은 반제회의에 관해 다음과 같이 발언했다. "슈투카르트를 보십시오. 그는 늘 법적으로 철저하고 꼼꼼하며 까다로운 사람으로 통했는데, 이제 와서 전혀 다른 태도를 보이고 있군요! 지금 여기서 쓰는 언어는 전혀 법률적이지 않습니다." 어떤 주제를 다루었느냐는 질문에 아이히만은 당시 논의 내용은 "살해, 제거, 말살"이었다고 덧붙였다. Jasch, Hans-Christian, "Wilhelm Stuckart. Reich Interior Ministry: 'A Legal Pedant'", in Jasch, Hans-Christian and Kreutzmüller, Christoph (eds.), *The Participants. The Men of the Wannsee Conference* (New York, Oxford: Berghahn, 2017), pp.301-320, 특히 p.301에서 인용. 아이히만은 슈투카르트를 법적으로 철저한 사람이라고 설명하며 '법의 남자'라는 뜻의 "Gesetzesonkel"이라는 표현을 사용했다.

97. Jasch, *Staatssekretär Wilhelm Stuckart und die Judenpolitik. Der Mythos von der sauberen Verwaltung*, p.330 이하.

98. "Eleventh Supplementary Decree to the Reich Citizenship Law (November 25, 1941)", *Legislating the Holocaust*, pp.170-171의 제1항 및 제3.1항 참조.

99. "Twelfth Supplementary Decree to the Reich Citizenship Law (25 April, 1943)", *Legislating the Holocaust*, p.172의 제4항 및 제5항 참조.

100. "Thirteenth Supplementary Decree to the Reich Citizenship Law (July 1, 1943)",

Legislating the Holocaust, p.172의 제2.1항 참조.

101. Lommatzsch, Erich, *Hans Globke* (1898-1973). *Beamter im Dritten Reich und Staatssekretär Adenauers* (Frankfurt am Main, New York: Campus, 2009). p.74. 로마 치는 글롭케에게 면죄부를 주는 입장인 것을 주목할 필요가 있다(이를테면 제국 내무부 내에서의 글롭케의 활동을 완곡하게 묘사한다. pp.43-103 참조).

102. Stuckart, Wilhelm and Schiedermair, Rolf, *Rassen- und Erbpflege in der Gesetzgebung des Dritten Reiches* 1st ed(Leipzig: Kohlhammer, 1938); 2nd ed. 1939, 3rd ed. 1942, 4th ed. 1943, 5th ed. 1944 (1939년의 제2판, 1942년의 제3판, 1943년의 제4판, 1944년의 제5판 제목은 *Rassenund Erbpflege in der Gesetzgebung des Reiches*이다).

103. 이러한 제재 중 가장 중요한 부분을 언급하면 다음과 같다. 유대인은 소매업 종사가 금지됐고, 유대인의 사업은 공공 조달에서 배제되었으며, 유대인의 기업은 국가의 통제를 받고 공권력에 의해 해산될 수도 있었다. 유대인은 관리자가 될 수 없었고, 유대인 관리자와의 기존 계약은 6주 이내에 해지될 수 있었으며, 유대인은 새로운 기업체를 설립할 수 없었다. 다음을 참조. Stuckart and Schiedermair, *Rassen- und Erbpflege in der Gesetzgebung des Dritten Reiches*, 2nd ed. (1939), pp.57-71. 뿐만 아니라, 유대인들은 소유 재산 및 자산 가치를 등록해야 했으며 신규 부동산 취득이 금지되고 유대인이 보유하고 있던 부동산은 국가의 통제를 받고 법적으로 가치하락이 이뤄졌다. 유대인은 보유한 모든 유가증권을 외환거래 자격이 있는 은행에 예치해야 했으며, 심지어 유가증권에 대한 소유권은 법적 강제에 의해 독일인의 재산으로 이양될 수 있었다. 앞의 책, pp.71-75. 유대인은 다이아몬드, 보석, 예술품 등을 취득하는 것 역시 금지당했고 이 같은 자산을 판매할 수도 없었다. 유대인은 1939년 3월 31일까지 금, 백금, 은, 다이아몬드, 진주 같은 물건을 지방정부가 통제하는 전당포에 인도해야만 했다. 앞의 책, pp.75-77.

104. 1938년 3월 오스트리아 합병 이후 빈의 유대인들은 강제로 이주해야 했다. (아돌프 아이히만과 부하들에 의해 조직된) 오스트리아계 유대인에 대한 추방은 제국 내 다른 지역에 본보기가 되었다.

105. Stuckart and Schiedermair, *Rassen-und Erbpflege in der Gesetzgebung des Dritten Reiches*, 2nd expanded ed. (1939), p.77.

106. Stuckart and Schiedermair, *Rassen-und Erbplege in der Gesetzgebung des Dritten Reiches*, 2nd expanded ed. (1939), p.79 참조.

107. Stuckart and Schiedermair, *Rassen-und Erbpflege in der Gesetzgebung des Reiches*, 4th revised ed. (1943) p.77 참조. 제3판(1942)과 제4판(1943)에는 유대인 대상 임대 규제에 관한 부분도 포함되어, 유대인은 오직 유대인끼리만 거주해야 하고 유대인들이

떠나서 비어버린 베를린, 뮌헨, 빈의 아파트 건물은 지역 당국에 등록해야 했으며 당국의 허가가 있어야 임대가 가능하다고 규정했다.

108. 제1판, 제2판, 제3판의 제목은 각각 다음과 같다. 『인종적-정치적 요건(*Racial-Political Requirement*)』, 『독일의 인종문제(*The German Racial Problem*)』, 『개념의 법적 정의(*The Legal Definition of Concepts*)』.

109. Stuckart and Schiedermair, *Rassen- und Erbpflege in der Gesetzgebung des Reiches*, 4th ed. (1943) pp.9, 12 참조.

110. 이 문장은 1942년의 제3판에서 약간 수정되어 "제3제국의 입법(legislation in the Third Reich)"이 "민족사회주의 입법(National Socialist legislation)"으로 대체되었다. Stuckart and Schiedermair, *Rassen- und Erbpflege in der Gesetzgebung des Reiches*, 3rd ed. (1942), p.9 참조(강조는 원문대로).

111. Stuckart and Schiedermair, *Rassen- und Erbpflege in der Gesetzgebung des Reiches*, 4th ed. (1943), p.9.

112. Stuckart and Schiedermair, 앞의 책, p.12.

113. Stuckart and Schiedermair, 앞의 책, p.11.

114. Stuckart and Schiedermair, 앞의 책, p.12.

115. Stuckart and Schiedermair, 앞의 책, p.14(강조는 원문대로). 동일한 표현은 제5판(1944)에서도 찾을 수 있다.

116. Fraenkel, Ernst, *The Dual State. A Contribution to the Theory of Dictatorship*, with an introduction by Meierhenrich, Jens, transl. by Shils, E. A. (Oxford: Oxford University Press, 2017) p.3 (강조는 원문대로).

117. 프랭켈처럼 독일을 떠나야만 했던 또 다른 독일 법이론가 프란츠 노이만은 이중국가에 대한 프랭켈의 공식이 자칫 나치 국가에 대해 오해를 불러올 수 있다고 경고했다. 민족사회주의 국가에 대해 분석한 그의 유명한 1942년 작 『괴물(*Behemoth*)』에서 노이만은 "민족사회주의는 이중국가, 즉 사실상 두 체계가 함께 작동 중인 하나의 국가로, 한 체계는 규범적 법에 따라, 다른 하나는 개별 조치에 따라 작동하며, 하나는 합리의 영역이지만 다른 하나는 특권의 영역"이라는 주장에 반대했다. Neumann, Franz, *Behemoth. The Structure and Practice of National Socialism 1933-1944*, with an introduction by Hayes, Peter (Chicago: Ivan R. Dee, 2009), pp.467-468. 노이만이 보기에 규범적 법은 민족사회주의에서는 마땅한 자리가 없었다. 그는 "독일에는 수천 개의 기술적 규칙은 있지만 법의 영역은 없다"라고 주장했다. 앞의 책, p.468. 노이만은 제3제국은 국가가 아니라고 꼬집었다. 국가를 구성하는 필수적인 특색, 즉 "보편적으로 구속력을 발휘하는 방식으로, 즉 추상적인 합리적 법을 통해서 혹은 최소한 합리적으로 작동하는 관료제를 통해" "무수히 많은 개인 및

집단 사이의 갈등을 조정하고 통합"할 능력이 결여되었기 때문이라는 주장이었다. 상동. 그는 "민족사회주의의 정치체계 안에서 정치권력을 독점하는 어느 한 기관을 찾아낼 수 없다"고 보았다. 앞의 책, p.469. 노이만의 연구 전반을 아우르는 장점들에도 불구하고 나는 프랭켈의 분석이 많은 것을 시사한다고 생각한다. 규범적인 것과 특권적인 것, 다시 말해 마이어헨리치가 "법치국가의 잔재"라 칭한 것과 나치당 및 친위대의 자의적 무력 사이에 지속적 갈등이 실제로 존재했다. Meierhenrich, Jens, *The Remnants of the Rechtsstaat. An Ethnography of Nazi Law* (Oxford: Oxford University Press, 2018) 참조.

118. 다음 역시 참조. Meierhenrich, Jens, "An Ethnography of Nazi Law: The Intellectual Foundations of Ernst Fraenkel's Theory of Dictatorship", in Fraenkel, *The Dual State*, pp.xxii-lxxxi, 특히 xli. 마이어헨리히는 프랭켈의 표현을 빌자면 국가와 당은 "제도적으로 융합되어, 개념적 측면에서 사실상 구분이 불가능"하다고 강조한다. 상동.

119. 여기서 옹호한 논지는 아우슈비츠에도 법은 존재했다는 데이비드 프레이저의 주장과는 상충하는 것으로 보인다. 프레이저는 다음과 같이 언급했다. "그러나 법은 사실 아우슈비츠에도 없지는 않았다. 무법의 시간도 무법의 공간도 아니었다. 아우슈비츠는 합법적이었고, 법으로 가득했다—국가의 적들, 민족공동체를 오염시킬 그 기생충들을 제거하고 분리하여 말살하기 위해 법률가와 의료인으로부터 하달된 '아리아계'와 '유대계'에 대한 합법적 처방, 혈통을 지키기 위한 합법적 불임시술과 안락사, 합법적 명령으로 가득했다." Fraser, David, *Law after Auschwitz. Towards a Jurisprudence of the Holocaust* (Durham: Carolina Academic Press, 2005), p.13 참조. 다음 역시 참조할 것 pp.19-49. 나는 프레이저가 행정명령에 관한 한 정확한 지점을 지적했다고 생각하지만, 절차적으로 시행된 법적 규범 (공식적으로 발표되고 공포된 규범)이라는 맥락에서는 어불성설이라고 본다.

120. 콘라트 모르겐의 경우에서 알 수 있듯, 나치 친위대 판사가 '라인하르트 작전'의 동향에 대해서는 알기 힘들었다. Pauer-Studer, Herlinde and Velleman, J. David, *Konrad Morgen. The Conscience of a Nazi Judge* (Basingstoke: Palgrave Macmillan, 2015), pp.74-81, 86-87 참조.

121. Rundle, Kristen, "The Impossibility of an Extermination Legality", in *University of Toronto Law Journal* 59, 1 (2009), pp.65-125.

122. Fuller, Lon L., *The Morality of Law*, revised ed. (New Haven and London: Yale University Press, 1969), p.39 참조.

123. 풀러는 자신의 기준은 법의 내적 도덕성을 형성하지만, 이러한 기준들은 도덕적 원칙에 해당하지도 않으며, 이 조건을 충족하는 법적 규범이 항상 도덕적으로 바람직한 목적을 가지고 있는 것은 아니라고 주장했다. 이는 문제가 있는 주장이다. 이 점에 대해서는 H. L. A. 하트도 강조했다. 다음을 참조. Hart, H. L. A., "The Morality of Law by Lon L. Fuller", in

Harvard Law Review 78, 6 (1965), pp.1281-1296, 특히 p.1287. 하트에 따르면, 예를 들어 "명료한 법과 악 사이에는 특별한 양립 불가능성이 없다"라는 것이다. 내 견해로는, 하트의 반대의견은 풀러의 원칙의 구성에 대해 의문을 제기하지는 않는다. 그러나 풀러가 언급한 조건들이 법의 내적 도덕성을 구성한다고 주장하는 것에 대한 하트의 비판은 타당하다. 내 생각으로는 풀러의 조건들을 법질서라 칭할 수 있는 규칙 체계―즉 자의적 조치나 폭력을 이용해 통치하는 정치 체제에 대한 우리의 경험에서 비롯되는 요건들―를 구성하는 요소들로 해석하는 편이 더 타당할 것 같다. 이 부분에 대한 좀 더 자세한 논의는 이 책의 8.4장을 참조.

124. *Quellen zur Reform des Straf-und Strafprozeßrechts*, II. Abteilung NSZeit (1933-1939)-Strafgesetzbuch, Band 2, Protokolle der Strafrechtskommission des Reichsjustizministeriums, 3. Teil, 2. Lesung: Allgemeiner Teil. Besonderer Teil, 56. Sitzung, 22. März 1935, ed. by Regge, Jürgen and Schubert, Werner (Berlin, New York: Walter de Gruyter, 1990), p.11. 귀르트너가 나치의 급진적 반유대주의의 법적 시행을 완충하려 했다는 증거자료가 있다. 1934년 6월 5일 인종 보호(Rasseschutz)를 주제로 열린 형법개혁공식위원회 회의에서 귀르트너는 아리아 인종 보호를 위해 구체적 형법 규정을 도입하는 것에 우려를 표했다. 가령 그는 유대인과 비유대계 독일인 간의 혼외성 관계를 형법으로 제재하는 데 반대했다. 따라서 회의 중에 프라이슬러는 "새로운 형법에 인종 보호를 포함하자는 의견이 여기서 전혀 지지받지 못한 사실을 도저히 받아들일 수 없다"며 강하게 반발했다. *Quellen zur Reform des Straf-und Strafprozeßrechts*, II. Abteilung NS-Zeit(1933-1939)-Strafgesetzbuch, Band 2, Protokolle der Strafrechtskommission des Reichsjustizministeriums, 2. Teil, 1. Lesung: Allgemeiner Teil (1989), 37. Sitzung, 5. Juni 1934, pp.223-276, 특히 p.229. 나치 정권의 반유대주의의 법 집행에 대한 귀르트너의 회의주의적 입장에 대해서는 다음 역시 참조. Whitman, James Q. *Hitler's American Model. The United States and the Making of Nazi Race Law* (Princeton: Princeton University Press, 2018), pp.87-113.

6장 경찰법

1. "Preußisches Polizeiverwaltungsgesetz vom 1.6.1931", in *Recht, Verwaltung und Justiz im Nationalsozialismus. Ausgewählte Schriften, Gesetze und Gerichtsentscheidungen von 1933 bis 1945*, ed. by Hirsch, Martin; Majer, Diemut; Meinck, Jürgen (Köln: Bund-Verlag, 1984), pp.322-323.

2. Hirsch, et. al., 앞의 책, p.318, 주2.

3. Schwegel, Andreas, *Der Polizeibegriff im NS-Staat. Polizeirecht, juristische Publizistik und Judikative 1931-1944* (Tübingen: Mohr Siebeck 2005), p.39 이하 참조.

4. Werle, Gerhard, *Justiz-Strafrecht und polizeiliche Verbrechensbekämpfung im Dritten Reich* (Berlin/New York: Walter de Gruyter, 1989), pp.2-3.

5. Frei, Norbert, *Der Führerstaat. Nationalsozialistische Herrschaft 1933-1945*, 6th ed. (München: Deutscher Taschenbuch Verlag, 2001), p.147.

6. "Durchführung der Verordnung zum Schutz von Volk und Staat vom 28. 2. 1933", Runderlaß des Ministeriums des Inneren (내무부 훈령) vom 3.3. 1933, in *Recht, Verwaltung und Justiz im Nationalsozialismus*, p.319 (= *Ministerialblatt für die Preußische innere Verwaltung* 1933, I, p.233).

7. Meinck, Jürgen, "Polizeirecht", in *Recht, Verwaltung und Justiz im Nationalsozialismus*, pp.317-319, here p.318.

8. 1936년까지만 해도 국가비밀경찰(Geheimes Staatspolizeiamt)은 게슈타파(Gestapa)라 불렸고, 이후부터는 비밀정치경찰 기구 전체를 '게슈타포(Gestapo)'로 통칭했다.

9. "Gesetz über die Errichtung eines Geheimen Staatspolizeiamts. Vom 26. 4. 1933", in *Recht, Verwaltung und Justiz im Nationalsozialismus*, pp.326-327, 주 11 참조. 이 제1차「게슈타포법」은 연방 주들을 관할하는 기존의 경찰 당국을 국가경찰 당국으로 대체했을 뿐 아니라 모든 지역 경찰당국은 모든 중요한 정치 활동 및 감시 내용을 국가경찰 당국에 직접 보고하도록 했다. 따라서 정적들에 대한 감시를 합법적인 것으로 규정하여 전체주의적 경찰 국가를 향해 확실히 한 걸음 내디딘 셈이다. Meinck, 앞의 책, p.327.

10. 지도부 제거의 명목은 나치 돌격대의 세력이 너무 강해져서 히틀러 치하의 민족사회주의 국가 발전 방향에 위협이 되기 시작했다는 것이었다.

11. 괴링, 프리크, 힘러 사이의 갈등에 관한 자세한 내용은 다음을 참조. Schwegel, *Der Polizeibegriff im NS-Staat*, pp.41-59. 다음 역시 참조. Herbert, Ulrich, *Best. Biographische Studien über Radikalismus, Weltanschauung und Vernunft 1903-1989* (Bonn: J. H. W. Dietz Nachfolger, 2001) (= Studienausgabe der Originalausgabe von 1996), pp.133-147.

12. Best, Werner, "Gesetz über die Geheime Staatspolizei. Vom 10. Februar 1936", in *Recht, Verwaltung und Justiz im Nationalsozialismus*, pp.329-330 (= Preußische Gesetzessammlung 1936, pp.21-22) 참조.

13. "Gesetz über die Geheime Staatspolizei. Vom 10. Februar 1936", § 1, in *Recht, Verwaltung und Justiz im Nationalsozialismus*, p.329 참조. 제1조에서는 내무장관의

동의를 받고 게슈타포 수장이 정확히 어떤 업무가 게슈타포에 이관되는지 결정하도록 규정하기도 했다.

14. Schwegel, *Der Polizeibegriff im NS-Staat*, p.153 참조.

15. "Gesetz über die Geheime Staatspolizei. Vom 10. Februar 1936", § 7, p.330 참조.

16. "Verordnung zur Ausführung des Gesetzes über die Geheime Staatspolizei. Vom 10. Februar 1936", in *Recht, Verwaltung und Justiz im Nationalsozialismus*, pp.330-331 (in Preußische Gesetzesssammlung 1936), pp.22-23 참조.

17. 앞의 책, p.330, § 2.4.

18. Siehe Schwegel, Der Polizeibegriff im NS-Staat, pp.53-55.

19. Gruchmann, Lothar, Justiz im Dritten Reich 1933-1940. *Anpassung und Unterwerfung in der Ära Gürtner* (München: R. Oldenbourg, 1988), pp.448-455.

20. Buchheim, Hans, "The SS-Instrument of Domination", in Krausnick, Helmut; Buchheim, Hans; Broszat, Martin; Jacobsen, Hans-Adolf, *Anatomy of the SS-Staate*, transl. by Barry, Richard (New York: Walker and Company, 1968) pp.127-301, 특히 p.163.

21. Hamel, Walter, "Wesen und Rechtsgrundlagen der Polizei im nationalsozialistischen Staate", in Frank, Hans (ed.), Deutsches Verwaltungsrecht (München: Zentralverlag der NSDAP, Franz Eher Nachf., 1937), pp.381-398, 특히 p.385.

22. Hamel, 앞의 책, p.384.

23. Hamel, 앞의 책, p.389.

24. Hamel, 앞의 책, p.395.

25. Hamel, 앞의 책, p.386.

26. Höhn, Reinhard, "Altes und neues Polizeirecht", in Frank, Himmler, Best, Höhn, *Grundfragen der deutschen Polizei* (Hamburg: Hanseatische Verlagsanstalt, 1937), pp.21-34, 특히 p.33.

27. Hamel, 앞의 책, pp.29, 31. 흰의 견해에 관한 자세한 논의는 다음을 참조. Schwegel, *Der Polizeibegriff im NS-Staat*, pp.214-225.

28. Tesmer, Hans, "Die Schutzhaft und ihre rechtlichen Grundlagen (1936)", in *Recht, Verwaltung und Justiz im Nationalsozialismus*, pp.331-332, 특히 p.331.

29. Best, "Die Geheime Staatspolizei", in Deutsches Recht 6 (1936), pp.125-128, here pp.125-126 (강조 표시는 원문대로); 다음의 논의 내용 역시 참조. Herbert, Best, pp.163-168.

30. Best, "*Die Geheime Staatspolizei*", p.126 (in bold letters in the original quote).

31. Best, *Die Deutsche Polizei* (Darmstadt: L.C. Wittich, 1940).

32. Best, 앞의 책, p.12.

33. Best, 앞의 책, p.14.

34. Best, 앞의 책, p.15.

35. Best, 앞의 책, p.19.

36. 한스 부크하임은 질서경찰과 안보경찰로 구분하는 것이 경찰 조직 전체를 나치 친위대에 통합하려는 힘러의 전반적인 계획에서 중요한 단계였다고 본다. 이로써 정치경찰은 독일 경찰에서 독립된 조직으로 자리매김했고 조직상 형사경찰과 나란히 움직였다. 다음을 참조. Buchheim, "The SS-Instrument of Domination", pp.165-166.

37. Werle, *Justiz-Strafrecht und polizeiliche Verbrechensbekämpfung im Dritten Reich*, p.486를 인용한 것. 여기서 베를레는 Heydrich, Reinhard, *Wandlungen unseres Kampfes* (München, Berlin: Eher 1935), p.18를 참조.

38. 나치 법률가 테오도르 마운츠는 '제도적 승인(institutionelle Ermächtigung)'의 개념을 다음과 같이 설명했다. "경찰은 국가수호대 역할을 맡으라는 총통의 일반 명령은 경찰에 대한 '제도적인 권한 승인'이라 할 수 있다. 이는 헌법적으로나 경찰법과 관련하여서나 중요한 의미를 갖는다." Maunz, Theodor, *Gestalt und Recht der Polizei* (Hamburg: Hanseatische Verlagsanstalt, 1943), p.27.

39. 반사회적인 이들에 대한 조치는 1938년 4월 21일에 시행되었고, (이전에 구금됐던 유대인들을 포함한) 이들에 대한 또 다른 조치는 1938년 6월 13일부터 18일까지 이뤄졌다. Werle, *Justiz-Strafrecht und polizeiliche Verbrechensbekämpfung im Dritten Reich*, pp.522-523 참조.

40. 베를레에 따르면, 이러한 조치들은 범죄에 맞서 싸우기보다는 강제수용소에 노동력을 공급하는 역할을 했을 가능성이 높다. Werle, *Justiz-Strafrecht und polizeiliche Verbrechensbekämpfung im Dritten Reich*, pp.524-525 참조.

41. 베를레를 참조하여 인용. Werle, *Justiz-Strafrecht und polizeiliche Verbrechensbekämpfung im Dritten Reich*, p.544.

42. Werle, 앞의 책, p.573. 게슈타포 활동에 대한 로텐베르거의 비판에 대해서는 다음을 참조. Gruchmann, *Justiz im Dritten Reich 1933-1940. Anpassung und Unterwerfung in der Ära Gürtner*, pp.563-564; pp.599-603 참조. 로텐베르거는 1942년 8월부터 1943년 12월까지 법무장관을 지냈다.

43. Werle, *Justiz-Strafrecht und polizeiliche Verbrechensbekämpfung im Dritten Reich*, p.574(1939년 1월 24일 법원장들에 대한 귀르트너의 권고 인용).

44. 1942년 8월까지 히틀러는 최소 25-30건의 사건들에 대해 피고인들을 게슈타포의 처형에

맡기도록 명령했다. Werle, *Justiz-Strafrecht und polizeiliche Verbrechensbekämpfung im Dritten Reich*, p.577 참조.

45. Werle, 앞의 책, p.580.

46. Werle, 앞의 책, pp.553-554.

47. Longerich, Peter, *Heinrich Himmler*, transl. by Noakes, Jeremy and Sharpe, Lesley (Oxford: Oxford University Press, 2012), p.637 참조. 롱게리히에 따르면 이 합의를 근거로 1942년 가을부터 1943년 중반까지 유죄판결을 받은 17,307명이 교도소에서 강제수용소로 보내졌으며, 1943년 4월 1일까지만 해도 당시 이송된 피고인 중 5,935명이 이미 사망했다고 했다. 앞의 책.

48. 하이드리히는 1942년 5월 27일 체코 저항군의 공격을 받고 1942년 6월 4일에 사망했다. 1943년 1월 30일, 에른스트 칼텐브루너가 제국 보안본부의 수장이 되었다.

49. Wildt, Michael, *An Uncompromising Generation. The Nazi Leadership of the Reich Security Main Office*, transl. by Lampert, Tom (Madison, Wisconsin: The University of Wisconsin Press, 2009), p.220.

50. Wildt, 앞의 책, pp.221-225.

51. Wildt, 앞의 책, pp.229-230. 빌트가 지적하듯이 힘러는 히틀러가 맡긴 특수 임무에 따라 군 체계를 모두 건너뛰고 나치 친위대 및 경찰부대에 직접 총살을 명령할 수 있었다. 그러나 국방군 장군들은 반란의 위험이 매우 높다고 판단하여 나치 친위대 및 경찰의 조치에 맞서 충분히 저항하지 않았다(국방군은 일부 사건에서 나치 친위대와 협력한 경우도 있었다).

52. Sowade, Hanno, "Otto Ohlendorf", in Smelser, Roland and Zitelmann, Rainer (eds.), The Nazi Elite (New York: NYU Press, 1993), pp.155-164 참조.

53. Wildt, *An Uncompromising Generation*, pp.268-271.

54. Wildt, 앞의 책, p.269. 질서경찰의 개입에 관한 내용은 다음 역시 참조. Browning, Christopher R. (with contributions by Matthäus, Jürgen), *The Origins of the Final Solution. The Evolution* of Nazi Jewish Policy, September 1939-March 1942 (Lincoln: University of Nebraska Press, and Yad Vashem, 2004), pp.230-234.

55. Browning, Christopher R., *Ordinary Men. Reserve Police Battalion 101 and the Final* Solution in Poland (London: Penguin Books, 2001) p.17 (first published Harper Collins, 1992). 펭귄판 『*Ordinary Men*』 의 후기(pp.101-223)에서 브라우닝은 논란이 많았던 대니얼 J. 골드하겐의 저서 『*Hitler's Willing Executioiners: Ordinary Germans and the Holocaust*』에 대해 논하고, 골드하겐이 자신의 연구에 대해 제기한 비판에 답한다.

56. 1936년 10월 독일법학술원의 경찰법위원회 설립 행사에서 베스트는 다음과 같이 연설했다. "민족사회주의 국가에 꼭 필요한 의지 표명과 활동으로서 경찰의 임무는 궁극적으

로 국가와 민족이라는 개념, 즉 민족사회주의 세계관으로부터 새롭게 도출되어야 합니다." Schubert, Werner, "Introduction", in *Akademie für Deutsches Recht 1933-1945. Protokolle der Ausschüsse*, ed. by Schubert, Werner, vol. VIII, Ausschüsse für Strafrecht, Strafvollstreckungsrecht, Wehrstrafrecht, Strafgerichtsbarkeit der SS und des Reichsarbeitsdienstes, Polizeirecht sowie für Wohlfahrts- und Fürsorgerecht (Bewahrungsrecht) (Frankfurt am Main: Peter Lang, 1999), pp.XI-LVIII, 특히 p.XXXV; 다음 역시 참조. Best, Werner, "Die Politische Polizei des Dritten Reiches", in Frank, Hans (ed.), *Deutsches Verwaltungsrecht*, pp.417-430.

57. 1차 위원회 좌장은 프로이센 내무장관 루드비히 그라우어트였다. Schubert, "Introduction", in *Akademie für Deutsches Recht 1933-1945. Protokolle der Ausschüsse*, vol. VIII, p.XXXIV 참조. 그라우어트는 독일법학술원 초대 원장을 지냈으며, 나치 친위대원이기도 했다. 그러나 그는 PVG의 핵심 원칙들은 제3제국 경찰법에 여전히 결정적으로 중요하다고 주장했다. Schwegel, Der Polizeibegriff im NS-Staat, pp.120-126 참조. 그라우어트는 1936년 7월 1일에 강제 퇴직당했다.

58. 베스트와 휜(경찰법위원회의 회장 및 부회장)의 연설과 더불어 프랑크, 힘러의 연설 전문은 다음과 같이 출간되어 있다. Frank, Hans; Himmler, Heinrich; Best, Werner; Höhn, Reinhard, *Grundfragen der deutschen Polizei. Bericht über die konstitutierende Sitzung des Ausschusses für Polizeirecht der Akademie für Deutsches Recht am 11. Oktober 1936* (Hamburg: Hanseatische Verlagsanstalt, 1937). 위원회의 주요 구성원들은 베르너 베스트, 라인하르트 휜, 빌헬름 슈투카르트, 아르투어 네베(제국 형사경찰부 수장), 하인리히 뮐러(1939년부터 게슈타포 수장), 법학교수인 게오르크 담과 파울 리터 부슈 등이었다.

59. 독일법학술원의 각 위원회들은 대개 장문의 회의록을 작성했다. 베르너 슈베르트에 따르면, 경찰법위원회의 회의록은 보관되어 있지 않다. 그러나 위원회 회장이었던 베스트가 위원들에게 보낸 각종 보고서와 공지문을 비롯해 위원들의 몇몇 강의 및 대담과 의견 기록은 남아있다. 다음을 참조. Schubert, "Introduction", in *Akademie für Deutsches Recht 1933-1945. Protokolle der Ausschüsse*, vol. VIII, p.XXXIV-XXXVIII. 보존된 경찰법위원회 자료들은 vol. VIII, pp. 489-533에 게재되어 있다.

60. 이 모든 인용에 대해서는 다음을 참조. "Vorschläge von Ausschußmitgliedern zum Polizeibegriff", in *Akademie für Deutsches Recht 1933-1945. Protokolle der Ausschüsse*, vol. VIII, pp.510-511.

61. "Bericht von Werner Best über die 2. Arbeitssitzung am 2.6.1937", in *Akademie für Deutsches Recht 1933-1945. Protokolle der Ausschüsse*, vol. VIII, pp.512-513,

특히 p.512 참조(강조는 원문대로).

62. "Stellungnahme von Ministerialrat Dr. Danckwerts vom 18.9.1937", in *Akademie für Deutsches Recht 1933-1945. Protokolle der Ausschüsse*, vol. VIII, p.513.

63. Best, Werner, "Werdendes Polizeirecht", in *Deutsches Recht 8* (1938), pp.224-226, 특히 p.226.

64. Best, 앞의 책, p.20.

65. 상동.

66. Maunz, Theodor, *Gestalt und Recht der Polizei*, p.27.

67. 베스트는 게슈타포와 국가행정의 관계가 결정권한에 대한 일정한 분배를 통해 설정되었다고 보았다. 정치경찰의 최상위 조직인 게슈타파는 지역 책임자들에게 지시를 내릴 권한을 가졌던 반면, 민간 행정기관은 해당 지역의 게슈타포 담당 부서에 지침을 내릴 수 있었다. Best, "Die Geheime Staatspolizei", p.127.

68. Fraenkel, Ernst, "Preface to the 1974 German Edition", in Fraenkel, Ernst *The Dual State. A Contribution to the Theory of Dictatorship*, with an introduction by Meier-henrich, Jens; transl. by Shils, E. A. (Oxford: Oxford University Press, 2017), p.XX. The article Fraenkel refers to is Best, "Neubegründung des Polizeirechts", in *Jahrbuch der Akademie für Deutsches Recht 4* (1937), pp.132-138. 베스트는 나치 국가에서 경찰법에 대한 향후 통제는 "경찰은 규범의 제한이 없이 국가권력을 적용하여 그 임무 수행에 필요한 모든 조치를 취해야 한다"는 것을 전제로 삼아야 한다고 주장한다. 앞의 책, p.136. 베스트는 1933년 2월 28일에 제정된 「제국 의회 화재 법령」으로 인해 이미 정치경찰은 법적 제약 없이(즉, 규범을 벗어나서) 활동할 수 있게 되었으나 이처럼 확장된 권한은 전체 경찰력에도 적용되어야 한다고 덧붙였다.

69. 다음 역시 참조. Herbert, *Best*, pp.177-180.

7장 나치 친위대의 사법관할권

1. 국제전범재판소의 재판은 1945년 11월 14일부터 1946년 10월 1일까지 진행되었다.

2. Reinecke, Günther, "Witness Testimony, International Military Tribunal Trial against Major War Criminals at Nuremberg", August 6, 1946, 온라인으로는 다음을 참조. One Hundred Ninety-Sixth Day: https://avalon.law.yale.edu/imt/08-06-46.asp (영어판 기준으로 인용함);독일어판은 다음을 참조할 것: http://www.zeno.org/Geschichte/M/Der+Nürnberger+Prozeß/Hauptverhandlungen/Einhundertsechsund-

neunzigster+Tag.+Dienstag,+6.+August+1946/Nachmittagssitzung, pp.466-467, 468. 영문본에는 1946년 8월 6일 오전 회의 기록에 라이네케의 증언 내용이 일부 인용되어 있으나, 독문본에는 1946년 8월 6일 오후 회의 기록으로 남아있음을 참조. 인용된 내용은 영문본과 독문본 사이에 차이가 없다.

3. Buchheim, Hans, "The SS-Instrument of Domination", transl. by Barry, Richard, in Krausnick, Helmut; Buchheim, Hans; Broszat, Martin; Jacobsen, Hans-Adolf, *Anatomy of the SS State* (New York: Walker and Company, 1968), pp.127-301, p.142.

4. 수많은 나치 돌격대원들이 '민족사회주의 혁명' 결과에 불만을 품었으나(이들은 사회적으로 소외되어 있던 집단을 위한 좀 더 급진적인 사회 구조의 변화를 기대했다) 룀이 쿠데타를 계획했었다는 역사적 증거는 전혀 없다.

5. Reitlinger, Gerhard, *The SS. Alibi of a Nation 1922-1945* (Melbourne, London, Toronto: Heinemann, 1956), pp.253-288 참조.

6. Wegner, Bernd, *Hitlers politische Soldaten. Die Waffen-SS 1933-1945. Leitbild, Struktur und Funktion einer nationalsozialistischen Elite*, 7th ed. (Paderborn, München, Wien, Zürich: Ferdinand Schöningh, 2006), pp.103-123 참조.

7. Wegner, 앞의 책, pp.263-317. 다음 역시 참조할 내용이 많다. Weingartner, James J., *Hitler's Guard. The Story of the Leibstandarte SS Adolf Hitler 1933-1945* (Carbondale and Edwardsville: Southern Illinois University Press, 1974).

8. 나치 친위대의 주요 조직 구성은 다음과 같았다. 카를 볼프 하의 나치 친위대 제국지도자 전속참모단, 고틀로프 베르거 하의 친위대본부(SS Hauptamt), 한스 위트너 하의 지도본부(SS Führungshauptamt), 리하르트 힐데브란트 하의 인종 및 정착본부(SS Rasse- und Siedlungshauptamt), 파울 샤르페와 1942년부터는 프란츠 브라이트하웁트가 이끈 경찰 사법본부(Hautpamt SS-und Polizeigerichtsbarkeit), 막시밀리안 폰 헤르프 하의 인사본부(SS-Personal Hauptamt), 쿠르트 달루에게가 이끈 질서경찰본부(Hauptamt Ordnungspolizei), 오스발트 폴의 경제행정본부(Wirtschafts- und Verwaltungshauptamt). 힘러는 독일민족주의(Germanism) 강화를 위한 제국 전권위원(Reichskommissar für die Festigung des deutschen Volkstums)에 임명되기도 했다. 나치 친위대는 역사학자들이 주장하듯이 전능한 단일 기관이 아니라, 나치 국가의 다른 기관들과 협력을 추구하는 이질적인 부분들로 구성된 조직이었다. 가령 게슈타포의 권력은 상당 부분 언제든 대대적으로 타인을 기꺼이 고발할 대중들이 있었기에 가능했다.

9. Kogon, Eugen, *The Theory and Practice of Hell. The German Concentration Camps and the System behind them* (New York: Farrar, Straus and Giroux, 1950), esp. ch. 22 참조.

10. Wildt, Michael, An Uncompromising Generation. *The Nazi Leadership of the Reich Security Main Office*, transl. by Lampert, Tom (Madison Wisconsin: The University of Wisconsin Press, 2009) 참조.

11. Longerich, Peter, *Heinrich Himmler*, transl. by Noakes, Jeremy and Sharpe, Lesley (Oxford: Oxford University Press, 2012), pp.255-298 참조; 다음 역시 참조. Hambrock, Michael, "Dialektik der 'verfolgenden Unschuld.' Überlegungen zur Mentalität und Funktion der SS", in Schulte, Jan Erik (ed.), *Die SS, Himmler und die Wewelsburg* (Paderborn, München, Wien, Zürich: Ferdinand Schöningh, 2009), pp.79-101.

12. 튜턴기사단은 폴란드, 라트비아, 리투아니아의 일부 지역과 동프로이센에 대한 식민 지배에 중대한 역할을 담당했다. 힘러가 역사적 이상을 내세웠던 것에 대해서는 다음을 참조. Reinicke, Wolfgang, *Instrumentalisierung von Geschichte durch Heinrich Himmler und die SS* (Neuried: ars et unitas, 2003), ch. 4. 다음 역시 참조. Schulte, "Zur Geschichte der SS. Erzähltraditionen und Forschungsstand", in Schulte (ed.), *Die SS, Himmler und die Wewelsburg*, pp.XI-XXXV; Smelser, Ronald and Syring, Enrico, "Annäherungen an die 'Elite unter dem Totenkopf '", in Smelser, Ronald and Syring, Enrico (eds.), *Die SS: Elite unter dem Totenkopf. 30 Lebensläufe*, 2nd ed. (Darmstadt: Wissenschaftliche Buchgesellschaft, 2003), pp.9-27.

13. "Zur Erziehung und Belehrung von SS-Rekruten", in *Mitteilungen des Hauptamts SSGericht*, vol. II, 3, (1942), p.85 (U.S. National Archives, Record Group 242, microfilm T175A, roll 3) 참조.

14. Buchheim, Hans, "Command and Compliance", transl. by Barry, Richard, in Krausnick; Buchheim; Broszat; Jacobsen, *Anatomy of the SS State*, pp.305-396, 특히 p.312.

15. 한편 역사학 연구들은 '존경할 만한 국방군'이라는 신화를 바로잡으면서, 국방군 역시 전쟁범죄에 연루되었음을 밝혀왔다. Messerschmidt, Manfred, *Die Wehrmacht im NS-Staat. Zeit der Indoktrination*(Hamburg: R v. Decker, G. Schenck, 1969) 참조; Sheperd, Ben, "The Clean Wehrmacht, the War of Extermination, and Beyond", in *The Historical Journal* 52, 2 (2009), pp.455-473; Wette, Wolfram, *The Wehrmacht. History, Myth, Reality*, transl. by Schneider, Deborah Lucas (Cambridge, MA and London: Harvard, University Press, 2006), pp.90-131. 마찬가지로, 역사학자들은 무장 친위대를 특별한 유대관계와 품위 및 명예의 덕목으로 맺어진 끈끈한 형제애로 상대화하여 묘사해 왔다. 그러나 무장친위대 내부에서도 경쟁, 이해관계의 충돌, 음모 등이 수없이 일어났다.

만일 연대와 형제애 정신 같은 것이 있었다면 이는 최근 추가적으로 나온 여러 역사적 연구를 통해서 알 수 있듯이 나치 친위대의 특별한 덕목에서 비롯되었다기보다는 전선에서의 혹독한 전투라는 공통된 경험 때문이었다. 다음을 참조. Kühne, Thomas, "Zwischen Männerbund und Volksgemeinschaft. Hitlers Soldaten und der Mythos der Kameradschaft", in *Archiv für Sozialgeschichte* 38 (1998), pp.165-189.

16. 폴란드 침공 초기에 베어마흐트 대원들은 나치 친위대원들이 자행한 잔학행위에 문제를 제기했다. 이는 부분적으로 도덕적 동기에 의한 것이기도 했지만 이러한 행위가 군 계율에 악영향을 미칠 것을 우려했기 때문이기도 하다. 다음을 참조. "Notes of Eastern Territories Commander Johannes Blaskowitz", in Klee, Ernst; Dressen, Willi; Riess, Volker (eds.), *The Good Old Days. The Holocaust as Seen by Its Perpetrators and Bystanders*, transl. by Burnstone, Deborah (New York: The Free Press, 1988), pp.4-5. 검찰이 나치 친위대를 범죄조직으로 기소한 것과 관련하여, 뉘른베르크 전범재판소에서는 군검찰이 무장친위대를 기소하는 것을 막기 위해 나치 친위대 사법부를 창설했는지에 대한 의혹이 제기되었다. Reinecke, Günther, "Witness Testimony, International Military Tribunal Trial against Major War Criminals at Nuremberg", August 6 1946, One Hundred Ninety-Sixth Day, https://avalon.law.yale.edu/imt/08-06-46.asp, in German: www.zeno.org/Geschichte/M/Der+Nürnberger+Prozeß/Hauptverhandlungen/Einhundertsechsundneunzigster+Tag.+Dienstag,+6.+August+1946/Nachmittagssitzung, p.429 참조.

17. 1939년 10월 17일 나치 친위대의 특별 사법체계 도입 계획은 1939년 10월 30일 자《제국법률관보》에 게재되었다(RGBl 1939, I, Nr 214, p.2107). Vieregge, Bianca, *Die Gerichtsbarkeit einer "Elite". Nationalsozialistische Rechtsprechung am Beispiel der SS-und Polizei-Gerichtsbarkeit* (Baden-Baden: Nomos, 2002), Appendix, p.247 참조. 나치 친위대 특별 사법체계를 도입하려는 계획은 1934년 나치 친위대 내부에 무장 특무대를 처음 설립하면서 이미 시작되었다. 1938년 5월 31일, 독일법학술원 내에 나치 친위대 특별 사법체계를 도입하기 위한 실무작업팀이 꾸려졌다. 라이네케는 가능한 조직구조를 제안했다. 다음을 참조. "Arbeitsgemeinschaft für Fragen der Strafgerichtsbarkeit der SS und des Reichsarbeitsdienstes", (protocols of the meetings on May 31, 1938, November 11 and 12, 1938), in *Akademie für Deutsches Recht 1933-1945. Protokolle der Ausschüsse 1933-1945*, vol. VIII, Ausschüsse für Strafrecht, Strafvollstreckungsrecht, Wehrstrafrecht, Strafgerichtsbarkeit der SS und des Reichsarbeitsdienstes, Polizeirecht sowie fürWohlfahrtsund Fürsorgerecht (Bewahrungsrecht) (Frankfurt am Main: Peter Lang, 1999), pp.471-488.

18. 1944년에 29개의 나치 친위대 및 경찰 법원이 존재했다. Buchheim, "The SS Instrument of Domination" in Krausnick, Buchheim, Broszat, Jacobsen, *Anatomy of the SS State*, p.252 참조.

19. 공식적으로는 히틀러 본인이 최고의 사법당국이었으나, 그는 해당 권한을 힘러에게 위임했다. Buchheim, "The SS-Instrument of Domination", p.253; Vieregge, *Die Gerichtsbarkeit einer "Elite"*, pp.37-40 참조.

20. Theel, Christopher, "'Parzifal unter den Gangstern?' Die SS-und Polizeigerichtsbarkeit in Polen 1939-1945", in Schulte, Jan-Erik; Lieb, Peter; Wegner, Bernd (eds.), *Die Waffen SS. Neuere Forschungen* (Paderborn: Schöningh, 2014), pp.61-79, 특히 pp.63-65 참조. 그럼에도 나치 친위대 판사들은 판사의 독립성을 주장했다. 이를테면 1942년 5월, 힘러가 콘라트 모르겐을 강제수용소로 보내려고 하자 나치 친위대 본부가 개입하여 힘러가 다시 재판하라고 명령을 내릴 수는 있지만, 판사를 처벌할 수는 없다고 주장했다. 결국 모르겐은 동부전선으로 파견되었다.

21. 힘러는 고위급 관료들에 대한 기소는 지연시키기도 했다(가령 나치 무장친위대 소속의 장성 헤르만 페겔라인을 보호했다).

22. 나치 친위대법에 대한 구체적인 성문화 계획이 있기는 했으나, 실행되지는 못했다. Vieregge, *Die Gerichtsbarkeit einer "Elite"*, pp.81-85 참조.

23. Weingartner, James J., "Law and Justice in the Nazi SS. The Case of Konrad Morgen", in *Central European History* 16 (1983), pp.276-294, 특히 p.280.

24. Breithaupt, Franz, "An die Führer der SS und Polizei", in *Mitteilungen Hauptamt SS Gericht*, vol. II, 3 (1942), p.73.

25. Bundesarchiv Berlin-Lichterfelde, NS7/13 "Bericht über die Dienstbesprechung der Chefs der SS- und Polizeigerichte am 7. Mai 1943 in München", pp.13-21, p.14.

26. Vieregge, *Die Gerichtsbarkeit einer "Elite"*, pp.92-94 참조.

27. 「군형법」제92조(§ 92 MStGB)에서는 다음과 같이 규정했다. "(1) 공무(Dienstsachen)에서 명령에 따르지 않음으로써 고의나 과실로 사람의 생명에 상당한 불이익 혹은 위험을 초래하거나 타인의 재산에 중대한 위험을 초래하거나 혹은 제국의 안보나 군 사기 또는 훈련에 위험을 초래한 자는 누구든 엄격한 구금(최소 1주일) 혹은 최대 10년의 징역 또는 요새구금(Festungshaft)에 처한다. (2) 해당 행위가 군 전투 중에 이뤄지거나 특별히 엄중한 사건에 해당하는 경우, 사형이나 무기 또는 임시 구속으로 처벌할 수 있다. 독일어 원문은 다음을 참조. Vieregge, *Die Gerichtsbarkeit einer "Elite"*, p.96, 주 162.

28. Vieregge, *Die Gerichtsbarkeit einer "Elite"*, p.68, p.95.

29. 힘러는 크라쿠프의 나치 친위대 및 경찰 지도부 수장이던 프리드리히-빌헬름 크뤼거에게 전

하는 1942년 6월 30일 자 메모에서 이 명령을 반복했다. Heiber, Helmut (ed.), *Reichs-führer! Briefe an und von Himmler* (Stuttgart: Deutsche Verlagsanstalt, 1968), document 120, p.125 참조. 여기서 힘러는 이 같은 위반에 대해서는 군 불복종으로 처벌할 수 있다고 명시했다. 힘러의 명령에 관한 내용은 다음 역시 참조. Vieregge, *Die Gerichts-barkeit einer "Elite"*, pp.107-109.

30. 막스 타우브너에 대한 기소는 충격적인 사건이었다. 다음을 참조. Büchler, Robert Yehosh-ua, "'Unworthy Behavior': The Case of SS Officer Max Täubner", in *Holocaust and Genocide Studies* 17, 3 (2003), pp.409-429.

31. Bundesarchiv Berlin-Lichterfelde NS7/318, "Letter of Norbert Pohl to Paul Scharfe", January 22, 1942, Bundesarchiv Berlin-Lichterfelde, NS7/318, p.4. 1940년 7월부터 1942년 3월까지 노르베르트 폴(1910-1968)은 크라쿠프의 나치 친위대 및 경찰 제6법원의 수석판사를 역임했다. 이후 소련에서 작전 수행 중이던 나치 친위대 기갑 사단 '비킹'의 나치 친위대 판사로 근무했다(몇몇 나치 친위대 판사들은 전장에서 복무해야 했다). 나치 친위대 법원이 크라쿠프에 있었던 것은 총독부의 독일 행정 구역이었기 때문이다. 즉, 독일제국에 합병되지 않은 폴란드 내 점령 지역이었다.

32. Bundesarchiv Berlin-Lichterfelde, NS7/318, "Letter of Norbert Pohl to Paul Scharfe", January 22, 1942, p.4.

33. 상동.

34. Bundesarchiv Berlin-Lichterfelde, 앞의 글, p.6.

35. Bundesarchiv Berlin-Lichterfelde, 앞의 글, p.5.

36. Bundesarchiv Berlin-Lichterfelde, 앞의 글, p.6. 폴의 비판은 자유주의적 판결은 판사를 한낱 '분류 기계'로 전락시키고 말 것이라는 카를 셰퍼의 말을 떠올리게 한다. Schäfer, Karl, "Nullum Crimen sine Poena (Das Recht als Grundlage der Bestrafung. Zeitliche Geltung der Strafgesetze)", in *Das kommende deutsche Strafrecht. Allgemeiner Teil*, ed. by Gürtner, Franz (Berlin: Franz Vahlen, 1935), pp.200-218, 특히 p.202 참조.

37. Bundesarchiv Berlin-Lichterfelde, NS7/318, "Letter of Norbert Pohl to Paul Scharfe", 22 January 1942, p.4.

38. 형법적 범죄자 유형과 규범적 범죄자 유형에 관한 논의는 다음을 참조. Bockelmann, Paul, "Der Tätergedanke im Strafrecht. Bemerkungen zum Buch von Georg Dahm", in *Zeitschrift der Akademie für Deutsches Recht* 7, 20 (1940), pp.311-314.

39. 보켈만은 규범적 범죄자 유형은 법적 규범에 따라 명확히 정의 내릴 수 없는 것이라며 반대했다. Bockelmann, "Der Tätergedanke im Strafrecht. Bemerkungen zum Buch von

Georg Dahm", p.312 참조. 이 책의 4.8장에서 언급했듯이, 훗날 담은 성격 기반의 판결에 대해 생각을 바꿨다. 1944년에 담은 범죄자 유형학을 발전시키는 것은 불가능하다고 인정하며 범죄자 중심의 형법은 판사의 주관적인 인상을 반영하는 것에 불과하다고 우려를 표했다.

40. Bundesarchiv Berlin-Lichterfelde, NS7/318, "Letter of Norbert Pohl to Paul Scharfe", 22 January 1942, p.16.

41. Bundesarchiv Berlin-Lichterfelde, 앞의 글, pp.10-11.

42. Bundesarchiv Berlin-Lichterfelde, 앞의 글, p.25.

43. 폴은 샤르페에게 보내는 서한에서 폰 자우베르츠바이크에 대한 재판과 판결은 "매우 정치적인 결정"이어서 해당 형 선고에 대한 정당한 이유는 법적으로 기록되거나 보고될 수 없다고 했다. 폴은 이 사건을 충분히 숙지하지 못한 나치 친위대의 라이네케 판사가 폰 자우베르츠바이크를 기소하여 힘러의 주목을 받았다고 불만을 표하며 이렇게 덧붙였다. "사형 선고 및 집행은 가벼운 사안이 아닌 만큼 그런 상황에 처한 누군가는 온 힘을 다해 자기 임무 외에는 아무것도 하지 않는다는 것을 이해해야 하고 어지간하면 상상도 할 수 없을 부주의나 실수에 대해 상관도 어느 정도는 이해해야 합니다." Bundesarchiv Berlin-Lichterfelde, NS7/318, "Letter of Norbert Pohl to Paul Scharfe", 22 January 1942, p.15.

44. 모르겐은 전후에 미군 장교들에게 심문받을 당시 자기 자신을 이 별명('정의광')으로 지칭했다. "Interrogation of Konrad Morgen by the American CIC", Nuremberg September 4, 1946, p.7. 모르겐은 1945년 9월부터 1948년 5월까지 미군에 의해 구금되어 있었고, 미군 방첩대에게 반복적으로 심문을 받았다. "Interrogations of Konrad Morgen by the American CIC", in Interrogation Records Prepared for War Crimes Proceedings at Nuremberg 1945-1947, US National Archives, Record Group 238, Microfilm 1019, Roll 47 참조.

45. 종전 후 신문 과정에서 모르겐은 자신의 부모, 특히 어머니의 종용으로 나치당에 가입했다고 주장했다. "Interrogation of Konrad Morgen by the American CIC", Nuremberg, August 30, 1946, p.1 등 참조.

46. Morgen, Konrad Kriegspropaganda und Kriegsverhütung (Leipzig: Robert Noske, 1936). 모르겐의 논문에는 국제법, 특히 초국가적 협의 및 계약에 의한 평화 증진 방법 등에 대한 관심이 드러나 있었다. 나치당은 모르겐의 논문 발표에 반대했다.

47. 종전 이후 뉘른베르크에서 있었던 한 심문에서 모르겐은 이 사건의 세부사항에 대해 설명했다. 당시 피고인은 불법적인 과도한 체벌로 기소된 교사였다. 배석판사로 참여했던 모르겐은 재판 도중 피고인에게 유리한 모든 증거를 재판장이 기각했음을 감지했다. 모르겐은 피고인이 나치당원이 아니기 때문에 부당한 대우를 받고 있으며 사건의 발단에 어떤 식으로든 히틀러유겐트(나치당의 청소년 조직―역자)가 있다고 의심했다. 모르겐은 판결에 동의하지 않았

는데 이로 인해 논란이 일고 판사직에서 해임되었다. "Interrogation of Konrad Morgen by the American CIC", Nuremberg, August 30, 1946, pp.3-5 참조. 민사재판부를 떠난 뒤 모르겐은 독일노동전선(Deutsche Arbeitsfront)의 법률고문으로 일했다. 독일노동전선은 급여 및 휴가 분쟁에 관한 법적 절차에서 노동자들을 대변하는 나치 조직이었다.

48. 자세한 내용은 다음을 참조. Pauer-Studer, Herlinde and Velleman, J. David, *Konrad Morgen. The Conscience of a Nazi Judge* (Basingstoke: Palgrave MacMillan, 2015), ch. 12.

49. 특히 껄끄러웠던 것은 바로 모르겐과 오스발트 폴의 관계였다. 폴은 제국의 경제행정본부의 수장이었다. 부정부패에 연루된 당사자였던 폴은 모르겐의 수사에 맞서 나치 친위대원들을 보호하고 싶어 했다. "Interrogation of Konrad Morgen by the American CIC", Nuremberg, August 30, 1946, pp.7-12 및 "Interrogation of Konrad Morgen by the American CIC", Nuremberg, September 4, 1946, p.47 참조. 어느 뉘른베르크 심문에서 모르겐은 뮌헨의 나치 친위대 사법본부로부터 힘러가 자신을 2-3년간 강제수용소로 보내라는 비밀 지령을 내린 바 있었다는 정보를 접했다고 말했다. 이런 식으로 판사의 독립이 침해당하는 것에 반대했던 사법본부의 나치 친위대 판사들의 개입으로 힘러는 모르겐을 동부전선으로 보내기로 결단했다. "Interrogation of Konrad Morgen by the American CIC, Nuremberg", August 30, 1946, pp.18-20 참조.

50. "Interrogation of Konrad Morgen by the American CIC", Nuremberg, August 30, 1946, p.20; Interrogation of Konrad Morgen by the American CIC", Nuremberg, September 4, 1946, pp.4-5 참조. 모르겐은 당시 이중의 직책을 맡고 있었다. 아직 나치 친위대 판사직은 유지하고 있었지만 이제는 형사경찰 소속이기도 해서 무장친위대원이나 경찰 외에 민간인도 수사를 할 수 있었다.

51. 코흐의 아내였던 일제와 나치 친위대 수용소 경비병이었던 소머스도 체포되었다. 코흐의 아내는 강제수용소 수감자들을 학대하고 남편의 횡령에서 이득을 챙긴 혐의로 기소됐다. 소머스는 불법 살인으로 기소됐다.

52. "Interrogation of Konrad Morgen by the American CIC", Nuremberg, September 4, 1946, p.29 참조.

53. 1943년 11월 3일과 4일, 마이다네크(루블린) 및 인근 포니아토바 수용소에서 4만 2천 명의 유대인이 총살당했다. 힘러가 이 집단학살을 명령했다.

54. 그라브너는 아우슈비츠-비르케나우 수용소의 유대인 집단학살에 직접 관여하지는 않았으나, 수용소의 게슈타포 수장으로서 아우슈비츠 내부의 테러와 살인적인 체계를 지원했다.

55. 자세한 내용은 다음을 참조. Pauer-Studer and Velleman, Konrad Morgen. *The Conscience of a Nazi Judge*, ch. 15.

56. 1944년 8월 17일 모르겐은 부헨발트 전직 사령관이었던 카를 오토 코흐, 수용소 담당 의사였던 발데마르 호펜, 코흐의 아내 일제 코흐, 수용소 경비병 소머스에 대한 공소장을 작성했다. Morgen, "Anklageverfügung Koch", Prien August 17, 1944, SS and Polizeigericht z.b.V., Dodd Archive, University of Connecticut (uconn_asc_1994-0065_box288_folder7343 - 7344) 참조. 공소장은 모르겐이 수사내용을 길게 요약한 1944년 4월 11일 자 기록을 바탕으로 했다. (= Koch Ermittlungsergebnis, dated April 11, 1944). IMT Document NO 2366, U.S. National Archives. Record Group 238, Identifier 597043 / MLR Number NM70 174. 종전 후 모르겐은 코흐에 대한 수사 결과를 자세히 정리한 1944년 4월 11일 자 개인 기록을 미군에 넘겼다.

57. 모르겐은 종전 후 심문에서 이에 대해 다음과 같이 기술했다. "코흐는 사형을 당해야 했다. 이런 계획이 세워졌다. 힘러는 축 늘어져 허공에 매달린 코흐의 발 앞에서 고통스러운 연설을 하고 싶어했다. 모든 사령관이 집합해야 했다." "Interrogation of Konrad Morgen by the American CIC", Nuremberg, September 4, 1946, p.21 참조.

58. Bundesarchiv Berlin-Lichterfelde, NS 7/128, "Letter of the Chief of the SS Jurisdiction Main Office to Himmler", 1943년 12월 13일 자 서신. '정치범죄'의 의미는 1942년 가을의 악명 높은 메모에서 비롯되었다. 힘러가 '가학적 동기'가 아닌 '정치적 동기'로 인한 유대인 총살은 허용한다고 공표한 메모였다. "Letter of SS Judge Horst Bender to the SS Jurisdiction Main Office", dated October 26, 1942, in Heiber (ed.), Reichsführer! Briefe an und von Himmler, document 165, pp.164-165 참조. 벤더는 힘러의 개인 법률 자문이었다.

59. "Interrogation of Konrad Morgen by the American CIC", Nuremberg, August 30, 1946; "Interrogation of Konrad Morgen by the American CIC", Nuremberg, September 16, 1946 참조.

60. 모르겐은 주요 전범들을 대상으로 한 뉘른베르크 국제전범재판에서 피고인 나치 친위대 측 대표로 증언했다. 모르겐은 나치 친위대 경제행정본부의 수장이었던 오스발트 폴에 대한 재판과 카셀의 나치 친위대 및 경찰 고위 관료였던 발데크에 대한 재판에서도 피고인 측 증인으로 나섰다. 그는 1963년 12월부터 1965년 8월까지 프랑크푸르트에서 진행됐던 아우슈비츠 재판에서도 (이번에는 검찰 측) 주요 증인이었다.

61. 종전 후 모르겐이 겪은 문제의 이유에 대해서는 다음에 논의되어 있다. Pauer-Studer and Velleman, Konrad Morgen. The Conscience of a Nazi Judge, pp.64, 105-106. 모르겐은 1945년 9월부터 1948년 5월까지 뉘른베르크에서 미군 측에 구금되었다가 탈나치화 절차를 위해 독일 당국에 인계되었다. 모르겐은 1948년 9월에 독일 측에 억류되었다 풀려났으나, 모든 사건들이 종결된 1950년이 되어서야 탈나치화 절차를 통과했다.

62. Morgen, Konrad, "Witness testimony, International Military Tribunal Trial against Major War Criminals at Nuremberg", vol. 20, August 7, 1946, One Hundred and Ninety-Seventh Day, 온라인도 이용 가능. http://avalon.law.yale.edu/imt/08-08-46.asp, p.488 참조; 독일어판은 다음을 참조할 것: www.zeno.org/Geschichte/M/Der+Nürnberger+Prozeß/Hauptverhandlungen/Einhundertsechsundneunzig-ster+Tag.+Dienstag,+6.+August+1946/Nachmittagssitzung, p.532, 코흐는 1944년 9월 바이마르 재판에서 사형 선고를 받았으나 1945년 4월 초에야 처형이 이뤄졌다. 1945년 4월 11일 미국 측이 부헨발트 수용소를 해방시키기 1주일 전의 일이었다. 코흐를 총살하라는 명령은 부헨발트 관리 권한이 있던 카셀의 나치 친위대 고위간부 및 경찰의 지도부였던 발데크로부터 하달된 것이었다. 발데크가 코흐를 처형하도록 명령한 동기는 여전히 밝혀지지 않았지만 아마도 미국 측과 관련하여 자신의 평판과 입지를 높이기 위해서일 수도 있다.

63. "Interrogation of Konrad Morgen by the American CIC", Nuremberg, January 18, 1947, p.5 참조. 모르겐은 동료였던 나치 친위대 판사 게르하르트 비베크로부터 힘러가 일찍이 자신을 강제수용소로 보내려는 비밀지령을 내린 바 있다는 사실을 들었다.

64. 이 같은 이데올로기적 원칙들에 대한 힘러의 끔찍한 해석은 1943년 10월 4일부터 6일까지 있었던 악명 높은 포젠 연설을 통해 수면 위로 드러났다. Himmler, Heinrich, "Rede vor den Reichs- und Gauleitern in Posen am 6. 10. 1943", in *Heinrich Himmler Geheimreden 1933 bis 1945*, ed. by Smith, Bradley and Peterson, Agnes F. (Frankfurt am Main, Berlin, Wien: Propyläen, 1974), pp.162-183 참조. 다음 역시 참조. Harvard Law School Library, *Nuremberg Trials Project: A Digital Document Collection*, HLSL Item No. 3790, HLSL Item No. 2974; 온라인도 이용 가능. http://nuremberg.law.harvard.edu/.

65. "Interrogation of Konrad Morgen by the American CIC", Nuremberg, October 21, 1946, p.129.

66. "Interrogation of Konrad Morgen by the American CIC", Nuremberg, August 30, 1946, p.22.

67. Auschwitz trial, "Witness testimony Konrad Morgen", March 9, 1964, 25th day of trial, in *Der Auschwitz-Prozess. Tonbandmitschnitte, Protokolle, Dokumente*, ed. by Fritz-Bauer-Institute Frankfurt am Main and the Staatliches Museum Auschwitz-Birkenau, 25. Verhandlungstag, 9. März 1964, pp.5557-5570 참조.

68. 앞의 책, p.5567.

69. "Interrogation of Konrad Morgen by the American CIC", Nuremberg, August 30, 1946, pp.6-7.

70. "Letter of Konrad Morgen to Eberhard Hinderfeld", dated March 27, 1942 in NO-2366, US National Archives ARC Identifier 597043/MLR Number NM70 174. 모르 겐도 '중대범죄'라는 표현으로 유대인 살해를 했는지 궁금한 독자도 있을 것이다. 모르겐 역 시 유대인 살해를 기소하려 했다는 증거가 있다. 예를 들어 그가 최소 42명의 유대인을 루블 린에서 살해했다는 혐의를 받던 악명높은 무장친위대 디를레방어 장군을 기소하려 했다는 증거가 있다. 모르겐은 디를레방어를 체포하기 위해 크라쿠프의 상급법원에 지원을 요청했 지만 디를레방어는 나치 친위대 관할권에 속하지 않아 체포는 이루어지지 않았다.

71. "Interrogation of Konrad Morgen by the American CIC", Nuremberg, September 19, 1946, pp.7-8; "Interrogation of Konrad Morgen by the American CIC", Nuremberg, October 11, p.82 참조.

72. Konrad Morgen, "Witness testimony in International Military Tribunal Trial against Major War Criminals at Nuremberg", vol. 20, August 8, 1946, One Hundred and Ninety-Eighth Day, 온라인으로도 이용 가능. http://avalon.law.yale.edu/imt/08-08-46.asp, p.505; in German: www.zeno.org/Geschichte/M/Der+Nürnberger+Prozeß/Hauptverhandlungen/Einhundertachtundneunzigster+Tag+Donnerstag,+8.+August+1946/Vormittagssitzung, p.552. 1964년 11월 27일 프랑크푸르 트 암 마인에서 있었던 아우슈비츠 재판 증언에서, 1944년 바이마르의 막시밀리안 그라브 너에 대한 나치 친위대 재판에서 재판장이었던 나치 친위대 판사 베르너 한센은 이렇게 진술 했다. "이 작전(유대인 집단학살)은 사법권력 영역을 벗어난 일이었다는 것은 엄연한 사실이 다. 이 같은 집단학살을 이유로 최고위급 국가권력에 대항하여 재판절차를 시작한다는 것은 불가능한 일이었다. 그라브너에 대한 기소는 나치 친위대 사법부가 할 수 있는 최대한의 조치 였다." Auschwitz trial, "Witness testimony Dr. Werner Hansen", 116th day of trial, November 27, 1964, in *Der Auschwitz-Prozess: Tonbandmitschnitte, Protokolle, Dokumente*, 116. Verhandlungstag, 27 November, 1964, pp.26049-26054, 특히 p.26050.

73. 우리는 규칙을 완전히 거부하는 정도에는 이르지 않는 규칙 위반에 대한 여지를 둘 필요가 있 다. 즉, 실행규칙의 수용은 완전한 준수까지는 요구하지 않지만, 어느 정도 이상의 준수가 필 요하다.

74. 이 주장에 대한 자세한 설명은 다음을 참조. Pauer-Studer, Herlinde, "Complicity and Conditions of Agency", in *Journal of Applied Philosophy* 35, 4 (2018), pp.643-660.

75. '구성적 실패'에 대한 이 같은 정의는 다음을 참조. Schapiro, Tamar, "Compliance, complicity, and the nature of non-ideal conditions", in *The Journal of Philosophy* 100, 7 (2003), pp.32-55, 특히 p.336의 내용 참조.

76. Schapiro, "Compliance, complicity, and the nature of non-ideal conditions", p.339 참조. 샤피로는 관행이 가짜로 변하는 이유에 대해 여기서 제시된 설명과 약간 다르게 설명한다. 나는 문제의 원인을 무엇보다 해당 관행에서 구성기준이 결여된 것에서 찾으려 한 반면, 샤피로는 타인의 위법행위가 관행을 변화시켜 해당 관행에 참여하는 것이 더 이상 "이상적으로는 그런 규칙에 의해 정해진 활동에 참여하는 것"으로 간주되지 않는 것에서 원인을 찾으려 한다." 앞의 책, p.339.

77. 그는 '침략전쟁'이라는 표현을 사용한 바가 없었다. 나치 지도자들이 확실히 기존의 전쟁 관련 조약을 무시하려는 의도로 계획한 소련 침공에 대해서도 모르겐은 법정 증언에서 전쟁은 양측 모두에 끔찍한 잔학행위들로 이어졌다고만 진술했다.

78. "Interrogation of Konrad Morgen by the American CIC", Nuremberg, April 4, 1947, p.3.

79. Konrad Morgen, "Short remarks to the bill of indictment against Standarten-führer Koch", part of document file NO-2366, 10/11/10, p.3.

80. 대략적으로 말하면, '도덕화'란 도덕적 개념과 원칙을 비난할 목적(이를테면 타인에 대한 조종, 비판에 대한 억압, 타인에 대한 지배력 획득 등)을 위한 수단으로 이용하는 것을 말한다.

81. 바버라 허먼은 '도덕적 특징의 규칙들'을 논한다. Herman, Barbara, "The Practice of Moral Judgment", in Herman, *The Practice of Moral Judgment* (Cambridge, MA and London: Harvard University Press, 2007), pp.51-78 참조. 그러나 공감과 돌봄의 감각은 도덕적 인식, 즉 자신이 바라보는 것에 마음을 열기 위해 중요하다.

82. Arendt, Hannah, "Personal responsibility under dictatorship", in Arendt, *Responsibility and Judgment*, ed. with an introduction by Kohn, Jerome (New York: Schocken Books, 2003), pp.17-48, pp.41-42.

8장 민족사회주의가 추진한 법의 도덕화

1. Radbruch, Gustav, "Statutory Lawlessness and Supra-Statutory Law", in *Oxford Journal of Legal Studies* 26, 1 (2006), pp.1-11; transl. by Litschewski Paulson, Bonnie and Paulson, Stanley L., p.6(두 번째 문장의 번역은 저자가 약간 수정함). 리체프스키 폴슨과 폴슨은 이 문장을 "게다가 실증주의는 그 자체로 법령의 유효성을 확립하는 것이 완전히 불가능하다"라고 번역했다("법령의 유효성을 확립하는 것" 대신 "법령의 유효성을 정당화하는 것"이라는 표현을 사용한) 내 번역이 라드브루흐의 다음 독일어 원문의 공식에 좀 더 가깝다. "Dabei ist der Positivismus gar nicht in der Lage, aus eigener Kraft

die Geltung von Gesetzen zu begründen." Radbruch, Gustav, *Gesetzliches Unrecht und übergesetzliches Recht* (Baden-Baden: Nomos, 2002), p.10 (reprint of Gustav Radbruch, "Gesetzliches Unrecht und übergesetzliches Recht", in *Süddeutsche Juristen-Zeitung* 1946).

2. 다음 역시 참조. Dreier, Horst; Müßig, Ulrike; Stolleis, Michael; Korb, Axel-Johann, Kelsens Kritiker. *Ein Beitrag zur Geschichte der Rechts- und Staatstheorie (1911-1934)* (Tübingen: Mohr Siebeck, 2010).

3. Larenz, Karl, *Deutsche Rechtserneuerung und Rechtsphilosophie* (Tübingen: J.C.B. Mohr [Paul Siebeck], 1934), p.11. 라렌츠의 발언에는 인종적 함의가 있다. '외래 침투'라는 용어는 켈젠이 오스트리아 및 유대계라는 사실을 암시했다. 켈젠의 『순수법학』 초판은 1934년에 출간됐다.

4. Forsthoff, Ernst, *Der totale Staat* (Hamburg: Hanseatische Verlagsanstalt, 1933), p.13ff 참조.

5. Larenz, *Deutsche Rechtserneuerung und Rechtsphilosophie*, p.12(강조는 원문대로). 헤겔에 이어 라렌츠도 다음과 같이 언급했다. "민족의 객관적 정신은 오직 심리적으로만 이해될 수는 없다. 그 정신은 이 민족의 언어, 관습, 법, 문화 등 객관화된 것 안에서 우리와 마주하게 되고 그 안에 살기 때문이다. 객관적 정신은 보통의 한 개인은 절대 소유할 수 없으나 살아 숨 쉬는 전체로서의 공동체 안에 분명히 내재해 있다. 그러므로 이는 언제나 **피와 운명에 내재된 특정한 민족**의 정신이기도 하다." 앞의 책 p.16(강조는 원문대로).

6. Larenz, 앞의 책, p.11.

7. 명확한 논의를 위해 부연하자면, '윤리'와 '윤리적'이라는 용어는 순전히 나치 이론가들의 윤리에 대한 개념과 이해를 설명하기 위한 용어다. 이런 용어 사용이 옳고 그름에 대한 보편적으로 유효한 기준을 세우고자 하는, 윤리에 대한 보편적 이해와 혼동되어서는 안 된다. 저자에 따라서는 '윤리'와 '도덕'이라는 용어를 구분하기도 한다. 이런 경우 '윤리'와 '윤리적' 같은 표현은 개인의 태도, 신념, 미덕을, '도덕'은 사회적 도덕, 즉, 정의와 미덕의 도덕적 개념을 지칭한다. 나치 법률가들이 선택했던 '도의(Sittlichkeit)'는 폭넓은 의미를 가진 용어로, (개인적인 의미의) 윤리와 (사회적 도덕의 의미의) 도덕 모두를 포함한다. 이후에 내가 '윤리' 또는 '도덕'과 동일한 의미로 '도의' 대신 '윤리'를 사용하는 이유가 바로 여기에 있다. 만일 내가 법과 도덕의 분리를 폐기하는 것에 관해 논한다면 '도덕'이라는 용어는 개인의 윤리적 태도와 동시에 사회적 도덕 또는 정의의 원칙도 지칭하는 것이다. 그러나 용어를 간단히 하기 위해 나는 법과 윤리의 분리가 아닌 법과 도덕의 분리에 대해서만 논한다.

8. Dahm, Georg, "Die Erneuerung der Ehrenstrafe", in *Deutsche Juristen-Zeitung* 39, 13 (1934), pp.822-832, here p.826.

9. Freisler, Roland, *Nationalsozialistisches Recht und Rechtsdenken* (Berlin: Spaeth & Linde, 1938), p.56. 출간 당시 프라이슬러는 제국 법무 차관이었다.

10. Hamel, Walter, "Wesen und Rechtsgrundlagen der Polizei im nationalsozialistischen Staate", in Frank, Hans, (ed.), *Deutsches Verwaltungsrecht* (München: Zentralverlag der NSDAP Eher, Franz Nachf., 1937), pp.381-398, here p.384.

11. 이는 특히 H.L.A. 하트와 조셉 라즈의 법실증주의에 적용된다. Hart, H. L. A., *The Concept of Law*, 3rd ed. (Oxford: Clarendon Press, 2012); Raz, Joseph, *The Authority of Law. Essays on Law and Morality*, 2nd ed. (Oxford: Clarendon Press, 2009) 참조.

12. Höhn, Reinhard, "Volk, Staat und Recht", in Höhn, Reinhard; Maunz, Theodor; Swoboda, Ernst (eds.), *Grundfragen der Rechtsauffassung* (München: Duncker & Humblot, 1938), pp.1-27, here p.13. 횐은 법실증주의에서와는 달리 정의의 개념은 "법적 규범으로 직접 표현될 수 없지만 입법과 법 적용 과정에서 고려되어야 하는 '윤리적 가치'로 축소되어서는 안 된다"라고 주장한다. 앞의 책 p.12. 횐에 따르면, 도덕과 법의 실증주의적 분리는 "정의 개념이 실정법에 절대 즉시 파고들 수 없음"을 의미한다. 앞의 책.

13. Höhn, "Volk, Staat und Recht", p.9 (강조는 원문대로).

14. 상동.

15. 상동.

16. 상동.

17. Höhn, 앞의 책, p.13.

18. Höhn, 앞의 책, p.8(강조는 원문대로).

19. Koellreutter, Otto, *Deutsches Verfassungsrecht. Ein Grundriss*, 3rd ed. (Berlin: Junker & Dünnhaupt, 1938), p.12.

20. Koellreutter, 앞의 책, p.11.

21. Koellreutter, 앞의 책, p.56.

22. Höhn, "Volk, Staat und Recht", p.13.

23. Koellreutter, *Deutsches Verfassungsrecht*, p.55.

24. Koellreutter, 앞의 책, p.11.

25. Koellreutter, 앞의 책, p.56. 쾰로이터는 우선 민족사회주의 이데올로기의 관점에서 정당화될 규범적 기준을 선언한다. 나아가 이 같은 척도의 보편적 유효성까지 언급한다. 그가 법실증주의는 상대주의적이라며 비판했다는 것을 고려하면, 자기 주장 전반의 일관성을 뒷받침하기 위해서는 이런 식의 전개가 꼭 필요하다. 따라서 그는 내부의 나치의 관점을 '옳고 그름'에 대한 일반적 기준으로 삼아야 했다.

26. Rawls, John, *Political Liberalism* (New York: Columbia University Press, 1993),

p.152, note 17; pp.153-160 참조. 민족사회주의는 그 불합리한 요소들과 일반적인 인권에 대한 부정 때문에 합리적이지 못한 교리이며, 롤스가 '공적 이성(public reason)'과 연결하는 정치적 개념에 속하지 않는다.

27. Rawls, John, *The Law of Peoples with "The Idea of Public Reason Revisited"* (Cambridge, MA and London: Harvard University Press, 1999), p.178. 민족사회주의 같은 정치 이데올로기는 옳고 선한 것을 포괄하는 개념 때문에 '공적 이성의 개념', 즉 상이한 가치 개념과 종교적 교리에도 불구하고 사회질서라는 기본원칙에 대해 여전히 합의에 도달할 수 있다는 생각과 충돌하게 된다. 롤스의 관점에서 일부 포괄적인 교리는 기본적인 개인의 권리를 인정하는 한 합리적이다(그는 밀과 칸트의 자유주의를 예로 들었다). 롤스는 이 같은 자유주의적 포괄적 교리가 다원주의, 즉 세계관 및 종교의 다양성을 충분히 인정하지 않는다고 비판한다.

28. 물론, 다양한 세계관에 대한 이 같은 중립성이 모든 이데올로기적 배경을 가진 개념을 허용하는 것이 아니라, 오직 민주주의적 헌법, 그리고 그것이 보장하는 개인의 기본 권리와 자유에 명백히 모순되지 않는 것만을 허용한다. 민족사회주의 전략 중 하나는 자유민주주의 국가 구성에 필수적인 중립성의 원칙이 모든 정치적 개념에 대한 전적인 무관심이라고 해석하는 것이었으며, 이를 통해 민주주의는 방향이 없다고 주장하려는 계산이 깔려있었다.

29. Kant, Immanuel, "Groundwork of the Metaphysics of Morals (1785)", in Kant, *Practical Philosophy* (Cambridge: Cambridge University Press, 1996), pp.37-108 참조. 칸트의 윤리학은 준칙의 윤리다. 핵심은 개인의 준칙(행동 기저에 있는 주관적 원칙)을 정언명령에 비추어 시험해 보는 것이다. 우리의 준칙을 시험해 보기 위해서는 두 가지 형식의 정언명령이 중요하다. 이는 바로 보편법칙 공식(개인의 준칙이 사고의 모순 또는 의지의 모순 없이 보편화될 수 있는지 여부) 그리고 인간성 공식(우리의 준칙에 따른 행동이 인간을 목적 즉 절대적 가치(존엄)를 지닌 존재가 아니라 수단으로 취급해서는 안 된다는 원칙을 위반하는지 아닌지)이다.

30. 칸트의 보편적 권리원칙은 다음과 같다. "어떤 행위가 보편적 법칙에 따라 모든 타인의 자유와 공존할 수 있거나 그 준칙에 따른 선택의 자유가 보편적 법칙에 따라 모든 타인의 자유와 공존할 수 있다면 **옳은** 행위다." "The Metaphysics of Morals (1797)", in Kant, *Practical Philosophy*, pp.353-603, 특히 p.387, MS AA 6:230 (강조는 원문대로).

31. 이러한 윤리적 입법과 법적 입법의 차이에 대한 칸트의 다음과 같은 표현은 표현은 널리 알려져 있다. "따라서 모든 입법은 동기에 따라 구분될 수 있다. ··· 어떤 행동을 의무로 만들고 이 의무를 동기로 하는 입법은 **윤리적** 입법이다. 그러나 의무의 동기를 법에 포함하지 않음으로써 의무 그 자체 개념 이외에 다른 동기를 용인하는 입법은 **법적** 입법이다." Kant, "The Metaphysics of Morals (1797)", p.383. MS AA 06:218, 06:219 (강조는 원문대로).

32. 칸트에 따르면 권리는 "강제력을 사용할 권한의 부여와 관련"된 문제다. Kant, "The Meta-physics of Morals (1797)", p.388, MS AA 6:231. 칸트는 평등의 관점에서 "국가의 구성원"인 모든 개인은 "모든 타인에 대한 강제권"을 지닌다고 주장하지만, 그 어떤 개인에게도 그 권리를 행위로 옮길 권리는 없다. "그 어떤 합당한 강제력을 실행할 수 있는 유일한 사람은 국가 원수"이기 때문이다. 칸트에 따르면, "통상적으로 말할 때 이론적으로는 맞는 말일 수 있지만 현실에서는 아무 소용이 없는 말이다." Kant, *Practical Philosophy*, pp.273-309, here: p. 292, TP AA 8:291." 오직 "외적으로 무법적인 자유"인 상태에서만 한 개인은 "이미 본성상 강압적으로 본인을 위협한 상대방에게 맞서 강제력을 사용할 권한을 인정"받을 수 있다. Kant, "The Metaphysics of Morals (1797)", p.452, MS AA 6:307, 6:308. 칸트는 그런 "외적으로 무법적인 자유"인 상태를 극복해야 하는데, 이는 "정당하지 않은 상태, 즉 어느 누구도 폭력에 대항하여 자신의 것을 보장받지 못하는 상태"이기 때문이라고 주장한다. 앞의 책, MSAA 6:308. 칸트에 따르면, 우리는 자연 상태를 벗어나 권리를 보장하고 보호할 수 있는 공적 정의의 "정당한 조건"에 동의해야 한다. 칸트는 다음과 같이 설명하고 있다. "정당한 조건이란 모두가 각자 권리를 **향유**할 수 있는 조건, 의지의 개념에 따라 모두를 위한 법을 만들겠다는 것이 공적 정의라고 불릴 수 있는 형식적 조건에서 갖는 인간 상호간의 관계이다." Kant, "The Metaphysics of Morals (1797)", p.450, MS AA 6:306. 칸트의 윤리학과 법철학의 분리에 관한 논의는 다음을 참조. Ripstein, Arthur, *Force and Freedom. Kant's Legal and Political Philosophy* (Cambridge, MA and London: Harvard University Press, 2009), pp.355-388; 다음 역시 참조. Pauer-Studer, Herlinde, "A Community of Rational Beings", in *Kant-Studien* 107, 1 (2016), pp.125-159.

33. Kant, "The Metaphysics of Morals (1797)", p.388, MS AA 6:231 (강조는 원문대로).

34. 칸트가 주장하듯이, 정당한 상태로 이행하려면 모든 시민이 수용할 수 있는 헌법에 근거한 국가가 반드시 필요하다. 그래야 시민들의 권리를 보장하기 때문이다. "그러므로 **공법은 국민, 즉 다수의 사람들을 위한 법률 체계이다. 이들은 서로 영향을 미치기 때문에 통합되는 의지 아래 정당한 상태, 즉 헌법을 필요로 하고**, 사람들은 이를 통해 옳다고 규정된 것을 향유할 수 있다." Kant, "The Metaphysics of Morals (1797)", p.455, MS AA 6:311 (강조는 원문대로).

35. Kant, 앞의 책, p.450, MS AA 6:306 (강조는 원문대로).

36. 법이 행위자의 자율성을 지향한다는 것은 위르겐 하버마스의 법담론의 핵심 전제다. 하버마스는 상호 인정의 관계에 근거한 일반적 담론 원칙으로부터 민주주의 원칙을 도출할 수 있다고 본다. 법적 영역에서 이 민주주의 원칙은 개인의 사적 자율을 보장하는 기본권뿐 아니라 공적 자율성(정치적 참여 등의 기본권)의 측면에서도 구체화된다. 다음을 참조. Habermas, Jürgen, *Between Facts and Norms. Contributions to a Discourse Theory of Law and*

Democracy, transl. by Rehg, William (Cambridge and Malden: Polity Press, 1996), pp.118-131. 그러나 주목할 점은, 하버마스가 법과 도덕을 분리하는 자신의 법 해석을 칸트의 실천철학과 구분하려 한다는 것이다. 이는 칸트가 법을 도덕에 종속시킨다는(내가 보기에는 틀린) 가정을 하고 있기 때문이다.

37. Mommsen, Hans, *Beamtentum im Dritten Reich. Mit ausgewählten Quellen zur nationalsozialistischen Beamtenpolitik* (Stuttgart: Deutsche Verlags-Anstalt, 1966), p.13.

38. Hart, H. L. A., "Positivism and the Separation of Law and Morals", in *Harvard Law Review 71*, 4 (1958), pp.593-629, here p.618.

39. Kelsen, Hans, *Pure Theory of Law*, transl. by Knight, Max (Berkeley and Los Angeles: University of California Press, 1967), p.67.

40. Hart, "Positivism and the Separation of Law and Morals", p.596. 그리고 "인간의 법이 근본적인 도덕 원칙과 상충한다면 그 법은 더 이상 법이 아니다"라는 법철학자들의 주장에 대해 하트는 다소 역설적으로 존 오스틴의 다음 글을 인용함으로써 실정법의 힘을 설명한다. "(전략) 사법재판소는 내가 유효성에 의문을 제기했던 바로 그 법에 따라 나를 교수형에 처해 내 추론의 결함을 입증할 것이다." 앞의 책, p.616; 다음 부분 역시 참조. Hart, *The Concept of Law*, Ch. IX, pp.185-212. 하트는 온전한 법체계는 최소한의 자연법 내용을 포함해야 한다고 말한다. 그러나 그가 말하는 최소한의 자연법 원칙[인간의 취약성, (최대한) 평등한 힘, 제한된 이타주의, 제한된 자원, 제한된 지식, 제한된 의지력]은 온전한 법체계에 의해 반드시 고려되어야 하지만 진정한 도덕 원칙은 아닌, 인간본성의 사실들을 제시한다. 하트의 실증주의에 따르면 사법영역에서 윤리적 고려는 까다로운 사건, 즉 법이 어떤 결정을 구체적으로 명시하지 않거나 법규로부터 결론을 도출할 수 없고, 판사의 재량에 맡겨 판결할 수밖에 없는 경우에는 특히 중요하다. 켈젠은 이 주장도 지지하지만, 켈젠이 도덕적 주관주의와 상대주의를 공공연히 지지하기 때문에 그의 연구에서 도덕의 역할은 더 복잡하다. Kelsen, *Pure Theory of Law*, pp.63-65 참조.

41. Kelsen, *Pure Theory of Law*, p.1.

42. 상동. 따라서 법과 도덕을 분리해야 한다는 켈젠의 주장은 국가에 대하여 내적 자유를 보전하는 것이 중요하다는 칸트로부터 영감을 받아 나온 것이라기보다는 법의 작용에 관한 과학적 설명에 초점을 맞춘 켈젠의 견해였다.

43. Kelsen, *Pure Theory of Law*, p.198. 켈젠은 "법질서의 규범은 구체적 과정에 의해 생성되어야 한다"라고 했다.

44. Kelsen, 앞의 책, p.66.

45. 켈젠의 상대주의를 다음과 같은 주장으로 요약할 수 있다.

a. 어떤 규범과 그 규범이 말하는 가치를 객관적으로 유효하고, 따라서 선한 것으로 평가하려면, 해당 규범은 초인적인 권위, 즉, 신 또는 신이 창조한 자연질서로부터 나와야만 한다.

b. 과학적 가치이론의 대상은 오직 인간 의지로 제정된 규범(그리고 이들 규범에 의해 구성된 가치)뿐이다.

c. 따라서 (우리가 과학적 가치이론의 체계 안에서 운용한다면) 인간 의지로 제정한 규범 및 가치를 객관적으로 유효하다고 평가하는 것은 가능하지 않다.

그러나 켈젠은 첫 번째 전제를 지지하는 논거를 제시하지는 않는다. 이분법—신의 의지에 기반을 둔 절대적 가치 또는 인간의 의지를 기반으로 인간이 만든 상대적 가치—이 전제될 뿐이다. 켈젠은 인간의 의지와 구성의 결과로서 합리적인 숙고와 논의를 통해 객관적으로, 즉 상호주관적으로 타당하고 정당화될 수 있는 규범과 가치가 존재한다는 점을 기본적으로 배제한다. 켈젠은 자연법, 특히 종교 기반의 자연법에 반대하는 입장이었지만, 가치의 객관성을 설명하는 데에는 여전히 종교적 사고에 사로잡혀 있었다. 켈젠의 상대주의는 철저하다. 물론 상충하는 가치판단은 우리에게 낯선 문제가 아니다. A가 좋다고 판단하는 것을 B는 나쁘다고 주장할 수 있다. A와 B는 서로 상충하는 도덕규범을 유효하다고 주장할 수도 있다. 가령, A는 규범 x가 유효하다고 주장하는 반면, B는 x가 아닌 규범이 유효하다고 주장할 수 있는 것이다. 그러나 켈젠의 상대주의는 개인들이 서로 다른 가치 판단과 도덕 규범을 향유할 수 있고, 따라서 개인 간에는 가치 충돌이 일어날 수 있음을 인정하는 데 국한되지 않는다. 다음 글에서 볼 수 있듯, 켈젠은 상충하는 두 규범 중 어느 것이 올바른 규범이냐는 질문을 합리적으로 해결하는 것은 불가능하다고 생각한다. "예를 들면 자살이나 거짓말을 금하는 어떤 규범이 모든 상황에서 유효하고, 특정한 상황에 한해서만 자살 또는 거짓말을 허용하거나 심지어 명령하는 또 다른 어떤 규범이 유효할 수 있지만, 이들 두 규범 중 다른 하나를 제외한 단 하나만 진정으로 유효하다는 것을 합리적으로 입증할 수는 없을 것이다." Kelsen, *Pure Theory of Law*, p.18. 다음 역시 참조. Pauer-Studer, Herlinde, "Kelsen's Legal Positivism and the Challenge of Nazi Law", in Galavotti, Maria Carla; Nemeth, Elisabeth; Stadler, Friedrich (eds.), *European Philosophy of Science - Philosophy of Science in Europe and the Viennese Heritage* (Dordrecht: Springer, 2014), pp.223-240.

46. *Vom Wesen und Wert der Demokratie* (1920), 이 책의 초판에서 켈젠은 "상대주의는 민주주의 이념이 전제한 세계관"이라고 주장했다. Kelsen, Hans, *Vom Wesen und Wert der Demokratie* (Tübingen: J.C.B. Mohr [Paul Siebeck], 1920), p.36. 켈젠은 제2판에서 같은 주장을 반복했다(1929).

47. Radbruch, "Statutory Lawlessness and Supra-Statutory Law", p.7. 이어지는 라드부르흐의 주장도 참조. "정의가 추구된 적이 없고, 정의의 핵심인 평등이 실정법 제정에서 의도

적으로 배제되는 경우, 그 법규는 단지 '결함 있는 법'이 아니라 법의 본질 자체가 완전히 결여된 것이다. 실정법을 포함하여 법이란, 정의를 실현하는 것이 그 존재 의미인 체계 및 제도로 정의될 수밖에 없다. 이런 기준에서 볼 때, 민족사회주의 법의 모든 부분들은 유효한 법의 존엄성을 얻지 못했다." 앞의 책. 라드브루흐가 말했어야 하는 것은 나치 법의 대부분이 법치의 존엄성 또는 도덕적으로 끔찍하지 않은 법의 존엄성을 얻지 못했다는 것이다.

48. Radbruch, "Statutory Lawlessness and Supra-Statutory Law", p.2.

49. Radbruch, 앞의 책, p.2.

50. 이는 하트가 다음에서 논의했던 유명한 원한 고발자 사건(Grudge Informer Case)에도 적용된다. "Positivism and the Separation of Law and Morals", pp.618-621. 전쟁 중 한 여성이 지역 나치 당국에 자기 남편을 고발했다. 사적인 자리에서 히틀러와 히틀러가 벌인 전쟁에 대해 폄하하는 발언을 했다는 것이 이유였다. 남편은 사형선고를 받았지만 이후 동부전선으로 보내졌다. 1949년 이 여성은 자신이 했던 일이 당시 기준으로는 합법이었다고 주장했지만 서독 법정에서 기소당했다. 항소법원도 해당 판결을 그대로 유지했다. 하트는 이 여성이 "모든 품위있는 인간의 건전한 양심과 정의감에 어긋나는" 행동을 했다는 이유로 단순히 유죄판결을 받은 것으로 언급했다. Hart, "Positivism and the Separation of Law and Morals", p.619. 그러나 하트는 이 사건을 잘못 이해했다. 데이비드 다이젠하우스는 해당 사건을 좀 더 자세히 다룬 글에서, 이 여성의 기소에 대한 법원의 주요 논거는 당대의 법이 여성에게 절대로 자기 남편을 고발해야 할 의무를 부과한 적이 없었다는 것을 보여주었다—이는 푸트파르켄 사건에 대한 수석 검사의 판단과 정확히 일치한다. Dyzenhaus, David, "The Grudge Informer Case Revisited", in *New York University Law Review* 83 (2008), pp.1000-1034.

51. Radbruch, "Statutory Lawlessness and Supra-Statutory Law", p.2 (강조는 원문대로).

52. 제러미 월드런은 "법과 도덕의 분리 또는 법적 판단과 도덕적 판단의 이 같은 분리는 바람직할 뿐 아니라 더욱이 (도덕적, 사회적, 정치적 관점에서) 필수적이며, 분명 높이 평가되고 장려되어야 할 것"이는 견해를 규범적 실증주의의 한 유형으로 분류할 것을 제안했다. 다음을 참조. Waldron, Jeremy, "Normative (or Ethical) Positivism", in Coleman, Jules (ed.), *Hart's Postscript. Essays on the Postscript to the Concept of Law* (Oxford: Oxford University Press, 2001), pp.411-433, 특히 p.411. 그러나 그 분리가 왜 가치 있는지를 설명하는 것(즉, 규범적인 이유를 제시하는 것)이 중요하다. 이것이 법의 자율성 보전 기능을 연계시키는 이유이다. 흥미로운 사실은, 프란츠 노이만이 이미 법과 도덕의 분리에 대한 규범적 주장을 제시하면서 "법과 도덕의 동일성은 오직 완전히 동질적인 사회에서만 유지될 수 있다"라고 지적한 점이다. 그리고 그는 도덕적 신념의 다양한 차이를 인정하는 사회에서 법

과 도덕의 동일성은 "단지 인간의 양심을 겁박하는 방식일 뿐"이라고 덧붙였다. Neumann, Franz, *Behemoth. The Structure and Practice of National Socialism, 1933-1944*, with an introd. by Hayes, Peter (Chicago: Ivan R. Dee, 2009), p.444.

53. Kelsen, *Pure Theory of Law*, p.40.

54. Hart, *The Concept of Law*, pp.185-186.

55. Dyzenhaus, David, "Legality without the Rule of Law? Scott Shapiro on Wicked Legal Systems", in *Canadian Journal of Law and Jurisprudence* 25, 1 (2012), pp.183-200, 특히 p.184. 같은 맥락에서 존 피니스는 도덕 및 정의의 기본적인 요구를 위반하는 법체계는 진정한 법이 될 자격이 없다고 주장했다. 그의 표현에 따르면 그런 법체계는 법의 중심 사건들의 '주변부' 및 '희석된 버전'이다. Finnis, John, *Natural Law and Natural Rights* (Oxford: Oxford University Press, 2011), p.11.

56. Longerich, Peter, *The Unwritten Order. Hitler's Role in the Final Solution* (Stroud: Tempus, 2003).

57. Hitler, Adolf, "Schreiben an Reichsleiter Bouhler und Dr. med. Brandt, Berlin 1.9. 1939", Document NS-630; www.ns-archiv.de/medizin/euthanasie/ befehl.php.

58. 몇몇 나치 법이론가들은 총통의 연설도 법에 해당한다는 주장까지 했다. 이 책의 3.6장 참조.

59. Fuller, Lon L., *The Morality of Law*, rev. ed. (New Haven and London: Yale University Press, 1969), pp.39-41 참조.

60. 상동. 풀러는 때때로 이런 조건들을 '합법성 원칙'이라 불렀는데 이는 오해의 소지가 있다. Fuller, *The Morality of Law*, pp.197, 200. 혼란을 피하려면, 풀러가 말한 '합법성' 개념은 존재하는 실정법을 지칭하는 것이 아니며, 서술적 용어가 아닌 규범적 용어라는 점을 명심해야 한다. 풀러가 '합법성 원칙'에 대해 논할 때 그는 법체계가 (도덕적으로) 충족해야 하는 조건을 말하는 것이지, 어떤 규범이나 법규가 실정법인지 아닌지의 여부를 판단하는 기준을 말하는 것이 아니다. 오해를 피하고자 나는 그 원칙들을 '법치의 조건'이라고 명명한 것이다. '법치'는 그저 법체계가 갖추어야 할 특정한 특색(덕목)을 지칭할 뿐이다. 조셉 라즈가 강조하듯, 법치에 대한 준수는 '정도의 문제'라는 것에 유의해야 한다. Raz, Joseph, "The Rule of Law and its Virtue", in Raz, Joseph, *The Authority of Law. Essays on Law and Morality* 2nd ed. (Oxford: Oxford University Press, 2009), pp.210-229, 특히 p.222.

61. Hart, H. L. A., "Review of The Morality of Law by Lon L. Fuller", in *Harvard Law Review* 78, 6 (1965), pp.1281-1296, 특히 p.1284.

62. 상동.

63. 크리스틴 런들은 풀러의 법철학을 예리하게 분석한 연구에서 풀러의 법이론은 법적 주체의 '행위자성 역량'(존엄성을 가진 자율적인 존재라는 의미에서의 행위자성)을 증진시키는 것

과 연관되어 있으며, 따라서 그들에게 '법질서에 적극적으로 참여한 자로서'의 시민의 지위를 부여한다고 주장한다. Rundle, Kristen, *Forms Liberate. Reclaiming the Jurisprudence of Lon L. Fuller* (Oxford and Portland, Oregon: Hart Publishing Company, 2012), pp.8, 100 참조. 풀러에 대한 런들의 해석에서 칸트적 요소를 주목할 것. 스콧 샤피로 역시 풀러의 요건을 법치의 조건으로 해석할 것을 제안한다. 그러나 샤피로가 보기에 법치의 핵심 가치는 사회계획과 계획적 행위자성을 가능케하는 데 있으나(샤피로는 계획적 행위자성에 대한 마이클 브래트먼의 개념을 토대로 설명) 내가 옹호하는 접근 방식은 단순한 계획적 행위자성보다 더 규범적으로 풍성한 행위자의 자율성 개념에 초점을 맞추고 있다. Shapiro, Scott J., *Legality* (Cambridge, MA and London: Harvard University Press, 2011), pp.392-400 참조. 샤피로는 이데올로기적 도덕화가 사회적 계획을 가능하게 하는 법의 역량을 약화할 수 있는 문제에 매우 민감하다. 따라서 그는 법과 도덕의 엄격한 분리를 주장한다. 앞의 책, pp.273-277.

64. Fuller, "The Morality of Law", p.192.

65. Pauer-Studer, Herlinde, "Complicity and Conditions of Agency", in *Journal of Applied Philosophy* 35, 4 (2018), pp.644-660, 특히 pp.648-650.

66. Pauer-Studer, Herlinde and Velleman, J. David, "Distortions of Normativity", in *Ethical Theory and Moral Practice* 14, 3 (2011), pp.329-356; Pauer-Studer, Herlinde, "Law and Morality under Evil Conditions. The Case of SS Judge Konrad Morgen", in *Jurisprudence* 3, 2 (2012), pp.367-390 참조.

67. Himmler, Heinrich, "Rede vor den Reichs-und Gauleitern in Posen am 6.10.1943", in *Heinrich Himmler Geheimreden 1933 bis 1945*, ed. by Smith, Bradley and Peterson, Agnes F. (Frankfurt am Main, Berlin, Wien: Propyläen, 1974), pp.162-183 참조. 다음 역시 참조. Gross, Raphael, *Anständig Geblieben. Nationalsozialistische Moral* (Frankfurt am Main: S. Fischer, 2010). 다음 글들을 역시 참조. Wolfgang Bialas; Werner Konitzer; Ernst Tugendhat and Rolf Zimmermann in Konitzer, Werner and Gross, Raphael (eds), *Moralität der Bösen. Ethik und nationalsozialistische Verbrechen* (Frankfurt/M., New York: Campus, 2009).

인물 약력

구스타프 아돌프 발츠 Gustav Adolf Walz(1897-1948) 1927년 마르부르크대학 교수 자격 취득. 1931년 나치당 입당. 1933년 브레슬라우대학 교수. 1938년 쾰른대학 교수. 1939년 뮌헨대학 헌법학 및 법철학 교수.

라인하르트 횐 Reinhard Höhn(1904-2000) 1933년 나치당 및 나치 친위대 가입. 1935년 하이델베르크 및 베를린 헌법학 부교수. 1939년 베를린대학 교수. 1936년 이후 독일법학술원 경찰법위원회 부위원장. 1939년 제국 보안본부장. 1956년 바트 하르츠부르크 경영학술원장.

롤란트 프라이슬러 Roland Freisler(1893-1945) 1925년 나치당 당원. 1934년 제국 법무 차관. 1942-1945년 인민법원장. (예를 들어, 비폭력적인 학생 저항단체였던 '백장미' 단원들, 1944년 7월 20일 히틀러에 대한 슈타우펜베르크의 음모에 가담했던 장교들에 대해) 가혹한 형 선고로 악명이 높았음. 1945년 2월 베를린 폭격으로 사망.

롤프 시더마이어 Rolf Schiedermair(1909-1991) 법학자이자 관료. 나치당 당원이자 나치 친위대원. 제국 내무부 내 인종문제 전문가. 슈투카르트와 함께 인종주의 입법에 관한 해설서『제3제국 법률에 나타난 인종 및 우생학*Rassen- und Erbpflege in der Gesetzgebung des Dritten Reiches*』집필(1938-1944년까지 제5판까지 출간).

막스 로베르트 게르스텐하우어 Max Robert Gerstenhauer(1873-1940) 튀링겐주

관료. 1921년부터 1940년까지 반유대주의 민족단체인 '도이치분트 Deutschbund' 소속으로 활동. 게르스텐하우어의 영향으로 1930년 이후 도이치분트 회원들은 나치당에 반드시 협력해야 했음.

만프레드 파우저 Manfred Fauser(1906-1981) 나치 법률가이자 뷔르템베르크 국무부 관료. 1937-1945년 제국 내무부 관료.

베르너 베스트 Werner Best(1930-1989) 1929년부터 나치 운동에 적극 참여. 1931년 나치 친위대 가입. 보안국에 전문가로 채용됨. 1935년 게슈타포의 법률 자문. 1939년 제국 보안본부 RSHA에 배속. 1940년 라인하르트 하이드리히와의 갈등으로 보안본부를 떠남. 1940-1942년 프랑스 점령지역의 독일군 행정 당국에 복무. 1942-1945년 덴마크 점령지역의 제국 전권위원. 1948년 덴마크에서 재판(처음에는 사형선고를 받았으나 이후 석방됨).

벤첼 폰 글라이스파흐 Wenzel von Gleispach(1876-1944) 오스트리아계 형법학자. 1907년 프라하대학 교수. 1915년 빈대학 교수. 1934년 베를린 형법학 교수 겸 범죄학 연구소장. 독일법학술원 회원이자 (프란츠 귀르트너 법무장관이 이끌던) 형법개혁공식 위원회 위원.

빌헬름 슈투카르트 Wilhelm Stuckart(1902-1953) 법학자이자 관료. 1922년 나치당 입당. 1926년 나치당 법률 고문. 1932년 나치 돌격대원. 1933년 프로이센주 문화 차관. 1934년 제국 과학 차관. 1936년 나치 친위대 가입. 1942년 1월 반제회의 참석. 1947년 빌헬름 가 재판 Ministries Trial(Wilhelmstraßenprozess) 피고인으로, 3년 징역형을 선고받음. 1953년에 교통사고로 사망.

에른스트 루돌프 후버 Ernst Rudolf Huber(1903-1990) 카를 슈미트의 제자. 1926년 박사학위 취득. 1931년 경제행정법 교수자격 취득 1933년 킬대학 교수. 1937년 라이프치히 및 1941-1944년 스트라스부르대학 교수. 게오르크 담, 카를 라렌츠, 프리드리히 샤프스타인, 프란츠 비아커 후버는 킬대학의 민족사회주의자 교수 모임인 '킬러슐레

Kieler Schule'를 결성. 종전 이후 1956년까지 강단에서 퇴출 됨. 1957년 빌헬름스하펜에서, 이후 괴팅겐대학에서 사회과학교수로 재직. 1957년부터 1990년까지 총 8권으로 구성된 『독일헌법학 총서*Deutsche Verfassungsgeschichte*』를 집필.

에른스트 포르스토프 Ernst Forsthoff(1902-1974) 카를 슈미트의 제자. 1933년 프랑크푸르트 암 마인에서 공법학 교수. 1935년 함부르크대학 교수. 1936년 쾨니히스베르크대학 교수. 1941년 빈대학 교수. 1943년, 1952-1967년 하이델베르크대학 교수.

에리히 베커 Erich Becker(1906-1981) 나치를 위한 정치에 가담함. 1941년 포젠제국대학 교수.

오토 쾰로이터 Otto Koellreutter(1883-1972) 헌법학자. 1921년 예나대학 교수. 1933년 나치당 입당. 1933년 뮌헨대학 교수이자 독일법학술원 회원. 종전 이후 독일의 탈나치화 과정에서 처음에는 경범죄자로 분류되었으나 1947년 나치 활동 전력 때문에 13개월 구금되고, 1949년 대학에서 강제 퇴직됨. 1952년에 명예교수로서 공식 퇴임.

울리히 쇼이너 Ulrich Scheuner(1903-1981) 1933년 예나대학 공법학 교수. 1940년 괴팅겐대학 교수. 1941년 스트라스부르대학 교수. 1940년 본대학 교수.

카를 라렌츠 Karl Larenz(1903-1993) 민법학자이자 법철학자. 1933년부터 킬대학에서 강의. 1935년 킬대학 법철학 교수. 1937년 나치당 당원. 1948년부터 다시 킬대학 교수. 1960년 뮌헨대학 교수 취임.

카를 슈미트 Carl Schmitt)(1888-1985) 1933년 나치당 입당. 독일법학술원 회원. 1933년 7월 헤르만 괴링이 프로이센주 국무위원으로 임명. 1933년 쾰른대학, 이후 베를린대학 교수.《독일법학신문 Deutsche Juristen-Zeitung》편집장. 나치 친위대 소식지인《흑군단 Das Schwarze Korps》에서 공격을 받고 1937년 정치적 직무에서 은퇴. 베를린대학 교수직 및 프로이센주 국무위원 신분은 유지. 종전 이후에는 대학 강단에 서지 못했음.

카를 아우구스트 에크하르트 Karl August Eckhardt (1901-1979) 1931년 나치당 입당 및 나치 돌격대 가입. 1933년 나치 친위대 입대. 1933년 킬대학 교수. 1934년 제국 과학부 자문(대학 교수 임명 담당). 1936년 베를린대학 교수. 1937년 본대학 독일법학사 교수. 1936-1938년《독일법학 Deutsche Rechtswissenschaft》저널 편집자.

콘라트 모르겐 Konrad Morgen (1909-1982) 법학자 겸 판사. 1933년 나치당 및 나치 친위대 가입. 1941년 1월부터 1942년 5월까지 나치 친위대 및 크라쿠프 경찰법원 소속 판사. 1942년 5월, 힘러에 의해 좌천당한 후 1942년 12월에는 동부전선으로 파견됨. 부헨발트 강제수용소 내 부패 사건 수사 임무 담당. 모르겐의 수사는 부헨발트 전직 사령관 카를 오토 코흐와 수용소 담당의사 발데마르 호펜에 대한 바이마르 나치 친위대 재판(1944년 9월)으로 귀결됨. 1945-1948년에 미군에 의해 구금. (1964년 프랑크푸르트 암 마인에서 있었던 아우슈비츠 재판 등) 여러 전범재판에서 증언대에 섰음.

팔크 루트케 Falk Ruttke (1894-1955) 법학자. 1932년 나치당 입당 및 1933년 나치 친위대 가입. 제국 내무부의 인구 및 인종 정치 자문위원회 위원. 1935년 베를린대학 인종법 강의. 1940년 바르테가우에서 게르만 정신 강화를 위한 특수 임무 수행. 1942년 예나대학 교수. 1945-1948년 억류됨.

한스 프랑크 Hans Frank (1900-1946) 1923년 나치당 당원이자 나치 돌격대원. 1928년 독일법률가협회 창립. 나치당 법무국장. 1934-1942년 독일법학술원장. 1939년 폴란드 점령지(총독부)의 총독. 1945-1946년 뉘른베르크 국제 전범재판의 피고인(1946년 10월에 사형선고 받고 처형됨).

참고문헌

나치관련 문헌 1933-1945

Best, Werner, "Die Politische Polizei des Dritten Reiches", in Frank, Hans (ed.), *Deutsches Verwaltungsrecht* (München: Zentralverlag der NSDAP, Franz Eher Nachf., 1937), pp. 417-430.

"Die Geheime Staatspolizei", in Deutsches Recht 6, 1936, pp. 125-128.

Die Deutsche Polizei (Darmstadt: Wittich, 1940; 2nd ed. 1941).

Bockelmann, Paul, Studien zum *Täterstrafrecht*, *1. Teil* (Berlin: Walter de Gruyter & Co., 1939).

Dahm, Georg, "Die Erneuerung der Ehrenstrafe", in Deutsche Juristen-Zeitung 13, 39 (1934), pp. 822-832.

"Das Ermessen des Richters im nationalsozialistischen Strafrecht", in Freisler, Roland (ed.), *Deutsches Strafrecht. Strafrecht, Strafrechtspolitik, Strafprozeß* (Berlin: R. v. Decker, G. Schenck, 1934), pp. 87-96.

"Verbrechen und Tatbestand", in Dahm, Georg; Huber, Ernst Rudolf; Larenz, Karl; Michaelis, Karl; Schaffstein, Friedrich; Siebert, Wolfgang, *Grundfragen der Neuen Rechtswissenschaft* (Berlin: Junker & Dünnhaupt, 1935), pp. 62-107.

"Gerechtigkeit und Zweckmäßigkeit im Strafrecht der Gegenwart", in Bockelmann, Paul; Dahm Georg; Dohna, Alexander Graf zu; Engisch, Karl; Exner, Franz; Lange, Richard; Mezger, Edmund; Peters, Karl; Schmidt, Eberhard; Schönke, Adolf; Sieverts, Rudolf; Weber, Hellmuth von; Welzel Hans, *Probleme der Strafrechtserneuerung* (Berlin: Walter de Gruyter & Co., 1944), pp. 1-23.

Dahm, Georg and Schaffstein, Friedrich, *Liberales oder autoritäres Strafrecht?*
(Hamburg: Hanseatische Verlagsanstalt, 1933).

Dinter, Artur, *Die Sünde wider das Blut. Ein Zeitroman* (Leipzig: Matthes und Thost,
1920).

Fauser, Manfred, "Das Gesetz im Führerstaat", *in Archiv des öffentlichen Rechts*, N. F.
26 (1935), pp. 129-154.

Forsthoff, Ernst, Der totale Staat (Hamburg: Hanseatische Verlagsanstalt, 1933; 2nd
ed. 1934).

Frank, Hans (ed.), *Nationalsozialistisches Handbuch für Recht und Gesetzgebung*
(München: Zentralverlag der NSDAP, Franz Eher Nachf., 1935). (ed.), *Deutsches
Verwaltungsrecht* (München: Zentralverlag der NSDAP, Franz Eher Nachf., 1937).

"Einführung: Nationalsozialismus und Verwaltungsrecht", in Frank, Hans (ed.),
Deutsches Verwaltungsrecht (München: Zentralverlag der NSDAP, Franz Eher
Nachf., 1937), pp. XI-XXIII.

Frank, Hans, Reichsleiter/Reichsrechtsamt der NSDAP (eds.),
NationalsozialistischeLeitsätze für ein neues deutsches Strafrecht. 1.Teil, 4th
ed.(Berlin: Deutsche Rechts- und Wirtschaftswissenschaft Verlags-Ges., 1935).

Frank, Hans, Reichsleiter/Reichsrechtsamt der NSDAP (eds.),
NationalsozialistischeLeitsätze für ein neues deutsches Strafrecht. 2.
(Besonderer) Teil (Berlin: Deutsche Rechts- und Wirtschaftswissenschaft Verlags-
Ges., 1936).

Freisler, Roland (ed.), *Deutsches Strafrecht. Strafrecht, Strafrechtspolitik, Strafprozeß*
(Berlin: R. v. Decker, G. Schenck, 1934).

*Schutz des Volkes oder des Rechtsbrechers? Fesselung des Verbrechers oder
des Richters? Einiges über das zweckmäßige Maß der Bindung des Richters an
gesetzliche Straftatbestände* (Berlin: R. v. Decker, G. Schenck, 1935).

"Willensstrafrecht; Versuch und Vollendung", in Gürtner, Franz (ed.), *Das
kommende deutsche Strafrecht. Bericht über die Arbeit der amtlichen
Strafrechtskommission. Allgemeiner Teil*, 2nd revised ed. (Berlin: Franz Vahlen,
1935), pp. 5-48.

"Aufbau und Aufgabe des Besonderen Teils. Gestaltung seiner Tatbestände.
Einbau des Schutzes der Bewegung in das Gesetz", in Gürtner, Franz (ed.),
Das kommende deutsche Strafrecht. Bericht über die Arbeit der amtlichen

Strafrechtskommission. Besonderer Teil, 2nd revised ed. (Berlin: Franz Vahlen, 1936), pp. 13-77.

Nationalsozialistisches Recht und Rechtsdenken (Berlin: Spaeth & Linde, 1938).

Freisler/Oetker/Dürr/Schwarz/Schoetensack/Thierack/Noack/Mayer/Strauß, *Grundzüge eines Allgemeinen Deutschen Strafrechts. Denkschrift des Zentralausschusses der Strafrechtsabteilung der Akademie für Deutsches Recht über die Grundzüge eines Allgemeinen Deutschen Strafrechts* (Berlin: R. v. Decker, G. Schenck, 1934).

Gerstenhauer, Max, *Das ewige Deutschland. Idee und Gestalt* (Leipzig: Armanen Verlag, 1940).

Günther, Hans F. K., Rassenkunde Europas. Mit besonderer Berücksichtigung der *Rassengeschichte der Hauptvölker indogermanischer Sprache* (München: J. F. Lehmanns, 1924; 3rd revised ed., 1929).

Rassenkunde des jüdischen Volkes, 2nd ed. (München: J. F. Lehmanns, 1930).

bibliography 235

Ritter, Tod und Teufel. Der heldische Gedanke (München: J. F. Lehmanns, 1920; 4th ed. 1935).

Gürtner, Franz (ed.), *Das kommende deutsche Strafrecht. Allgemeiner Teil. Bericht über die Arbeit der amtlichen Strafrechtskommission,* 2nd revised ed. (Berlin: Franz Vahlen, 1935).

(ed.), *Das kommende deutsche Strafrecht. Besonderer Teil. Bericht über die Arbeit der amtlichen Strafrechtskommission,* 2nd revised ed. (Berlin: Franz Vahlen, 1936).

Hamel, Walter, "Wesen und Rechtsgrundlagen der Polizei im nationalsozialistischen Staate", in Frank, Hans (ed.), *Deutsches Verwaltungsrecht* (München: Zentralverlag der NSDAP, Franz Eher Nachf., 1937), pp. 381-398.

Himmler, Heinrich, "Rede vor den Reichs- und Gauleitern in Posen am 6. 10.1943", in Smith, Bradley F. and Peterson, Agnes F. (eds.), *Heinrich Himmler Geheimreden 1933 bis 1945* (Frankfurt am Main, Berlin, Wien: Propyläen, 1974), pp. 162-183.

Hitler, Adolf, "Aryan and Jew", in Rabinbach, Anson and Gilman, Sander L. (eds.), *The Third Reich Sourcebook* (Berkeley, Los Angeles, London: University of California Press, 2013), pp. 187-191.

Höhn, Reinhard, *Die Wandlung im staatsrechtlichen Denken* (Hamburg: Hanseatische Verlagsanstalt, 1934).

Rechtsgemeinschaft und Volksgemeinschaft (Hamburg: Hanseatische Verlagsanstalt, 1935).

"Altes und neues Polizeirecht", in Frank, Hans; Himmler, Heinrich; Best, Werner; Höhn, Reinhard, *Grundfragen der deutschen Polizei* (Hamburg: Hanseatische Verlagsanstalt, 1937), pp. 21-34.

"Volk, Staat und Recht", in Höhn,Maunz and Swoboda, Ernst (eds.),*Grundfragen der Rechtsauffassung* (München: Duncker & Humblot, 1938), pp. 1-27.

Höhn, Reinhard; Maunz, Theodor; Swoboda, Ernst (eds.), *Grundfragen der Rechtsauffassung* (München: Duncker & Humblot, 1938).

Huber, Ernst Rudolf, *Reichsgewalt und Staatsgerichtshof* (Oldenburg i. O.: Gerhard Stalling, 1932).

"Die Totalität des völkischen Staates", in Die Tat 26, 1 (1934), pp. 30-42.

Verfassungsrecht des Großdeutschen Reiches, 2nd ed. (Hamburg: Hanseatische Verlagsanstalt, 1939).

Kerrl, Hanns (ed.), *Nationalsozialistisches Strafrecht. Denkschrift des Preußischen Justizministers* (Berlin: R. v. Decker, G. Schenck, 1934).

Koellreutter, Otto, *Der nationale Rechtsstaat. Zum Wandel der Deutschen Staatsidee* (Tübingen: J. C. B. Mohr [Paul Siebeck], 1932).

Vom Sinn und Wesen der nationalen Revolution (Tübingen: J. C. B. Mohr [Paul Siebeck], 1933).

Grundriß der Allgemeinen Staatslehre (Tübingen: J. C. B. Mohr [Paul Siebeck], 1933).

Volk und Staat in der Weltanschauung des Nationalsozialismus (Berlin: Pan Verlagsgesellschaft, 1935).

Grundfragen unserer Volks- und Staatsgestaltung (Berlin: Junker & Dünnhaupt, 1936).

Deutsches Verfassungsrecht. Ein Grundriss, 3rd ed. (Berlin: Junker & Dünnhaupt, 1938).

Krug, Karl, "Drei Grundprobleme des kommenden Strafrechts", in *Zeitschrift der Akademie für Deutsches Recht* 2 (1935), pp. 98-102.

Larenz, Karl, *Rechtserneuerung und Rechtsphilosophie* (Tübingen: J. C. B. Mohr [Paul Siebeck], 1934).

Maunz, Theodor, "Das Verwaltungsrecht des nationalsozialistischen Staates", in Frank, Hans (ed.), *Deutsches Verwaltungsrecht* (München: Zentralverlag der NSDAP, Franz

Eher Nachf., 1937), pp, 27-48.

Gestalt und Recht der Polizei (Hamburg: Hanseatische Verlagsanstalt, 1943).

Mayer, Hellmuth, *Das Strafrecht des deutschen Volkes* (Stuttgart: Ferdinand Enke, 1936).

Mezger, Edmund, *Deutsches Strafrecht. Ein Leitfaden* (Berlin: Junker & Dünnhaupt, 1936).

Deutsches Strafrecht. Ein Grundriss (Berlin: Junker & Dünnhaupt, 1938).

Morgen, Konrad, *Kriegspropaganda und Kriegsverhütung* (Leipzig: Universitätsverlag von Robert Noske, 1936).

Nicolai, Helmut, *Grundlagen der kommenden Verfassung. Über den staatsrechtlichen Aufbau des Dritten Reiches* (Berlin: Reimar Hobbing, 1933).

Rasse und Recht. Vortrag gehalten auf dem Deutschen Juristentag des Bundes nationalsozialistischer deutscher Juristen am 2. Oktober 1933 in Leipzig (Berlin: Reimar Hobbing, 1933).

Oetker, Friedrich, "Grundprobleme der nationalsozialistischen Strafrechtsreform", in Frank, Hans (ed.), *Nationalsozialistisches Handbuch für Recht und Gesetzgebung* (München: Zentralverlag der NSDAP, Franz Eher Nachf., 1935), pp. 1317-1361.

Sauer, Wilhelm, "Die Ethisierung des Strafrechts. Über die Prinzipien der Strafrechtserneuerung und ihre praktische Auswirkung", in Freisler, Roland (ed.), *Deutsches Strafrecht. Strafrecht, Strafrechtspolitik, Strafprozeß* (Berlin: R. v. Decker, G. Schenck, 1934), pp. 177-190.

Schäfer, Karl, "Nullum Crimen sine Poena (Das Recht als Grundlage der Bestrafung. Zeitliche Geltung der Strafgesetze)", in Gürtner, Franz (ed.), *Das kommende deutsche Strafrecht. Allgemeiner Teil. Bericht über die Arbeit der amtlichen Strafrechtskommission*, 2nd revised ed. (Berlin: Franz Vahlen, 1935), pp. 200-217.

Schaffstein, Friedrich, "Ehrenstrafe und Freiheitsstrafe in ihrer Bedeutung für das neue Strafrecht", in Freisler, Roland (ed.), *Deutsches Strafrecht. Strafrecht, Strafrechtspolitik, Strafprozeß* (Berlin: R. v. Decker, G. Schenck, 1934) pp.273-282.

Scheuner, Ulrich, "Die nationale Revolution. Eine staatsrechtliche Untersuchung", Part I, in *Archiv des öffentlichen Rechts* NF 24 (1934), pp. 166-220.

"Die Rechtstellung der Persönlichkeit in der Gemeinschaft", in Frank, Hans (ed.), *Deutsches Verwaltungsrecht* (München: Zentralverlag der NSDAP, Franz Eher Nachf., 1937), pp. 82-98.

Schmitt, Carl, Staat, Bewegung, Volk. *Die Dreigliederung der politischen Einheit* (Hamburg: Hanseatische Verlagsanstalt, 1933).

"Der Führer schützt das Recht. Zur Reichstagsrede von Adolf Hitler vom 13. Juli 1934", in Deutsche Juristen-Zeitung, 39, 15 (1934); reprinted in Schmitt, Carl, *Positionen und Begriffe im Kampf mit Weimar-Genf-Versailles 1923–1939* (Hamburg: Hanseatische Verlagsanstalt, 1940), pp. 199-203; English: Schmitt, Carl, "The Führer Protects the Law. On Adolf Hitler's Reichstag Address 13 July 1934", in Rabinbach, Anson and Gilman, Sander L. (eds.), *The Third Reich Sourcebook* (Berkeley, Los Angeles, London: University of California Press, 2013), pp. 63-67.

"Der Rechtsstaat", in Frank, Hans (ed.), *Nationalsozialistisches Handbuch für Recht und Gesetzgebung* (München: Zentralverlag der NSDAP, Franz Eher Nachf., 1935), pp. 3-10.

"Was bedeutet der Streit um den Rechtsstaat?", in *Zeitschrift für die gesamte Staatswissenschaft/Journal of Institutional and Theoretical Economics* 95, 2(1935), pp. 189-201.

Der Leviathan in der Staatslehre des Thomas Hobbes. Sinn und Fehlschlag eines politischen Symbols (Hamburg: Hanseatische Verlagsanstalt, 1938).

Positionen und Begriffe im Kampf mit Weimar-Genf-Versailles 1929-1939 (Hamburg: Hanseatische Verlagsanstalt, 1940).

Siegert, Karl, "Nulla poena sine lege. Kritische Bemerkungen zu den Vorschlägen der amtlichen Strafrechtskommission", in Freisler, Roland (ed.), *Deutsches Strafrecht. Strafrecht, Strafrechtspolitik, Strafprozeß* (Berlin: R. v. Decker, G. Schenck, 1934), pp. 376-386.

Tesmer, Hans, "Die Schutzhaft und ihre rechtlichen Grundlagen (1936)", in Hirsch, Martin; Majer, Diemut; Meinck, Jürgen (eds.), *Recht, Verwaltung und Justiz im Nationalsozialismus. Ausgewählte Schriften, Gesetze und Gerichtsentscheidungen von 1933 bis 1945* (Köln: Bund-Verlag, 1984), pp.331-332.

Thierack, Otto Georg, "Sinn und Bedeutung der Richtlinien für die Strafrechtsreform", in National-Sozialistischer Rechtswahrer-Bund (ed.), *Deutscher Juristentag 1936, 5. Reichstagung des Bundes National-Sozialistischer Deutscher Juristen* (Berlin: Deutscher Rechts-Verlag, 1936), pp. 25-30.

Triepel, Heinrich, "Die nationale Revolution und die deutsche Verfassung",

in *Deutsche Allgemeine Zeitung* 2. April 1933; reprinted in Hirsch, Martin;
Majer, Diemut; Meinck, Jürgen (eds.), *Recht, Verwaltung und Justiz im
Nationalsozialismus. Ausgewählte Schriften, Gesetze und Gerichtsentscheidungen
von 1933 bis 1945* (Köln: Bund-Verlag, 1984), pp. 116-119.

von Gleispach, Wenzel, "Willensstrafrecht", in Elster, Alexander and Lingemann,
Heinrich (eds.), *Handwörterbuch der Kriminologie und der anderen strafrechtlichen
Hilfswissenschaften*, vol. 2 (Berlin and Leipzig: Walter de Gruyter & Co.,1936), pp.
1067-1079.

단행본 및 논문

Anschütz, Gerhard, *Die Verfassung des Deutschen Reichs vom 11. August 1919. Ein
Kommentar für Wissenschaft und Praxis*, Vierte Bearbeitung, 14th ed. (Berlin:
Georg Stilke, 1933).

Apelt, Willibalt, *Geschichte der Weimarer Verfassung*, 2nd ed. (München and Berlin: C.
H. Beck, 1964).

Arendt, Hannah, *Eichmann in Jerusalem. A Report on the Banality of Evil* (New York:
Penguin Books, 2006). 『예루살렘의 아이히만』, 김선욱 역, 한길사(2006).

"Personal Responsibility under Dictatorship", in Arendt, Hannah, *Responsibility
and Judgment*, ed. with an introduction by Kohn, Jerome (New York: Schocken
Books, 2003), pp. 17-48.

The Origins of Totalitarianism, with an introduction by Powers, Samantha (New
York: Schocken Books, 2004). 『전체주의의 기원 1』·『전체주의의 기원 2』, 박미애·이진우
역, 한길사(2006).

Baur, Erwin; Fischer, Eugen; Lenz, Fritz, *Grundriß der menschlichen Erblichkeitslehre
und Rassenhygiene*, vol. II, Fritz Lenz, *Menschliche Auslese und Rassenhygiene*
(München: J. F. Lehmanns, 1921).

Baur, Erwin; Fischer, Eugen; Lenz, Fritz, *Human Heredity*, transl. by Paul, Eden and
Paul, Cedar (London: George Allen & Unwin, New York: Macmillan, 1931).

Bendersky, Joseph W., *Carl Schmitt. Theorist for the Reich* (Princeton: Princeton
University Press, 1983).

Blasius, Dirk, *Carl Schmitt. Preußischer Staatsrat in Hitlers Reich* (Göttingen:
Vandenhoeck and Ruprecht, 2001).

Boberach, Heinz (ed.), *Richterbriefe. Dokumente zur Beeinflussung der deutschen Rechtsprechung 1942–1944* (Boppard am Rhein: Harald Boldt Verlag, 1975).

Bollmeyer, Heiko, *Der steinige Weg zur Demokratie. Die Weimarer Nationalversammlung zwischen Kaiserreich und Republik* (Frankfurt am Main: Campus, 2007).

Brecht, Arnold, *Prelude to Silence. The End of the German Republic* (New York: Howard Fertig, 1968).

Browning, Christopher R., *Ordinary Men. Reserve Police Battalion 101 and the Final Solution in Poland* (London: Penguin Books, 2001). 『아주 평범한 사람들』, 이진모 역, 책과함께(2023).

(with contributions by Matthäus, Jürgen), *The Origins of the Final Solution. The Evolution of Nazi Jewish Policy, September 1939–March 1942* (Lincoln: University of Nebraska Press, and Yad Vashem, 2004).

Buchheim, Hans, "The SS-Instrument of Domination", in Krausnick, Helmut; Buchheim, Hans; Broszat, Martin; Jacobsen, Hans-Adolf, *Anatomy of the SS State*, transl. by Barry, Richard (New York: Walker and Company, 1968), pp.127-301.

"Command and Compliance", in Krausnick, Helmut; Buchheim, Hans; Broszat, Martin; Jacobsen, Hans-Adolf, *Anatomy of the SS State*, transl. by Barry, Richard (New York: Walker and Company, 1968), pp. 305-396.

Büchler, Robert Yehoshua, "'Unworthy Behavior'. The Case of SS Officer Max Täubner", in *Holocaust and Genocide Studies* 17, 3 (2003), pp. 409-429.

Caldwell, Peter C., "National Socialism and Constitutional Law. Carl Schmitt, Otto Koellreutter, and the Debate over the Nature of the Nazi State, 1933-1937", in *Cardozo Law Review* 16 (1994), pp. 399-427.

"Ernst Forsthoff in Frankfurt. Political Mobilization and the Abandonment of Scholarly Responsibility", in Epple, Moritz; Fried, Johannes; Gross, Raphael; Gudian, Janus (eds.), *"Politisierung der Wissenschaft." Jüdische Wissenschaftler und ihre Gegner an der Universität Frankfurt am Main vor und nach 1933* (Göttingen: Wallstein, 2013), pp. 249-283.

Das Strafgesetzbuch für das Deutsche Reich, ed. by Oppenhoff, Th. F., 7th ed. (Berlin: G. Reimer, 1879).

Domarus, Max, Hitler. *Reden und Proklamationen 1932–1945. Kommentiert von einem Zeitgenossen*, vol. I Triumph, Erster Halbband 1932-1934 (München: Süddeutscher

Verlag, 1965).

Hitler. Reden und Proklamationen 1932–1945. Kommentiert von einem Zeitgenossen, vol. I Triumph, Zweiter Halbband 1935-1938 (München: Süddeutscher Verlag, 1965).

Hitler. Reden und Proklamationen 1932–1945. Kommentiert von einem Zeitgenossen, vol. II Untergang, Erster Halbband 1939-1940 (München: Süddeutscher Verlag, 1965).

Hitler. Reden und Proklamationen 1932–1945. Kommentiert von einem Zeitgenossen, vol. II Untergang, Zweiter Halbband 1941-1945 (München: Süddeutscher Verlag, 1965).

Dreier, Horst and Pauly, Walter (eds.), *Die deutsche Staatsrechtslehre in der Zeit des Nationalsozialismus* (Berlin/New York: Walter de Gruyter, 2001).

Dreier, Horst; Müßig, Ulrike; Stolleis, Michael; Korb, Axel-Johann, *Kelsens Kritiker. Ein Beitrag zur Geschichte der Rechts- und Staatstheorie* (1911-1934) (Tübingen: Mohr Siebeck, 2010).

Dyzenhaus, David, "'Now the Machine Runs Itself'. Carl Schmitt on Hobbes and Kelsen", in *Cardozo Law Review* 16, 1 (1994), pp. 1-19.

Legality and Legitimacy. Carl Schmitt, Hans Kelsen and Hermann Heller in Weimar (Oxford: Oxford University Press, 1997).

"Legal Theory in the Collapse of Weimar. Contemporary Lessons?" in *The American Political Science Review* 91, 1 (1997), pp. 121-134.

"The Grudge Informer Case Revisited", in *New York University Law Review* 83 (2008), pp. 1000-1034.

"Legality without the Rule of Law? Scott Shapiro on Wicked Legal Systems", in *Canadian Journal of Law and Jurisprudence* 25, 1 (2012), pp. 183-200.

Essner, Cornelia, Die "Nürnberger Gesetze" *oder die Verwaltung des Rassenwahns 933–1945* (Paderborn, München, Wien, Zürich: Ferdinand Schöningh, 2002).

Finnis, John, *Natural Law and Natural Rights* (Oxford: Oxford University Press, 2011).

Fischer, Klaus P., *Nazi Germany. A New History* (New York: Continuum, 1995).

Fraenkel, Ernst, "Die repräsentative und die plebiszitäre Komponente im demokratischen Verfassungsstaat", in Fraenkel, Ernst, *Deutschland und die westlichen Demokratien,* 9th ed., with an introduction ed. by Brünneck, Alexander von (Baden-Baden: Nomos, 2011), pp. 165-207.

The Dual State. A Contribution to the Theory of Dictatorship, with an introduction ed. by Meierhenrich, Jens, transl. by Shils, E. A. (Oxford: Oxford University Press, 2017).

Fraser, David, *Law after Auschwitz. Towards a Jurisprudence of the Holocaust* (Durham: Carolina Academic Press, 2005).

Frei, Norbert, Der *Führerstaat. Nationalsozialistische Herrschaft* 1933-1945, 6th ed. (München: Deutscher Taschenbuch Verlag, 2001).

Fuller, Lon L., *The Morality of Law*, rev. ed. (New Haven and London: Yale University Press, 1969). 『법의 도덕성』, 박은정 역, 서울대학교출판문화원(2015).

Gellately, Robert and Stoltzfus, Nathan (eds.), *Social Outsiders in Nazi Germany* (Princeton: Princeton University Press, 2001).

Giles, Geoffrey J., "The Persecution of Gay Men and Lesbians during the Third Reich", in Friedman, Jonathan C. (ed.), The *Routledge Handbook of the Holocaust* (London and New York: Routledge, 2011), pp. 385-396.

Graver, Hans Petter, *Judges Against Justice. On Judges when the Rule of Law is Under Attack* (Berlin, Heidelberg: Springer, 2015).
"Why Adolf Hitler Spared the Judges. Judicial Opposition Against the Nazi State", in *German Law Journal* 19, 4 (2018), pp. 845-877.

Gross, Raphael, *Anständig Geblieben. Nationalsozialistische Moral* (Frankfurt am Main: S. Fischer, 2010).
"Guilt, Shame, Anger, Indignation. Nazi Law and Nazi Morals", in Steinweis, Alan E. and Rachlin, Robert D. (eds.), *The Law in Nazi Germany. Ideology, Opportunism, and the Perversion of Justice* (New York, Oxford: Berghahn, 2013), pp. 89-104.

Gruchmann, Lothar, "Rechtssystem und nationalsozialistische Justizpolitik", in Broszat, Martin and Möller, Horst (eds.), *Das Dritte Reich. Herrschaftsstruktur und Geschichte* (München: C. H. Beck, 1983), pp.86-87.

Gruchmann, Lothar, *Justiz im Dritten Reich 1933–1940. Anpassung und Unterwerfung in der Ära Gürtner* (München: R. Oldenbourg, 1988).

Günther, Klaus, "Von der Rechts- zur Pflichtverletzung", in Institut für Kriminalwissenschaften (ed.), *Vom unmöglichen Zustand des Strafrechts* (Frankfurt am Main: Peter Lang, 1995), pp. 445-460.

Habermas, Jürgen, *Between Facts and Norms. Contributions to a Discourse Theory of Law and Democracy*, transl. by Rehg, William (Cambridge and Malden: Polity Press, 1996).

Hambrock, Michael, "Dialektik der 'verfolgenden Unschuld.' Überlegungen zur
Mentalität und Funktion der SS", in Schulte, Jan Erik (ed.), *Die SS, Himmler und die
Wewelsburg* (Paderborn, München, Wien, Zürich: Schöningh, 2009), pp. 79-101.

Hart, H. L. A., "Positivism and the Separation of Law and Morals", in *Harvard Law Review*
71, 4 (1958), pp. 593-629.

"Review of The Morality of Law by Lon L. Fuller" in *Harvard Law Review* 78, 6
(1965), pp. 1281-1296.

The Concept of Law, 3rd ed. (Oxford: Clarendon Press, 2012). 『법의 개념』, 오병선 역,
아카넷(2001).

Hartl, Benedikt, *Das nationalsozialistische Willensstrafrecht*(Berlin: Weißensee, 2000).

Hartung, Günther, *"Artur Dinter, Erfolgsautor des frühen Nationalsozialismus"*, in
Hartung, Günther (ed.), Deutschfaschistische Literatur und Ästhetik.
Gesammelte Studien (Leipzig: Leipziger Universitätsverlag, 2001), pp.99-124.

Hegel, G. W. F., *Elements of the Philosophy of Right*, ed. by Wood, Allen W., transl.by
Nisbet, H. B. (Cambridge: Cambridge University Press, 1991).

Heiber, Helmut (ed.), *Reichsführer! Briefe an und von Himmler* (Stuttgart: Deutsche
Verlagsanstalt, 1968).

Herbert, Ulrich, Best. *Biographische Studien über Radikalismus, Weltanschauung und
Vernunft 1903–1989* (Bonn: Dietz, 2001).

Herman, Barbara, "The Practice of Moral Judgment", in Herman, Barbara, *The Practice of
Moral Judgment* (Cambridge, MA and London: Harvard University Press, 2007), pp.
51-78.

Hiden, John W., *The Weimar Republic* (London: Longman, 1974).

Hippel, Ernst von, "Das richterliche Prüfungsrecht", in Anschütz, Gerhard and Thoma,
Richard (eds.), *Handbuch des deutschen Staatsrechts*, Band 2 (Tübingen: J. C. B.
Mohr [Paul Siebeck], 1932), pp. 546-563.

Hirsch, Martin; Majer, Diemut; Meinck, Jürgen (eds.), *Recht, Verwaltung und Justiz im
Nationalsozialismus. Ausgewählte Schriften, Gesetze und Gerichtsentscheidungen
von 1933 bis 1945* (Köln: Bund-Verlag, 1984).

Hoefer, Frederick, "The Nazi Penal System I", in *Journal of Criminal Law and Criminology*
35, 6 (1945), pp. 385-393.

Huber, Ernst Rudolf, "Carl Schmitt in der Reichskrise der Weimarer Endzeit", in
Quaritsch, Helmut (ed.), *Complexio Oppositorum. Über Carl Schmitt. Vorträge*

und Diskussionsbeiträge des 28. Sonderseminars 1986 der Hochschule für Verwaltungswissenschaften Speyer (Berlin: Duncker & Humblot, 1988), pp. 33-50.

Jacobson, Arthur J. and Schlink, Bernhard (eds.), Weimar. *A Jurisprudence of Crisis* (Berkeley and Los Angeles: The University of California Press, 2001).

Jasch, Hans-Christian, *Staatssekretär Wilhelm Stuckart und die Judenpolitik. Der Mythos von der sauberen Verwaltung* (München: Oldenbourg, 2012).

Joerges, Christian and Ghaleigh, Navraj Singh (eds.), *Darker Legacies of Law in Europe. The Shadow of National Socialism and Fascism over Europe and its Legal Traditions* (Oxford and Portland, Oregon: Hart Publishing, 2003).

Kant, Immanuel, *Practical Philosophy*, ed. and transl. by Gregor, Mary (Cambridge: Cambridge University Press, 1996).

Kelsen, Hans, *Vom Wesen und Wert der Demokratie* (Tübingen: J. C. B. Mohr [Paul Siebeck], 1920, 2nd ed. 1929).

"Wer soll der Hüter der Verfassung sein?" in Die Justiz 6 (1931), pp. 576-628; reprinted in Kelsen, Hans, *Wer soll der Hüter der Verfassung sein? Abhandlungen zur Theorie der Verfassungsgerichtsbarkeit in der pluralistischen, parlamentarischen Demokratie*, 2nd ed., ed. by van Ooyen, Robert C. (Tübingen: J. C. B. Mohr [Paul Siebeck], 2019), pp. 58-105; English: "Who ought to be the guardian of the constitution? Kelsen's reply to Schmitt", transl. by Vinx, Lars, in Vinx, Lars (ed.), *The Guardian of the Constitution. Hans Kelsen and Carl Schmitt on the Limits of Constitutional Law* (Cambridge: Cambridge University Press, 2015), pp. 174-221.

"Das Urteil des Staatsgerichtshofs vom 25. Oktober 1932", in *Die Justiz*, 8 (1932), pp. 65-91; English: "Kelsen on the Judgment of the Staatsgerichtshof of 25 October 1932", transl. by Vinx, Lars, in Vinx, Lars (ed.), *The Guardian of the Constitution: Hans Kelsen and Carl Schmitt on the Limits of Constitutional Law* (Cambridge: Cambridge University Press, 2015), pp. 228-253.

Das Problem der Gerechtigkeit, in Kelsen, Reine Rechtslehre, 2nd revised ed. (Wien: Franz Deuticke, 1960), pp. 65-68.

Pure Theory of Law, transl. by Knight, Max (Berkeley and Los Angeles: University of California Press, 1967). 『순수법학』, 윤재왕 역, 박영사(2018).

Kennedy, Ellen, "Introduction: Carl Schmitt's *Parlamentarismus* in Its Historical Context", in Schmitt, Carl, *The Crisis of Parliamentary Democracy*, transl. by

Kennedy, Ellen (Cambridge, MA: The MIT Press, 1985), pp. xiii-xlix.

Kershaw, Ian, *The Nazi Dictatorship. Problems and Perspectives of Interpretation*, 4th ed. (London: Arnold, 2000).

Kirchheimer, Otto, "Criminal Law in National Socialist Germany", in Scheuerman, William E. (ed.), *The Rule of Law under Siege. Selected Essays of Franz L. Neumann and Otto Kirchheimer* (Berkeley, Los Angeles, London: University of California Press, 1996), pp. 172-191.

Klee, Ernst; Dressen, Willi; Riess, Volker (eds.), The Good Old Days. *The Holocaust as Seen by Its Perpetrators and Bystanders,* transl. by Burnstone, Deborah(New York: The Free Press, 1988).

Klemperer, Victor, I will Bear Witness 1942-1945. *A Diary of the Nazi Years* (New York: Random House, 2001).

Kogon, Eugen, *The Theory and Practice of Hell. The German Concentration Camps and the System behind them* (New York: Farrar, Straus and Giroux, 1950).

Konitzer, Werner and Gross, Raphael (eds.), *Moralität des Bösen. Ethik und nationalsozialistische Verbrechen* (Frankfurt, New York: Campus, 2009).

Koonz, Claudia, *The Nazi Conscience* (Cambridge, MA and London: Harvard University Press, 2003).

Korsgaard, Christine M., *Creating the Kingdom of Ends* (Cambridge: Cambridge University Press, 1996).

Kren, George M. and Morris, Rodler, F., "Race and Spirituality. Artur Dinter's Theosophical Antisemitism", in *Holocaust and Genocide Studies* 6, 3 (1991), pp. 233-252.

Kühne, Thomas, "Zwischen Männerbund und Volksgemeinschaft. Hitlers Soldaten und der Mythos der Kameradschaft", in *Archiv für Sozialgeschichte,* 38 (1998), pp. 165-189.

Kurz, Achim, *Demokratische Diktatur? Auslegung und Handhabung des Artikels 48 der Weimarer Verfassung 1919–25* (Berlin: Duncker & Humblot, 1992).

Loewenstein, Karl, "Dictatorship and the German Constitution: 1933-1937", in *The Chicago Law Review* 4 (1937), pp. 537-574.

Longerich, Peter, *The Unwritten Order. Hitler's Role in the Final Solution* (Stroud: Tempus, 2003).

Heinrich Himmler, transl. by Noakes, Jeremy and Sharpe, Lesley (Oxford: Oxford

University Press, 2012).

Lösener, Bernhard, "At the Desk of Racial Affairs in the Reich Ministry of the Interior", in *Legislating the Holocaust. The Bernhard Loesener Memoirs and Supporting Documents*, ed. by Schleunes, Karl A., transl. by Carol Scherer (Boulder, Colorado: Westview Press, 2001), pp. 33-109.

Lüken, Erhard-Josef, *Der Nationalsozialismus und das materielle Strafrecht. Ein Beitrag zur Strafrechtsgeschichte* (Dissertation, Universität Göttingen, 1988).

Lusane, Clarence, *Hitler's Black Victims. The Historical Experiences of Afro Germans, European Blacks, Africans, and African Americans in the Nazi Era* (London and New York: Routledge, 2002).

Majer, Diemut, *Grundlagen des nationalsozialistischen Rechtssystems. Führerprinzip, Sonderrecht, Einheitspartei* (Stuttgart, Berlin, Köln, Mainz: Kohlhammer, 1987).

"Non-Germans" under the Third Reich. The Nazi Judicial and Administrative System in Germany and Occupied Eastern Europe, with Special Regard to Occupied Poland, 1939–1945, transl. by Hill, Peter Thomas; Humphrey, Edward Vance; Levin, Brian (Baltimore and London: The Johns Hopkins University Press, 2003).

McCormick, John P., *Carl Schmitt's Critique of Liberalism. Against Politics as Technology* (Cambridge: Cambridge University Press, 1997).

Meier, Heinrich, *The Lesson of Carl Schmitt. Four Chapters on the Distinction between Political Theology and Political Philosophy*, expanded ed., transl. by Brainard, Marcus (New essays in this ed. transl. by Berman, Robert) (Chicago and London: The University of Chicago Press, 2011).

Meierhenrich, Jens, "Fearing the Disorder of Things. The Development of Carl Schmitt's Institutional Theory, 1919–1942", in Meierhenrich, Jens and Simons, Oliver (eds.), *The Oxford Handbook of Carl Schmitt* (Oxford: Oxford University Press, 2016), pp. 171-216.

The Remnants of the Rechtsstaat. An Ethnography of Nazi Law (Oxford: Oxford University Press, 2018).

Meinck, Jürgen, "Polizeirecht", in Hirsch, Martin; Majer, Diemut; Meinck, Jürgen (eds.), *Recht, Verwaltung und Justiz im Nationalsozialismus. Ausgewählte Schriften, Gesetze und Gerichtsentscheidungen von 1933 bis 1945* (Köln: BundVerlag, 1984), pp. 317-319.

Meinel, Florian, *Der Jurist in der industriellen Gesellschaft. Ernst Forsthoff und seine*

Zeit (Berlin: Akademie Verlag, 2011).

Messerschmidt, Manfred, *Die Wehrmacht im NS-Staat. Zeit der Indoktrination* (Hamburg: R. v. Decker, G. Schenck, 1969).

Mommsen, Hans, *Beamtentum im Dritten Reich. Mit ausgewählten Quellen zur nationalsozialistischen Beamtenpolitik* (Stuttgart: Deutsche Verlags-Anstalt, 1966). *The Rise and Fall of Weimar Democracy*, transl. by Forster, Elborg and Jones, Larry Eugene (Chapel Hill & London: North Carolina University Press, 1996).

Mommsen, Wolfgang J., *Max Weber and German Politics 1890–1920*, transl. by Steinberg, Michael S. (Chicago and London: The University of Chicago Press, 1984).

Mühleisen, Horst, "Das Testament Hindenburgs vom 11. Mai 1934", in *Vierteljahreshefte für Zeitgeschichte* 44, 3 (1996), pp. 355-371.

Murphy, Melanie, "Homosexuality and the Law in the Third Reich", in Michalczyk, John J. (ed.), *Nazi Law. From Nuremberg to Nuremberg* (London, Oxford et al: Bloomsbury, 2018), pp. 110-124.

Neumann, Franz, *Behemoth. The Structure and Practice of National Socialism 1933–1944*, with an introd. by Hayes, Peter (Chicago: Ivan R. Dee, 2009).

Patch Jr., William L., *Heinrich Brüning and the Dissolution of the Weimar Republic* (Cambridge: Cambridge University Press, 1998).

Pauer-Studer, Herlinde, "Law and Morality under Evil Conditions. The Case of SS Judge Konrad Morgen", in *Jurisprudence* 3, 2, 2012, pp. 367-390.

"Kelsen's Legal Positivism and the Challenge of Nazi Law", in Galavotti, Maria Carla; Nemeth, Elisabeth; Stadler, Friedrich (eds.), *European Philosophy of Science – Philosophy of Science in Europe and the Viennese Heritage* (Dordrecht: Springer, 2014), pp. 223-240.

"A Community of Rational Beings", in *Kant-Studien* 107, 1 (2016), pp. 125-159.

"Complicity and Conditions of Agency", in *Journal of Applied Philosophy* 35, 4 (2018), pp. 643-660.

Pauer-Studer, Herlinde and Velleman, J. David, "Distortions of Normativity", in *Ethical Theory and Moral Practice* 14, 3 (2011), pp. 329-356.

Pauer-Studer, Herlinde and Velleman, J. David, *Konrad Morgen. The Conscience of a Nazi Judge* (Basingstoke: Palgrave MacMillan, 2015), *in German* (extended version): *"Weil ich nun mal ein Gerechtigkeitsfanatiker bin." Der Fall des SS Richters Konrad Morgen* (Berlin: Suhrkamp, 2017).

Piper, Ernst, *Alfred Rosenberg. Hitlers Chefideologe* (München: Pantheon, 2007).

Preuss, Hugo, "Zur Verabschiedung der neuen Reichsverfassung (1919)", in Preuss, Hugo, *Gesammelte Schriften, Vierter Band: Politik und Verfassung in der Weimarer Republik*, ed. with an introduction by Lehnert, Detlef (Tübingen: Mohr Siebeck, 2008), pp. 85-87.

"Rede über die neue Reichsverfassung (1919)", in Preuss, Hugo, *Gesammelte Schriften, Vierter Band: Politik und Verfassung in der Weimarer Republik* (Tübingen: Mohr Siebeck, 2008), pp. 589-590.

"Die Bedeutung des Artikel 48 der Reichsverfassung (1925)", in Preuss, Hugo, *Gesammelte Schriften, Vierter Band: Politik und Verfassung in der Weimarer Republik* (Tübingen: Mohr Siebeck, 2008), pp. 571-575.

"Um die Reichsverfassung von Weimar (1924)", in Preuss, Hugo, *Gesammelte Schriften, Vierter Band: Politik und Verfassung in der Weimarer Republik* (Tübingen: Mohr Siebeck, 2008), pp. 367-438.

Rabinbach, Anson and Gilman, Sander L. (eds.), *The Third Reich Sourcebook* (Berkeley, Los Angeles, London: University of California Press, 2013).

Rachlin, Robert D., "Roland Freisler and the Volksgerichtshof: The Court as an Instrument of Terror", in Steinweis, Alan E. and Rachlin, Robert D. (eds.), *The Law in Nazi Germany* (New York, Oxford: Berghahn. 2013) pp. 63-88.

Radbruch, Gustav, "Gesetzliches Recht und übergesetzliches Unrecht", in *Süddeutsche Juristenzeitung* 1 (1946), pp. 105-108; English: "Statutory Lawlessness and Supra-Statutory Law", transl. by Paulson Litschewski, Bonnie and Paulson, Stanley L., in *Oxford Journal of Legal Studies* 26, 1 (2006), pp. 1-11.

Rawls, John, *Political Liberalism* (New York: Columbia University Press, 1993). 『정치적 자유주의』, 장동진 역, 동명사(2016).

The Law of Peoples with "The Idea of Public Reason Revisited" (Cambridge, MA and London: Harvard University Press, 1999).

Raz, Joseph, "The Rule of Law and its Virtue", in Raz, Joseph, *The Authority of law. Essays on Law and Morality,* 2nd ed. (Oxford: Oxford University Press, 2009), pp. 210-229.

The Authority of Law. Essays on Law and Morality, 2nd ed. (Oxford: Oxford University Press, 2009).

Regge, Jürgen and Schubert, Werner (eds.), *Quellen zur Reform des Straf- und*

Strafprozeßrechts, NS-Zeit (1933–1939). Strafgesetzbuch, vol. 1, Entwürfe eines Strafgesetzbuchs, part 2 (Berlin, New York: Walter de Gruyter, 1990).

Regge, Jürgen and Schubert, Werner (eds.), *Quellen zur Reform des Straf- und Strafprozeßrechts, NS-Zeit (1933–1939). Strafgesetzbuch, vol. 2, Protokolle der Strafrechtskommission des Reichsjustizministeriums, part 3, 2. Lesung: Allgemeiner Teil. Besonderer Teil* (Berlin, New York: Walter de Gruyter, 1990).

Regge, Jürgen and Schubert, Werner (eds.), *Quellen zur Reform des Straf- und Strafprozeßrechts, NS-Zeit (1933–1939). Strafgesetzbuch, vol. 2, Protokolle der Strafrechtskommission des Reichsjustizministeriums, part 4, 2. Lesung: Besonderer Teil* (Berlin, New York: Walter de Gruyter, 1994).

Reinicke, Wolfgang, *Instrumentalisierung von Geschichte durch Heinrich Himmler und die SS* (Neuried: ars et unitas, 2003).

Reitlinger, Gerhard, *The SS. Alibi of a Nation 1922–1945* (Melbourne, London, Toronto: Heinemann, 1956).

Ripstein, Arthur, *Force and Freedom. Kant's Legal and Political Philosophy* (Cambridge, MA and London: Harvard University Press, 2009).

Rousseau, Jean-Jacques, *The Social Contract and Other Political Writings*, ed. and transl. by Gourevitch, Victor (Cambridge: Cambridge University Press, 1997). 『사회계약론』, 김영욱 역, 후마니타스(2022).

Rundle, Kristen, "The Impossibility of an Extermination Legality", in *University of Toronto Law Journal* 59, 1 (2009), pp. 65-125.

Forms Liberate. Reclaiming the Jurisprudence of Lon L. Fuller (Oxford and Portland, Oregon: Hart Publishing Company, 2012).

Rüthers, Bernd, *Die unbegrenzte Auslegung. Zum Wandel der Privatrechtsordnung im Nationalsozialismus* (Tübingen: Mohr Siebeck, 1968).

Sarat, Austin; Douglas, Lawrence; Umphrey Martha Merrill (eds.), *Criminals and Enemies* (Amherst and Boston: University of Massachusetts Press, 2019).

Schapiro, Tamar, "Compliance, Complicity, and the Nature of Non-Ideal Conditions", in *The Journal of Philosophy* 100, 7 (2003), pp. 329-355.

Scheuerman, William E., *Carl Schmitt. The End of Law* (Lanham, Boulder, New York, Oxford: Rowman & Littlefield, 1999).

Schmidt, Eberhard, *Einführung in die Geschichte der deutschen Strafrechtspflege*, 3rd ed. (Göttingen: Vandenhoeck & Ruprecht, 1965).

Schmidt, Jörg, *Otto Koellreutter 1883–1972. Sein Leben, sein Werk, seine Zeit* (Frankfurt/New York: Peter Lang, 1994).

Schmitt, Carl, "Schlußrede vor dem Staatsgerichtshof in Leipzig in dem Prozeß Preußen contra Reich (1932)", in Schmitt, Carl, *Positionen und Begriffe im Kampf mit Weimar-Genf-Versailles 1923–39* (Hamburg: Hanseatische Verlagsanstalt (1940), pp. 180-184; English:

Schmitt, Carl,"Prussia contra Reich: Schmitt's closing statement in Leipzig", transl. by Vinx, Lars, in Vinx (ed.), *The Guardian of the Constitution. Hans Kelsen and Carl Schmitt on the Limits of Constitutional Law* (Cambridge: Cambridge University Press, 2015), pp. 222-227.

Der Hüter der Verfassung (1931), 4th ed. (Berlin: Duncker & Humblot, 1996); English: "The guardian of the constitution: Schmitt's argument against constitutional review", transl. by Vinx Lars, in Vinx, Lars (ed.), *The Guardian of the Constitution. Hans Kelsen and Carl Schmitt on the Limits of Constitutional Law* (Cambridge: Cambridge University Press, 2015), pp. 79-124 (= pp. 12-48, 60-64 of Der Hüter der Verfassung, 4th ed.); "The guardian of the constitution: Schmitt on pluralism and the president as the guardian of the constitution", in Vinx, Lars, (ed.), *The Guardian of the Constitution. Hans Kelsen and Carl Schmitt on the Limits of Constitutional Law* (Cambridge: Cambridge University Press, 2015), pp. 125-173 (= pp. 73-91, 129-140, 149-159 of Der Hüter der Verfassung, 4th ed.).

The Concept of the Political, expanded ed., transl. with an introduction by Schwab, George (Chicago and London: University of Chicago Press, 2007). 『정치적인 것의 개념』, 김효전·정태호 역, 살림(2012).

Constitutional Theory, ed. and transl. by Seitzer, Jeffrey (Durham and London: Duke University Press, 2008).

Schubert, Werner (ed.), *Akademie für Deutsches Recht* 1933-1945. *Protokolle der Ausschüsse, vol. VII, Ausschüsse für Strafprozeßrecht und Strafrechtsangleichung 1934–1941* (Frankfurt am Main: Peter Lang, 1998).

(ed.), *Akademie für Deutsches Recht 1933–1945. Protokolle der Ausschüsse, vol. VIII, Ausschüsse für Strafrecht, Strafvollstreckungsrecht, Wehrstrafrecht, Strafgerichtsbarkeit der SS und des Reichsarbeitsdienstes sowie für Wohlfahrts- und Fürsorgerecht (Bewahrungsrecht)* (Frankfurt am Main: Peter Lang, 1999).

(ed.), *Akademie für Deutsches Recht 1933–1945. Protokolle der Ausschüsse, vol.*

XII, Ausschuß für Rechtsfragen der Bevölkerungspolitik (1934–1940) und Ausschuß
für Kolonialrecht zusammen mit den Entwürfen des Kolonialpolitischen Amtes und
Sachverständigenbeirat für Bevölkerungs- und Rassenpolitik im Reichsministerium
des Inneren (Frankfurt am Main: Peter Lang, 2001).

(ed.), *Akademie für Deutsches Recht 1933–1945. Protokolle der Ausschüsse,*
vol. XXIII, Weitere Nachträge (1934–1939) Ausschüsse für Rechtsphilosophie,
für die Überpüfung der rechtswissenschaftlichen Studienordnung und für
Seeversicherungsrecht (Frankfurt am Main: Peter Lang, 2019).

"Introduction", in Schubert, Werner (ed.), *Akademie für Deutsches Recht* 1933-
1945. Protokolle der Ausschüsse, vol. VII (Frankfurt am Main: Peter Lang, 1998),
pp. IX-XXVIII.

"Introduction", in Schubert, Werner (ed.), *Akademie für Deutsches Recht 1933–*
1945. Protokolle der Ausschüsse, vol. VIII (Frankfurt am Main: Peter Lang, 1999),
pp. XI-LVIII.

"Introduction", in Schubert, Werner (ed.), *Akademie für Deutsches Recht 1933–*
1945. Protokolle der Ausschüsse, vol. XXIII (Berlin: Peter Lang, 2019), pp. 9-44.

Schulte, Jan Erik (ed.) Die *SS, Himmler und die Wewelsburg* (Paderborn, München,
Wien, Zürich: Schöningh, 2009).

"Zur Geschichte der SS. Erzähltraditionen und Forschungsstand", in Schulte, Jan
Erik (ed.), *Die SS, Himmler und die Wewelsburg* (Paderborn, München, Wien, Zürich:
Schöningh, 2009), pp. XI-XXXV.

Schwegel, Andreas, *Der Polizeibegriff im NS-Staat. Polizeirecht, juristische Publizistik*
und Judikative 1931–1944 (Tübingen: Mohr Siebeck, 2005).

Seiberth, Gustav, *Anwalt des Reiches. Carl Schmitt und der Prozeß "Preußen contra*
Reich" vor dem Staatsgerichtshof (Berlin: Duncker & Humblot, 2001).

Shapiro, Scott, J., *Legality* (Cambridge, MA and London: Harvard University Press,
2011).

Sheperd, Ben, "The Clean Wehrmacht, the War of Extermination, and Beyond", in *The*
Historical Journal 52, 2 (2009), pp. 455-473.

Smelser, Ronald and Zitelmann, Rainer (eds.), *The Nazi Elite* (New York: NYU Press,
1993).

Smelser, Ronald and Syring, Enrico (eds.), *Die SS: Elite unter dem Totenkopf. 30*
Lebensläufe, 2nd ed. (Darmstadt: Wissenschaftliche Buchgesellschaft, 2003).

Snyder, Louis L., *The Weimar Republic* (Princeton: van Nordstrand, 1966).

Sowade, Hanno, "Otto Ohlendorf", in Smelser, Roland and Zitelmann, Rainer (eds.), *The Nazi Elite* (New York: NYU Press, 1993), pp. 155-164.

Steinweis, Alan E., *Studying the Jew. Scholarly Antisemitism in Nazi Germany* (Cambridge, MA and London: Harvard University Press, 2008)

Steinweis, Alan E. and Rachlin, Robert D. (eds.), *The Law in Nazi Germany. Ideology, Opportunism, and the Perversion of Justice* (New York, Oxford: Berghahn, 2013).

Steizinger, Johannes, "From *Völkerpsychologie* to Cultural Anthropology. Erich Rothacker's Philosophy of Culture", in Hopos 10, 1 (2020), pp. 308-328.

Stolleis, Michael, *A History of Public Law in Germany 1914–1945* (Oxford: Oxford University Press, 2004).

The Law under the Swastika. Studies on Legal History in Nazi Germany, transl. by Dunlap, Thomas (Chicago and London: The University of Chicago Press, 1998).

Theel, Christopher, "'Parzifal unter den Gangstern?' Die SS- und Polizeigerichtsbarkeit in Polen 1939-1945", in Schulte, Jan-Erik; Lieb, Peter; Wegner, Bernd (eds.), *Die Waffen-SS. Neuere Forschungen* (Paderborn, München, Wien, Zürich: Ferdinand Schöningh, 2014), pp. 61-79.

Triepel, Heinrich, *Die Staatsverfassung und die politischen Parteien* (Berlin: OttoLiebmann, 1928).

Vieregge, Bianca, *Die Gerichtsbarkeit einer "Elite". Nationalsozialistische Rechtsprechung am Beispiel der SS- und Polizei-Gerichtsbarkeit* (BadenBaden: Nomos, 2002).

Vinx, Lars (ed.), *The Guardian of the Constitution. Hans Kelsen and Carl Schmitt on the Limits of Constitutional Law* (Cambridge: Cambridge University Press, 2015).

"Introduction", in Vinx, Lars (ed.), *The Guardian of the Constitution. Hans Kelsen and Carl Schmitt on the Limits of Constitutional Law* (Cambridge: Cambridge University Press, 2015), pp. 1-21.

von der Goltz, Anna, *Hindenburg. Power, Myth, and the Rise of the Nazis* (Oxford: Oxford University Press, 2009).

Waldron, Jeremy, "Normative (or Ethical) Positivism", in Coleman, Jules (ed.), *Hart's Postscript. Essays on the Postscript to the Concept of Law* (Oxford: Oxford University Press, 2001), pp. 411-433.

Weber, Max, "The President of the Reich", transl. by Speirs, Ronald in Weber, *Political*

Writings, ed. by Lassmann, Peter and Speirs, Ronald (Cambridge: Cambridge
University Press, 1994), pp. 304-308.

*Parlament und Regierung im nachgeordneten Deutschland. Zur politischen Kritik
des Beamtentums und Parteiwesens* (München und Leipzig: Duncker & Humblot,
1918).

Zur Neuordnung Deutschlands. Schriften und Reden 1918-20, ed. by Mommsen,
Wolfgang J. in cooperation with Schwentker, Wolfgang (Tübingen: J. C. B. Mohr
[Paul Siebeck], 1988).

Wegner, Bernd, *Hitlers politische Soldaten. Die Waffen-SS 1933–1945. Leitbild,
Struktur und Funktion einer nationalsozialistischen Elite*, 7th ed. (Paderborn,
München, Wien, Zürich: Ferdinand Schöningh, 2006).

Weikart, Richard, *Hitler's Ethic. The Nazi Pursuit of Evolutionary Progress*
(Basingstoke: Palgrave Macmillan, 2009).

Weingart, Peter; Kroll, Jürgen; Bayertz, Kurt, *Rasse, Blut und Gene. Geschichte der
Eugenik und Rassenhygiene in Deutschland* (Frankfurt am Main: Suhrkamp, 1988).

Weingartner, James J., "Law and Justice in the Nazi SS. The Case of Konrad Morgen", in
Central European History 16 (1983), pp. 276-294.

Werle, Gerhard, *Justiz-Strafrecht und polizeiliche Verbrechensbekämpfung im Dritten
Reich* (Berlin/New York: Walter de Gruyter, 1989).

West, Franklin C., *A Crisis of the Weimar Republic. A Study of the German Referendum
of June 20, 1926* (Philadelphia: The American Philosophical Society, 1985).

Wette, Wolfram, *The Wehrmacht. History, Myth, Reality*, transl. by Schneider, Deborah
Lucas (Cambridge, MA and London: Harvard University Press, 2006), pp. 90-131.

Whitman, James O., *Hitler's American Model. The United States and the Making of Nazi
Race Law* (Princeton: Princeton University Press, 2018). 『히틀러의 모델, 미국』, 노시내
역, 마티(2018).

Wildt, Michael, *An Uncompromising Generation. The Nazi Leadership of the Reich
Security Main Office*, transl. by Lampert, Tom (Madison Wisconsin: The University
of Wisconsin Press, 2009).

William E., *Carl Schmitt. The End of Law* (Lanham, Boulder, New York, Oxford: Rowman
& Littlefield, 1999).

Zinn, Alexander, *"Aus dem Volkskörper entfernt"? Homosexuelle Männer im
Nationalsozialismus* (Frankfurt, New York: Campus 2018).

아카이브 자료 및 문서

Der Auschwitz-Prozess. Tonbandmitschnitte, Protokolle und Dokumente, ed. by Fritz
Bauer Institute and Staatliches Museum Auschwitz–Birkenau in cooperation
with Stiftung Deutsches Rundfunkarchiv and Hessisches Hauptstaatsarchiv
Wiesbaden (Wiesbaden, Berlin: Directmedia Publishing, 2007).

Hitler, Adolf, "Schreiben an Reichsleiter Bouhler und Dr. med. Brandt, Berlin 1.9.
1939", Document NS-630; www.ns-archiv.de/medizin/euthanasie/befehl .php.

International Military Tribunal against Major War Criminals at Nuremberg, accessible
online http://avalon.law.yale.edu/imt/08-08-46.asp; in German: www.zeno.org/
Geschichte/M/Der+Nürnberger+Prozeß/Hauptverhandlungen/Interrogation.

"Interrogations of Konrad Morgen by the American Army Counter-Intelligence Corps",
in *Interrogation Records Prepared for War Crimes Proceedings at Nuremberg
1945–1947*, US National Archives, Record Group 238, Microfilm 1019, Roll 47.

Mitteilungen des Hauptamts SS-Gericht, U.S. National Archives, Record Group 242,
microfilm T175A, roll 3.

Morgen, Konrad, "Letter to Eberhard Hinderfeld", March 27, 1942, in NO 2366, US
National Archives ARC Identifier 597043/MLR Number NM70 174.

Morgen, Konrad, "Koch *Ermittlungsergebnis*", 11 April 1944, in NO 2366, US National
Archives ARC Identifier 597043/MLR Number NM70 174; also available as "Brief
against Koch and Dr. Hoven for corrupt practices at Buchenwald", Harvard Law
School Library. Nuremberg Trials Project: A Digital Document Collection, HLSL
Item 2328.

Morgen, Konrad, "Short remarks to the bill of indictment against *Standartenführer*
Koch", in NO-2366, 10/11/10, US National Archives ARC Identifier 597043/MLR
Number NM70 174.

Morgen, Konrad, "Anklageverfügung Koch, August 17, 1944, SS and Polizeigericht
z.b.V.", Dodd Archive, University of Connecticut (uconn_asc_1994-
0065_box288_folder7343-7344).

Pohl, Norbert, "Letter to Paul Scharfe (Chief of the SS Judiciary Main Office)", January
22, 1942, Bundesarchiv Berlin-Lichterfelde, NS7/318.

민주주의 파괴에 앞장선 나치 법률가들의 화려한 이력서

이동기 강원대 대학원 평화학과 교수

민주주의는 장점이 많다. 다만 결함 하나가 장점 모두를 한 방에 날린다. 민주주의 이념과 제도는 그것의 부정과 파괴에 나서는 이들에게도 충분한 기회와 살뜰한 여지를 제공한다. 권력 욕구에 몸부림치며 선동을 일삼는 정치가나 '전사'들만 그 기회와 여지를 활용한 것이 아니었다. 매끈히 가르마를 타고 맵시 있게 양복을 걸친 엘리트 법률가들도 입과 손을 그냥 두지 않았다.

『히틀러의 법률가들』은 민주주의 규범의 전복과 제도의 파괴에 팔을 걷고 나선 나치 법률가들의 화려한 이력서다. 나치의 국민국가 파괴는 과격하게 보이기보다는 '합법'적인 외양을 가질 필요가 있었다. 법률가들이 손 들고 나설 기회이자 발 벗고 뛰어든 이유였다. 이 책은 나치 독일의 '법비'들이 민주주의 국가 제도와 규범을 겨냥해 벌인 칼춤 난장을 입체적으로 펼친다.

저자 헤린더 파우어-스투더는 나치즘과 홀로코스트를 다룬 최신 연구를 흡수해 나치 법률가들의 법 규범 전복을 정밀히 다루었고 동시에 그 과정에서 창안된 기괴한 법사상과 이론도 낱낱이 밝혔다. 나아가 이 책은 나치 법률가들의 능동적 실천에 주목했기에 홀로코스트 가해자 연구로도 돋보인다. 민주주의 규범을 거부한 나치의 법률가들은 총통에게 모든 법과 규범의 원천을 부여하면서 최소한의 형식적인 법 절차가 무시되는 일을 가볍게 수용했다. 헤린더 파우어-스투더는 그것이 그들의 반민주주의 사유와 태도에서 기인한 것으로 봤다.

나치는 개인과 권리를 지운 민족공동체를 내세워 국민국가를 파괴했다. 나치즘은 그저 국민국가의 중앙권력을 강화한 폭력 체제가 아니라 아예 근대국가의 법적 구조와 질서 자체를 붕괴시켜 민족이란 이름의 가상 집단공동체에 구겨 넣고 다시 그것을 총통 개인에게로 통합시켰다. 저자는 나치가 법 규범과 윤리 규범의 차이를 없애면서 외적 자유의 영역뿐 아니라 내적 자유의 영역인 개인의 신념과 태도에까지 침범했음을 부각했다. 그 결과가 무엇이었는지는 역사가 증명했다. 비록 『히틀러의 법률가들』에 홀로코스트의 희생자들이 전면에 등장하지는 않지만 나치 법률가들의 이론과 실천의 결과인 부러진 뼛조각과 뿌려진 핏물이 책의 구석구석에서 꿈틀댄다.

저자는 나치 범죄의 법적 실천에 대한 방대한 분석을 통해 법실증주의와 라드브루흐의 공식 모두를 비판한다. 법과 도덕을 단순히 분리하거나 아니면 자연법 원리에 전적으로 의존하는 길로 들어서지 않고 법체계의 구성 목적과 기준을 새롭게 세우는 것이 관건이라는 이 책의 주장은 성찰적이고 새로운 인식 지평을 연다. 책의 각주를 살피면 이만한 연구가 나오기까지 역사와 이론에 대한 관찰과 분석이 얼마나 깊고 넓었는지를 알 수 있다.

그동안 국내에서 나치즘Nationalsozialismus, National Socialism을 '국가사회주의'라고 옮긴 것은 심각한 오해였다. 역자는 그것을 '민족사회주의'로 정확히 옮겼다. 나치즘, 즉 '민족사회주의'는 근대 국민국가의 법질서를 파괴하고 국가를 뛰어넘는 초월적인 집단 범주인 민족Nation 개념에 근거했다. 역사적 상황도 복잡하고 법 이론도 까다롭지만, 다행히 좋은 번역으로 나치 폭력사로의 새로운 진입로가 수월히 열렸다.

나치즘과 홀로코스트의 역사를 좀 안다고 자부한 사람들은 이 책을 통해 겸손을 배우되 새로운 사유의 우물을 찾은 반가움을 만끽할 것이다. 국가폭력이나 인권 유린의 역사와 현실, 법이론과 사상에 관심을 가진 모든 이에게 이 책은 고전이 될 것이다. 20세기 전반 독일처럼 21세기 전반 한국에도 인권의 깊이와 민주주의의 무게를 채 재어보지도 못한 채 법전만을 급히 외운 법률가들이 적지 않다. 부디 그들처럼 되지 않아야 할 법학 전공자들에게도 이 책이 필독서가 되기를 빈다.

추천사

『히틀러의 법률가들』은 변호사와 판사, 사상가와 출세주의자 등이 나치 정권의 잔학행위를 합리화하기 위해 법 개념을 왜곡한 과정을 집중적으로 조명하여 나치 독일이 저지른 참상을 파헤친다. 파우어-스투더는 엄밀한 시선과 도덕적 감수성으로 다루기 만만치 않은 주제를 끝까지 밀고 나아간다. 이 책은 역사학자, 정치철학자, 법이론가에게 필독서가 될 것이다.

– 아서 립스타인 토론토대학 법철학 교수

『히틀러의 법률가들』은 나치 시대 법률가들과 당시 그들에게 동조한 사람들이 실현하려 했던 어두운 세계로 깊숙이 독자를 이끌고 간다. 이 책은 나치 국가가 바이마르 헌정질서의 기준에 맞춰 법적으로 정당하게 탄생했지만, 공포의 도구로 인식된 형법을 활용해 인종적 순수성과 나치에 대한 충성이 핵심인 완전히 새로운 법 개념을 만들어냈다고 주장한다. 헤린더 파우어-스투더는 이처럼 왜곡된 법리의 세계로 과감히 우리를 안내하는 데 그치지 않고 당시 법률가들의 논리를 심도 있게 분석한다. 그리하여 법과 도덕을 통합하는 것에 내포된 위험과 바로 그런 통합이 법질서의 중요한 도덕적 토대를 흔들어서 결국 무너뜨린다는 사실까지 보여준다. 나치 시대의 법에 관심이 있는 사람이나 정치철학과 법철학을 공부하는 사람, 오늘날 권위주의 흐름 속에서 법치가 처한 녹록지 않은 현실을 우려하는 사람이라면 반드시 읽어야 할 책이다.

– 데이비드 다이젠하우스 토론토대학 법철학 교수

찾아보기

인명

ㄱ

ㄴ

ㄷ

델만, 에른스트(Thälmann, Ernst) 297
디를레방어, 오스카(Dirlewanger, Oskar) 237,
357
딘터, 아서(Dinter, Arthur) 152, 324

ㄹ

라드브루흐, 구스타프(Radbruch, Gustav) 247,
259-260, 263-266, 276, 358, 365
라렌츠, 카를(Larenz, Karl) 26-27, 99, 248,
283, 332, 359, 370-371
라머스, 한스 하인리히(Lammers, Hans
Heinrich) 302, 308
라스, 에른스트 폼(Rath, Ernst vom) 183-184
라이네케, 귄터(Reinecke, Günther) 219-220,
244, 348, 350, 353
런들, 크리스틴(Rundle, Kristen) 366-367
렌츠, 프리츠(Lenz, Fritz) 153, 326
로젠베르크, 알프레드(Rosenberg, Alfred) 25,
157-159, 281-282, 328
로타커, 에리히(Rothacker, Erich) 281-282
로텐베르거, 커트(Rothenberger, Curt) 211,
344
롤스, 존(Rawls, John) 254, 361
롱게리히, 페터(Longerich, Peter) 336, 345
뢰제너, 베른하르트(Lösener, Bernhard) 162,
171-178, 181, 324, 333-335
룀, 에른스트(Röhm, Ernst) 72, 198, 201,
220-221, 280, 299, 308, 348
루소, 장자크(Rousseau, Jean-Jacques) 25-27,
85, 282-283
루트케, 팔크(Ruttke, Falk) 330, 372
룩셈부르크, 로자(Luxemburg, Rosa) 41
리스트, 프란츠 폰(Liszt, Franz von) 314, 317

리프크네히트, 카를(Liebknecht, Karl) 41

ㅁ

마운츠, 테오도르(Maunz, Theodor) 79-81,
217, 301, 310, 344
마이스너, 오토(Meißner, Otto) 308
마이어, 헬무트(Mayer, Hellmuth) 116
마이어헨리히, 젠스(Meierhenrich, Jens) 302,
340
마인크, 위르겐(Meinck, Jürgen) 197
메르켈, 아돌프(Merkel, Adolf) 296
메츠거, 에드문트(Mezger, Edmund) 114-116,
132, 135, 137, 139-140, 145, 311, 315-
317, 320
멘델, 그레고어(Mendel, Gregor) 152, 325
모르겐, 콘라트(Morgen, Konrad) 9, 11, 33,
232-244, 246, 321-322, 340, 351, 353-
358, 372
몸젠, 볼프강(Mommsen, Wolfgang) 289-290
뮐러, 하인리히(Müller, Heinrich) 216, 346
뮐러, 헤르만(Müller, Hermann) 51-52, 291

ㅂ

바그너, 아돌프(Wagner, Adolf) 174, 176, 329
바덴, 막스 폰(Baden, Max von) 41
바우어, 구스타프(Bauer, Gustav) 286
바우어, 어윈(Baur, Erwin) 153
바인가르트너, 제임스(Weingartner, James)
225
발츠, 구스타프 아돌프(Walz, Gustav Adolf)
369
베르거, 고틀로프(Berger, Gottlob) 348
베를레, 게르하르트(Werle, Gerhard) 317, 344

히틀러의 법률가들
법은 어떻게 독재를 옹호하는가

초판 1쇄 발행 2024년 10월 28일
초판 2쇄 발행 2025년 2월 15일

지은이 헤린더 파우어-스투더 **옮긴이** 박경선 **펴낸이** 박동운
펴낸곳 (재)진실의 힘 **출판등록** 제300-2011-191호(2011년 11월 9일)
서울시 중구 세종대로 19길 16 성공회빌딩 3층 전화 02-741-6260
truthfoundation.or.kr truth@truthfoundation.or.kr facebook.com/truthfdtion
기획 조용환 **진행** 김경훈 **편집** 이홍림 **디자인** 공미경 **제작·관리** 조미진
인쇄·제책 한영문화사

ISBN 979-11-985056-2-0 03360